JN291733

Judgment in Managerial Decision Making
Max H. Bazerman / Don A. Moore

行動意思決定論
バイアスの罠

M. H. ベイザーマン / D. A. ムーア 著

長瀬勝彦 訳

東京 白桃書房 神田

Judgment in Managerial Decision Making, 7th ed.
by
Max H. Bazerman
Don A. Moore

Copyright © 2009 by John Wiley & Sons, Inc.
All Rights Reserved.
Japanese translation rights arranged with
John Wiley & Sons International Rights, Inc.
through Japan UNI Agency, Inc., Tokyo.

ハワード・ライファへ
　意思決定論と私に与えてくれた影響に感謝する
　　　　　　　　　　　　　　　　　　マックス・ベイザーマン

父へ
　私と私の意思決定に与えてくれた影響に感謝する
　　　　　　　　　　　　　　　　　　　　ドン・ムーア

日本語版への序文

Preface for Japanese Readers

　私達の著作が日本の読者のもとに届けられることは大きな喜びである。本書はこれで，日本語，英語，中国語，ポーランド語，ポルトガル語，ロシア語で刊行されたことになる。

　本書の目的は，意思決定論を経営学の中核に近づけることにある。本書は，あらゆるタイプのマネジャー，プロフェッショナル，会計士，政治家，セールスパーソンらの意思決定に影響を与える認知的バイアスを紹介している。行動意思決定研究は過去25年で目覚ましい発展を遂げ，経営行動に関して重要な洞察を提供するようになった。

　本書はまた，意思決定をさまざまなマネジメントの文脈で検討することで，意思決定研究を組織論の文脈に組み込む役割を果たしている。本書の読者として想定されるのは，自分の意思決定を改善したいと思う人すべてである。本書の過去の版は，経済学，心理学，意思決定論，交渉学，組織行動論の授業に，また経営幹部向けのさまざまな教育プログラムに使用されてきた。

　心理学の分野の読者に対しては，本書は心理学の発見を意思決定の改善のために使用する体系的な枠組みを提供する。経済学分野の読者には，古典的な意思決定モデルへの批判を提供する。そして消費者として，あるいは経営や投資の実務の観点から本書を読む人には，意思決定を改善するための機会を提供する。

　この第7版では，新しく行動ファイナンスと倫理，そして公正について大きく紙幅を割いて記述した。行動ファイナンス研究の台頭や，道徳の退廃と結び付いた経済の危険な兆候などの近年の動きに鑑みて，これらの記述の追加は重要な意味を持つと信じている。これらのテーマは世界中で重要性を増しているからである。

本書が読者のみなさんの意思決定の改善に資することを願ってやまない。

マックス・H・ベイザーマン
ドン・A・ムーア

序　文

Preface

　著者のひとりであるマックス・ベイザーマンは，1981年から83年にかけてボストン大学で教鞭をとり，交渉における意思決定バイアスの実験研究をおこなった。当時のおおかたのマネジメント・スクールでは，行動意思決定は研究テーマとして扱われていなかった。ボストン大学は数多くの優秀な同僚に恵まれていたが，その間ですら，意思決定研究の新しい潮流はまだほとんど知られていなかった。経営学者の中でのこのような認知度の低さが，ベイザーマンが本書を執筆するモチベーションになった。執筆の目的は，意思決定研究を経営学の中核的な地位に近づけることにあった。そしてもうひとつの目的は，マネジャーや学生や研究者の興味を惹くようなかたちで行動意思決定論の知識を提供して，その意思決定能力を向上させることにあった。ベイザーマンが本書の初版を書き上げたときには，これが改訂を重ねて，何年ものちに第7版を執筆することになろうとは予想もしていなかった。

　行動意思決定論は過去25年間に長足の進歩を遂げて，今では経営行動についての重要な洞察を提供するようになった。本書は，マネジメントのさまざまな文脈で意思決定を分析することで，行動意思決定研究を組織論の領域に組み込んでいる。本書の読者として想定されているのは，判断と意思決定に関わる自分の能力の改善に興味があるすべての人である。本書の初版から6版までは，経済学，心理学，意思決定論，交渉学，組織行動論の講座で，また各種の経営管理者教育で教科書として使われてきた。心理学分野の読者に対して本書が提供するのは，心理学の発見を意思決定の改善に資するための体系的なフレームワークである。経済学分野の読者に対しては，経済学の古典的な意思決定モデルへの批判を提示する。そして消費者や経営者，金融界の読者に対しては，優れた意思決定ができるようになるための機会を提供する。

本書のアイデアの主要な情報源は下記の優秀な研究仲間にある。リンダ・バブコック，マーザリン・バナジ，ジョン・バロン，ヨエラ・ベレビー＝マイヤー，ジョン・ベシャーズ，サリー・ブロウント，アイリス・ボネット，ジーニー・ブレット，アート・ブリーフ，ジョエル・ブロックナー，デイリアン・ケイン，ジョン・キャロル，ユージン・カルーソ，ドリー・チュー，エド・コンロン，ティナ・ディークマン，ニック・エプリー，ハンク・ファーバー，マーラ・フェルチャー，アダム・ガリンスキー，スティーブ・ガルシア，デドレ・ジェントナー，ダン・ギルバート，ジェームズ・ギレスピー，フランチェスカ・ジーノ，リンダ・ギンゼル，ブリット・グロスコフ，ティム・ホール，アンディ・ホフマン，クリス・シー，ロレイン・イドソン，ドン・ジェイコブズ，ハリー・カッツ，ボーズ・ケイサー，トム・コーチャン，テリ・クルツバーグ，ジェン・レーナー，ロイ・レビツキ，ジョージ・ローウェンスタイン，ベータ・マニックス，リー・マカリスター，キャスリーン・マギン，ボブ・マカーシー，ドウ・メディン，デイビッド・メシック，ケイティ・ミルクマン，ドン・ムーア，シモーヌ・モラン，キース・モーニンガム，マギー・ニール，テリー・オディーン，ハワード・ライファ，トッド・ロジャーズ，リー・ロス，アル・ロス，ジェフ・ルービン，ビル・サミュエルソン，デイビッド・スクーマン，ホリー・シュロス，プリ・シャー，ザック・シャレック，デブ・スモール，ハリス・ソンダック，サム・スウィフト，アン・テンブランゼル，リー・トンプソン，キャシー・ティンズレイ，マイク・タシュマン，キンバリー・ウェイド＝ベンゾーニ，マイケル・ワトキンズ，トニ・ウェグナー，ダン・ウェグナー，ジェイソン・ツワイグ。

この第7版でドン・ムーアが新たに共著者として加わったことで，随所で内容が大きく更新された。新たに追加された題材の中には，デイリアン・ケイン，ユージン・カルーソ，ニック・エプリー，フランチェスカ・ジーノ，ケイティ・ミルクマン，トッド・ロジャーズらと私達著者がおこなった共同研究が含まれている。そしてドリエル・ハランは第7版への改訂のために貴重なコメントを寄せてくれた。

最後に，本書が編集者から素晴らしい支援を得たことに触れておきたい。ケイティー・ションクは，過去15年間にわたって，本書の各版を含むベイザーマ

ンの著作の多くに関わり，調査と編集と文章の手直しをしてくれた。

　以上のように，非常に多くの方々との交流によって，本書に充実の度を加えることができた。ふたりの著者が持っている最も重要な能力は，卓越した人々が持っている革新的なアイデアの真価を見出し，その人達を仕事に巻き込む能力なのかもしれない。その成果である本書によって，読者のみなさんの意思決定能力が改善されることを願っている。

マックス・H・ベイザーマン
ハーバード・ビジネススクール
ドン・A・ムーア
カーネギーメロン大学

目　次

Contents

日本語版への序文
序　文

第1章　経営意思決定へのイントロダクション———1
- 第1節　意思決定の構造———2
- 第2節　システム1思考とシステム2思考———5
- 第3節　人間の合理性の限界———7
- 第4節　判断のヒューリスティックへのイントロダクション———10
- 第5節　本書の概要———16

第2章　一般的なバイアス———21
- 第1節　利用可能性ヒューリスティックに由来するバイアス———27
- 第2節　代表性ヒューリスティックに由来するバイアス———32
- 第3節　確証ヒューリスティックに由来するバイアス———45
- 第4節　まとめと解説———66

第3章　覚知の限界———69
- 第1節　非注意性盲目———76
- 第2節　変化盲———78
- 第3節　焦点化と焦点化の錯覚———80

第4節　集団における覚知の限界――――――――――――――――83
　第5節　方略の策定における覚知の限界――――――――――――85
　第6節　オークションにおける覚知の限界―――――――――――97
　第7節　ディスカッション――――――――――――――――――100

第4章　フレーミングと選好逆転―――――――――――――――101

　第1節　フレーミングと人間の選択結合の非合理性―――――――107
　第2節　人間は確実性を好む。
　　　　　たとえそれが擬似的な確実性であっても―――――――110
　第3節　フレーミングと保険の過剰販売――――――――――――114
　第4節　あなたにとって大切なことは何か―――――――――――115
　第5節　自分が所有しているものに置く価値――――――――――118
　第6節　心の会計―――――――――――――――――――――121
　第7節　損害行動の忌避，不作為バイアス，現状維持―――――124
　第8節　払い戻しとボーナスのフレーミング――――――――――128
　第9節　統合選好と分離選好の逆転――――――――――――――129
　第10節　結論とまとめ―――――――――――――――――――133

第5章　動機と感情が意思決定に及ぼす影響―――――――――――137

　第1節　感情と認知が衝突するとき―――――――――――――138
　第2節　肯定的幻想―――――――――――――――――――――146
　第3節　自己奉仕的な論理――――――――――――――――――153
　第4節　感情が意思決定に及ぼす影響―――――――――――――156
　第5節　要　約―――――――――――――――――――――――160

第6章　コミットメントのエスカレーション――――――――――163

　第1節　独立状態でのエスカレーション―――――――――――166

第2節	競争的エスカレーション	169
第3節	なぜエスカレーションが起きるのか	176
第4節	まとめ	181

第7章　意思決定における公正と倫理 ── 183

第1節	公正の知覚	184
第2節	倫理観の限界	199
第3節	結　論	219

第8章　一般的な投資の過ち ── 223

第1節	儲からない投資の心理	226
第2節	積極的な取引	239
第3節	とるべき行動の手順	242

第9章　交渉における合理的な意思決定 ── 249

第1節	交渉論の決定分析的アプローチ	251
第2節	交渉における取り分の要求	255
第3節	交渉における価値の創出	257
第4節	価値創出の道具	265
第5節	要約と批評	274

第10章　交渉者の認知 ── 277

第1節	交渉における固定パイの神話	278
第2節	交渉者の判断のフレーミング	280
第3節	コンフリクトのエスカレーション	282
第4節	交渉における自己の価値の過大評価	285

第 5 節　交渉における自己奉仕バイアス———————287
第 6 節　交渉におけるアンカリング———————————292
第 7 節　結　論———————————————————294

第11章　意思決定の改善———————————————295

第 1 節　方略 1：決定分析ツールの使用—————————298
第 2 節　方略 2：専門知識の獲得————————————306
第 3 節　方略 3：判断バイアスの補正——————————311
第 4 節　方略 4：類比的推論——————————————315
第 5 節　方略 5：外部者の視点に立つ—————————319
第 6 節　方略 6：他者のバイアスを理解する———————321
第 7 節　結　論———————————————————326

参考文献

訳者あとがき

索　　引

第1章
経営意思決定へのイントロダクション

Introduction to Managerial Decision Making

　人間の心の座である脳は，そのわずか1350グラムほどの質量の中に華麗なまでの能力を詰め込んでいる。私達は人の顔を認識したりボールを手で受け止めたりといった高度な作業を苦もなくこなすことができるが，それは最高性能のコンピューターや最新のロボットですら及ぶところではない。ところが大半の人は自分の心がどうやってそんな複雑な作業をこなしているのかを知らないし，自己洞察や経験によってもその手がかりすら得ることはできない。人間に自分の心の「取扱説明書」が欠けているという事実は，さして重要には見えないかもしれない。ところが実際には，自分の心がどのように機能しているのかを私達が理解していないことが深刻な事態をもたらしている。普段は実にうまく機能する認知プロセスが間違いをおかすのはどういうときなのかを予測するためには，人間の思考と行動についての理解が欠かせない。

　ありがたいことに，心理学の諸研究によって，私達が日々の生活を大過なく送ることができるようにするために脳が使用している巧妙で精緻な近道が数多く発見されてきた。また一方で，たいていの人間に共通の認知上のエラーがいくつもあって，聡明な人でさえいつもそれに引っかかっていることも分かってきた。このエラーがあるために，間違った商品や投資先を選んでしまうといった個人レベルの問題や，企業の倒産，政府の非効率，社会の不正義などの規模の大きな問題が引き起こされているのである。

　会計監査役から政治家，営業職に至るまで，あらゆる専門家の判断は，本書

で紹介する数多くの認知的なバイアス（bias；偏り）の影響を受けている。本書では意思決定研究によって見出された認知バイアスについて議論していくが，それらが自分の意思決定の傾向にも当てはまることに読者は気づくであろう。また本書では，バイアスを克服するための対策も提示する。それによってあなたは，優れた意思決定者になるための技術と，自分と家族，そして自分が所属する組織がみすみす過ちをおかすことを防ぐ技術を手に入れるであろう。

第1節 ──── 意思決定の構造

「判断（judgment）」とは，意思決定プロセスの認知的側面を記述する用語である。判断とは何かを余すところなく理解するためには，まずは判断を必要とする意思決定プロセスの構成要素を明らかにしなくてはならない。以下のいくつかの意思決定状況を考えるところからその作業を始めることにしよう。

- あなたは有名なビジネス・スクールをまもなく卒業してMBA（経営学修士）を取得する見込みです。あなたの成績は極めて良好で，数多くのコンサルティング会社から入社のオファーが期待できます。あなたはその中からどうやって適切な会社を選択しますか。
- あなたはいま急成長中の消費関連企業のマーケティング部長です。15ヵ月以内に市場に投入する予定の「極秘」新商品のプロダクトマネジャーを新規に採用しなくてはなりません。あなたはどのようなプロセスで適任の人材を採用しますか。
- あなたはベンチャーキャピタルのオーナーです。あなたの手元には予備審査を通過した案件がたくさん届いていますが，新しいプロジェクトに回せる予算はごく限られています。あなたはどのプロジェクトに投資しますか。
- あなたは巨大コングロマリットで企業買収部門のスタッフをしています。いまあなたの会社は，石油業界の中規模もしくは小規模企業の買収を検討しています。あなたが社内で提案するのにふさわしい買収先企業があるとしたら，それはどれでしょうか。

上記の4つのシナリオの共通点は何かというと，答えるべき問題があることと，たくさんの選択肢の中からひとつを選ばなくてはならないことである。このようなシナリオに「合理的」な意思決定プロセスを適用するためには，明示的もしくは暗黙に以下の6つのステップを踏むべきであるとされている。

1．問題を定義する——4つのシナリオではどれも問題が極めて明確に特定されている。ところが経営者は解くべき問題を完全に理解しないままに行動に移すことが多く，そのために本来解くべき問題とは異なる問題を解いてしまうことがある。問題を特定し定義するためには正確な判断が求められる。意思決定者がしばしば過ちをおかすのは，(a)あらかじめ用意された解に当てはめるかたちで問題を定義したり，(b)もっと大きな問題があるのにそれを見逃したり，(c)問題そのものではなく，それが引き起こした症状にとらわれて診断を下したりするためである。意思決定者が目指すのは問題の解決であって，一時的な症状を取り除くことではない。

2．選択肢を評価するための複数の基準を設定する——たいていの意思決定では，複数の目標を達成することが要求される。たとえば自動車を購入するときには，燃費の最小化，購入価格の最小化，乗り心地の最大化などが目標になる。合理的な意思決定者は，すべての項目についての評価基準を設定する。

3．各基準に重み付けをほどこす——意思決定者にとっての各基準の重要性は一様ではない。合理的な意思決定者は，それぞれの基準の自分にとっての相対的な価値（たとえば，燃費と購入価格と乗り心地の相対的な重要性）を知っている。その価値は金銭，点数，もしくはその他何らかの一貫した採点システムによって数値化される。

4．複数の選択肢を生成する——意思決定プロセスの第4のステップは，とりうる行動の選択肢には何があるのかを特定することである。意思決定者は選択肢の探索に不適切なまでに長い時間を費やすことが多く，そのために意思決定の効率が損なわれている。探索は，それによって追加的に得られる情報の価

値が探索のコストを上回る限りにおいてのみ続けられるべきである。

　5．各選択肢を各基準の観点から評価する——各基準に照らして各選択肢を評価していく。この作業はたいていは将来の出来事を見越す必要を伴うので，意思決定プロセスの中で最も困難なステップになることが多い。合理的な意思決定者は，各選択肢がどんな結果をもたらしうるかを，事前に設定した基準に照らしながら慎重に予測する。

　6．最善の選択肢を算出する——理想的には5番目までのステップを完了してから最善の選択肢を算出するプロセスに移る。それは(a)第5ステップで付与した各基準における点数とその基準の重みを掛け合わせる，(b)選択肢ごとに各基準の点数（先ほど掛け合わせたもの）を合計する，(c)重み付け合計の値が最大の選択肢を選び取る，というプロセスである。

　この意思決定モデルでは，人間は6つのステップに従って完全に合理的に意思決定を下すと仮定されている。すなわち，意思決定者は，(1)問題を完璧に定義し，(2)すべての意思決定基準を明確に定め，(3)自己の選好に従ってすべての意思決定基準を正確に重み付け，(4)すべての選択肢を把握していて，(5)各選択肢を基準ごとに正確に評価し，(6)正確な計算によって最大価値の選択肢を特定しそれを選び取るのである。

　この6つのステップには特別なものは何も含まれていない。いろいろな研究者がいろいろなステップを記述しているけれども，どれも大体が重複している。たとえば，合理的な意思決定に関する素晴らしい著作である Hammond, Keeney, & Raiffa (1999) では，(1)正しい問題を取り上げる，(2)複数の目標を明確に定める，(3)想像力を用いて複数の選択肢を生成する，(4)各選択肢がもたらす結果を正確に理解する，(5)自分自身の得失評価に取り組む，(6)不確定要素を明確にする，(7)自分のリスク許容度をよく考える，(8)関連した意思決定問題を検討する，という8つのステップが提示されている。いずれのリストも，最適な意思決定プロセスがどのようなものかを考えるときに有益な整理を提供してくれる。

第2節 ─── システム1思考とシステム2思考

　人間が判断を下すとき，はたして実際に上記のような論理的な手続きに従うのかというと，時にはそういうこともあるけれども，たいていは違っている。Stanovich & West（2000）は，人間の認知機能についてシステム1とシステム2という有益な区別をほどこした。システム1思考（system 1 thinking）は直観のシステムに関わっている。概してスピードが速く，自動的で，努力が不要で，無意識的で，感情的という特徴がある。人間は大半の意思決定をシステム1思考によって下している。たとえば音声言語や視覚情報をどう解釈するかについては，普段は自動的かつ無意識的に決定しているのである。システム2思考（system 2 thinking）はそれとは対照的に論理的思考を受け持っている。スピードが遅く，意識的で，努力が必要で，明示的で，論理的である（Kahneman, 2003）。上記の Hammond, Keeney, & Raiffa（1999）の論理ステップはシステム2思考のプロトタイプである。

　たいていの状況においてはシステム1思考で十分に用が足りる。たとえば日常の食料品を買うときに，すべての選択についていちいち論理的に判断するのは現実的とはいえないだろう。しかし最も重要な意思決定については，なるべくシステム2の論理を重視すべきであろう。

　仕事で忙しい人は，抱える案件が多いほどシステム1思考に頼る傾向がある。実際，経営者の生活は慌ただしいので，システム1思考を当てにすることが多いようである（Chugh, 2004）。経営上の意思決定のすべてについて完全なシステム2思考が求められるわけではないが，本能的に抗いがたいシステム1思考からもっと論理的なシステム2思考に移るべきなのはどのような状況なのかを見極めることは経営者にとっての重要な目標のひとつであろう。

　たいていの人はシステム1思考としての自分の直観に深く信頼を寄せているが，本書のここから先では，その自信に異議を申し立てることになる。そのための準備として，Shepard（1990）から引用した絵（訳註：図1-1）をご覧いただきたい。

図1-1

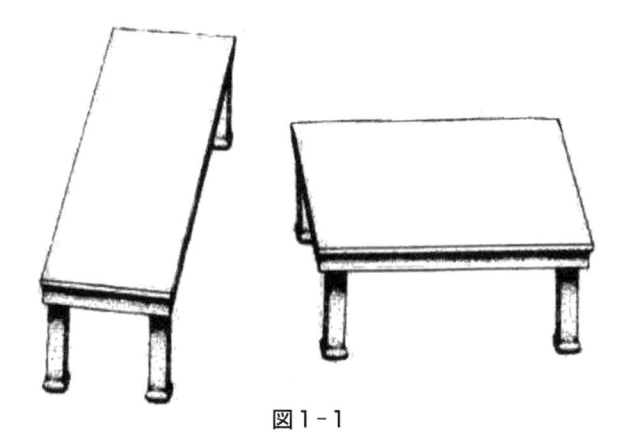

　ほとんどの人がそうであるように，あなたの目にも右のテーブルのほうがより正方形に近く見えて，左のテーブルのほうがより細く長く見えるであろう。この問題ではほとんどの人が錯覚に陥るが，それはシステム1思考による錯覚である。錯覚であることが信じられなければ，システム2思考を試していただきたい。どちらかの絵の上に薄い紙をかぶせて，テーブルの天板の部分をなぞって，それをもうひとつの絵に重ねてみれば，あなたの直観が錯覚であったことが分かるであろう。

　本書では全体を通じて，あなたの直観の正しさに疑念を呈すべき根拠を数多く挙げていく。最も聡明な人でさえ誤った判断を繰り返しているものである。その誤りないしはバイアスは，システム2思考よりもシステム1思考のほうが陥りやすい。ただし一方で，システム2の論理的なプロセスのどの部分にもシステム1思考による近道が少しは含まれている。実際にはふたつのシステムはしばしば連携しながら機能する。システム1思考が迅速な初期応答を担当し，続いてシステム2思考がより深く熟考をめぐらしてそれを修正するのである。

　しかし時には，システム2思考を使っても十分に修正をきかせることができないことがある。その一例を挙げるとしよう。容器に猛毒の青酸カリのラベルが貼ってあったら，普通の人はその内容物を口にすることはないし，それは賢明な判断である。ところが，中身が毒でも何でもない容器に自分で「青酸カリ」と書いた場合でも，それを食べまいとする本能が発動するし，それに打ち勝つのは容易ではない（Rozin, Markwith, & Ross, 1990）。容器の中身を食べ

たくないという感覚をもたらすのはシステム1思考であるが，その感覚が全く非論理的であることをシステム2思考が教えてもなお，人はそれを食べるように自分を持っていけないのである。

第3節 ─── 人間の合理性の限界

　本書において「合理性（rationality）」という用語が意味するのは，意思決定者の価値観やリスク選好が正確に測定されたときに，そこから最適な選択肢を論理的に特定する意思決定プロセスである。
　意思決定の合理モデルが立脚しているのは，意思決定がいかに「なされるべき」かを規定する一連の仮定であって，意思決定がどのように「なされる」かを記述する仮定ではない。Herbert Simon は，のちにノーベル賞を受賞した研究（March & Simon, 1958; Simon, 1957）において，判断に関する人間の合理性には限界があること，そして意思決定の理解を深めるためには規範モデル（「何をするのが合理的か」）にのみ立脚するのではなく，人間の実際の意思決定を記述し説明する必要があることを示した。

　意思決定研究のふたつの学派── Simon の研究に示唆されているように，意思決定研究の分野は大まかには規範的（prescriptive）モデルによる研究と記述的（descriptive）モデルによる研究のふたつに分けられる。規範的意思決定の研究者は最適な意思決定を下すための方法を開発する。たとえば，意思決定者がより合理的に振る舞うことができるように，何らかの数学的モデルを提案する。一方で記述的意思決定研究者は，人間の意思決定が実際にどのようになされているかを考察する。
　そして本書が採用するのは記述的なアプローチである。記述的アプローチによって結果的に最善の意思決定がもたらされるのはどのようなときなのか，またそれはなぜなのかを考えてみよう。第1に，私達自身の意思決定プロセスを理解することによって，私達が過ちをおかしがちで，それゆえに然るべき意思決定方略が必要となるのはどのようなときなのかを明確にできる。第2に，ある状況下で最適な意思決定が何であるかは他者の振る舞いに依存することが多い。正しい選択をするためには，他者がこれからどういう行動をとるのか，あ

るいはあなたの行動に対してどう反応するかを理解することが決定的に重要である。第3に，意思決定を改善するために利用できる適切な助言はたくさんあるが，それに従う人は滅多にいない。それはどうしてかというと，人は自分が実際にどうやって意思決定をしているかを知らないし，自分の意思決定を改善する必要を感じていないからである。実際，私達の直観の中には，誤った方向を指し示すだけでなく適切な助言を聞き入れる意欲をそいでしまうものがある。意思決定改善の方略を採用する気になるためには，これらの事実を理解することが欠かせない。

　なぜわれわれは「満足化」するのか── Simonの限定合理性（bounded rationality）のフレームワークによれば，人間は合理的な意思決定を志向しているけれども，一方で，解くべき問題や選択肢の評価基準などを定義するための重要な情報を持ち合わせていないことが多い。時間とコストの制約によって，利用可能な情報の質と量が制限されるのである。さらに，意思決定者が自分の記憶領域に保持できる情報は，ごく僅かしかない。そして最後に，人間の知性には限界があり，また知覚上のエラーも多いことから，意思決定にあたって膨大な選択肢の中から最適なひとつを実際に正確に「計算」するための人間の能力はごく限られている。

　これらの制約が重なり合って，合理性モデルが想定するような最適な意思決定を意思決定者が下すのが妨げられる。通常の意思決定では，人は起こる可能性のある結果のすべてを見越すことはできない。それゆえに，最善の解ではなく，受け入れ可能で程々に妥当な解を採用する。すなわち，私達は「満足化（satisfice）」しているである。人間は可能性のある選択肢のすべてを吟味するのではなく，受け入れ可能な水準に達している解，すなわち「満足解（satisfactory solution）」を見つけて「満足（suffice）」するまで探索を続けるだけなのである。

　バイアスについての広い視点──限定合理性と満足化の概念は，人間の判断が合理性から逸脱していることを教えてくれる。具体的には，人間が限定的な情報を基にして行動しそうなのはどういう状況なのかを特定するのに役立つ。ただしこれらの概念は，人間の判断にどのようにバイアスがかかるのかを教えてはくれないし，人間の判断に影響を与えるような系統的な指向性を帯びた個

別のバイアスがどこからくるのかを突き止めることにも役立たない。

　Simonの著作が出版された15年後にその仕事を引き継いだのがTversky & Kahneman（1974）である。彼らは，判断に影響を与える系統だった個別のバイアスについて，決定的に重要な知見をもたらした。彼らとそれに続いた研究者の研究によって，人間の判断に関する現代的な理解が切り開かれたのである。

　具体的には，人間は意思決定にあたって数多くの単純化の方略や経験則に頼っていることが見出された。単純化の方略はヒューリスティック（heuristic）と呼ばれる。ヒューリスティックは人間の判断を無意識のうちに司る標準的な規則であり，意思決定を取り巻く複雑な環境に対処するメカニズムである。

　ヒューリスティックは通常は有益であるが，時として深刻な過ちを招くことがある。本書の中心となる目的は，マネジメントという状況下において，ヒューリスティックとそれがもたらすバイアスを特定してそこに説明をほどこすことにある。人間が他人と関わりのない状況にあるとき，また競争的な状況にあるときの意思決定が，規範的意思決定論が想定する完全に合理的な意思決定からどのように乖離するかを，ヒューリスティックとバイアスの多様な例を挙げながら説明する。

　新たな発見——1957年から2000年までの間，限定合理性は行動意思決定研究の分野を統合する概念としての役割を果たし続け，その間に限定合理性の概念は改良され明確化されてきた。そして2000年に，Richard Thalerが，伝統的な限定合理性の概念ではうまく説明できない人間の意思決定の限定性を新たにふたつ提示した。第1が，意志の力の限界である。人間は将来に比べて現在を過大なまでに重視している。それゆえに，短期的なモチベーションと長期的な利益とがあちこちでしばしば離齬を来す。引退後に備えた蓄えを十分にしておくことができないのもその一例である（この問題については第5章と第8章で議論する）。第2に，Thalerによれば，人間の利己心も限定的である。型にはめたような経済人はいざ知らず，普通の人間は他者の利害にも関心を持っている（この話題は第7章で考察する）。

　さらに本書では，人間の判断に関係するもうふたつの限界を考察する。第1が，第3章で考察する「覚知（気づき）の限界（bounded awareness）」であ

る。この概念には，焦点化の失敗（focusing failure）という幅広いカテゴリーも包摂されている。たいていの人間は，明瞭かつ重要で容易に利用可能な情報であっても，それが当座の注意の対象になっていない限り見逃してしまう傾向がある。第2に，第7章で議論する「倫理観の限界（bounded ethicality）」である。私達の倫理観は私達が知らないかたちで制限を受けている。

　本書を通じて，限定合理性，意志の力の限界，利己心の限界，覚知の限界，そして倫理観の限界について議論し，人間の意思決定の限界を理解するための体系的な骨組みを提供することにしたい。

第4節 ——— 判断のヒューリスティックへのイントロダクション

　以下の例を考えていただきたい。

　　マーラ・バノンは，コンピューター・サイエンスの修士課程に通学するかたわら，インターネットを使った小売システムの構想をまとめあげました。それがこれまでに開発されたシステムの中で最高レベルにあることは多くの同級生が認めています。ただし，システムは素晴らしいのですが，アイデアを市場化するためのスキルがマーラにはほとんどありません。ベンチャー・キャピタリストに話を持ちかけるためには，ビジネスプランをきちんとした文書にまとめなくてはなりません。そのためにマーラは，ネット・ビジネスの経験が豊富なマーケティングのMBA取得者を採用することにしました。マーラは自分のヒューリスティックに従って，採用対象をビジネス・スクールのトップ6校の新卒者に限定することにしました。あなたはこの方針をどう評価しますか。

　採用対象を6校に絞るというマーラのヒューリスティックを合理性モデルに依拠して評価するならば，選択肢の探索が不完全なので不適切ということになる。たしかにこのヒューリスティックでは，最高の候補者がこの6校の中にいなかった場合にそれを見落としてしまう可能性がある。ただし，このヒューリスティックには利点もある。マーラの限定的探索方略は最高の候補者を見落とす可能性があるが，それに伴う潜在的な損失よりも探索範囲を6校に絞ることによる時間の節約による利益が上回る可能性が高い。それゆえに，この探索ヒューリスティックは悪い意思決定につながるよりも良い意思決定をもたらす

可能性のほうが大きい。実際，経済学者なら，このようなヒューリスティックを用いることによる時間節約のメリットが意思決定の質の低下に伴うコストを上回る可能性が高いと主張するであろう。

　ヒューリスティックは，時間の制約が厳しい経営者やその他の専門職に，複雑な世界に対処するための単純な方法を提供してくれる。ヒューリスティックを使うことで，たいていは正確もしくは部分的に正確な判断ができる。付言するならば，人間が何らかの単純化の方法を採用するのは不可避なのかもしれない。ただし，ヒューリスティックを信頼することで問題も起こる。そもそも，たいていの人間は自分がヒューリスティックに頼っていることに気づいていない。状況にふさわしくないヒューリスティックを適用すると，選択を誤るという不幸に見舞われる。ヒューリスティックの使用によって悪影響を被る可能性があることに気づくことができれば，経営者はいつどこでヒューリスティックを使うかを決められるようになるし，必要に応じて特定のヒューリスティックを自分の意思決定のレパートリーから外せるようになるだろう。

　人間が使用するヒューリスティックは多種多様である。ポーカーのプレーヤーは，「中のカードを待ってのストレート狙いはするな（訳註：たとえば手の内に「2」「3」「5」「6」を持っていて，間の「4」を待ってストレートを狙うのは成功確率が低いのでやめたほうがいいということ）」というヒューリスティックに従っているし，不動産銀行の貸出担当者は「住宅の支出は収入の35％までに留めよ」というヒューリスティックに従っている。特殊な領域の専門家にとって，その世界のヒューリスティックを理解することは重要であるが，本書の関心は，すべての人に影響を与える可能性があるような一般的な認知的ヒューリスティックにある。いくつかのヒューリスティックは特定の人に限らず人間一般に当てはまることが諸研究によって明らかにされており，本書の焦点もそこに置かれる。それらは(1)利用可能性ヒューリスティック（availability heuristic），(2)代表性ヒューリスティック（representativeness heuristic），(3)肯定型仮説検証（positive hypothesis testing），(4)感情ヒューリスティック（affect heuristic）の4つである。

◆利用可能性ヒューリスティック

ある出来事について，その発生頻度や確率や原因を推定するとき，人はその出来事が発生した実例が自分の記憶からどれだけ容易に「利用可能(available)」であるかで判断する（Tversky & Kahneman, 1973）。感情をかき立てられ，鮮明に思い出され，心に描くのが容易で明瞭な出来事は，全く感情を喚起せず，平凡で，心に描きにくく曖昧な出来事よりも利用可能性が高い。

たとえば，上司の個室の近くに席を構えて働いている部下は，廊下の突き当たりのデスクで働く部下にくらべて，年度末の勤務評定で厳しい評価を下される可能性が高いであろう。なぜなら，上司は身近な部下の失敗のほうに気づきやすいからである。同じように，プロダクトマネジャーが新商品の成功確率を見積もるときには直近の過去の類似商品の成功や失敗の記憶に影響を受けるだろう。

利用可能性ヒューリスティックはマネジメントに関する意思決定の方略として極めて有用である。なぜなら，人間が思い出しやすいのは，稀な出来事の事例よりも出現頻度の高い出来事の事例のほうだからである。このヒューリスティックはたいていは正しい判断を導いてくれるが，時に間違うことを免れることはできない。それは，情報の利用可能性は，その出来事の客観的な出現頻度とは無関係な要因にも影響されるためである。無関係な要因（たとえばその出来事の鮮明さ）によって，その出来事の当座の知覚上の顕著性，想起するときの鮮明さ，心への描きやすさが不適切な影響を受ける。フィデリティ社のマゼラン・ファンド（アメリカの二大ミューチュアルファンド〔訳註：アメリカで一般的なオープンエンド型の投資信託〕のひとつ）のディレクターだったピーター・リンチは，おおかたの投資家の頭の中では利用可能でない（たとえば話題性に欠ける）企業の株を買うことを好んでいた。利用可能性の高い株はすでに過大に評価されている可能性が高いためである。

◆代表性ヒューリスティック

人は誰か特定の個人について，または何かの物事について判断を下すとき，前もって抱いている固定観念に合致した特質を見つけようとする傾向がある。Nisbett & Rossによれば，「植物学者が植物をいずれかの種に分類するときもこの判断方略を使う」のであって，「その植物の主要な特徴を見て，それが最

も近い種に分類する」(Nisbett & Ross, 1980, p. 7)。マネジャーの仕事にも代表性ヒューリスティックが用いられる。新しい従業員がこれからどんな業績をあげるかを予想するときには，その従業員が所属するカテゴリーに基づいて判断するのである。もしマネジャーが，営業社員にうってつけなのは外向的な性格の人間だとか，あるいは元スポーツ選手だとか，白人男性だとか考えていたら，そういう種類の人を営業社員に採用しようとするだろう。同じように，銀行家やベンチャー・キャピタリストは，新しいビジネスが成功するかどうかを予測するにあたって，過去に成功したベンチャーや失敗したベンチャーとの類似性を根拠にするだろう。アイデアを売り込みに来た起業家がもしアマゾン・ドット・コムの創業者であるジェフ・ベゾスを思い起こさせるような人物だったら，それほどでもない企業の創業者を彷彿とさせる起業家に比べて，資金を獲得する見込みが高いだろう。

　代表性ヒューリスティックは時として最初に大まかな正解の方向を指し示してくれるので，私達は最高の選択肢に注意を向けることができる。しかしこのヒューリスティックは深刻な誤りをもたらすこともある。病原細菌説が世間に受け入れられるまでに長い年月を要したのもその一例である。ウィルスやバクテリアのようにごく小さな物質が結核やペストのような致命的な疾病の原因であることに，過去の人々は容易には納得できなかった。その代わりに人々が信頼していたのは代表性ヒューリスティックであった。病気は悪霊や魔法のような邪悪な存在によって引き起こされると何世紀にもわたって信じられていたのである。そしてその間にも，医師が手も洗わずに注射針を患者間で使い回し続け，ひどいときには死体から手術患者へと使い回した。そのために，簡単に予防できるはずの病気によって数え切れないほどの命がむざむざと失われたのである。

　代表性ヒューリスティックは無意識のレベルでも発動する。そのために，意識レベルでは倫理的に非難に値すると思っている人種差別やその他の行動をとってしまうことがある。不幸なことに，正確な判断を下すには情報が不足しているときや，代表性には劣るけれどももっと適切な情報が利用可能なときでも，人は代表的な情報のほうを信用してしまう傾向がある。

◆肯定型仮説検証

以下の質問についてのあなたの見解を答えていただきたい。

1．マリファナの使用と非行とは関連があるでしょうか。
2．25歳未満で結婚した夫婦は，もっと高年齢で結婚した夫婦に比べて大家族になる傾向があるでしょうか。

　マリファナの問題を考えるとき，ほとんどの人は，知人のマリファナ使用者を何人か思い浮かべて，その人達が非行者かどうかを考える。しかしながら，正しい分析をするためには，「マリファナ使用者かつ非行者」，「マリファナ使用者だが非行者ではない」，「マリファナ使用者ではないが非行者」，「マリファナ使用者ではなく非行者でもない」という4つのグループに属する人々をそれぞれ思い浮べる必要がある。

　結婚の問題についても同様である。若いうちに結婚した人達が，結婚が遅かった人達よりも大家族になるかどうかを合理的に算定するためには，「早婚で大家族」，「早婚で小家族」，「晩婚で大家族」，「晩婚で小家族」という4つのグループについて考えなくてはならない。

　一般に，ふたつの事象があって，それぞれがふたつの状態をとりうるとき，そのふたつの事象の連関を算出するためには，少なくとも4つの局面を考慮する必要がある。にもかかわらず，私達の日常の意思決定は，この事実を見落としていることが多い。その代わりに私達がどうやって仮説を検証しているかというと，直観的に選択されたデータ，たとえば自分の関心がある変数（マリファナの使用や早婚など）が含まれた事例を使っているのである。この現象をKlayman & Ha（1987）は「肯定型仮説検証（positive hypothesis testing）」と名付け，Baron, Beattie, & Hershey（1988）は「適合ヒューリスティック（congruence heuristic）」と名付けた。

　この単純な探索ヒューリスティックの影響は広範囲に及び，関連した数多くのバイアスを呼び起こすが，詳しくは第2章で議論する。否定的な証拠がないかぎり，人々は所与の説明や仮説が真実であると前提しているかのように振る舞う傾向がある（Gilbert, 1991; Trabasso, Rollins, & Shaughnessy, 1971）。こ

の傾向は一方で「確証バイアス（confirmation bias）」につながる可能性がある。すなわち，私達は最初に好意を抱いた結論を支持する方向に向けて証拠を探し，また解釈するのである（Nickerson, 1998）。それはまた「アンカリング（anchoring）」の影響力をも明らかにする。当初に設定された仮説や出発点が見当違いであったとしても，それは私達の判断に過度なまでの影響力を及ぼすのである。さらに肯定型仮説検証は，自己の信念の的確さに過度の自信を抱く「自信過剰（overconfidence）」の原因でもある。そして最後に，肯定型仮説検証は，「後知恵バイアス（hindsight bias）」の引き金となりうる。私達は結果が出た後に物事を振り返ると，別の結果もありえたという可能性をあっさりと退けてしまうのである。

◆感情ヒューリスティック

　人間の判断の多くは，高次の論理思考が始まる前に，感情的，情緒的な評価によって喚起される（Kahneman, 2003）。感情による評価はしばしば無意識でおこなわれるにもかかわらず，Slovic, Finucane, Peters, & MacGregor（2002）が見出した証拠によれば，人は徹底的な分析や論理思考よりも感情による評価を自分の意思決定の根拠にしている。

　「感情ヒューリスティック（affect heuristic）」はシステム1思考のひとつであり，意思決定者が忙しいときや時間の制約があるときほど使用される傾向がある（Gilbert, 2002）。一例を挙げると，企業等の採用選考では，志願者の能力とは無関係に，採用担当者の感情に影響する広範囲な諸要因が結果的にその人の評価にも影響を及ぼす。たとえば，その志願者が以前の志願者と比較してどうであるか，選考時に採用担当者がどんな気分でいるか，採用担当者が最近離婚した相手をその志願者が思い出させるかどうかなどである。人の感情に変化をもたらすような環境要因は意思決定にも影響を及ぼす。天気のいい日には株価が上昇することが明らかにされているが，それはおそらく，好天によって人が上機嫌になったり楽観的になったりするためであると考えられる。熟慮の末の意思決定の代わりに感情で意思決定することで好ましい方向に導かれることもあるが，逆に最適な選択が妨げられる可能性もある。

　Kahneman, Schkade, & Sunstein（1998）は同様の文脈で「義憤ヒューリス

ティック（outrage heuristic）」という用語を用いている。裁判で被告人にどんな法的な裁定が下るかを予測するときには，被告人の行為によってもたらされた被害を論理的に計算するよりも，被告人の行動に対して陪審員がどれだけ義憤の感情を抱くかを推しはかったほうが予測力が高いという事実を説明する用語である。Kahneman & Frederick（2002）にも同様の見解が述べられているが，本書の著者も感情ヒューリスティックと義憤ヒューリスティックには共通点が多いと考えている。しかし本書では，より一般的な概念である感情ヒューリスティックのほうに焦点を当てて，第4章，第5章，第7章では，感情ヒューリスティックについて詳細に議論する。

第5節 ──── 本書の概要

　本書の主要な目的は，読者の判断力を向上させることにある。この先で学ぶことの予告編として，どうすればマーラ・バノンの判断を改善することができるかを考えてみよう。第1に，彼女の直観的な判断にある誤りが何であるかを特定しなくてはならない。そして彼女の意思決定に影響を及ぼしうるバイアスに気づかせることである。この気づきによって，彼女が現在採用している意思決定過程が改善され，より有益な結果が得られるであろう。

　ただしLewin（1947）によれば，個人に変化をもたらしてそれが持続するように仕向けるためには，当人がただ自己の不完全性に気づくだけでは足りない。変化を成功させるためには，(1)その人のそれまでの意思決定過程を「解凍（unfreeze）」させ，(2)変化（change）に必要な情報を提供し，(3)新しい意思決定過程を「再凍結（refreeze）」させることで，その変化をその人の標準的なレパートリーの一部として定着させることが必要である。

　本書は，あなたの判断が系統的に合理性から逸脱することを論証して，あなたの現在の意思決定過程を解凍する。そしてあなたの意思決定過程を変化させる道具立てを提供する。そして最後に，その変化が間違いなく持続するようにあなたの思考を再凍結する手法について議論する。

　Nisbett & Ross（1980, pp. xi-xii）にはこう書かれている。

人間の心は，偉大な成功を収めることも，無残な失敗をしでかすこともある。この極端なまでの対照性は，哲学上の最古のパラドックスのひとつである。最高速のコンピューターでも歯が立たない微妙で複雑な論理問題を当たり前のように解いてしまう有機体が，日常の出来事に関する最も単純な意思決定ではしばしば過ちをおかす。さらに，その過ちの原因をたどると論理規則からの逸脱にたどり着くが，人間が為す最も印象深い成功の根底にあるのもそれと同じ逸脱であるように見える……。複雑な組織を構築して維持できるほどの技能を持ち，社交上の微妙なあやを敏感に察知できるほど洗練されている一方で，人種差別的な決まり文句を口にしたり，無意味な戦争で血を流したりするほど愚かでありうるのはなぜなのだろうか。

Nisbett & Ross は人間一般について述べたのであるが，彼らの議論の本質はマネジメントの効率性に関しても非常に興味深い論点を提供している。本書が想定しているマネジャーは，知的でたいていのことはうまくこなすけれども，その意思決定はバイアスを帯びていて，潜在的な能力が著しく損なわれている人々である。意思決定の質を損なうヒューリスティックであっても，習慣的に使用していると，人々はそれを信用するようになってしまうのである。

第2章から第8章までは，個人の意思決定に焦点を合わせる。マネジメントの意思決定の多くはひとりではなく他者と共同でなされるが，その事実はひとまず棚上げして，個人がどのように意思決定に取り組むかに焦点を合わせることにする。第9章と第10章は個人間の交渉という文脈で人間の判断を再検討する。第11章では，全体の議論をまとめて，本書で提案された意思決定改善のための修正点を各自の意思決定過程に取り込むためにはどうすればよいかに焦点を合わせる。各章の具体的な焦点は以下のようなものである。

第2章：一般的なバイアス——この章では，ほとんどすべてのマネジャーの判断に影響を与える具体的なバイアスのいくつかを議論する。どのバイアスも本章で述べた4つのヒューリスティックに起因する。箇条書きの小テストや短いシナリオによってバイアスの実例を示し，それらが人間の心の中にあまねく存在することを浮き彫りにする。

第3章：覚知の限界——この章で分析するのは，人間の心には焦点を絞ると

いう驚くべき能力があるために，一方で手軽に入手できる重要な情報を見落としてしまうという現象である。それは覚知（気づき）の限界と呼ばれる。この章では焦点を絞ることが意思決定の質を悪化させることを示す新しい研究をレビューする。

第4章：フレーミングと選好逆転——自分の行動がそこから影響を受けることはありえないと当人も認めるような類の情報に基づいてマネジャーが自分の選好を逆転させてしまうことがある。そこに介在しているバイアスは，意思決定の文献に記述されているバイアスの中でも特に顕著なもののひとつである。この章では情報のフレーミングがどのように意思決定に影響を及ぼすかを分析する。

第5章：動機と感情が意思決定に及ぼす影響——意思決定のバイアスのいくつかは，純粋に認知上の誤りからではなく，感情や利己的なモチベーションによって引き出される。この章は，第2，3，4，6章でなされる認知的なバイアスに関する議論を補完する役割を果たし，またモチベーションのバイアス（motivational bias）についての概説も含んでいる。

第6章：コミットメントのエスカレーション——経営上の意思決定を下す立場にある人がひとたび特定の行動方針にコミットすると，そのあとの意思決定において，以前の自分の意思決定を正当化するために，あえて最適ではない（準最適な）意思決定を下すようになることがある。この章では，この種の行動に関する研究結果や心理学的な説明について検討する。コミットメントのエスカレーション（escalatian of commitment）は，製品開発や銀行からの借り入れ，人事考課など，経営現場の至る所で大きな影響を及ぼしている。

第7章：意思決定における公正と倫理——人々が公正を気にかけるのはどんなときだろうか。個人が公正を維持するために準最適な結果でも受け入れるのはどんなときだろうか。この章は，私達が公正についてどう考えているのかを分析し，人間が公正性を評価するときの一貫性のなさを検討する。

第8章：一般的な投資の誤り——意思決定研究の成果の影響を最も大きく受けてきた分野は行動ファイナンスかもしれない。この10年間で，投資家が頻繁におかす誤りについて多くの発見がなされた。この章では，その各種の誤りを分析し，本書からのメッセージを伝えて読者が賢明な投資家になる手助けをする。

第9章：交渉における合理的な意思決定——この章では，二者間の交渉について読者が考える際の手助けとなるフレームワークの概要を述べる。焦点が置かれるのは，交渉当事者の双方が手にすることが可能な共同の利益を最大化する方法である。そして同時に，当事者の一方がその共同利益からできるだけ多くを取得する方法について考える。

第10章：交渉者の認知——この章では，交渉に際しておかしてしまう判断の誤りを考察する。そこで得られたフレームワークから，交渉におけるバイアスの削減によって，消費者や経営者，営業職，さらに社会全体が同時に利益を得るための方法が示される。

第11章：意思決定の改善——最終章では，判断を改善するための方略を以下の6つに端的にまとめて，それぞれについて論考する。(1)指針的な意思決定手続きを使用する。(2)専門知識を獲得する。(3)自己の判断のバイアスを補正する。(4)アナロジーを使って推論する（類比推論）。(5)外部者の観点を採り入れる。(6)他者のバイアスを理解する。この章では，読者の意思決定を永続的に改善するために，本書によって提供された情報をいかに使用すべきかを伝授する。

第2章
一般的なバイアス

Common Biases

まずは以下の大企業のリストをご覧いただきたい。

ボーイング	アクサ・グループ
アメリカン・エキスプレス	ベライゾン・コミュニケーションズ
シノペック	HBOS
インテル	IBM
ホーム・デポ	プロクター・アンド・ギャンブル
チャイナ・コンストラクション・バンク	バークレイズ
	サンタンデール銀行
マイクロソフト	BNPパリバ
ペトロブラス	ロイヤルバンク・オブ・スコットランド
AT&T	
クレディ・アグリコル	ウォルマート・ストアーズ
みずほフィナンシャル	エクソンモービル
ソシエテ・ジェネラル	バンク・オブ・アメリカ
エーオン	ゼネラル・エレクトリック
エニ	

ご覧いただいたら，今からリストを見返すことなく，リストにある企業について次の選択肢のいずれが正しいかを答えていただきたい。

　　a．アメリカに本拠を置く企業のほうが多い。
　　b．アメリカ国外に本拠を置く企業のほうが多い。

　もしあなたがアメリカ人で，アメリカ企業のほうが多いと推定したなら，あなたは多数派に属している。この問題に回答したアメリカ人のほとんどが，リストには国外企業よりもアメリカ企業のほうが多く含まれていると答えた。加えて，リストに掲載されている企業の中でアメリカ企業のほうが国外企業よりも大規模であると推定した。

　ところが，この多数派の回答は間違いである。リストには13のアメリカ企業と14の国外企業が掲載されていた。さらに，『フォーチュン』誌の2006年の世界の大企業ランキングによれば，リストに掲載されている中では国外企業のほうがアメリカ企業よりも上位にランクされている。

　なぜ多くの人がアメリカ企業のほうが多いと誤って推定してしまうのだろうか。それは，アメリカ人にとって，アメリカ企業の名前のほうが国外企業よりも馴染みがあり，見分けがつき，記憶に残りやすいからである。

　この種の誤りは第1章で紹介した利用可能性ヒューリスティックによって説明することができる。アメリカ人にとっては，リストを読んだ後に記憶から引き出しやすいのは国外企業よりもアメリカ企業のほうである。そして，自分の記憶にアメリカ企業のほうがたくさん残っているのは，現実世界の正しい反映であると誤って思い込んでしまうのである。利用可能性ヒューリスティックに起因するバイアスを学ぶことで，自らの判断に疑問を投げかけ，その判断を正しい方向に調整することができるようになる。

　第1章で述べたように，人は経験則やヒューリスティックを使うことで意思決定における情報処理の負担を軽減している。ほとんどの場面においては，ヒューリスティックは複雑な問題に対処するための効率的な方法であり，それによってマネジャーは適切な意思決定を下すことができる。しかし一方で，ヒューリスティックの影響によって，人間の判断が系統的なバイアスを帯びる

こともある。このバイアスが発生するのは，意思決定の場面で意思決定者が不適切なヒューリスティックを適用するときである。

第1章では，利用可能性ヒューリスティック，代表性ヒューリスティック，確証ヒューリスティックの3つの一般的なヒューリスティックを紹介したが，本章はそれらと対応関係のある3つの節から構成されている（なお，4つめのヒューリスティックである感情ヒューリスティックについては第5章で論じる）。本章で取り上げる3つのヒューリスティックには，人間がさまざまな問題に対して示す反応を説明するのに使われる12のバイアスが含まれている。本章の目的は，ヒューリスティックが誤って適用されるといとも簡単にバイアスとなってしまうことを示すことによって，読者の意思決定のパターンを「解凍」する手助けをすることにある。ひとたびバイアスの存在に気づくことができれば，あなたは自らの意思決定の質を高めることができるであろう。

　この先の本文を読み進める前に，少し時間を取って表2-1の問題に取り組んでいただきたい。

表2-1　第2章の問題

問題1．1990年から2000年の間のアメリカでの死亡原因について，死亡者数が多い順番に，括弧内に1から5の数字を記入してください。
　　　（　）タバコ
　　　（　）粗末な食事および運動不足
　　　（　）自動車事故
　　　（　）銃器
　　　（　）違法薬物の摂取
　　次に，1990年から2000年の間のそれぞれの死亡原因による死亡者の数を推定してください。

問題2．英語の単語のうち，最初の文字がaである単語の割合は何％でしょうか。

問題3．英語の単語のうち，3番目の文字がaである単語の割合は何％でしょうか。

問題4．リサは33歳で，初めての妊娠中です。彼女はこれから生まれてくる子供がダウン症のような障碍を持っていないかを心配しています。主治医は，「あなたの年齢の母親から生まれてくる子供がダウン症になる確率は1/1000しかないの

だから，あまり心配する必要はありません」と言います。しかし，たとえ確率がわずかでも心配が晴れないので，リサは胎児がダウン症であるかどうかを出生前に検診できるトリプルマーカー検査を受けることを決心しました。この検査はまずまずの精度を持っており，胎児がダウン症を持っている場合は86％の確率で陽性反応を示します。ただしこの検査はまれに偽陽性を示すことがあります。すなわち，生まれてくる子供がダウン症ではなくても，5％の確率で誤って陽性反応が出てしまうのです。リサがトリプルマーカーを受けたところ，結果は陽性でした。この検査結果から，リサの子供がダウン症をもって生まれてくる確率を下記の選択肢から選んでください。

  a．0％〜20％
  b．21％〜40％
  c．41％〜60％
  d．61％〜80％
  e．81％〜100％

問題5．ある都市にふたつの病院があります。大きいほうの病院では，毎日およそ45人の新生児が誕生しています。小さいほうの病院では，毎日およそ15人の新生児が誕生しています。ご存じのように，生まれてくる新生児のうち約50％が男の子です。しかしながら，実際の出生比率は日によって変化します。生まれた男児の比率が50％より高い日もあれば，50％より低い日もあります。
 ふたつの病院では，男児の比率が60％を超えた日を1年間にわたって記録し続けました。そうした日が多く記録されたのはどちらの病院でしょうか（Tversky & Kahneman, 1974より）。

  a．大きいほうの病院
  b．小さいほうの病院
  c．どちらの病院も同じ程度（両者の差は5％以内に収まった）

問題6．あなたと配偶者の間には3人の子供がいて，そのいずれもが女の子です。4人目の子供の出産を控えているあなたは，次に生まれてくる子供が男の子である確率に思いを巡らせています。あなたがた夫婦の子供が次も女の子である確率の推定について最も正しい選択肢はどれでしょうか。

  a．6.25％（1/16）：4人の女の子を連続して授かる確率は1/16だから
  b．50％（1/2）：男女の出生比率はおおよそ50：50だから
  c．6.25％と50％の間のいずれかの確率

問題7．あなたはメジャーリーグのチームの監督で，2005年度の全試合を終えたところです。あなたの最も重要な仕事のひとつは，選手達の来季の成績を予測することです。中でもあなたの目下の関心事は，特定の9人の選手の来季の打率の

予測です。なお打率とは打者を評価する指標のひとつで，0から1の間の値をとり，値が大きいほど，好成績であることを示します。2005年の各選手の打率は分かっており，ここから2006年の打率を予測しなければなりません。下記の表の2006年の予測打率の括弧内にあなたの予測を記入してください。

選手	2005年の打率	2006年の予測打率
1	0.215	( )
2	0.242	( )
3	0.244	( )
4	0.258	( )
5	0.261	( )
6	0.274	( )
7	0.276	( )
8	0.283	( )
9	0.305	( )

問題8． リンダは独身で，率直な物言いをする，頭の回転がとても速い31歳の女性です。大学では哲学を専攻しました。学生時代は，差別の問題や社会正義に関心を持っており，反原子力のデモに参加したことがあります。

下記の8つの記述について，それぞれリンダに関する言及である確率（可能性）を推定して，確率が高い順に1から8の番号を括弧内に記入してください。

( ) a．リンダは小学校の先生である。
( ) b．リンダは書店員で，ヨガの教室に通っている。
( ) c．リンダはフェミニズム運動家である。
( ) d．リンダは精神保健福祉士である。
( ) e．リンダは女性有権者連盟の会員である。
( ) f．リンダ銀行員である。
( ) g．リンダは保険外交員である。
( ) h．リンダはフェミニズム運動家の銀行員である。

問題9． あなたの電話番号の下3桁を書き出して，その先頭に数字の1を加え，4桁の数字を作ってください。そしてその数字を西暦年号だと考えてください。次に，タージ・マハルが完成した西暦年号を推定してください。その年は，あなたが電話番号からつくった西暦年号より何年前，あるいは何年後でしょうか。下の括弧のどちらかに数字を記入してください。

( ) 年前 ( ) 年後

タージ・マハルの完成した西暦年号を推定して，下の括弧内に数字を記入してください。

( ) 年

問題10. 次の３つの事象の中で，起こる確率が最も高いのはどれですか。また，二番目に高いのはどれですか。

  a．カバンの中に何個かのビー玉が入っていて，その50％が赤色で50％が白色である。カバンからビー玉をひとつ取り出したときに，それが赤色である確率。
  b．カバンの中に何個かのビー玉が入っていて，その90％が赤色で10％が白色である。カバンからビー玉をひとつ取り出して，それをカバンの中に戻してからまたビー玉を引くという作業を７回繰り返したときに，７回とも赤色のビー玉を引く確率。
  c．カバンの中に何個かのビー玉が入っていて，その10％が赤色で90％が白色である。カバンからビー玉をひとつ取り出して，それをカバンの中に戻してからまたビー玉を引くという作業を７回繰り返したときに，少なくとも１回は赤色のビー玉を引く確率。

問題11. 下記の10個の数量について，いかなる情報源も参照することなく，あなたが最も正しいと思う数値を推定して括弧内に記入してください。次に，98％の確率でその範囲に正解が含まれると思われる上限と下限の数値をそれぞれの欄に記入してください。

  推測値 下限 上限
  （ ）（ ）（ ）a．ウォルマート社の2006年の収益
  （ ）（ ）（ ）b．マイクロソフト社の2006年の収益
  （ ）（ ）（ ）c．2007年７月の世界の人口
  （ ）（ ）（ ）d．2007年７月６日のベスト・バイ社の時価総額
     （時価総額は，株価と発行済み株式数を掛けあわせて算出される）
  （ ）（ ）（ ）e．2007円７月６日のハインツ社の時価総額
  （ ）（ ）（ ）f．2006年の「フォーチュン500」におけるマクドナルド社の順位
  （ ）（ ）（ ）g．2006年の「フォーチュン500」におけるナイキ社の順位
  （ ）（ ）（ ）h．2005年のアメリカ国内の自動車事故による死亡者数
  （ ）（ ）（ ）i．2007年７月のアメリカ政府の国債残高
  （ ）（ ）（ ）j．2008年度のアメリカ政府の予算

質問12. 野球選手のあるシーズンの打率と翌シーズンの打率との関係として適切な記述は，次の４つの選択肢のうちのどれでしょうか。

  １．相関関係はない（相関係数は０）：打率は全く予測不能であり，前年

の打率は翌年の打率を予想する上で役に立たない。
2．弱い相関関係がある（相関係数は約0.4）：前年の打率から翌年の打率を多少は予測することができるが，打率には他にも数多くのランダムかつ予測不能な要因が影響する。
3．強い相関関係がある（相関係数は約0.7）：前年の打率から翌年の打率をかなりの精度で予測できる。ただし，他にもわずかにランダムな要因が作用している。
4．完全な相関関係がある（相関係数は1）：選手の成績は年を経ても固定的であって，ある年に最も高い打率を出した選手の翌年の打率は，やはり最も高くなる。

第1節 ——— 利用可能性ヒューリスティックに由来するバイアス

◆バイアス1：記憶の鮮明さと新しさに基づく想起の容易性（ease of recall）

問題1．1990年から2000年の間のアメリカでの死亡原因について，死亡者数が多い順番に，括弧内に1から5の数字を記入してください。
（　）タバコ
（　）粗末な食事および運動不足
（　）自動車事故
（　）銃器
（　）違法薬物の摂取
次に，1990年から2000年の間のそれぞれの死亡原因による死亡者の数を推定してください。

『米国医師会雑誌』の掲載論文（Moddad, Marks, Stroup, & Gerberding, 2004, p.1240）のデータでは，上記の死亡原因のリストの中で，タバコによる死者が最も多く，違法薬物摂取による死亡者数が最も少なかったと聞くと，意外に思われるかも知れない。たとえあなたの付けた順位が正解であったか，もしくは正解に近かったとしても，あなたは上位のふたつの原因による死亡者数と下位の3つの原因による死亡者数の間にある隔たりについては過小評価していることだろう。死亡原因の第1位であるタバコによる死亡者数は年間43万

5000人，死亡原因の第2位である粗末な食事および運動不足による死亡者数は年間40万人に及んでいるのに対し，死亡原因の第3位は4万3000人，第4位は2万9000人，第5位は1万7000人にすぎない。自動車事故や銃器，違法薬物摂取を原因とする死亡は人には鮮明に感じられるので，大きく報道される。メディアで頻繁に取り上げられる情報は，私達にバイアスとしてはたらきかけ，死亡原因の下位の3つのほうが上位のふたつよりも多く発生しているかのように知覚される。その結果，私達はタバコや粗末な食事および運動不足による死亡を低く見積もる一方で，自動車事故や銃器，違法薬物摂取による死亡を高く見積もってしまうのである。

　以上のように，日常生活の意思決定は情報の鮮明さの影響を強く受けている。多くの人がエイズは非常に危険な病気であることを知っているが，エイズへの感染防止に関する確実な情報に対しては目をつぶっている。ところが1991年の冬，真実かどうか不明なひとつの鮮明な情報によって，ダラスの人々の性行動は劇的な影響を受けた。それは身も凍るようなインタビューであった。C.J.と名乗るダラスの女性が，自分にエイズを感染させた男性に復讐するために，性行為を通じてエイズを広めようとしていると発言したのである。この生々しいニュースがローカルのニュース番組で流されると，エイズの講習会への参加者が劇的に増え，エイズはダラスのテレビのトーク番組の主要な話題となり，HIV検診の受診者が市内で急増した。C.J.がとったとされる行為が人々の関心を集めたのはもっともなことであるが，エイズに関する健康リスクの大半はこの女性の行為の結果ではないことは明白である。エイズに関心を向けるべき重要な理由はもっと他にたくさんある。にもかかわらず，C.J.に関する生々しい報道が，他の利用可能な山のような情報よりも大きな影響を人々の行動にもたらしたのである。

　利用可能性ヒューリスティックが示しているのは，それぞれの出来事がどれほど一般的であるかについての私達の推論は，その出来事の具体例がどれだけ思い出しやすいかに基づいているということである。Tversky & Kahneman (1974) に，そのバイアスの存在を示す実験結果が記述されている。その実験では，参加者に対して男女の有名人の名前が書かれたリストが読み上げられた。参加者はふたつの群に分けられていて，それぞれが聞かされたリストの中

身は異なっていた。一方のリストには数の上では男性の名前のほうが多く含まれていたが，知名度の点では女性のほうが男性を上回っていた。他方のリストは逆に，数の上では女性の名前のほうが多かったが，知名度では男性のほうが女性よりも上であった。名前の読み上げが終わった後に，両群の実験参加者は，リストの中ではどちらの性別のほうが多かったかと尋ねられた。すると両群とも，より有名な人が含まれていたほうの性別が多かったと誤った回答をした。参加者は明らかに，印象深く馴染みのある名前に対して，そうではない名前よりも注意を向けており，それが原因となって誤った判断をしてしまったのである。

この実験で用いられた情報の鮮明さの例はまったくもって無害なものである。しかし，現場のマネジャーが利用可能性ヒューリスティックの影響を受けて，当該企業に弊害をもたらしうる意思決定を下してしまう実例を見つけるのは困難なことではない。以下の事例は筆者らが指導するMBAの学生から寄せられたものである。彼はある企業で調達の業務に携わっていた。あるとき，いくつかの調達先候補の中から1社だけ選定する必要に迫られたので，社名に馴染みがあった企業を選んだ。ところが後になって，その社名が自分の記憶に強く残っていたのは，その企業が複数の取引先に資金提供を強要していたという悪評によるものだったことに気がついたのである。

上司による部下の人事考課も往々にして利用可能性ヒューリスティックの影響を受ける。部下の行動でひときわ印象的な事例は，良いことでも悪いことでも，日常的で平凡な多くの出来事よりも容易に思い出すことができる。そのため，そうした記憶のほうが人事考課の際に重みを持つことになる。出来事の新近性もまた要因のひとつである。人事考課期間が1年の場合は，その1年間の最後の3ヵ月のほうがその前の9ヵ月の評価よりも記憶の中で利用可能性が高いので，前者のほうにより重みを置いてしまう。

Schwarz & his colleagues (1991) には，利用可能性ヒューリスティックによってもたらされる可能性のあるバイアスに関する優れた実験が報告されている。それは，実験参加者に自分の見解の正しさの度合いを評価させるというものであった。ある群の参加者は，自分の見解の正しさを支持する実例を6個挙げるという比較的容易な課題を与えられた。もうひとつの群の参加者は，同様

の実例を12個挙げるという比較的骨の折れる課題を与えられた。リストを埋めるのに苦労したのは，課題が困難な後者のほうであった。そして実験結果は利用可能性ヒューリスティックに基づく予想と一致していた。すなわち，後者のほうが実例をたくさん挙げることができたにもかかわらず，自分の見解への自信の度合いは低かったのである。要求された数の実例を挙げるという作業に困難を感じた度合いが高かった分だけ，自分の主張が実は正しくないのではないかという推論に傾いてしまったのである。

同様に，ある研究によれば，自然災害に見舞われたばかりの人は，まだ災害に遭っていない人に比べて，その災害の被害を補償する保険に加入しやすい (Kunreuther, 1978; Simonsohn, Karlsson, Loewenstein, & Ariely, 2008)。このような行動パターンは，ある種のリスクに関しては賢明かもしれない。ハリケーンの被災を経験することによって，自分の財産が思っていたよりもハリケーンに対して脆弱であることに気づき，また気象変動によってハリケーンのリスクがますます高まっていることに思いあたるということもあるだろう。しかし，それは地震保険への加入の流行に関してはあてはまらない。なぜなら，地質学者によれば，地震が一度起こったら，その周辺に再度地震が来る確率はしばらくの間低下するからである。

それにもかかわらず，地震を経験した人はその直後に地震保険に加入しようとする (Lindell & Perry, 2000; Palm, 1995)。それは，実際はその地域で新たな地震が発生するリスクは減少するのだが，ひとたび地震を経験した人々の心の中では地震のリスクが鮮明かつ強烈に思い描けるようになるためである。

記憶や直近の経験が私達の意思決定に大きな影響を与えることは驚くほどのことではないかもしれない。にもかかわらず，私達が自分の心理過程について，また利用可能性が自分の記憶の想起や予測や判断に大きな影響を及ぼしていることについて，いかに無知であるかを発見することは興味深いものがある。

◆バイアス2：記憶構造に基づく検索容易性（retrievability）

　問題2．英語の単語のうち，最初の文字がaである単語の割合は何％でしょうか。

　問題3．英語の単語のうち，3番目の文字がaである単語の割合は何％でしょうか。

　多くの人が，3文字目がaの英単語よりもaから始まる単語のほうが多いと推測する。しかし実際はその逆である。aから始まるのは英単語のおよそ6％なのに対して，3文字目がaの英単語は9％を超える。多くの人が誤った推定をしてしまうのはなぜだろうか。それは私達が記憶の中から単語を思い出すときに，頭文字を使うほうが3文字目を使うよりも思い出しやすいからである（Tversky & Kaheman, 1973）。実際に自分で思い出そうとしてみるとわかる。aから始まる単語のほうが比較的思い出しやすいために，私達はaから始まる単語の頻度を過大に見積もってしまうのである。
　Tversky & Kahneman（1983）は，この検索容易性について実験をおこなった。7文字の英単語のうちで6字目がnの単語の割合がどのくらいあるかを実験参加者に尋ねたところ，7文字の英単語で末尾がingで終わる（より記憶しやすい）単語よりも少なく見積もった。しかしながら，この回答は誤りである。ingで終わる7文字の単語であれば6文字目は必ずnなのだから，ingで終わる単語のほうが多いことはありえない。Tversky & Kahneman（1983）によれば，ingは接尾辞としてありふれているので記憶から引き出しやすいのに対して，6文字目がnである単語はグループとしてくくられて認識されにくいために想起しにくいのである。
　事物の構造が人間の探索方略に対応してつくられていることもある。たとえば，小売店の商品の配置は顧客が商品を探す際に思い出しやすいように配置されている。なぜ複数のガソリンスタンドが同じ交差点に店を構えているのか。なぜ高級小売店が同じショッピングセンターに出店しようとするのか。都市部の大型書店が互いに目と鼻の先に建っているのはなぜか。こうしたパターンができるのは，消費者が心の中で特定の商品やそれを売る店を特定の場所と結びつけて記憶しているからである。来店者数を最大限に増やすためには，小売業

者は，消費者が特定の商品やそれを売る店を結びつけて記憶している場所に立地する必要があるだろう。

　時には，人間のこうした情報の検索方法が有効に働かない場合もある。たとえば，マネジャーが新規採用の候補者を探すときには，自分の人脈を利用するのが常である。もし広く公募することになれば何百通もの履歴書に目を通さなければならないが，人脈を利用すればその手間を減らすことができて，厳選された探索ができる。しかし人脈を通して推薦されるのは，社会的背景や育った文化，受けた教育がそのマネジャーと似通った人材である。それゆえ，差別を意図していなくても，大卒の白人男性ばかりが中核をなしている企業は，やはり大卒の白人男性を採用する傾向を強めていくのである（Petersen, Saporta, & Seidel, 2000）。

　想起可能性と検索容易性が示すのは，利用可能性ヒューリスティックを誤って適用すると，経営上の判断において系統的な過ちをおかしうるということである。私達は，自分の利用可能な記憶が，自分の経験の及ばない広い世の中の出来事を正確に反映していると，無邪気に仮定してしまう。心に浮かぶ選択肢の中で最も利用可能性の高いものを選んでしまうという落とし穴に陥らないためには，どういうときに直観が誤った方向に私達を導いてしまうのかを理解する必要がある。

第2節　──　代表性ヒューリスティックに由来するバイアス

◆バイアス3：基準比率の無視（insensitivity to base rates）

　問題4．リサは33歳で，初めての妊娠中です。彼女はこれから生まれてくる子供がダウン症のような障碍を持っていないかを心配しています。主治医は，「あなたの年齢の母親から生まれてくる子供がダウン症になる確率は1/1000しかないのだから，あまり心配する必要はありません」と言います。しかし，たとえ確率がわずかでも心配が晴れないので，胎児がダウン症であるかどうかを出生前に検診できるトリプルマーカー検査を受けることを決心しました。この検査はまずまずの精度を持っており，胎児がダウン症を持っている場合は86％の確率で陽性反応を示します。ただしこ

の検査はまれに偽陽性を示すことがあります。すなわち，生まれてくる子供がダウン症ではなくても，5％の確率で誤って陽性反応が出てしまうのです。リサがトリプルマーカーを受けたところ，結果は陽性でした。この検査結果から，リサの子供がダウン症を持って生まれてくる確率を下記の選択肢から選んでください。

　　a．0％〜20％
　　b．21％〜40％
　　c．41％〜60％
　　d．61％〜80％
　　e．81％〜100％

　あなたはどのようにして自分の答えにたどり着いただろうか。大多数の人と同じように考えたのなら，リサの子供がダウン症である確率はかなり高いと見積もったであろう。何と言っても，トリプルマーカー検査が正しい結果を示す確率は86％もあるのだから。

　この論理の間違いは，「基準比率（base rate）」を考慮していないところにある。基準比率とはこの場合は，すべての出生児の中でのダウン症の子供の比率を指す。具体的には，リサの年齢で検査を受けた女性が1000人いたとしたら，ダウン症の子供を産む女性はそのうち1人の割合であるというのが基準比率にあたる。そしてその女性が検査で陽性になる確率は86％である。残りの999人が産む子供はダウン症ではないが，その中の5％は検査で擬陽性を示すので，結果的に50人近く（1000人×5％＝49.95人）の出生児が，ダウン症ではないのにもかかわらず陽性を示してしまう。したがって，生まれてくるリサの子供がダウン症である正しい確率は，0.86人÷（0.86人＋49.95人）＝1.7％という値になる。ところが代表性ヒューリスティックで簡易な推定をすると，リサの検査結果という個別のケースだけに目が行ってしまい，その背後にあるダウン症の基準比率やその他の関連事項を見落としてしまうのである。

　こうした傾向は，個別の情報が鮮明で目をひきつけるときに，さらに強まってしまう。1972年に始まるKahneman & Tverskyの一連の研究にそれが示されている。彼らの実験では，参加者は，ある人物について，「パズルが好きで，数学志向を持ち，内向的な性格である」という情報を与えられた。参加者はふたつの群に分けられ，片方の群の参加者は，「この記述は70名の技術者と30名

の弁護士の性格記述の中のひとつである」と伝えられた。もう片方の群の参加者は,「この記述は30名の技術者と70名の弁護士の性格記述の中のひとつである」と伝えられた。その上で参加者は,この人物が弁護士ではなく技術者である確率を推定するように求められた。参加者の多くは,この僅かな記述だけでは,彼が技術者であるか弁護士であるかを識別するのに十分な情報とは成りえないと認めながらも,どちらかといえば彼は技術者であろうと推定した。両群に与えられた情報に含まれていた技術者の占める基準比率の違い(母集団のうちの70%か30%か)は参加者の回答にはあまり影響を及ぼさなかった。

　一方で基準比率以外の情報が与えられていない状況では,実験参加者は基準比率を正しく活用した (Kahneman & Tversky, 1972)。具体的には,人物に関する性格描写が与えられない場合は,参加者は基準比率を分別よく利用し,母集団に弁護士が多い場合は弁護士である確率を高く見積もったのである。このように,人は基準比率の情報の妥当性を正しく理解できているが,個別的な情報を与えられるとそれに目が奪われて基準比率に注意を払わなくなってしまうのである。

　基準比率の無視が不幸な結果をもたらす事例はたくさんある。起業を構想中の人は,自分の事業が成功するという未来図を思い描くのに時間を費やす一方で,事業が失敗する可能性についてはほとんど考慮しない (Moore, Oesch, & Zietsma, 2007)。起業家は,事業が失敗する基準比率は自分には当てはまらないと考えるので,結果的にその多くが老後の蓄えまで失ってしまうのである。同様のことが離婚にもあてはまる。配偶者と離婚するとなると,その過程で精神的苦痛を抱える人が多い。結婚の前に婚前契約を結んで,いざというときには結婚生活が平和的に解消できるようにしておけば,その苦痛の多くを防ぐことができるだろう。婚前契約を提案するのは不誠実の証であると見られることが多いという事情もあるにせよ,婚前契約が結ばれない結婚がほとんどであるという現状は,世間では離婚する夫婦が多いという基準比率が自分達には当てはまらないという誤った信念によるものである。

◆バイアス4:サンプルサイズの無視 (insensitivity to sample size)

　問題5.ある都市にふたつの病院があります。大きいほうの病院では,毎日お

よそ45人の新生児が誕生しています。小さいほうの病院では，毎日およそ15人の新生児が誕生しています。ご存じのように，生まれてくる新生児のうち約50％が男の子です。しかしながら，実際の出生比率は日によって変化します。生まれた男児の比率が50％より高い日もあれば，50％より低い日もあります。

ふたつの病院では，男児の比率が60％を超えた日を1年間にわたって記録し続けました。そうした日が多く記録されたのはどちらの病院でしょうか（Tversky & Kahneman, 1974より）。
　a．大きいほうの病院
　b．小さいほうの病院
　c．どちらの病院も同じ程度（両者の差は5％以内に収まった）

　この問題では多くの人がcを選択する。男児の比率が60％以上になる日の数はどちらの病院でも同程度だと思っているのである。ランダムな事象がどちらかに60％も偏るのがどれだけ珍しいことであるかについて，人々は何らかの基本的な考え方を持っているようである。ところが統計学は，大きい病院よりも小さい病院のほうが，男の子の比率が60％を超える日が多いことを教えている。このような現象は簡単に説明できる。次の問題を例にして考えてみよう。コインを3回投げたときに表が出た回数の比率が60％を超えるのと，コインを3000回投げたときに表が出た回数が60％を超えるのとでは，どちらが起こりやすいだろうか。コインを3回投げるケースでは，表の比率が60％を超える確率は2分の1である。コインを10回投げたときに表の比率が60％を超える確率は17％になり，コインを3000回投げたときに表の比率が60％を超える確率はわずか0.000001（100万分の1）になる。ところが大半の人は，ふたつの病院で男の子が60％を超えて生まれる確率は同じだと判断してしまう。これがサンプルサイズの無視である。

　サンプルサイズが重要であることは統計学の基本であるが，Tversky & Kahneman（1974）によれば，人々の直観の中にサンプルサイズはほとんど含まれていないようである。なぜそんなことになっているのだろうか。サンプリングによって問題を解くときに，私達はたいてい代表性ヒューリスティックを用いる。例えば，ランダムな事象において，新生児の60％が男の子であることがどれだけ代表的だろうかと考える。その結果，正確な予測をするためにはサ

ンプルサイズが決定的に重要な意味を持つにもかかわらず，それは無視されてしまうのである。

　広告戦略にとって，このバイアスがもたらす意味合いについて考えてみよう。マーケットリサーチの専門家は，サンプルサイズが大きいほうが正確な予測ができると知っていながら，クライアント企業のために，消費者のバイアスを悪用することがある。「調査した歯科医の5分の4が，ガムをかむ自分の患者にシュガーレスガムを推奨しました」というぐあいである。調査の対象になった歯科医の正確な数を述べないかぎり，調査結果の報告は無意味である。5名や10名ほどの歯科医しか調査対象になっていないとしたら，そのサイズのサンプル調査の結果を歯科医全体に当てはめることはできない。

◆バイアス5：確率の誤認知（misconceptions of chance）

　問題6．あなたと配偶者の間には3人の子供がいて，そのいずれもが女の子です。4人目の子供の出産を控えているあなたは，次に生まれてくる子供が男の子である確率に思いを巡らせています。あなたがた夫婦の子供が次も女の子である確率の推定について最も正しい選択肢はどれでしょうか。
　　　　a．6.25%（1/16）：4人の女の子を連続して授かる確率は1/16だから
　　　　b．50%（1/2）：男女の出生比率はおおよそ50：50だから
　　　　c．6.25%と50%の間のいずれかの確率

　この問題を考えるとき，たいていの人は代表性ヒューリスティックに頼るので，4人連続で女の子が生まれるのは滅多にないことだという強い直観を抱く。そのため，次に生まれてくる子供が女の子である確率は50％より低いはずだと考えがちである。この推定が見落としているのは，赤ちゃんの性別は偶然によって決まるということである。性別を決めるのは精子であるが，その精子にとっては，この夫婦がこれまでに何人の女の子を授かったかは与り知らぬことである。

　問題6は，人々はランダムに「見える」出来事をランダムで「ある」とみなすということを示したKahneman & Tversky（1972）の実験とも通じている。その実験では，参加者は，コインを6回投げたときに，表-裏-表-裏-裏-

表の順で出る確率は，表-表-表-裏-裏-裏の順（A）で出る確率や，表-表-表-表-裏-表の順（B）で出る確率よりも高いとあたりまえのように判断した。なぜなら，Aはランダムに「見えない」からであり，またはBは表と裏が半々であるという比率を代表していないからである。もちろん，基本的な統計学を使えば，独立したランダムな事象において，この3つのパターンが生じる確率はすべて同じであることがわかる。

問題6は，ランダムな事象とランダムでない事象が最後には釣り合うという間違った考えを私達が抱きがちであることを顕わにしている。4人目の赤ちゃんは男の子だろうか。もしかするとそうかもしれない。しかしその確率は，過去に女の子が生まれ続けたこととは何の関係もないのである。

確率認知の誤りについて考える際の論理によって，「ギャンブラーの錯誤（gambler's fallacy）」も説明できる。ポーカーで弱い役を10回連続で引いたギャンブラーは，次こそは良い役を引く「はずだ」と信じる。ある女性は，いつも同じ番号のペンシルバニア州の宝くじを買い続けていたが，それで1000ドルを当てた後は別の番号で買うようになった。同じ番号のくじがもう一度当たる確率はどう見たってほとんどゼロではないかしら，というわけだ。Tversky & Kahneman（1974）は，「一般人は，確率は自動修正されるものだと思っている。ある方向に偏向すると，次は均衡を回復するためにそれとは反対の方向に偏向すると考える。ところが実際は，偏向が確率過程で修正されることはない。単に薄められるだけである」と指摘している。

先ほどの例において，人は確率は均衡するものだと考えていると述べた。しかし，ある状況においては，人の心は確率の在り方について全く逆の方向の誤解を抱く。たとえば，バスケットボールのようなスポーツにおいて，私達は，ある選手に「ホットハンド（hot hand）が来ている」とか，「火がついた」（訳註：いずれも好調であることのたとえ）と考えることがある。仮にあなたのお気に入りの選手が4回続けてシュートを成功させたとしよう。彼の次のシュートが成功する確率は，彼の普段のシュートの成功確率よりも高いだろうか，低いだろうか，それとも同じだろうか。多くのスポーツファンや解説者や選手自身は，「普段よりも高い」と信じている。

この考えが正しいことを示す生物学的な，あるいは精神的，身体的な理由は

いくつでも挙げられそうである。ところが，それは間違った考えである。Gilovich, Vallone, & Tversky（1985）が，北米のプロバスケットボールリーグであるNBAのフィラデルフィア・セブンティシクサーズとボストン・セルティックスの選手のシュートについて広範な分析をおこなったところ，直前のシュートが成功だったかどうかは，次のシュートの成功確率に影響を及ぼさないという結論に至ったのである。

　本書で示される幾多の科学的な研究成果の中でも，経営学を学ぶ学生が最も受け入れ難く感じるのが，この「ギャンブラーの錯誤」である。私達の誰もが，野球選手の誰かの5打席連続ヒットを記憶している。成功の連続という現象は，スポーツの確率に関する私達の認識の一部をなしている。一方で私達の心は，「4回連続シュート成功」を「5回目のシュートを失敗」という状況として考えることはない。その結果として私達は，実際には単なる確率（この場合は選手の通常の成功確率）的な事象であるにもかかわらず，それが連結されたひとまとまりの事象であると誤解してしまうのである。

　ホットハンドというものがあるという信念を人間が抱くのは，人間がパターンを見つける能力に長けていることに由来する。私達は最も高性能でパワーのあるコンピューターよりもずっと高い精度で顔を認識したり，崩れた手書き文字を読み取ったり，不明瞭な話し言葉を理解したりすることができる。しかしこの能力ゆえに，時として，パターンがないところにもパターンを見出してしまうことがある。多くのスポーツファンの熱い信念とは裏腹に，成績が数字で残るスポーツを対象とした何千もの分析によって，ホットハンドのような現象は存在せず，選手の成績にあるのは確率が生み出すパターンとランダムネスがもたらす連続であり，あとはその選手の技術と運がいくぶん影響しているだけであることが明らかにされてきた（Reifman, 2007を参照）。

　ホットハンドがあるという信念を選手が抱いていることは，試合における選手の戦い方について興味深い見方を提供してくれる。たとえばバスケットボールでは，ホットな選手にボールを回すことが一般に良い戦略であるとして支持を受けている。同様に，相手方の選手は，ホットな選手に対してガードを集中している。そうなると，ホットとは見られていないが，同じ力のある他の選手のほうが執拗なガードを受けていない分だけ得点を挙げる可能性が高いかもし

れない。したがって，ホットハンド信仰は単に誤りであるだけではなく，それに影響を受けて意思決定を下すと不利益を被る可能性がある。

確率に関する誤解はギャンブラーやスポーツファンや素人だけが陥るものではない。Tversky & Kahneman（1971）によれば，心理学者であっても"少数の法則（law of small numbers）"（試行回数や標本数が少ないのに，大数の法則が当てはまると誤って考えてしまうこと）の罠にはまってしまう。つまり，サンプルに採った現象がその母集団を正確に代表していると，基本的な統計学の許す範囲を超えて過大に信じてしまう傾向があるのである。科学者は往々にして，最初に採ったサンプルから得られた結果に過大な信頼を置いてしまって，その発見が母集団にも当てはまると著しく過大評価してしまう。代表性ヒューリスティックは私達の意思決定のプロセスにあまりにも深く浸透しているので，科学的なトレーニングを受けたり適切な統計の扱い方を力説されたりしたくらいでは，そのヒューリスティックから生まれるバイアスの影響を排除することはできないのかもしれない。

◆バイアス6：平均への回帰（regression to the mean）

問題7．あなたはメジャーリーグのチームの監督で，2005年度の全試合を終えたところです。あなたの最も重要な仕事のひとつは，選手達の来季の成績を予測することです。中でもあなたの目下の関心事は，特定の9人の選手の来季の打率の予測です。なお打率とは打者を評価する指標のひとつで，0から1の間の値をとり，値が大きいほど，好成績であることを示します。2005年の各選手の打率は分かっており，ここから2006年の打率を予測しなければなりません。

下記の表の2006年の予測打率の括弧内にあなたの予測を記入してください。

選手	2005年の打率	2006年の予測打率
1	0.215	（　　）
2	0.242	（　　）
3	0.244	（　　）
4	0.258	（　　）
5	0.261	（　　）

6	0.274	(	)
7	0.276	(	)
8	0.283	(	)
9	0.305	(	)

　選手ひとりひとりの具体的な情報がないところで，あなたはどうやって予測を立てるだろうか。この問題へのあなたの回答は，あなたが打率をどの程度まで予測可能なものであると考えているかによって違ってくる。そしてあなたの考えは問題12へのあなたの回答に表れている。あなたがもし，打率というものは例年変わらないものだと考えているのだとしたら，各選手の打率は前年と全く同じになると予想するだろう。もし前年の各選手の打率は翌年の打率を予測するうえで役に立たないと考えるのであれば，あなたはどの選手の打率も昨年のチーム平均打率の0.262と同程度になると予測するだろう。

　たいていの人は，ある年とその翌年の野球選手の成績や企業の業績は完全に相関しているわけではないことを理解している。厳密には，統計学の基本的な原則によれば，極端な成績は時の経過と共に平均に回帰することになる。ある年に幸運に恵まれた野球選手や企業は，翌年も同じように幸運が訪れると期待することはできない。ところが実際に成績や業績を予測する段になると，多くの人がそのように体系的に考えることができない。実験では，問題7に回答した人の多くが，野球選手の2006年度の打率は前年度とほとんど同じだろうと予測した。

　両者の関係は本当のところどうなっているかというと，メジャーリーガーのある年の打率とその翌年の打率の相関関係を統計学的に計算した結果，相関係数はわずか0.4にすぎなかった。問題7の表に掲載されたデータは，メジャーリーグのシカゴ・カブスに2005年から2006年までの間に実際に在籍していた9人の選手のものである。次の表2-1は各選手の名前と実際の2005年と2006年度の打率を示している。

　2005年と2006年の各選手の打率の相関関係は0.39であり，これはカブスが所属するナショナル・リーグの全選手の同じ期間の相関関係とほぼ同じであった。表2-1を見ると，平均から外れた打率は翌年になると平均に近づいているのに気づくだろう。前年の成績が特に劣っていた選手の打率は向上し，特に優れ

表2-1

選　手	2005年	2006年
コリー・パターソン	0.215	0.276
ヘンリー・ブランコ	0.242	0.266
トッド・ホランズワース	0.244	0.246
ジェレミー・バーニッツ	0.258	0.230
ジェリー・ヘアストン	0.261	0.207
ナイフィ・ペレッツ	0.274	0.254
マイケル・バレット	0.276	0.307
ノマー・ガルシアパーラ	0.283	0.303
トッド・ウォーカー	0.305	0.277

ていた選手の打率は低下している。

　以上のことから，もしあなたが問題7について，2006年の各選手の打率が2005年のチームの平均打率に近いものになると予測していたら，あなたの予測はたいへん優れていたということになる。さらに，2005年のチーム平均打率とその選手の2005年の打率を等しく重み付けて2006年の打率を予測したならば，あなたの予測はさらに優れていただろう。

　結果に偶然の要素が介在する事象はすべて，平均への回帰が起こる。天賦の才に恵まれた人には，それほどでもない兄弟姉妹がいるものである。背の低い両親の子供は両親よりも背が高い傾向がある。1年目に傑出した成績をあげた新人は，翌年は同じような成績をなかなか残せない（いわゆる2年目のジンクス）。ある年に高収益をあげた企業は，翌年はなかなか同じような業績を残せない。しかしいずれのケースにおいても，人々は平均への回帰という予測しうる結果を目の前にして驚くことが多い。

　平均への回帰という概念は統計学の基本法則のひとつであるにもかかわらず，人間の直観に反しているのはなぜだろうか。Kahneman & Tversky（1973）によれば，代表性ヒューリスティックによって，人間の判断におけるこの系統的なバイアスが説明できる。人はたいていの場合，未来の出来事（たとえば今年度の売上高）は過去の出来事（昨年度の売上高）から直接予測できると考えている。それゆえに私達は，将来の出来事は過去のデータと完全な相関を持っているものとみなして素朴に予測を立てるのである。

　まれにしか起こらないような状況下であれば，平均への回帰を直観的に予測

できることがある．2001年にバリー・ボンズが1シーズンで73本ものホームランを打ったときには，彼が翌年も同じような成績を挙げると考えた人はほとんどいなかった．同様に，ウィルト・チェンバレンがバスケットボールの1試合で100ポイントもの得点を挙げたときに，おおかたの人は，次の試合でも彼が同じくらいの得点を挙げるとは思わなかった．これまでずっと成績が3.0だった子供が，ある学期に4.0の成績をもらってきても，両親はその子が次の学期でも同じ成績を挙げるとは期待をしないだろう．同様に，不動産の営業員が1ヵ月に5件の物件を売っても（これは異常なほど高い成績である），彼の同僚は，彼が翌月も同じような高い営業成績を出せるとは期待しない．このようなケースで平均への回帰を直観的に捉えることができるのはなぜだろうか．私達は，極端な成績は長続きしないこと知っており，稀にしか起こらないような状況下では成績は平均に回帰すると予測する．一方で，極端ではないケースにおいては平均への回帰を直観的に捉えることができないのである．

　平均への回帰に関する誤解ゆえに，教育において罰の効果が過大に評価されて報酬の効果が過小に評価されている．それを示す古典的な事例がKahneman & Tversky (1973) に記述されている．飛行訓練の経験豊富な教官は，「訓練生が特別にスムーズな着陸をしたときにそれを褒めると，次の着陸はあまり上手にいかない傾向がある．雑な着陸をしたときにそれを厳しく叱ると，次の着陸はうまくできる」と口を揃えた．そこから教官達は，褒めることは訓練生の学習を阻害し，叱ることで学習が促進されると結論づけていた．もちろん，この飛行訓練の出来事も平均への回帰という視点から説明が可能である．教官の言葉によるフィードバックは，訓練生の成績にはおそらく何の影響も与えていないはずである．ところが，教官達の意思決定にはバイアスがかかっているので，正の強化（報酬）よりも罰のほうが効果が高いという誤った結論に至ってしまいがちなのである．

　職場のマネジャーが平均への回帰を正しく理解できなかった場合には何が起こりうるだろうか．ある人事評価期間において傑出した高成績を残した従業員を考えてみよう．本人（とその上司）は次の期も同じような高い業績を挙げられると不適切な予測をしてしまうかもしれない．その従業員の業績が平均への回帰を起こしたらどうなるだろうか．本人（とその上司）は，当初の業績目標

が達成できなかったことについて言い訳を始めることだろう。物事は平均に回帰するものだということをマネジャーが正しく理解できていないと，将来について誤った予測を立てて，それに基づいて不適切な計画を立ててしまう。同様に従業員の成績についても不適切な予測を立ててしまうだろう。

◆バイアス7：連言錯誤（conjunction fallacy）

問題8．リンダは31歳独身で，率直な物言いをする，頭の回転がとても速い独身の女性です。大学では哲学を専攻しました。学生時代は，差別の問題や社会正義に関心を持っており，反原子力のデモに参加したことがあります。

下記の8つの記述について，それぞれリンダに関する言及である確率（可能性）を推定して，確率が高い順に1から8の番号を括弧内に記入してください。

（　）a．リンダは小学校の先生である。
（　）b．リンダは書店員で，ヨガの教室に通っている。
（　）c．リンダはフェミニズム運動家である。
（　）d．リンダは精神保健福祉士である。
（　）e．リンダは女性有権者連盟の会員である。
（　）f．リンダは銀行員である。
（　）g．リンダは保険外交員である。
（　）h．リンダはフェミニズム運動家の銀行員である。

あなたのつけた順位からcとfとhを取り出して，3つの中での順位をみてみよう。多くの人がcをhよりも上位に，hをfよりも上位に位置づける。このc-h-fという順番は，リンダの短いプロフィールにおいてそれぞれの記述がどれだけ代表的であるのか度合いを反映している。リンダのプロフィールは，Tversky & Kahnemanによって，活動的なフェミニストの代表的な特徴である一方で，銀行の窓口係の典型的な特徴からは懸け離れているようにあつらえられたものである。ここで代表性ヒューリスティックの説明を思い起こしていただきたい。人々は個別の物事についての記述を，それが含まれるカテゴリーについて自分が心の中に抱いている特徴と一致している度合いに応じて拡張して判断の材料にしているのである。

リンダのプロフィールは,「フェミニズム運動家である銀行員の典型」というよりは「フェミニズム運動家の典型」に近く,かつ「銀行員の典型」というよりは「フェミニズム運動家である銀行員の典型」に近い。代表性ヒューリスティックの視点に立つことで,なぜ多くの人が c - h - f の順番で回答するのかが説明できる。

代表性ヒューリスティックは,人間の意思決定にもうひとつの一般的で系統的なゆがみをもたらす。それは「連言錯誤（conjunction fallacy）」である（Tversky & Kahneman, 1983）。これはリンダについての潜在的な記述を再検討することで浮き彫りとなる。確率に関する最も単純で最も重要な法則の中に,下位集合（たとえば,銀行員でありかつフェミニストであること）の確率は,その下位集合を包含する関係にある上位集合（たとえば銀行員であること）の確率より大きくなりえないという法則がある。言い換えると,フェミニズム運動家の銀行員は,必ず銀行員でもあるので,フェミニズム運動家の銀行員である確率が,銀行員である確率より大きくなることはありえない。さらに言い換えると,連言（「AかつB」のような複数の記述子の連結）事象の生起確率が,単独の記述子の生起確率を上回ることはない。フェミニズム運動家の銀行員はすべて銀行員に含まれるのである。ところが連言のほうがより代表的であると「みえる」ときには,要素となる記述子よりも連言の生起確率のほうが高く感じられる。これが連言錯誤である。直観的には,リンダがフェミニズム運動家の銀行員であると考えるほうが,彼女がただの銀行員であると考えるよりも確からしく「感じられる」のである。

連言錯誤は,個々の記述子よりもそれらを組み合わせたほうが心の中で利用可能性が高い場合に引き起こされる（Yates & Carlson, 1986）。つまり,個別の記述子よりも連言のほうに,より鮮明な出来事や行動や人物が含まれていると,連言の生起確率のほうが個別の記述子の生起確率よりも高いと誤って認識されてしまうのである。その例として,Tversky & Kahneman（1983）の実験が挙げられる。実験参加者は「1989年に北アメリカのどこかで大規模な洪水が起こって1000人の犠牲者が出る確率」について,「1989年にカリフォルニアで地震が起こって,それが原因で洪水が発生して1000人以上の犠牲者が出る確率」よりも低く見積もった。しかしながら,カリフォルニアで地震が起きて,

それが原因で洪水が起こるという事象は，北アメリカで大規模な洪水が起こる事象の下位集合なので（津波はさまざまな原因によって起こりうる），北アメリカで大規模な洪水が起こる（上位集合）確率が，カリフォルニアで地震が起きてそれが原因で洪水が起こる（下位集合）確率より低いという推定は誤りである。Tversky & Kahneman（1983）は，スポーツの試合，犯罪行為，国際関係，医療上の意思決定の場面において，連言錯誤によって合理的な判断からの逸脱がおこることを明らかにした。連言錯誤によって私達の将来予測が歪められ，予期しない出来事に適切に対処するのが妨げられる恐れがあることが，連言錯誤の研究によって明らかにされつつある。

　本章ではこれまで，代表性ヒューリスティックによって生じる5つのバイアス，すなわち，基準比率の無視，サンプルサイズの無視，確率の誤認知，平均への回帰，連言錯誤について考察してきた。代表性ヒューリスティックが私達に便益をもたらすことは少なくない。ある出来事が起こる確率はそれと類似した出来事が起こる確率と関連があるのが普通だからである。問題なのは，私達がこのヒューリスティックを意思決定の場面で多用しすぎることである。人間のこのような傾向を知らないでいると，これまで見てきた5つのバイアスの影響によって，私達の意思決定は不合理なものになってしまうのである。

第3節 ──── 確証ヒューリスティックに由来するバイアス

◆バイアス8：確証バイアスの罠（confirmation trap）

　下記の3つの数字はひとつのルールに従って並んでいる。あなたにはそのルールを突き止めていただきたい（Wason, 1960）。この問題については判定者がいて，あなたが3つの連続数字を書けば，それが所定のルールに従っているかどうかを教えてくれる。

$$2-4-6$$

　あなただったら，最初にどんな連続数字を書くだろうか。隠されたルールを見つけるのに十分な証拠を集めるにはどうしたらいいだろうか。Wasonの実

験では，たいていの参加者はほんのわずかの連続数字を試しただけで自分はルールを突き止めたと思いこんでしまった。また参加者は，自分が推測したルールに合致する連続数字を試す傾向があった。そのようなプロセスで参加者が突き止めたとして提示した隠されたルールで多かったのは，「ふたつずつ増える」あるいは「1番目と2番目の数字の差と，2番目と3番目の数字の差が等しい」であった。

実は，Wasonが設けたルールはもっと包摂範囲が広く，「前の数字より後の数字のほうが大きい」というものであった。この問題で正解にたどり着くためには，自分が立てた仮説を肯定しそうな証拠を集めるのではなく，自分の仮説を否定しそうな証拠を集める必要がある。たとえば，あなたが「ふたつずつ増える」が正解だと思ったら，そのルールに反した連続数字を書いて試してみることである。1-3-5，10-12-14，122-124-126といった連続数字を試すことはあなたを確証バイアスの罠にはめるだけである。同様に，「1番目と2番目の数字の差と，2番目と3番目の数字の差が等しい」が正解だと思ったら，その仮説とは矛盾する連続数字を挙げてみなくてはならない。1-2-3，10-15-20，122-126-130といった数値を挙げることは，あなたの仮説を強化するようなフィードバックをもたらすだけである。Wasonの実験に参加した29人の中で，最初の回答で正解を突き止めることができたのは僅かに6名にすぎなかった。Wason (1960) の結論によれば，正しい回答を得るためには，「人は直観的な思いつきをついつい正しいと思い込んでしまいがちなので，あえてそれを検証するために，自分が立てた仮説に対して反証を試みる意欲」が必要である (p.139)。

本書の筆者らは，教員として受け持っている授業でWasonの実験を何百回も繰り返してきた。正解が分かったと言って最初に手を挙げる学生の答えはたいてい「ふたつずつ増える」である。われわれはそれを間違いとして退ける。するとすぐに別の答えが出てくるが，それもやはり間違っている。興味深いことに，この段になっても，自分の立てた仮説の反証になるような連続数字を提示してくる学生はほとんどいない。それはなぜかというと，人間にとっては，自分の期待や仮説に合致するような情報を探すのが自然であって，たとえ反証のほうが有益な場合であってもその傾向は変わらないからである。

私達は，自分の考えと合致するような情報に出会うと，通常はそれを批判することなく喜んでそれを受け入れる。その情報について綿密に調べようとするときですら，Gilovich（1991）の言うように，「それを信じても，いいだろうか」と問いかける。私達はそれを疑わざるを得ない明白な嫌疑がある場合を除いては，肯定的な情報を無批判に受け入れてしまう。もし自分の考えに疑問を投げかけざるを得ないような事実を見つけたときには，私達は随分と違った問いかけをする。「どうしてそれを信じなければいけないのか」と。つまり私達は，そのやっかいな情報を無かったことにすることができないだろうかと考えるのである。

　私達が確証バイアスの罠の餌食になってしまう原因はふたつある。ひとつめは，人間の自分の記憶からの情報の引き出しかたが関係している。人間がある仮説について考察するとそれだけで，仮説と合致するような情報が記憶の中から恣意的に選択されてしまう（Gilbert, 1991）。実際，過去の研究が示すところでは，人には暫定的な仮説であってもそれを正しいと受け入れようとする傾向があるので，そこにつけ込んで偽りの記憶を植え付けることも可能である。Loftus（1975）は実験で，参加者に自動車事故の映像を見せた。そしてその半数に対して，「白いスポーツカーが田舎道で納屋の前を通り過ぎたとき，そのスピードはどれくらいでしたか」という質問を投げかけた。実際の映像の中には納屋は登場していなかったのだが，納屋について質問された実験参加者は，その質問をされなかった実験参加者よりもはるかに高い割合で，実際には存在しない納屋を見たという記憶をよみがえらせた。

　ふたつめの原因は人間の情報探索の仕方にある。私達が物事に注意を向ける能力や認知過程には限界があるため，情報探索にあたっては選択的にならざるを得ない。最も役に立つ情報が得られそうなところに最初にあたるのはそのためである。その結果として生ずるのが，ひとつにはすでに紹介済みの検索容易性のバイアスである。そしてもうひとつが，情報を選択的に集めたり，自分が望む結論に導いてくれそうな情報に特別な信頼を置いたりすることである（Kunda, 1990）。すぐに見つかる実例としては，保守的な政治信条を持っている人は，ラジオでは保守的なラッシュ・リンボウがホストを務めるトークショーを好んで聴き，一方でリベラルなコメディアンであるアル・フランケン

の風刺は聴くのを避ける。同様に，リベラルな政治信条の持ち主は，アル・フランケンの風刺を好んで聴く一方で，ラッシュ・リンボウの放送は聴くのを避ける。私達の誰もがそうであるように，熱心な政党支持者は自分の信条が批判されるよりも支持されることを好むのである。

　党派性の強い問題になると，証拠の探索や解釈のバイアスがとりわけ顕著になる。モニカ・ルインスキーとの関係に関するビル・クリントン元大統領の虚偽の陳述に憤慨した人々は，ジョージ・W・ブッシュ大統領が国民を欺いてサダム・フセインが大量破壊兵器を持っていると信じるように仕向けたときにはそれほど憤慨しなかった。同じように，ブッシュの虚偽の陳述に憤慨した人々は，クリントン対しては寛大であった。

　もうひとつの確証バイアスの罠の事例を紹介しよう。Lord, Ross, & Lepper (1979) は，実験参加者に死刑制度の犯罪抑止効果を肯定する証拠と否定する証拠の両方を検討させた。その結果，自分自身を死刑賛成論者と認識している実験参加者は，死刑制度に犯罪抑止効果はないという研究の証拠については説得力が全くないと片付けた。さらに，それらの研究には設計上の誤りがあって発見事実は信頼に値しないと批判した。一方で，死刑反対論者として研究に参加した人々は，同じ証拠に対して，妥当であり説得力があるという評価を下した。その一方で，死刑制度に犯罪抑止効果があるという証拠に対しては批判的で，それを否定する論拠をたくさん挙げ連ねた。実験を終えたときには，どちらの側も，当初に比べよりいっそう自分の信条を堅固なものとしていた。

　ひとたび確証バイアスの罠の存在を知ったなら，それが自分の意思決定過程に深く浸透していることに気づくことができるだろう。あなたは何か（車を買う，従業員を雇う，新しい製品ラインの研究開発を始めるなど）の暫定的な意思決定をしたあとに，最終的な決断を下す前に，自分の決定を支持してくれるデータを探しはしないだろうか。現にたいていの人はそうしている。しかしながら，最も有益な洞察は，自分の決断が誤りであるという反証となるような情報を探すことによって得られるのである。たとえば，あなたがある人を新しい従業員として採用するという決断の正しさを検証しようとしているとき，その決断について肯定的な情報，たとえば以前の雇用主からの熱心な推薦状を集めるのはたやすいことだろう。しかし実際は，あなたにとってはその候補者に関

する否定的な情報，たとえば犯罪記録が無いかどうかを確認することや，他の採用候補者の優れた点を探すことのほうがもっと重要かもしれない。あなたが直近に買った車について考えてほしい。あなたが新車に乗って自宅に帰ってきたときに，地元の新聞に自動車の性能に関するふたつのランキング表が掲載されていたとしよう。ひとつは燃費効率のランキングで，もうひとつは衝突安全性のランキングである。あなたはどちらの表（燃費あるいは安全性）のほうにより注意を向けるだろうか。たいていの人は，自分が良い買い物（新車購入）をしたことを裏付けてくれそうなほうを選ぶことだろう。

　著者の研究仲間のDick（訳註：Richardの愛称）Thalerは，マネジャーが企業において確証バイアスの罠にはまらないようにするビジネスを思いついた。それは，ふたつのコンサルティング会社を設立することである。ひとつめのコンサルティング会社の名称は「イエス・パーソン（太鼓持ち）」である。顧客企業から助言を求められたときは，どんなアイデアに対しても，それはすばらしいアイデアですと答える。実のところイエス・パーソン社は，迅速なサービスと顧客満足の向上のために，顧客企業が望むなら顧客企業が自らコンサルティング・レポートを書くこともいとわない。

　もうひとつのコンサルティング会社の名称は「デビルズ・アドボケイト（悪魔の代弁者）」である。デビルズ・アドボケイト社は，顧客企業が検討中の全ての計画に対して不賛成を表明する。デビルズ・アドボケイト社から顧客企業にあがってくるコンサルティング・レポートには，検討中の計画を先に進めるべきではないことの理由のトップ・テンがリストになっている。

　どちらのコンサルティング会社の在り方が顧客にとって有益であろうか。セイラーは，デビルズ・アドボケイト社の方がイエス・パーソン社よりも顧客にとって遙かに重要なサービスを提供すると主張しているが，それには同意しないわけにはいかないだろう。しかし現実のコンサルティング会社の業務は，たいていの場合，デビルズ・アドボケイト社よりもイエス・パーソン社のやり方に近い。それはひとつには，顧客企業は自分達のアイデアの素晴らしさを褒めてもらうのが好きだということをコンサルティング会社はよく知っているためである。自分が思いついた最初のアイデアを支持してほしいという私達の願望はたいへん強く，支持してくれる人達には進んでお金を支払う。コンサルティ

ング会社を実際に設立してはどうかと催促されたセイラーは、しぶしぶながら、どちらのコンサルティング会社も設立はしないことを認めた。いずれも成功の見込みがないからである。とどのつまり、デビルズ・アドボケイト社にコンサルティングを依頼しようとする会社はあろうはずもないし、イエス・パーソン社にはすでに同種の有力なコンサルティング会社の競争相手がたくさんあるからである。

◆バイアス9：アンカー効果（anchoring）

問題9．あなたの電話番号の下3桁を書き出して、その先頭に数字の1を加え、4桁の数字を作ってください。そしてその数字を西暦年号だと考えてください。次に、タージ・マハルが完成した西暦年号を推定してください。その年は、あなたが電話番号からつくった西暦年号より何年前、あるいは何年後でしょうか。下の括弧のどちらかにあてはまる数字を記入してください。
　　　　（　　　）年前（　　　）年後
タージ・マハルの完成した西暦年号を推定して、下の括弧内に数字を記入してください。
　　　　（　　　　　　）年

この問題に対するあなたの回答は、あなたの電話番号に影響を受けただろうか。回答者の電話番号の情報がこの問題には全く関係がないことは明らかである。ところが実験参加者の多くはそれに影響を受けてしまった。あなたの電話番号から作られた数字が1978年であったとしたら、あるいは1040年であったとしたら、あなたがこの問題にどのように回答したかを改めて考えてみていただきたい。概して、電話番号の下3桁の数字が大きかった実験参加者は、電話番号の下3桁の数字が小さかった実験参加者と比べて、タージ・マハルの完成は最近であったと予想する傾向があった。ちなみに正解は、タージ・マハルが15年に及ぶ工事の末にインドのアグラに完成したのは1648年のことであった。

なぜ私達は自分の電話番号の下3桁のような正解とは全く関連がない「アンカー（anchor）」（訳註：基準として設定された数値もしくは状態）に注意を向けてしまうのだろうか。アンカーが私達の意思決定に影響を与える原因は少

なくともふたつある。第1に，私達が予測をするときには，まず何であれ利用可能な情報をもとにして最初のアンカーを設定し，次にそこから上下のいずれかに調整していって最終的な回答に至る（Epley, 2004; Epley & Gilovich, 2001）。ところがたいていは，アンカーを起点として始めた調整は十分なところまで到達しないで途中で止まってしまう（Tversky & Kahneman, 1974）。第2に，Mussweiler & Strack（1999）が示したように，アンカーが存在すると，私達はそのアンカーと合致する情報（たとえば，自分の電話番号からつくられた年号と近い時期にタージ・マハルが完成したと考え得る理由）を考え出す。この現象は，アンカーが識閾下に提示された場合でも起こる（Mussweiler & Englich, 2005）。

　Tversky & Kahneman（1974）には，アンカー効果についての古典的な実証実験が収められている。実験参加者は，国際連合に加盟しているすべての国の中でアフリカ諸国が占める割合を推定するように求められた。具体的な手続きは以下の通りである。まず各参加者の目の前でルーレットが回され，その出た目によってランダムな数字が起点としてその参加者に割り当てられた。参加者は最初に，正解は与えられたランダムな数字より大きいと思うか小さいと思うかを尋ねられた。そして次に正解の数字を見積もるように求められた。結果は，ランダムな数字が実験参加者の回答に相当な影響を与えていた。たとえば，ルーレットの数字が10だった参加者の回答の中央値は25％であったのに対して，ルーレットの数字が65だった参加者の回答の中央値は45％であった。このように，与えられたアンカーがランダムなものであり，かつ判断する対象とは関連がないものであることを意思決定者が理解していてもなお，アンカーはその判断に非常に大きな影響を与えるのである。興味深いことに，実験参加者に，予測した数値の正確さに応じて金銭を支払うと約束した場合でも，アンカー効果の影響の程度には変化が見られなかった。

　Mussweiler & Strack（2000）によれば，アンカー効果の強さは，確証ヒューリスティックと，仮説に合致した情報を恣意的に選択しようとする私達の傾向によって説明できる。実験のひとつでは，参加者はドイツで売り出される新車の平均価格を推定するように求められた。その際に，実験参加者の半分に対しては高いアンカーの4万マルクが，残りの半分に対しては低いアンカー

の2万マルクがそれぞれ提示された。高い方のアンカー価格を見せられた参加者は，高級車を連想するような「メルセデス」や「BMW」といった単語を素早く認識した。一方で，低い方のアンカーを見せられた参加者は，大衆車を連想するような「ゴルフ」や「フォルクスワーゲン」といった単語を素早く認識した。このことは，アンカーに関連した概念ほど，私達の心の中で活性化してアクセスしやすくなることを示している。

　卒業を控えたMBAの学生は，就職活動先の企業との給料交渉におけるアンカー効果について不満を口にするのが常である。採用する側の企業は学生がMBAに入学する前に得ていた給料の金額を知りたがる。その数字はMBA取得後の当人のパフォーマンスとはほとんど関係がないにもかかわらず，初任給のオファーに否応なく影響を及ぼすのである。実際に最も有益な目安となるのは，MBAを取得することでその学生が他の企業からどれだけの金額をオファーされたかであろう。さらに職に就いた後に昇給の話になったときには，その時点の給料を基準とした昇給率が示される。初任給をなるべく高くしようと貪欲に交渉した者は，その後の昇給においてその高い給料がアンカーとなるのである。初任給の交渉に際してどのような姿勢をとるかは，その人の仕事のパフォーマンスとはほとんど関係がないかもしれない。一例を挙げると，女性は男性よりも給料の交渉に熱心でないことを示す研究結果がある（Babcock & Laschever, 2007）。ほかにも，採用側が採用候補者にいくらの給料を提示するかを決めようとしているときに，その件に関して何も情報を持たない配偶者や秘書が発した何気ない言葉が担当者による最終的な提示額に影響を及ぼすこと，さらに，そうしたアンカーを本件とは無関係なものであるとして無視しようとしてもできないことが明らかになっている。

　日常生活の中でアンカー効果として私達に影響を与えるものはたくさんある。以下はその具体的な事例である。

- 教育現場では，子供は低学年時の学力で振り分けられ，その後はその振り分けを基準として追跡調査される。教師は低学力グループに位置づけられた子供にはあまり学力の向上を期待しない反面，高学力グループに位置づけられた子供達には高い期待を寄せることが明らかになっている（Darley

& Gross, 1983)。教師から寄せられる期待が生徒の成績に深い影響を及ぼすことがいくつかの実験で明らかにされた。生徒を実際の学力とは関係なくランダムに学力別のグループに割り当てたところ,そのことを知らない教師は,グループのラベルの違いに応じて生徒の扱い方を変えていたのである (Rosenthal, 1974; Rosenthal & Jacobson, 1968)。

- 私達はみな,初対面の人に会うときは,第一印象症候群にかかってしまう。私達は第一印象をアンカーとしてあまりにも頼りすぎてしまうため,後になって自分の見解を正しく調整する機会が訪れても,あまりうまく調整できない (Dougherty, Turban, & Callender, 1994)。
- 人は他人の行動を予測するときに,その人の人種をアンカーとして用いる。しかも,そのアンカーを適切に修正するのは容易なことではない。アメリカではアフリカ系の人々に対する根深いステレオタイプがあるため,全く同じ振る舞いであっても,それをアフリカ系アメリカ人がした場合は,ヨーロッパ系アメリカ人がした場合よりも攻撃的と知覚されてしまう (Duncan, 1976)。

Joyce & Biddle (1981) は,有力な会計事務所で働く会計士がアンカー効果の影響を受けていることを実験によって明らかにした。会計士はふたつのグループに分けられ,そのうちひとつのグループの会計士は以下のような質問に回答した(実際に用いられた質問票を時代に合わせて修正してある)。

経営陣の不正行為は,毎年きちんと会計監査がおこなわれても発見されないことが多々あることはよく知られています。その原因はもちろん,一般に公正妥当と認められている監査基準が,経営者の不正を見破るために特化して設計されてはいないことにあります。私達は,この問題の範囲がどこまで及んでいるかを解明したいと考えています。その最初の一歩として,現役の会計士の方々が経営陣の不正の規模をどの程度と見積もっているのかを調査することにしました。

1. あなたのこれまでの会計士としての経験を踏まえると,四大会計事務所によって会計監査がなされた会社のうち,経営者が重大な不正をはたらいている会社の割合は1000社に10社(すなわち1%)以上であると思いますか。

a．はい。四大会計事務所の顧客企業のうち，経営者が重大な不正をはたら
　　　　いているのは1000社に10社以上の割合です。

　　　b．いいえ。四大会計事務所の顧客企業のうち，経営者が重大な不正をはた
　　　　らいているのは1000社に10社未満の割合です。

　2．あなたは四大会計事務所の顧客企業では，1000社にいくつの割合で経営者
　　が重大な不正をはたらいていると推定しますか。下記の括弧内に見積もった
　　数値を記入してください。

　　　四大会計事務所の顧客企業では，1000社中（　　）社の経営者が重大な不
　　正をはたらいている。

　ふたつめのグループの会計士には，1000社に10社という代わりに1000社に200社という表現を使い，その他はひとつめのグループの質問票と全く同じ質問票が与えられた。会計監査の不祥事が表面化する2001年以前の実験では，質問票1に回答した会計士は平均して1000社のうち16.52社において不正があると回答し，質問票2に回答した会計士は平均して1000社のうち43.11社において不正があると回答した。エンロン社が破綻した後で経営幹部層を対象として同じ実験をしたところ，それぞれの質問票での回答数字はおおよそ2倍に跳ね上がったが，質問票1と2の回答の間には依然として大きな開きがあった。会計士のような熟練した専門家であってもアンカー効果の影響を受けるようである。実のところ，Englichらは，判事が判決を下すという意思決定においても，サイコロを転がすのと同じくらい裁判とは関係のないアンカーが影響を及ぼすことを明らかにしている (Englich & Mussweiler, 2001; Englich, Mussweiler, & Strack, 2006)。
　Epley (2004) によれば，人がアンカー効果を受ける経路にはふたつの種類がある。アンカーが外部から与えられた場合（意思決定者が自分で設定したのでない場合）は，人はそのアンカーと合致した情報を恣意的に探索しようとする (Mussweiler & Strack, 1999, 2000, 2001)。たとえば，あなたが売りに出されている家を見て，その売値が相場より遙かに高いと，その高値を正当化するようなその家の美点が目につくようになる。それとは対照的に，自分自身でア

ンカーを設定した場合は，それを起点にして考え始めるが，起点からあまり離れることなく不十分な調整に留まってしまう（Epley & Gilovich, 2001）。たとえば，ジョージ・ワシントンがアメリカ大統領に選出された年を予想するときに，多くのアメリカ人はアメリカがイギリスに対して独立を宣言した1776年を起点にして，それから何年後だろうかと考えて自分の推定に到達する（訳註：ワシントンが大統領に選出されたのは1789年である）。

　Nisbett & Ross（1980）の発見が示しているのは，アンカーの影響力はたいへん強力なので，本書の説得によってあなたに意思決定のやり方を変えさせることは極めて困難だということである。彼らによれば，本書がここで議論するヒューリスティックは認知的アンカーであって，人間の意思決定過程の中核をなしている。ゆえに，本書で提案する認知的な方略はどれも，あなたがこれまで抱いてきた認知的アンカーを打ち壊すものとして理解される必要があるだろう。本章で提示してきた証拠をみるかぎり，それは困難な挑戦のようであるが，努力する価値はあるに違いない。

◆バイアス10：連言事象（conjunctive-events）と選言事象（disjunctive-events）のバイアス

問題10．次の3つの事象の中で，起こる確率が最も高いのはどれですか。また，2番目に高いのはどれですか。

　　a．カバンの中に何個かのビー玉が入っていて，その50％が赤色で50％が白色である。カバンからビー玉をひとつ取り出したときに，それが赤色である確率。

　　b．カバンの中に何個かのビー玉が入っていて，その90％が赤色で10％が白色である。カバンからビー玉をひとつ取り出して，それをカバンの中に戻してからまたビー玉を引くという作業を7回を繰り返したときに，7回とも赤色のビー玉を引く確率。

　　c．カバンの中に何個かのビー玉が入っていて，その10％が赤色で90％が白色である。カバンからビー玉をひとつ取り出して，それをカバンの中に戻してからまたビー玉を引くという作業を7回繰り返したときに，少なくとも1回は赤色のビー玉を引く確率。

最も多かった回答は b − a − c の順であった。ところが興味深いことに，正解は直観の示す順序とは逆の c（52%）− a（50%）− b（48%）である。この現象は，人間が連言事象（「かつ」で結ばれた複数の事象）の生起確率を過大に見積もってしまうこと（Bar-Hillel, 1973）と，選言事象（「または」で結ばれた複数の事象）の生起確率を過小に見積もってしまうこと（Tversky & Kahneman, 1974）に関する一般的なバイアスの例証になっている。つまり私達は，複数の事象のすべてが揃って起こること（選択肢 b）の確率については実際よりも高く見積もるのに対して，複数の事象のうち少なくともひとつが起こること（選択肢 c）の確率については実際よりも低く見積もるのである。

人間が連言事象の生起確率を過大評価する傾向があることは，多段階の計画を必要とするプロジェクトにおいて典型的に発生するひとつの問題をうまく説明できる。個人も企業も政府も，プロジェクトの完了までに要する時間や予算について，連言事象のバイアスの罠にはまる。住まいのリニューアル，新製品の開発，そして公共事業が計画通りの期間や予算で終了することはめったにない。

私達の日常生活で実際に起こりうる次のような筋書きを考えていただきたい。

- 大学院の博士課程に 3 年間在籍した学生は，自分が今後の 1 年以内に博士論文を書き上げる確率を著しく過大評価している。博士論文の執筆を複数の工程に分割して，工程ごとに要する時間を見積もり，それを積み上げて全体に要する時間を求めてもやはり過大評価してしまう。どうして 1 年で書き上げることができないのだろうか。
- あるコンサルティング会社のパートナーが，1 社の顧客企業のために 5 つのチームを組織して，それぞれに戦略の立案にあたらせた。すべてのチームが作業を完成させなければ，戦略案を比較することはできない。顧客企業にプレゼンテーションをする期日が迫っても，5 つのうち 3 つのチームの作業が計画よりも遅れていた。にもかかわらず，担当パートナーは 5 つの戦略案が期日までに用意できると顧客企業に請け合った。最終的には，ふたつのチームが戦略案をまとめられず，3 つの案しか顧客企業にプレゼンテーションができなかった。そして案の定，コンサルティング会社はそ

の顧客企業から契約を解除されてしまった。このプロジェクトが失敗してしまったのは誰のせいだろうか。
- マサチューセッツ州のボストン市は，街の中心を通る州間幹線道路を地下に埋めるという大型工事に着手した。通称「ビッグディグ」である。ボストン市は工事を請け負った各建設業者の見積もりを積み上げて，25億ドルの予算枠を確保した。ところが実際に工事が終わってみると，当初の計画よりもおよそ5年も遅れた上に，総工費は当初の予算を120億ドルも超過してしまった。どこに間違いがあったのだろうか。

なぜ私達はプロジェクトの予算や期限の見積もりにあたってかくも楽観的なのであろうか。そして，まさかのつまずきが起きたときにこんなにも驚くのはなぜだろうか。それは，人が選言事象の生起確率を過小評価する傾向があるためである。Tversky & Kahneman（1974）は「原子炉や人体組織のような複雑なシステムは，重要な構成要素のひとつに問題が起こるとたちまち不調をきたす」と述べ，さらに次のように続けている。「構成要素の数が多い場合は，個々の構成要素が機能停止に陥る確率がわずかであっても，全体が機能停止に陥る確率は大きくなる」。

選言事象の起こる確率を過小評価する傾向について知ると，時として過度に悲観的になってしまう。次の筋書きについて考えていただきたい。

　月曜の夜10時に上司が電話を掛けてきて，翌朝の9時30分までにシカゴのオフィスに出社するようにと指示されました。そこであなたは，9時までにシカゴに着く便を持っている5つの航空会社に電話しました。各社はそのような便を1便ずつ持っていましたが，いずれも満席でした。当日に空港でキャンセル待ちをした場合に，あなたが首尾良くその便に乗れる確率を尋ねたところ，それぞれの航空会社の回答は30％，25％，15％，20％，25％で，あなたはがっかりしてしまいました。これではシカゴ行きに間に合う見込みはないと思ったからです。

このケースでは，選言事象のバイアスが，あなたに最悪の事態を予想させてしまった。しかし実際は，各航空会社の出した確率に偏りがなく，またそれぞれの確率が独立しているのならば，あなたは73％の確率でどれかの便の席にあ

◆バイアス11：自信過剰（overconfidence）

問題11. 下記の10個の数量について，いかなる情報源も参照することなく，あなたが最も正しいと思う数値を推定して括弧内に記入してください。次に，98％の確率でその範囲に正解が含まれると思われる上限と下限の数値をそれぞれの欄に記入してください。

推測値　下限　上限
(　)(　)(　) a．ウォルマート社の2006年の収益
(　)(　)(　) b．マイクロソフト社の2006年の収益
(　)(　)(　) c．2007年7月の世界の人口
(　)(　)(　) d．2007年7月6日のベスト・バイ社の時価総額（時価総額は，株価と発行済み株式数を掛けあわせて算出される）
(　)(　)(　) e．2007年7月6日のハインツ社の時価総額
(　)(　)(　) f．2006年の「フォーチュン500」におけるマクドナルド社の順位
(　)(　)(　) g．2006年の「フォーチュン500」におけるナイキ社の順位
(　)(　)(　) h．2005年のアメリカ国内の自動車事故による死亡者数
(　)(　)(　) i．2007年7月のアメリカ政府の国債残高
(　)(　)(　) j．2008年度のアメリカ政府の予算

あなたが答えた10組の上限と下限の数字の間にいくつの正解が収まっているだろうか。98％の確率で正解をカバーできると思われる上限と下限の値を回答として記入したのだから，10問中9.8問，つまり9問あるいは10問に正解していればあなたの推定は適切であったと認められる。正解は以下の通りである。(a) \$351,139,000,000（3510億ドル）；(b) \$ 44,282,000,000（440億ドル）；(c) 6,602,224,175人（66億人）；(d) \$23,150,000,000（230億ドル）；(e) \$15,230,000,000（150億ドル）；(f)108位；(g)158位；(h)43,443人；(i) \$8,800,000,000,000（8.8兆ド

ル）；(j) $2,900,000,000,000（2.9兆ドル）

　あなたが記入した上限と下限の間に正解が収まったものはいくつあっただろうか。もし9問あるいは10問であったなら，あなたは自分の見積もりについて正確な自信を持っていることになる。しかしながら，98％の確率で正解をカバーする回答（つまり9問あるいは10問に正解）をするように求められたにもかかわらず，ほとんどの人は3問（30％）から7問（70％）の程度でしか正しく上限と下限を設定することができない。それはなぜかというと，私達の多くは自分の考えの正確さに過剰な自信を持っていて，その自信の不確かさに気づいていないからである[註1]。

　Alpert & Raiffa（1969/1982）の初期の実験では，10の質問について，90％の確率で正解をカバーするような回答を100名の実験参加者に求めた。すると計1000件の回答のうち42.6％において，上限と下限の間に正解が入っていなかった。この実験を契機にして，自信過剰は私達の判断において広く見られる現象であると理解されるようになり，さまざまな条件下での追試がおこなわれた。自信過剰に陥らないように警戒しなければならないのはなぜだろうか。自信過剰があるために自分の能力以上のことに挑戦する勇気が持てるという一面があることは確かである。状況によっては根拠のない自信が有益なこともあるだろう。しかし，自信過剰であることが有害になりうる次のような状況を考えてみていただきたい。

- あなたは外科医で，ある困難な手術について患者家族の合意を得るために説得をおこなっています。家族があなたに，患者が手術後に生き延びる確率を尋ねたのに対して，あなたは「95％です」と返答しました。もし患者が手術台の上で亡くなったら，その患者は不運な5％のうちのひとりにすぎないのでしょうか。それともあなたは，成功確率に関する自信過剰という医療過誤を起こしてしまった責任を負うべきでしょうか。
- あなたは裁判で何百万ドルもの賠償を求められている企業の法廷弁護団の団長です。あなたはその企業が裁判に負けない確率は98％であると自信を

註1　自信過剰という用語を別の意味で用いる研究者もいる。自分が他者よりも優れていると信じる現象を指す場合もあるし，物事を自分がコントロールする能力についての自信過剰を指す場合もある。しかし本書では，数量の見積もりについての自信過剰に限定してこの用語を用いる。Moore & Healy（2007）のいう「正確さについての自信過剰（overprecision）」と同義である。

持っています。この程度の自信があれば，依頼企業に対して法廷外の和解を拒否するように助言するのに十分であるといえるでしょうか。もしあなたがこの裁判で負けるようなことがあれば，あなたの依頼企業は破産してしまいます。それを踏まえたうえでもなお，あなたは98%の自信に満足していられますか。

● あなたはある新製品のマーケティングプランを練りました。あなたは自分のプランにとても自信を持っているので，新製品が市場投入の初期段階で失速したときの代替プランは作っていません。あなたのプランが最初の段階でつまずいたら，あなたは迅速にマーケティング戦略を修正しますか。それとも自信過剰ゆえに戦略の不備に目をつむりますか。

　上記の例は，自信過剰によって深刻な問題がもたらされうることを示している。自分の能力に自信を持つことは人生で何かを達成するうえで不可欠であるし，他人からの敬意や信頼を呼び起こすものであるが，その一方で，自信過剰は職業上の有効な意思決定を下す妨げにもなりうる。自分は正しい答えを知っているのだという自信があまりに深いと，新たな証拠や別の観点からの選択肢に鈍感になる。Odean（1999）によれば，株式市場での取引にはコストがかかるにもかかわらず過剰なまでに取引が繰り返される現象は自信過剰によって説明できる。また Malmendier & Tate（2005）によれば，企業間のM&Aは実際は失敗するケースが多いにもかかわらず，それが頻繁におこなわれている原因は経営者の自信過剰にある。そして Plous（1993）は，チェルノブイリでの原発事故とスペースシャトルのチャレンジャー号の爆発事故について，関係者の自信過剰が一因であったと述べている。「人間の判断と意思決定が抱える問題の中で，自信過剰ほど一般的で，かつ悲惨な結果をもたらしうるものは他にない」(p.217)。

　自信過剰は確証ヒューリスティックと関連がある。人は自分の信念についての自信の度合いを考えるときに，記憶の中からその信念を裏付ける証拠を探し出すほうが，それを否定する証拠を探し出すよりも得意である。ちょうどアンカーが，それに合致するような情報を想起することを促すように，ある不確かなことについて何か最初に推測すると，その後はそれと一致するような情報を

恣意的に選択するようになるのである。このような「自ら作り出したアンカー」からの調整はしばしば不十分に終わるし（Epley & Gilovich, 2001），それによって，自分の最初の推測は実際にたいへん優れていたのだと過度の自信を抱くようになる（Block & Harper, 1991）。自分の正しさを補強するような証拠は利用可能性が高いので，私達は自分の知識や暫定的な仮説の正しさを過大評価してしまう（Koriat, Lichtenstein, & Fischhoff, 1980）。このようにして確証ヒューリスティックは私達を自信過剰へといざなうのである（Klayman, Soll, Gonzalez-Vallejo, & Barlas, 1999; Soll & Klyaman, 2004）。以上のようなプロセスは，本章で紹介したその他のバイアスと同様に，意識の上で知覚されることなく自動的に発動する傾向がある。

　自信過剰に揺さぶりをかけて，その人が自分の自信の度合いについてもっと正確に認識するようにするためには，違った観点や解釈や仮説について考えるように外から仕向けることが効果がある（Griffin, Dunning, & Ross, 1990）。言葉を換えると，自分の自信の度合いが適切かどうかを判断するときには，もし自分が間違っているとしたらその理由は何だろうかと考えることで，確証バイアスが補正されうるのである。

◆バイアス12：後知恵バイアス（hindsight bias）と知識の呪い（curse of knowledge）

以下のような筋書きを考えてみていただきたい。

- あなたは熱心なアメリカンフットボールのファンで，ひいきのチームの重要な試合を観戦中です。あなたのチームは35対31で劣勢にあり，試合終了までの残りは3秒で，敵陣の3ヤードラインにまで切り込んでいます。この状況で，クオーターバックはエンドゾーンの隅にパスプレーを試みました。パスが失敗したき，あなたは「この作戦はうまくいかないと分かっていた」と叫びました。
- あなた達は不慣れな土地をドライブしています。ハンドルを握っているのはあなたの配偶者です。標識がない分岐点に差し掛かると，あなたの配偶者は右側の道を選びました。それから15分ほど車を運転して4マイルほど

すぎたところで，道を間違えていたことが明らかになりました。あなたは思わず，「あの分岐点では左に行くべきだと分かっていた」と口に出してしまいました。

- あなたの部下である課長は，生産ラインの主任を去年ひとり新しく採用しました。当時あなたはこの件について詳しく報告を受けており，この人選に許可を与えました。先ほどあなたのもとに担当主任ごとの生産量のデータが上がってきましたが，新しい主任の成績は惨憺たるものでした。そこであなたは課長に電話をかけ，「新しく採用した主任がこの仕事には不適格であるという証拠は山のようにありましたよ」と苦言を呈しました。
- あなたは消費者向け商品のメーカーのマーケティング部長です。あなたの会社が製造している商品が現在の消費者にどのように評価されているかについて，6ヵ月にわたって大規模な調査をしてきました。いま役員に対して調査結果のプレゼンテーションをしたところです。あなたが結論を言い終わると，ある上席副社長が，「このデータを集めるのになぜこれほど多大な時間と費用を掛けたのかが分かりません。この程度の結論なら調査をしなくても私が教えてあげられましたよ」と言いました。

以上のどれかに，あなた自身の過去の振る舞いで思い当たる節はないだろうか。他の誰かの過去の発言はどうだろうか。これらの筋書きはいずれも典型的な「後知恵バイアス」(Fischhoff, 1975)である。後知恵バイアスは，自分や誰かの過去の意思決定を振り返ったときにしばしば起こる現象である。過去の意思決定に関して，その結果が出る前に，当時の不確かな状況が自分にどう見えたかを正確に思い出したり再構築したりすることに私達は不得手である。もしあなたがクオーターバックだったら，どんな作戦を指示しただろうか。あなたの配偶者は左にハンドルを切るべきだとあなたは本当に知っていたのだろうか。新しいライン主任の選考が間違いであるという証拠は本当にあったのだろうか。上席副社長は，あなたの調査結果を本当に予言できたのだろうか。私達の直観は正しいこともあるが，私達には，後で知ったことに基づいて過去の時点での自分の知識を過大に評価する傾向がある。

Fischhoff (1975)は，歴史上の出来事について，その結果を知る前にした

推測と，結果を知った後に思い返した推測の違いを検証した。実験のひとつでは，実験参加者は5つのグループに分けられ，1814年のイギリスとグルカ（訳注：現ネパール）間の戦争に関する記述を読むように求められた。ひとつのグループには，その戦争がどういう結末を迎えたかは知らせられなかった。残りの4つのグループには次のようなそれぞれ異なる結末が実際の結末であるとして口頭で伝えられた。(1)イギリス軍の勝利，(2)グルカ軍の勝利，(3)戦闘は膠着状態に陥って平和的に解決されることはなかった，(4)戦闘が膠着状態に陥ったのちに平和的に解決された。当然ながら，正しい結末はひとつしかない。戦争はイギリスの勝利に終わったので，正解は(1)である。実験参加者は，もしいま告げられた結末を知らなかったとしたら，このような結末になった確率を主観的にいくらと見積もったと思うかを尋ねられた。結果は，参加者は，たとえ結末を知らなかったとしても，自分が伝えられたような結末になる確率が最も高いと見積もっただろうと信じる傾向があった。この実験やこのほかの多岐にわたる実例から，過去の出来事の結果についての知識を得ると，たとえその結果を知らなかったとしても自分はそういう結果になることが予見できただろうという信念が高まることが明らかとになった。

　後知恵バイアスにはアンカー効果や自信過剰を引き起こすのと同じプロセスがはたらいている（Fiedler, 2000; Koriat, Fiedler, & Bjork, 2006）。ある出来事の結果についての知識があると，そのような結果になる確率を当時いくらと判断したかを説明しようとしたときに，それがアンカーとして作用するのである。情報検索のときに肯定的な情報に選択的にアクセスするために，アンカーからの調整は不十分に終わる（Mussweiler & Strack, 1999）。その結果，将来の予測をした時点で自分が何を知っていたかを思い出すときに，後知恵が記憶を歪めてしまうのである。さらに，過去の出来事に関するデータにはさまざまなものがあり，実際に起こった結果を支持する度合いも千差万別であるが，実際に起こった結果と合致する証拠は記憶の中で目立ちやすいので，参照もされやすい（Slovic & Fischhoff, 1977）。人間のこのような性向によって，自分はこのように予想したという単なる主張が，「れっきとした事実」によって正当化されるのである。そして最終的に，それぞれのデータの妥当性は事後的に判断されるが，そのときは，観察された結果を代表している度合いが高いほど，

重要な情報であったとみなされるのである。

　短期的には，後知恵バイアスは私達に多くの便益をもたらしてくれる。たとえば，自分の判断が非常に優れているのだと現実の水準を超えて信じることは心地よいものである。また，後知恵によって物事を見ることで，他人の明らかな先見の明のなさを批判することが可能になる。しかしながら，後知恵バイアスは私達が過去から学ぶ能力と，過去の意思決定を客観的に評価する能力を低下させてしまう。一般に，人間の能力は，単にその人の意思決定がどういう結果をもたらしたかではなく，その人がどういうプロセスと論理を用いて意思決定したかによって判断されなければならない。それはなぜかというと，意思決定の結果には意思決定者が直接にコントロールできること以外にもさまざまな要因が介在しているからである。意思決定者が用いた論理を評価するさいに後知恵バイアスの影響を受けると，適切な評価ができなくなってしまう。

　後知恵バイアスに類似した概念に「知識の呪い（curse of knowledge）」がある。知識の呪縛とは，ある物事に関する他人の知識を見積もるときに，その人達は持ち合わせていないけれども自分は持っているという類の知識を使わずに済ますことができないことを指す（Camerer, Loewenstein, & Weber, 1989）。ある物事について他の人がどれだけ知っているかを想像するときに，その物事について自分には利用可能な知識があるのにそれを使わないことは難しい。知識が豊富であることが，偏りのない見積もりをしようとするときに妨げになるのである。この「呪い」は，教師が生徒のレベルに合わせて授業をする難しさや，製品設計者が平均的な消費者がハイテク商品を使いこなす能力を過大に評価してしまいがちであることを説明してくれる。実際のデータによれば，不良品だとして消費者が返品してきたハイテク製品のうち，半分もが実は正常に機能しており，消費者がそれをどのように使いこなせばよいのかが分からなかっただけであった（den Ouden, 2006）。また Hoch（1988）によれば，マーケティングの専門家は，専門家ではない一般消費者と比較して，製品についての消費者の信念や価値観や好みについて予測するのが下手なようである。その原因は，マーケティングの専門家は，素人の一般消費者が製品について自分と同じくらい深く理解しているとみなしてしまうことにある。

　自分としてはとても明確に自宅までの道順を教えたつもりなのに，それを聞

いた訪問者が道に迷ってしまったという経験はないだろうか。人はメッセージの受け手が持ち合わせていない情報を基にして，自分にとっては明確なのに受け手にとってはあいまいなメッセージを伝えてしまうことがある。そのとき情報の伝え手は，自分の意図を受け手が魔法を使ったようにうまく理解してくれることを想定している（Keysar, 1994）。またKeysar（1994）の実験では，参加者にデビッドという人物に関する物語を読ませた。参加者はふたつのグループに分けられ，それぞれが読んだ物語は一部が異なっていた。すべての参加者に共通の文章には，デビッドが友人の薦めに従って選んだレストランで夕食をとったことが書いてあった。その先は，実験参加者の半数が読んだ文章には，デビッドはそのレストランでの夕食を非常に気に入ったと書かれていた。残る半数が読んだ文章には，デビッドはそのレストランでの夕食が全く口に合わなかったと書かれていた。それからまた共通の文章に戻って，そのあとデビッドが友人に宛てて，「あのレストランのことだけど，素晴らしかったよ。素晴らしいと言うしかないね」というメモを送ったという筋書きを読んだ。結果は，デビッドはそのレストランが気に入ったという情報を与えられた参加者は，友人はデビッドの手紙を文面通りに受け止めるだろうと考える傾向が強かった。それに対して，デビッドはそのレストランが気に入らなかったという情報を与えられた参加者は，友人はデビッドのメモを皮肉として受け止めるだろうと考える傾向が強かった。デビッドの友人が読んだメモはどちらも同じで，レストランについてのデビッドの感想に関する情報は他に何もなかったにもかかわらず，こうした違いが生まれたのである。

　組織では，正確な伝達に失敗したために当事者が落胆するという出来事が頻繁に起きている。こういうことが起こるのは，人はあいまいなメッセージを受け取ってもきちんと理解できるという誤った信念を私達が抱いているためである。電子メールでのコミュニケーションは，声の抑揚や身振りでの情報の伝達ができない分，こうした問題がより深刻であることは特に驚くべきことではないだろう（Kruger, Epley, Parker, & Ng, 2005）。

第4節 ───── まとめと解説

　ヒューリスティックや経験則を活用することは，私達が意思決定を単純化するための有効な手段である。本章では，私達が判断のヒューリスティックに頼りすぎることで陥ってしまう最も一般的な12のバイアスについて述べてきた。12のバイアスとそれに関連するヒューリスティックを表2-2に整理した。複数のヒューリスティックが同時にあなたの意思決定に働きかけることもありうることを念頭に置いていただきたい。

　ヒューリスティックを使用することの意義は，それによる意思決定の質の低下よりも，意思決定の時間短縮による便益のほうが平均的には上回っていることにある。実際に，「意思決定の近道」によって劣った意思決定に至ることよりも優れた意思決定に至ることの方がはるかに多い。それでも，本章で述べてきたように，すべての場面でヒューリスティックを受け入れることは賢明ではない。第1に，本章で紹介した問題に表れているように，ヒューリスティックによる時間節約の便益よりも判断の質の低下による損失のほうが大きいこともしばしばである。第2に，ヒューリスティックについての前述の論法によれば，私達はヒューリスティックの使用に伴う意思決定の質の低下を自ら進んで受け入れていることになるが，現実にはそんなことはない。私達の多くはヒューリスティックの存在に気づいていないし，それが自分の意思決定に広範な影響を及ぼしていることも知ってはいない。その結果，ヒューリスティックが有益な場面と，潜在的に有害な場面とを区別できないのである。

　なぜ私達は状況に応じて適切にヒューリスティックを使い回すことができないのであろうか。それは主として，私達の心が，ヒューリスティックに信頼を置くことが自然で心地よく感じるようにできているからである。たとえば，利用可能性ヒューリスティックによって生じるバイアスは，人が記憶を選択的に利用するという自然な機能の表れであるように見える。私達の脳は，より面白く感情がかき立てられる情報や，最近起こった情報を思い出すのが得意である。人間の脳は何千年もかけて，先祖が生き延びて子孫を残すのに役立った方略を使用しながら進化してきた。人間は他のどの動物よりも自分について知ってい

第2章 一般的なバイアス——67

表2-2 第2章で取り上げた12のバイアスとその概要

バイアス	内　容
◆利用可能性ヒューリスティックに由来するバイアス	
1．想起の容易性	人にとっては鮮明で新しい出来事ほど思い出しやすいので，それらは思い出しにくい出来事よりも発生しやすいと判断してしまう。
2．検索容易性	人は出来事の発生頻度についてバイアスを帯びた見積もりをしてしまう。それは人の記憶構造が記憶の検索に影響を及ぼすためである。
◆代表性ヒューリスティックに由来するバイアス	
3．基準比率の無視	ある事象が起こる確率を推定するときに，その事象に関する他の記述を目にすると，たとえその情報が確率には無関係であっても影響を受け，基準比率を無視して推定してしまう。
4．サンプルサイズの無視	サンプルから得た情報がどれほど一般化できるかを推定するときに，人はしばしばサンプルサイズの考慮のしかたを間違ってしまう。
5．確率の誤認知	人はデータの並びがランダムであれば自分の目にもそう見えるはずだと思いこんでいる。データの並びが短すぎると，統計学的にはランダムであっても人の目にはそうは見えないことがある。
6．平均への回帰	試行回数が十分に多ければ，平均から極端に乖離した事象がずっと続くことはなく，長期的には平均に回帰する。しかし人間はそのことを見落としがちである。
7．連言錯誤	人は連言事象（ふたつの事象が両方とも起こること）の生起確率が，その連言事象を下位集合として含む上位集合の生起確率よりも高いと誤って判断することがある。
◆確証ヒューリスティックに由来するバイアス	
8．確証バイアスの罠	人は自分が正しいと思っていることを追認するような情報を探しがちであり，その反証になるような情報の検索は不得手である。
9．アンカー効果	人が何かの値を見積もるときには，まず何らかの値を起点（アンカー）に定める。過去の出来事であれ全く無関係な値であれ，利用可能な情報であれば何でもそのアンカーになる。次にアンカーから始めて頃合いと思われるところまで見積もりが調整されるが，その調整はアンカーからあまり離れることなく不十分なところで止まってしまう。
10．連言事象と選言事象のバイアス	人は，連言事象（「かつ」で結ばれた複数の事象）の生起確率を高く見積もり，その一方で選言事象（「または」で結ばれた複数の事象）の生起確率を低く見積もる傾向がある。

11.	自信過剰	中難度から最高難度の問題に関しては，人は自分の回答の正確性について自信過剰になる傾向がある。
12.	後知恵バイアスと知識の呪い	人には，ある事象が起こった（もしくは起こらなかった）という結果を知った後には，もし事前に自分がその結果を予測していたら正しく予測しただろうという確率を過大に見積もる傾向がある。さらに，人は他者の行動を予測するうえで，自分が持っていて相手が持っていない情報の存在をうまく考慮に入れることができない。

るようである。それでも，自分の心の内的なメカニズムについては根本的に無知であって，たとえば即時記憶の想起のプロセスや，重大な負の結果をもたらすような肯定型の仮説検証のプロセスも知ってはいないのである。

　判断を誤った際の被害が大きくて質の高い意思決定が求められる場合には，バイアスを避けうる意思決定過程を努力して使う価値があるといえる。意思決定の質を高める鍵は，ヒューリスティックの適切な使い方と誤った使い方の区別のしかたを学び，自分がどんなときにヒューリスティックに頼って判断しがちであるかを知り，ヒューリスティックを使わずに判断する術を学ぶことである。本章は，それらを見極めるために必要な土台を提供する。

第3章
覚知の限界

Bounded Awareness

　人が意思決定にあたって，第2章で議論したようなヒューリスティックに頼るのは，それが複雑な意思決定を単純化する効率的な方法だからである。複雑な状況を単純化することは，人が生まれ落ちた最初の瞬間から対処しなければならない課題である。私達が赤ん坊のとき，初めて大きく広い世界に遭遇して経験するのは，William James（1890）の言葉を借りれば「騒がしくきらびやかな混乱」（p.488）である。この世界をどのように歩んでいけばいいかを学ぶプロセス，たとえば言語の理解や仕事のしかたなどの学習プロセスの大半は，何に注意を向けて何を無視すべきかを学ぶことに費やされる。ある事柄を考えるときに，それに関連している可能性のあるすべての事実や情報に注意を向ける能力を人間の脳は持ち合わせていない。

　一部の意思決定理論は，無関係な情報や必要以上の選択肢があっても，意思決定者はそれを常に無視できると仮定している。しかし実際は，人々はいつの間にか情報の多さに圧倒されてしまっているのが普通である。情報の多さに圧倒されていると感じる人は，決定すること自体から完全に逃避してしまうことが少なくない。一例を挙げると，Iyengar & Lepper（2000）は食料品店に買い物に来た客の一部に6種類の高級ジャムの試食販売をおこない，別の一部の客には24個の高級ジャムの試食販売をおこなった。結果は選択肢の多い後者のグループのほうが試食するジャムの数も購入する数も少なかった。これと同じく，人は老後の資金を蓄えるための資金運用にあたって選択肢をあまりに多く提供されると，選択

することに困難を覚えて,資金の蓄え自体をやめてしまう (Iyengar, Jiang, & Huberman, 2004)。

情報過多が引き起こす問題を回避するために,人は普段から情報の選別をおこなっているが,そのほとんどは無意識のうちに自動的になされている。人は,自分の心の中でおこなわれている情報選別作業を意識していないので,有益な情報を無視したり見落としたりする破目になってしまうことが多い。本章では,私達の心の中で重要な情報が選別される幾つかのプロセスを説明し,私達の注意が選択的であることが私達の知覚と意思決定にどのような結果をもたらすかについて考察する。この章を読み進める前に表3-1に掲げられた設問に回答していただきたい。

表3-1　第3章の問題

この章を読み進める前に下記の設問に回答していただきたい。

問題1. 名門大学のMBA課程の学生が6人1組で下記の問題を読み,A,B,C,D,E,Fの6つの役割のうちのひとつを演じました。

　　この課題では,6人の参加者がA,B,C,D,E,Fの役割のいずれかをランダムに与えられます。ランダムに選ばれたAは60ドルを受け取り,自分を含む6人の中でどのように分配するかを決定します。ただし,A以外の5人については,1人あたりの分配金額が等しくしなければなりません。またその金額はAが自分自身に分配する額と違っても構いません。B,C,D,E,Fはそれぞれ,自分が分け前として受け入れられる最低金額を申告します。もしAからそれぞれに分配される金額が,B,C,D,E,Fの5人が申告した金額の中の最高金額と等しいかそれを上回っていた場合は,60ドルはAの提示した通りに分配されます。しかし,もし5人が申告した金額のどれかひとつでもAが提示した金額を上回っていた場合は,6人は誰も1ドルも受け取れません。

　　Aの平均的な利得が最大になるような分配はどのようなものでしょうか。それぞれの金額を整数で記入してください。ただしBからFは同一金額でなくてはなりません。

　　A:$___　B:$___　C:$___　D:$___　E:$___　F:$___

問題2．近年の研究で，大学生に対して次のような問いが出されました。

　　　　あなたにはX，Y，Zの3つの箱のうちひとつを選択してもらいます。ひとつの箱には高価な賞品が入っていますが，残りのふたつの箱は空です。あなたが箱を選択したあとで，コンピューターが残りのふたつの箱のうちひとつを開けて，それが空箱であることを見せます。そしてコンピューターはあなたに選択を変更する機会を与えます。たとえば，もしあなたがXの箱を選んだとしたら，コンピューターが残りのふたつの箱の片方（たとえばY）を開け，それが空であることを見せます。そしてあなたに対して，選択をXからZに変更する機会を提供します。
　　　　この研究に参加したある学生は最初にYの箱を選びました。コンピューターはZの箱を開け，それが空であることを見せ，選択をY（学生が最初に選んだ箱）からX（選ばれなかったふたつのうち開けていないほうの箱）に変更するかどうかを尋ねてきました。
　　　　この学生が賞品を得る確率を最大にするためには，選択を変更すべきでしょうか。

　　　　　変更すべきである　　　　変更すべきでない

問題3．いまA社はT社を友好的に買収しようとしており，あなたはこの買収計画のA社の側の担当者です。T社の株100％を現金で買い付けるというのがあなたの計画ですが，買付金額をいくらにするかを測りかねています。ここには大きな問題があって，T社の価値は現在進行中である油田探査プロジェクトの結果に左右されます。つまり，T社の将来性はその探査プロジェクトの成否にかかっているのです。もしプロジェクトが失敗すれば，現経営陣の下でのT社の企業価値は全くなくなります。すなわち1株あたりの価値は0ドルになるのです。一方で，もしプロジェクトが成功すれば，現経営陣の下でのT社の企業価値は最大で1株あたり100ドルに及ぶ可能性があります。1株あたりの企業価値は0ドルから100ドルの間のどこかに落ちつきますが，どの価格になる可能性もすべて等しいと見積もられています。
　　　　あらゆる事前評価が，T社の価値は現経営陣の指揮下にあるよりもA社に買収されたほうがはるかに高いことを示しています。実際のところ，現経営陣の下での株価がいくらであっても，A社の傘下に入ったならば企業価値は50％だけ跳ね上がると見積もられています。具体的な数字で説明すると，もしプロジェクトが失敗すれば，現経営陣の指揮下であれA社の傘下であれ1株の価値は0ドルです。もし油田探査プロジェクトが成功して現経営陣の下で1株あたり価値が50ドルになったら，A社の傘下に入ったときのT社の1株あたりの価値は75ドルになります。同様に，T社の現行株価が100ドルならば，A社の

傘下に入れば1株価値は150ドルになります。

A社の取締役会はあなたにT社に提示する買収価格を決めるように言ってきました。提示は今でなくてはならず，掘削プロジェクトの結果はまだ出ていません。その価格がT社の株主にとって利益をもたらすなら，すべての指標から，T社はA社に買収されるほうが好ましいといえるでしょう。ただしそれ以上に，T社の株主は他社からの敵対的買収を避けるためならどんなコストも支払うつもりでいます。あなたの観測では，T社の株主はあなたのオファーへの回答を引き延ばして，探査結果の知らせが自分達のもとに届いてから，それが報道機関に知られないうちにあなたのオファーを受け入れるか拒否するかを決定するつもりのようです。つまり，あなた（A社）は探査プロジェクトの結果を知らないうちに買収価格を提示しますが，T社の株主はプロジェクトの結果を見てから買収を受諾するか拒否するかを決定します。なお，T社の株主は買収によって1株あたりの価値が現経営陣の下での価値よりも高くなるならばA社の申し込みを受けたいと思っています。

A社の代表としてあなたは1株あたりの買収提示価格を0ドル（これは買収を撤回することを意味します）から150ドルの間で熟考中です。あなたはT社にいくらの買収価格を提示しますか。

　　　私の提示価格は1株＿＿＿＿ドルです。

問題4． 名門大学のMBA課程の学生が6人1組で下記の問題を読み，A，B，C，D，E，Fの6つの役割のうちのひとつを演じました。

　　　この課題では，6人の参加者がA，B，C，D，E，Fの役割のいずれかをランダムに与えられます。ランダムに選ばれたAは60ドルを受け取り，自分を含む6人の中でどのように分配するかを決定します。ただし，A以外の5人については，1人あたりの分配金額が等しくしなければなりません。またその金額はAが自分自身に分配する額と違っても構いません。B，C，D，E，Fはそれぞれ，自分が分け前として受け入れられる最低金額を申告します。もしAからそれぞれに分配される金額が，B，C，D，E，Fの5人が申告した金額の中の最低金額と等しいかそれを上回っていた場合は，60ドルはAの提示した通りに分配されます。しかし，もし5人が申告した金額のすべてがAが提示した金額を上回っていた場合は，6人は誰も1ドルも受け取れません。

　　　Aの平均的な利得が最大になるような分配はどのようなものでしょうか。それぞれの金額を整数で記入してください。ただし，BからFは同一金額でなくてはなりません。

A：$＿＿　B：$＿＿　C：$＿＿　D：$＿＿　E：$＿＿　F：$＿＿

問題5．近年の研究で，大学生に対して次のような問いが出されました。

> あなたにはX，Y，Zの3つの箱のうちひとつを選択してもらいます。ひとつの箱には高価な賞品が入っていますが，残りのふたつの箱は空です。あなたが箱を選択したあとで，コンピューターが残りのふたつの箱のうちひとつを開けて，それが空箱であることを見せるかもしれません。その場合はコンピューターはあなたに選択を変更する機会を与えます。コンピューターはあなたが賞品を獲得する確率を最小化するという目的を与えられています。コンピューターが箱を開けてあなたに決定変更の機会を与えるかどうかは，その目的にかなうかどうかによって判断されます。たとえば，もしあなたがXの箱を選んだとしたら，コンピューターが残りのふたつの箱の片方（たとえばY）を開け，それが空であることを見せます。そしてあなたに対して，選択をXからZに変更する機会を提供します。
>
> この研究に参加したある学生は最初にYの箱を選びました。コンピューターはZの箱を開け，それが空であることを見せ，選択をY（学生が最初に選んだ箱）からX（選ばれなかったふたつのうち開けていないほうの箱）に変更するかどうかを尋ねてきました。
>
> この学生が賞品を得る確率を最大にするためには，選択を変更すべきでしょうか。
>
> 　　変更すべきである　　　変更すべきでない

問題6．図の9つの点のすべてを通過する線を一筆書きで描いてください。ただし線は直線でなければならず，曲がっていいのは3回だけです。つまり4本の繋がった直線で9つの点をつないでください。

本書の第1章では限定合理性の概念を導入した。そこでは，私達の思考が限定的であり，また系統的かつ予測可能なバイアスを帯びているという事実を紹介した。ただしこの限界もしくは限定性は，人が自分が気づいている情報を用いて意思決定を下すときのプロセスや結果に焦点を当てていた。それに対して本章では「覚知の限界（bounded awareness）」（Bazerman & Chugh, 2005）について議論する。人間には覚知の限界があるために，有用かつ観察可能で関連性のあるデータがあっても，その存在に気づいて注意を振り向けることができない場合がある。私達の心は常に，何に注意を向けて何を無視すべきかについて選択をおこなっている。しかしその情報選別は時として予測可能な過ちをおかすのである。人間には覚知の限界があるために，無関係な情報に目を奪われてしまって，入手しやすく，知覚しやすく，重要な情報をしばしば見落としてしまう（Bazerman & Chugh, 2005）。そのことは，利用可能性ヒューリスティックをめぐる第1章と第2章の議論からも支持される。ただし，覚知の限界は利用可能性とは区別される。特定の領域においては，大半の意思決定者の覚知の対象から除外されてしまうのはどんな情報であるかを見極めることが可能である。覚知の限界によって有用な情報が意思決定者の注意の外に置かれてしまう。良い意思決定を下すために必要な情報と覚知の範囲内にある情報との間にはずれがあるので，適切な注意が向けられないという結果になってしまう。

　おそらく，覚知の限界の概念を説明するのに最もよく使われる問題は表3-1にある問題6であろう。あなたはこの問題を解くことができただろうか。たとえ過去にその問題を見たことを覚えていても，聡明な人の多くがこの問題を解くのに失敗する。たいていの人は問題に取り組むにあたって，自分が注意を向けている論理的な意思決定の技術を当てはめようとする。つまり，この9

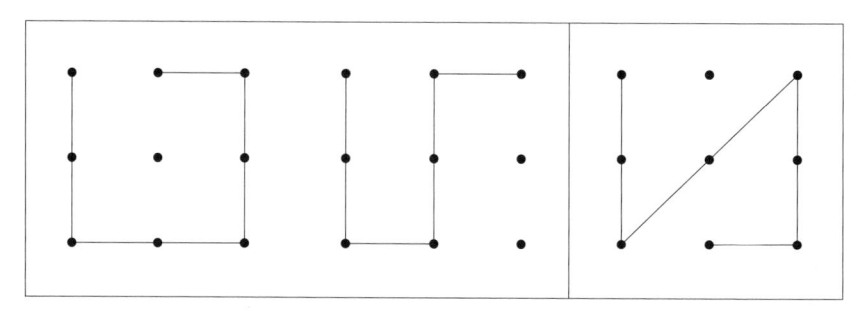

つの点からつくられた外枠から外れずに9個すべてを結ぼうとするのである。よくある試みは次のようなものである。

　人は問題を解くときに，ごく自然に枠組みを作ってしまい，そのために正解に辿り着けない。この問題について言えば，問題文には，9個の点でつくられた外枠から線が出てはいけないとは書かれていない。9個の点の外にもスペースがあることに気づきさえすれば，下に示すような正解にたどり着くのは容易である。

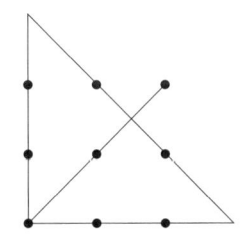

　ご覧のように正解は単純である。それなのに，頭の良い人が長時間かかっても解けないことがある。なぜかというと，私達の心の中でつくった境界が解決を阻害するからである。人は創造力を要する問題に取り組むと，しばしば引っかけられたように感じる。そのような問題に共通した「引っかけ」は何かというと，回答者が心の中で問題の中に枠を引いてしまうようにしむけて，注意を間違った方向に向けることである。このような枠は正解の発見を妨げる。教師が心理的な枠を取り払ってしまえば，正解は目の前に現れる。創造的な意思決定の最大の阻害要因は，問題が定義された空間に私達が勝手に仮定や情報を持ち込むことである。過去の経験から確立した意思決定プロセスを新しい問題に当てはめようとして，間違った仮定を立ててしまうのである。創造力を要するクイズのような問題が現実世界の通常の意思決定を代表しているわけではないかもしれないが，間違った枠を設定してしまう傾向は，人間の意思決定にごく普通に見受けられる。

　覚知の限界という現象は，おなじみの感嘆文で捉えられる。「どうしてこんな簡単なことを見落としたんだろう」。事前に見落としていた重要な情報を後になって見つけたときにこう口にした経験がある人は多いだろう。Nalebuff &

Ayres（2003）は，アイデア創成への魅力的なアプローチとして，「なぜそうしてはだめなのか（そうしてもいいではないか）」と問いかけることを勧めている。たとえば，開封したケチャップの容器の注ぎ口からケチャップがこぼれ出るのを「先行処理」するにはどうしたらよいかという問題があった。この問題は，さかさまに置くことを可能にした新しい容器のデザインによって解決された。そしてそのデザインは後に他のさまざまな製品にも使われるようになったのである。Nalebuff & Ayres は製品開発担当者に，もし資金の制約がなければどのような製品を創りたいかを想像することを勧めている。束縛のない世界で自分が何をしたいかがわかれば，現実の制約のある世界でそれが展開可能かどうかを探索することが可能になるのである。

本章のこの先では覚知の限界がさまざまな領域に及んでいることを検証していく。それは以下のようなものである。(1)明白な情報への非注意性盲目（inattentional blindnss），(2)自分をとりまく環境の中の明白な変化の見落とし，(3)目の前の問題の一部だけに注意を集中する傾向，(4)集団における覚知の限界，(5)戦略的意思決定における覚知の限界，(6)オークションにおける覚知の限界。

第1節 ─── 非注意性盲目

Neisser（1979）は実験で，若者がふたつのチームに分かれ互いに入り混じってバスケットボールのパス回しをしている様子を映したビデオを参加者に見せた。片方のチームは白いシャツを着ており，もう片方のチームは暗い色のシャツを着ていた。参加者は片方のチームが回したパスの数を数えるように求められた。ふたつのチームが混じり合って映っているビデオを見ての作業はけっこう難しく，参加者は集中力を総動員しなければならなかった。実はこのビデオには参加者が予期しなかったものが映っていた。傘を差した女性がバスケットボールのコートを横切る様子がはっきりと映っていたのである。興味深いことに，それに気づいた参加者は全体の21%にすぎなかった。筆者らはこれまでに何度も授業でこのビデオを学生に見せてきたが，女性に気づいた学生は21%よりずっと少なかった。

筆者らは学生にビデオを見せてから，何か変なものを見た人はいないかと尋

ねる。大教室では，傘を差した女性を見たと言う学生が数人出てくるのが普通である。それを聞くと他の学生はばかにして笑うのだが，もう一度ビデオを見せると今度は誰もが女性に気づく。ひとつの課題（この場合はパスの回数を数えること）に集中すると，人は自分の視界の中にある明々白々な情報でさえも取り逃がしてしまうのである。

Simons & Chabris（1999）は Neisser の実験の追試をしたが，そのビデオに現れたのは女性ではなくゴリラである。ゴリラの着ぐるみに身を包んだ人がバスケットボールをプレーしている人々の間を歩いてきて，自分の胸をドンドンと叩いてみせる。おどけた姿は5秒間以上映し出される。Simons はそのような実演のシリーズをビデオで提供していて，www.viscog.com で購入できる。

人間が明白な事物を見落としてしまうこと（私達が最初にビデオを見たときに女性やゴリラを見落としてしまうこともこれに含まれる）に驚きを感じるのは，視覚による覚知について私達が抱いている前提がひっくり返されるからである。この現象は認知心理学者や知覚心理学者の興味をそそり，「非注意性盲目」として知られることとなった（Simons & Levin, 2003）。Mack & Rock（1998）は知覚実験をおこなって，人は自分が探していないものはたとえそれに直接目を向けていてもなかなか見えないことを示す広範な証拠を提供している。Mack（2003）によれば，自分の操作に注意を向けている飛行機のパイロットは，非注意性盲目によって，滑走路の先にある他の飛行機を見落としやすい。同じように，多くの車の事故はドライバーが携帯電話での通話など運転以外のことに気を取られた結果であることは疑いない（Levy, Pasher, & Boer, 2006）。非注意性盲目の研究が，運転中の携帯電話の使用の危険性に関する十分な証拠と，さらにはその使用を法律で禁止するための根拠を提供できると私達は信じている。

近年の研究は，非注意性盲目を脳の神経領域と結びつけるようになっている（Moore & Egeth, 1997）。そして，明白な事物が目に入らない確率に影響する重要な独立変数が数多く明らかにされてきた（Mack, 2003）。このような基礎的研究には魅了されるが，それ以上に興味がそそられるのは，視覚領域の研究と非注意性盲目，すなわち，環境の中にあって容易に利用可能な広範な情報を見落としてしまうこととの類似性である。たとえば，あなたの配偶者が「私は

確かにあなたにそう言った」と主張するのだが，こちらには全く覚えがないので動揺してしまったという経験が何度もあることだろう。多くの人がそうするように，私達は配偶者が思い違いをしているに違いないと考えがちである。だが，もし Neisser のビデオの中の傘を差した女性を見落としたのなら，あなたの配偶者は実際にそういう情報を伝えたのに，あなたの心がそのとき別のことに注意を向けていたという可能性があることを受け入れなければならないだろう。

第2節 ─── 変化盲

　視覚の研究から，変化盲（change blindness）に関する実に驚くべき研究がいくつか生まれている。視界の中の変化についての人間の感知能力を研究する研究者は，驚くほど多くのケースで，人が目に見える物理的環境の変化を見落としてしまう証拠を挙げている（Simons, 2000）。たとえば，Simons, Chabris, Schnur, & Levin（2002）では，バスケットボールを持った実験者が通行人を呼び止めて道を尋ねる。通行人が道を教えている間に，実験者と通行人の間を集団が通り過ぎる。そのとき集団のひとりが実験者からこっそりとバスケットボールを受け取って持ち去ってしまう。通行人が道を教え終わったあとに，意外なことや何かの変化に気づいたかどうかを尋ねた。すると通行人の多くは，バスケットボールが無くなったことに気づいていなかったのである。

　同様の実験で，Angelone, Levin, & Simons（2003）は参加者にビデオを見せた。そのビデオでは，はっきりと映っている登場人物の衣服や物体が，カットが変わったタイミングで別のものに置き換わっていた[註1]。これは，単に人がこれらの変化に気づきそこなってしまうという話に留まらない。Mitroff, Simons, & Franconeri（2002）は一連の研究を通じて，意識の領域では変化に気づかなくとも，無意識の領域では変化の前と後の情報の表象が存在することを確認した。このことは，あるレベルでは変化に気づいたのに，何らかのプロセスで選別されたために意識的な気づきには上っていないことを示している。

註1　たとえば，以下のサイトを参照。http://www.youtube.com/watch?v=voAntzB7EwE

データによれば，人はゆっくり起こる変化の認識が苦手で見落としてしまいがちなようである（Simons & Rensink, 2005）。

いったい人は視覚でとらえている領域の外で起こる変化を感知することができるのだろうか。おそらくできないだろう。あなたが社会的に高く評価されている大企業であるA社の監査を担当する会計士だとしよう。あなたが監査した1年目の財務諸表はよくできており，倫理的にも優れているので，あなたはそれを承認する。次の年，A社は2，3の項目で法律の拡大解釈を始めるが，倫理にもとることが明らかだというほどではない。3年目にはA社の利益に関して倫理的に問題のある拡大解釈がさらに推し進められる。またA社による会計上の決定のいくつかが実質的に国の会計基準に違反している可能性が出てくる。4年目までには，A社は多くの項目で法律を拡大解釈しており，そのうちいくつかは法律に違反している。こうした状況で，あなたは報告書の非倫理性に気づくだろうか。もし気づくとして，A社の財務記録が政府の規則に照らして適切であるという承認の署名をあなたが拒否するのはどの時点だろうか。

私達の予想では，もしA社の倫理的な逸脱が1年目から2年目にかけて突然起こったのなら，あなたはそれに気づきやすいし署名を拒否しやすいだろう。この私達の予想は，非倫理的な行動に関する「滑りやすい坂（slippery slope）」の概念に拠っている（Cain, Loewenstein, & Moore, 2005; Gino & Bazerman, 2006）。この滑りやすい坂理論によると，高い倫理基準から逸脱する最初の小さな一歩が，会社を大きな倫理的逸脱に至る滑りやすい坂の上に立たせてしまう。最初に大きな段差を落ちるよりも，少し足を滑らせるくらいのほうが，最終的に大きな逸脱にまで陥りやすい。私達の行動が非倫理的な領域に向かってゆっくりと歩み出した場合は，突然に倫理のたがが外れた場合に比べて，自分がどこに向かっているのかに気づきにくいし，自己正当化もしやすいのである（Tenbrunsel & Messick, 2004）。

この意味で倫理感の低下は茹で蛙のようである。巷間伝えるところでは，蛙を熱いお湯に投げ込めば，蛙は飛び出す。しかし，ちょうどいい温度の水に入れてからゆっくり温度を上げていくと，蛙は熱くなりすぎたと感じる前にすっかり茹であがってしまう。倫理的意思決定の研究によって，人は一度に大きく倫理を踏み外すよりも，いくつかの小さな段階を経て逸脱していくほうが倫理

の逸脱を受け入れてしまいやすいことが確認されている（Gino & Bazerman, 2006）。

第3節 ─── 焦点化と焦点化の錯覚

Gilbert & Wilson らは，ある特定の事象（「焦点事象（focal event）」と呼ばれる）に過度に注意を集中し，その一方で同時に起こりがちな他の事象に対しては注意を払わない傾向について，焦点化（focalism）という造語を充てた（Gilbert & Wilson, 2000; Wilson, Wheatley, Meyers, Gilbert, & Axsom, 2000）。焦点化が起こると，その結果として，人は自分の将来の思考の中に焦点事象が占める割合と，焦点事象への自分の感情的反応の持続時間の両方を過大評価する傾向がある。たとえば，私達は，贔屓のスポーツチームの勝敗や支持する選挙候補者の当落が自分の心にもたらす肯定的もしくは否定的な影響を過大評価する傾向がある。また私達は，大きな病気にかかることが自分の幸福感に及ぼす影響を著しく過大評価する。

同じような文脈で，Schkade & Kahneman（1998）は，人は判断を下すときに利用可能な情報の一部しか使用せず，またその情報を重く見すぎる一方で注意の向いていない情報は軽く見すぎる傾向があるとして，それを「焦点化の錯覚（focusing illusion）」として定義した。Gilbert & Wilson らと同様の論理を使って，Schkade & Kahneman（1998）は，アメリカ中西部と南カリフォルニアの大学生に対して，自分の生活の満足度はどれくらいか，また向こう（中西部にとっては南カリフォルニア，南カリフォルニアにとっては中西部）の人々の生活の満足度はどれくらいだと思うかを尋ねた。学生が報告した自分自身の満足度はカリフォルニアも中西部も同程度であったが，どちらの学生も，中西部よりもカリフォルニアの生活の満足度のほうに高い点を付けた。カリフォルニアと中西部の気候などの差が，非居住者による居住者満足度の推定にとりわけ大きな影響を及ぼしたのである。しかしながらこれらの要因は，実際に住んだうえでの満足度をうまく予測できない。Schkade & Kahneman によれば，もし向こうに引っ越したらどうだろうかと考えたとき，気候の違いという明白な要因が決定的な要因として浮上し，生活満足度に影響するその他の要因は焦

点から外れてしまったのである。

　何かのゲームかスポーツで，8つのチームが勝ち抜きトーナメント方式で対戦するとしよう。8人の実験参加者をそれぞれのチームに割り当てて，「自分の」チームがトーナメントで優勝する確率を見積もるように求める。もちろん強いチームもあれば弱いチームもあるが，8人の見積もりを合計すれば100％くらいになるはずである。

　実際の実験結果を見てみよう。NBAの1995年のシーズンは，8つのチームでプレー・オフが戦われた。Fox & Tversky（1998）は，バスケットボールのファンから実験参加者を募った。参加者は以下のような質問への回答を求められた。(1)各チーム（シカゴ，インディアナ，オーランド，ニューヨーク，ロサンゼルス，フェニックス，サンアントニオ，ヒューストン）が優勝する確率。(2)各ディビジョン（地域）から優勝チームが出る確率。ディビジョンはセントラル（シカゴとインディアナ），アトランティック（オーランドとニューヨーク），パシフィック（ロサンゼルスとフェニックス），ミッドウェスタン（サンアントニオとヒューストン）の4つである。(3)各カンファレンス（地区）から優勝チームが出る確率。カンファレンスはイースタン・カンファレンス（セントラル・ディビジョンとミッドウェスタン・ディビジョン）とウェスタン・カンファレンス（パシフィック・ディビジョンとミッドウェスタン・ディビジョン）のふたつである。もし8人の見積もりが適切であれば，8つのチームの優勝確率の和，4つのディビジョンから優勝チームが出る確率の和，ふたつのカンファレンスから優勝チームが出る確率の和はいずれも100％になるはずである。

　結果は，ふたつのカンファレンスの確率の合計は100％に近い102％であった。しかし4つのディビジョンの確率の合計は144％で，8つのチームの確率の合計になると218％に及んだ。Fox & Tverskyによれば，参加者がひとつのチームに注意の焦点をあてると，そのチームが優勝する理由は思いつくのに，残りのチームが優勝することを支持するデータは焦点から外れてしまう。同様に，Tversky & Koehler（1994）は，ある患者の生命予後に関する互いに独立した4つの予想について，それが当たる確率を医者に予測してもらった。すると医者の回答の合計は100％をはるかに上回った。回答者が自分に割り当てられ

特定のチームや特定の生命予後に焦点を当てた結果，その他のチームや生命予後は焦点外になったのである。

　最後に，おそらく最も世の人々に記憶されている焦点化の例をあげることにしよう。それはスペースシャトルのチャレンジャー号の爆発事故である（この悲劇については Vaughn〔1996〕による卓越した分析を参照されたい）。多くの読者がご存じのように，チャレンジャー号は，1986年にスペースシャトルの打ち上げの歴史の中で最も低い気温下で打ち上げられ，その直後に爆発した。シャトルを密閉する部品のOリングが低温のために劣化したことが原因であった。打ち上げ前のミーティングにおいて低温が問題をもたらす可能性が指摘されたのを受けて，打ち上げ責任者は，同じOリングの不具合のあった過去7回の打ち上げについて各回の気温とOリングの不具合の程度との関係を吟味した。その結果，気温とOリングの状態について明確な関係は見当たらなかったので，責任者は打ち上げの決定を下してしまったのである。

　残念なことに，ミーティングの出席者の誰ひとりとしてOリングの不具合が起きなかった過去17回の打ち上げを検討しようとはしなかった。これは致命的な見落としであった。なぜなら，24回すべての打ち上げデータを揃えれば，気温とOリングの不具合は明確な関係を示しているからである。実際，全データを使ってロジスティック回帰分析をすると，チャレンジャー号が機能不全を起こす確率は99％以上とはじき出される。NASAの技術者がデータに線引きをして，検討の対象とする枠の外にあるデータには目を向けなかったことが，7人の宇宙飛行士の命を奪い，おそらくは宇宙開発史における最悪の失敗をもたらしたのである。敷衍すると，意思決定にたずさわる個人や集団の多くは，分析対象をすでに手の内にあるデータだけに限定してしまって，与えられた問題への答えを出すためにはどんなデータを使うのがベストかを考えない。それゆえに過ちをおかしてしまうのである。チャレンジャー号のケースで技術者が追加的なデータを求めることに思い至らなかったのには，確証ヒューリスティックが介在したと考えられる。つまり，Oリングの不具合が低温によるものかどうかを明らかにしようとしたとき，技術者が調べたのはOリングの不具合があった打ち上げだけであった。しかしながら完全な分析に必要だったのは，Oリングの不具合の有無にかかわらず，高温下と低温下のすべての打ち上げの

データを吟味することだったのである。

第4節 ─── 集団における覚知の限界

　個人の意思決定において覚知の限界が演じる役割の考察から始めて，それが集団に及ぼす影響に歩を進めてきた。次は，集団で議論の俎上に上った情報がその集団の最終決定に大きな影響を及ぼすことについて考察する（Wegner, 1986）。集団内の個人によって頭の中で考えられるだけで発言には至らなかった情報は，それとは対照的に最終決定にほとんど影響しない。個人の覚知は当人が心の中で検討した情報によって限定され，集団の覚知はその集団の議論に供された情報によって限定されるのである。

　集団が個人よりも有利な点のひとつは，集団のメンバーひとりひとりよりも，集団全体のほうが多くの情報を持っていることである。実際，組織の中に集団が作られる理由のひとつは，違う部門からの情報を提供しあうことにある（Mannix & Neale, 2005）。ユニークな情報を共有することは，絶対的な意味においても，また個人の意思決定との比較の観点からも集団の可能性を高める重要な源泉になる。Stasser ら（Stasser, 1988; Stasser & Stewart, 1992; Stasser & Titus, 1985）や他の研究者（たとえば Gruenfeld, Mannix, Williams, & Neale, 1996）の過去の研究では，集団は内部で共有されていないユニークな情報（集団のメンバーのひとりだけにあらかじめ与えられた情報）よりも，内部で共有された情報（集団の全メンバーにあらかじめ与えられた情報）に焦点を置きがちであるという傾向を一貫して見出している。

　このようなパターンを見出した初期の研究に Stasser & Titus（1985）がある。この実験では大学生の参加者が3人の候補者から学生自治会の会長を選ぶように求められた。個人や集団が全候補者に関するすべての情報を検討すれば候補者Aが最も好ましい候補者であることが分かるようにデータがつくられていた。実際に，すべての情報を得た個人の67％が候補者Aが最適な候補者であると判断した。こうして十分な情報を持った個人を集めて集団を形成し議論したところ，集団の83％が候補者Aを選んだ。

　それと対照するために，現実の集団における情報の取り扱いにより近い条件

での実験もおこなわれた。すなわち，各候補者に関する情報の一部は集団の全員に与えられたが，残りの情報はひとりのメンバーにしか与えられなかった。候補者Aに関する肯定的な情報の多くも共有されないほうの情報に含まれていた。この条件では，集団で話し合う前は，個々のメンバーは候補者Aの肯定的情報の多くを持っていないので，候補者Aを支持する理由がほとんどない。この情報非共有条件では，この時点で候補者Aを選んだ個人は23%に留まった。このようにばらばらの情報を持った個人が集団を形成して議論した結果，どのような決定に至ったであろうか。集団全体としては，最初から情報が共有されていた集団と同じ情報にアクセスしたことになるが，その情報はいろいろのメンバーの間で拡散してしまった。興味深いことに，この情報非共有条件では集団の18%しか候補者Aを選ばなかった。

　情報非共有集団はなぜ，共有されていない情報を議論の過程ですくい取って情報共有集団と同じ決定に至ることができなかったのだろうか。Stasser & Titus（1985）は，集団は共有されていない情報よりも共有されている情報を議論するのに時間を費やしがちであることを繰り返し明らかにしている。集団が形成される目的は情報を提供しあうことにあるにもかかわらず，現実はこのとおりなのである。新たに情報を共有するために集団が作られるのに，最初から共有している知識についての議論に終始してしまうのは興味深い逆説といえるだろう。ここから引き出される結論は，共有されていないユニークな情報については集団の覚知には限界があるということである。

　Stasser, Vaughn, & Stewart（2000）は，集団の覚知の限界を克服する手助けとして，一部のメンバーだけが持っているユニークな情報を集団全員で共有するように後押しする方策を数多く提案している。そのひとつは，集団で議論を始める前に，それぞれのメンバーがユニークな知識と専門性を持っていることを全員にしっかりと伝えることである。最終的な目標は，集団は非共有情報に関して覚知の限界を抱えていることを知り，それを克服するための構造を創ることである。

第5節 ─── 方略の策定における覚知の限界

　本節では，表3-1で提示した問題のうちでまだ取り上げていない5つの問題を考察する。問題1と4，問題2と5は類似した問題である。実は，問題1と4は「多参加者最後通告ゲーム（multiparty ultimatum game）」として知られているゲームのふたつのバリエーションであり，問題2と5は「モンティ・ホール問題（Monty Hall problem）」のふたつのバリエーションである。本書では，これらの問題において交渉相手の意思決定やゲームのルールの些細な変更が交渉当事者の最適戦略に大きな違いをもたらしうることを示す。残念なことに，覚知の限界があるために，多くの人はその点を見逃してしまう。問題3は「会社買収」問題である。繰り返しになるが，多くの人がこの問題の最適解を見つけられないのは，交渉相手の意思決定とゲームのルールを適切に理解できないためである。本書ではこの3つの問題を分析し，関連する方略上の問題を議論する。その上で，他者の意思決定とゲームのルールについての私達の覚知の限界を示す証拠を示すことにする。

◆多参加者最後通告ゲーム

　本書では第7章で最後通告ゲームをやや詳細に議論するので，ここでは手短に紹介する。AとBのふたりの参加者間で所定の金額を分配するのだが，まずAが自分の取り分として要求する金額を用紙に書いて提示する。次にBはAの提案を丸呑みしてその提案どおりの自分の取り分を受け取るか，それともAの提案を拒否するか，ふたつの選択肢の中からひとつを選ぶ。ただしBが拒否した場合，両プレイヤーとも1ドルももらえない。本書の第7章では，人間には公正を実現したいという気持ちがあるために，Aは経済学のモデルが想定する以上に気前良くふるまい，またBは経済学のモデルが想定する以上の取り分を要求することを述べる。本節では，問題1と4に典型的な多参加者最後通告ゲームを考察する（Messick, Moore, & Bazerman, 1997）。最後通告ゲームの多参加者バージョンでは，6人の参加者がA，B，C，D，E，Fのいずれかの役割を与えられる。プレイヤーAは60ドルを6人の参加者間で分配するよ

うに求められる。他の5人の取り分は同額かつ整数でなければいけない。一方でB，C，D，E，Fはそれぞれ自分が許容できる最少金額を記入する。

問題1と4はゲームの決定ルールが違うだけである。「パイの最大分割」条件として知られている問題1では，Aが他の5人に提案した金額が，B，C，D，E，Fが要求する金額の中で一番大きい金額と同じかそれよりも大きければ，Aの提案どおりに分配される。もしそうでなければ全員0ドルで何も貰えない。それとは対照的に，問題4の「パイの最小分割」条件では，Aが他の5人の取り分として提案した金額が，B，C，D，E，Fが要求する金額の中で一番小さい金額と同じかそれよりも大きかったら，Aの提案どおりに分配される。もしそうでなければ全員0ドルで何も貰えない。この実験をすると，二参加者の最後通告ゲームと同じように，B-Fの要求には主としてふたつの回答パターンが表れる。ひとつは，1ドルを要求するというパターンである。Aの提案を拒否することによって何も貰えないよりは1ドルでも獲得したほうがましだという考えである。もうひとつは「公平な」分配を求めて10ドルを要求するパターンである。第2章で議論したように，人は選言事象（独立して起こる事象）の生起確率を過小に評価し，連言事象（互いに連結して起こる）の生起確率を過大に評価する。これを多参加者最後通告ゲームに当てはめると，参加者Aは，1ドルの分配金でも受け入れる人が5人の中に少なくとも1人いる可能性を過小評価し，5人がそろって10ドル未満の金額を受け入れる可能性を過大評価すると予想される。読者であるあなたは，このふたつの異なった問題における利得最大化戦略は何かを問われているのである。あなたの答えはどうだっただろうか。

Messick, Moore, & Bazerman（1997）は，ノースウェスタン大学のケロッグ経営大学院でMBA学生にこのゲームをやってもらい，データを集計して，それぞれの問題において平均的にどちらの戦略が参加者Aに多額の分配金をもたらしたかを算出した。理論上のAの利得最大化戦略は，問題1では10－10－10－10－10－10（全員が等しく10ドル）に分け，問題4では55－1－1－1－1－1（自分が55ドルで他は1ドル）に分けることである。実験結果はどうだったかというと，問題1では，他の5人への分配金が10ドル未満の提案をした場合は例外なくAの取り分はゼロだった。あなたが自分の回答を評価できるよう

にお知らせすると，問題1でAがB以下に10ドル未満を提示した場合は，B以下の誰かが必ず拒否するので利得は0ドルであった（たとえ15-9-9-9-9-9を提案したとしても，それが受け入れられる確率は驚くほど小さかった）。また問題4で他のプレイヤーに2ドル以上の金額を提示したプレイヤーAは「公平」でありたいと思ってそうしたか，あるいはとるべき戦略を誤ったのであろう。他の5人への提示金額が高くなるにつれて，Aが得た利得は急激に少なくなったのである。

　ゲームのルールの微妙な差異や，他の参加者がとる行動は均一ではないだろうということに注意が向かない参加者の目には，問題1と4はとてもよく似て見える。覚知の限界があるために，交渉者は問題を識別し損なってしまうのである。しかし，多参加者最後通告ゲームのふたつのバージョンの重要な差に気づいた参加者は，もっとうまく立ち回ることができるだろう。交渉者は，一般化が適切でないときにおいても，しばしばひとつのケースを過度に一般化して他のケースに当てはめてしまう。ひとつの文脈でうまくいったことを他でもうまくいくと思い込んでしまうのである。しかし合理的な交渉者は，そこにある差異，特にゲームのルールや他の参加者が下しそうな意思決定の差異を見つけて対応するのである。

◆モンティ・ホール問題

　アメリカのテレビに馴染みのない読者のために説明すると，むかし，「レッツ・メイク・ア・ディール」というゲームショー仕立ての番組があった。モンティ・ホールはその番組の司会者である。彼は出場者に3つのドアからひとつを選ばせた。そのうちのひとつには豪華な賞品が入っていて，あとのふたつのドアは「ゾンク」と呼ばれるちゃちな賞品や悪ふざけのギフトが入っていた。出場者がひとつのドアを選ぶと，モンティは残りのふたつのドアの片方を開けて，そこにゾンクが入っているのを見せた。そして出場者に，最初に選んだドアから残りの開けていないほうのドアに選択を取り替えるチャンスを与えるのである。普通の人は，司会者がひとつのドアを開けた後はふたつのドアが残っているので，豪華な商品が入っている確率はどちらも50％だと考える。そして実際の番組では，たいていの出場者が最初に自分が選んだドアに固執した。ところがそれは間違いなのである。

番組が終了して何年も経ってから，統計学者や経済学者，ジャーナリストが，出場者がドアの選択を交換しなかったのは誤りであったと主張しだした (Nalebuff, 1987; Selvin, 1975; vos Savant, 1990a, 1990b, 1991)。モンティは交換を申し出る前に選択されなかったドアのひとつを必ず開ける（「モンティは必ず開ける」条件）ということを前提とすれば，それは基本的な論理で説明できる。すなわち，出場者が最初にドアを選択したとき，そのドアに豪華賞品が入っている確率は3分の1であった。モンティがいつものように残りのひとつのドアを開けてゾンクを見せた後でも，その確率は変わらない。つまり，豪華賞品が最初のドアにある確率は依然として3分の1で，残りのドアにある確率もまた3分の2のままである。モンティがドアを開けてゾンクを見せたとき，彼は有用な情報を提供したのである。今や出場者はどちらのドアを開ければ賞品獲得のチャンスが3分の2なのかを知っている。勝つ確率を3分の1から3分の2に引き上げるためにはドアを交換すべきなのである。

　出場者が選ばなかったドアのうちで豪華賞品が入っていないドアをモンティが必ず開けて見せるという条件がこの分析の決定的な要素であることは言うまでもない。しかし実際の番組では，モンティ・ホールは必ずしもドアを開けてゾンクを見せたわけではない。問題5は「いじわるモンティ」を前提としている。すなわち，モンティはどこに豪華賞品があるかを知っていて，出場者がそれを獲得する確率を最小化すべく行動する。それゆえ，出場者が最初にドアを選択したあと，「いじわるモンティ」はゲームの終わりを宣言するか，あるいはひとつのドアを開けて交換を申し出る。この条件では，出場者は決してモンティからの交換の申し出を受けるべきではない。モンティが出場者を負かそうとしていたのなら，モンティが出場者に取引を申し出たという事実は，最初に出場者が選んだドアに豪華賞品が入っていることを意味するからである[註2]。

　以上みてきたように，出場者は「モンティは必ず開ける」条件（問題2）ではドアを交換すべきであるが，「いじわるモンティ」条件（問題5）ではドアを交換してはいけない。しかし，このゲームのルールやモンティの意思決定プロセスについての覚知が限定されていたら，出場者はこのふたつの問題の区別

註2　ダイナミックゲーム理論上の均衡点では，出場者は自分が正しいドアを選択したかどうかを知ることはできないが，それでも最初の選択を維持すべきである。

が付かないかもしれない。あなたは多参加者最後通告ゲームのふたつのバージョンとモンティ・ホール問題のふたつのバージョンを見分けることができただろうか。

◆会社の買収

　問題3の「会社の買収」問題では，ある企業（買い手企業）が他の企業（ターゲット企業）を買収するための提示金額を検討している。しかし，買い手企業にとってのターゲット企業の最終的な価格ははっきりしていない。分かっているのは，現経営陣での1株あたりの価格は0ドルから100ドルの間にあって，そのすべての価格に均等に可能性があることぐらいである。買い手企業の経営陣に経営を委ねれば企業価値が50％高まると見込まれているため，買い手企業にとっては取引する意味があるように見える。ただし買い手企業はターゲット企業の実際の価値を知らない一方で，ターゲット企業はそれを正確に把握している。こんなときに買い手企業はどれだけの買収価格を提示するべきなのだろうか。

　この問題は論理的にはごく単純であるが，直観で正解を出すのは難しい。手始めに，1株60ドルのオファーをするのが適切かどうかについて合理的な解を求めるための論理を追ってみよう。

> 　もし私が1株60ドルをオファーすると，ターゲット企業は自社の価値が0ドルから60ドルの間にある場合にそのオファーを受けるのだから，オファーが受け入れられる確率は60％になる。0ドルから60ドルの間の各価格の確率は等しいので，ターゲット企業の価値の平均は30ドルとなる。30ドルで買収した後，その企業価値は50％増しの45ドルに上昇する。したがって，この買収は1株あたり15ドルの損失（60ドルマイナス45ドル）になる。結論としては，1株60ドルのオファーは賢明とは言えない。

　オファーをするのであれば，その金額がいくらであっても同じ論法があてはまることは容易に理解できるだろう。オファーが受け入れられた場合は，買収した企業の価値は平均して買収金額の25％減に留まる計算になる。より詳しく説明すると，もし，買い手企業がXドルをオファーして，それをターゲット企業が受け入れた場合，ターゲット企業の現在価値は0ドルからXドルの間のど

こかにある。問題の設定では，この範囲内でのいずれの価格も等しく可能性があることになっているので，企業価値の期待値は0.5Xドルである。ターゲット企業は買い手企業にとってその価格の50％増しの価値があるので，その期待値は1.5×0.5Xドル＝0.75Xドルである。つまり買い手企業はオファーした金額の75％の価値しか得られないことになる。ということは，いかなる金額のオファーも損になるので，買い手企業の最善の選択肢はオファーをしないこと（オファー金額はゼロ）である。これがこの問題のパラドックスになっている。いかなる条件下でも買い手企業にとってのターゲット企業の価値は現行の株主にとっての価値を上回るのに，0ドルを超えた金額のオファーをすることは，それがいくらであっても買い手企業に損失をもたらすのである。このパラドックスが生じる原因は，ターゲット企業が買い手企業のオファーを受けるのは，ターゲット企業が買い手企業にとってろくに価値がないときである——すなわち「レモン（欠陥品）」(Akerlof, 1970)である——可能性が高いことにある。

　あなたが外国を旅行中，とても魅力的な宝石の原石を売っている商人に出会ったとしよう。あなたはそれまでに宝石を少し買ったことはあったが，専門家というには程遠い。その商人といくらか話したあと，あなたはあまり自信はないけれども自分が考える中では低いほうの価格を提示してみた。すると商人はその価格を即座に受け入れ，売買は成立した。あなたはこのやりとりをどう感じるだろうか。たいていの人は，商人が素早く応じたことに不安を抱き，一杯食わされたと感じるであろう。この感覚は「勝者の呪い（winner's curse）」として知られている。自分が納得のいく価格をこちらから提示したにもかかわらず，受け入れられなければよかったのにと突然心変わりするのはなぜだろうか。

　グルーチョ・マルクスは，人が他人の意思決定という要因を無視する傾向があることをよく知っていて，「私を会員に受け入れるようなクラブには入会したくない」というよく知られた名言を残した。自分を受け入れるほど入会基準が低いクラブなど真っ平御免というわけである。交渉という状況に表れる「勝者の呪い」の重要な特徴は，交渉当事者の一方（通常は売り手）が他方よりもはるかに多くの情報を持っていることである。論理的には，その道に精通した宝石商は，売ろうとしている宝石があなたの見積りより価値が低いときのみあ

なたのオファーを受け入れると結論づけられる。

同じように，会社の買収問題には非効率性が構造的に組み込まれている。買い手が合理的であれば，自分がその会社を売り手の見積もりよりも高く評価していたとしても0ドルの値を付ける。問題の所在は，計略をめぐらす売り手は，特に会社の価値が低いときには，会社の真の価値に関する情報を買い手に提供しないことにある。結果的に，ゲーム理論の勧めに従うならば，損失を回避するためには買い手は何もオファーしないことである。

◆人間が実際にとる行動

人はゲームを合理的に考えることができないために，問題1から問題5に至るまで一貫した間違いをおかしてしまう。特に交渉においては，自分の考えと行動で頭が一杯になって，自分がプレーしているゲームのルールと交渉相手の意思決定を見落としてしまう。Tor & Bazerman（2003）は，表面的には全く違って見える3つの問題——多参加者最後通告ゲーム，モンティ・ホール問題，会社の買収問題——において，人間にはこのような認知上のエラーが存在し，それがもとで参加者が間違った意思決定をしてしまうことを明らかにした。

多参加者最後通告ゲームのふたつのバージョンでは，プレイヤーAにとってのベストの戦略は全く異なっている（片方は1ドルで，もう片方は10ドル）。しかし実験してみると，どちらのバージョンでもAに割り当てられた参加者の行動はあまり変わらない（Messick, Moore, & Bazerman, 1997）。平均すると，Aは「パイの最大分割」条件（問題1）では他のプレイヤーに1人あたり8.47ドルを分配し，「パイの最小分割」条件（問題4）では8.15ドルを分配した。問題1でAを割り当てられた参加者の多くは，自分が10ドルを易々と獲得する機会を見逃した。そして問題4でAを割り当てられた参加者の多くも，利益を獲得する重要な機会を見送ったのである。

モンティ・ホール問題に戻ると，Friedman（1998）の実験では，モンティがいつもドアを開けるバージョン（問題2）で，実験参加者は正しい意思決定を下すことができず，また同じ問題を繰り返し解かせても，ごく限定的にしか学習できなかった。ドアを交換すれば賞品獲得の確率が3分の1から3分の2に高まるのに，たいていの人は最初の選択から動こうとしないのである。Tor

& Bazerman（2003）の追試も結果は同じだった。ドアを交換した参加者は41％で、残る59％が間違ったドアに留まった。一方で、いじわるモンティのバージョン（問題5）では、79％が最初のドアに留まるという正しい決定をした。これは他のバージョンで参加者が見せる直観のあり方と整合的である。最終的に、参加者の多くはふたつのバージョンで同じ回答をした。どちらにも正しい答えを出したのは24％にすぎなかった。

交渉における覚知の限界を示す最も克明な証拠は「会社の買収」問題に表れている。この問題は本書で例示した問題の中で最も早くから研究されてきた。かなりの数の研究結果が示すところによると、覚知の限界によって、意思決定者はゲームのルールや交渉相手の思考を無視したり単純化したりしてしまう（Carroll, Bazerman, & Maury, 1988）。この実験の最初の参加者となったのはボストン大学の123人のMBA学生であった（Samuelson & Bazerman, 1985）が、その回答は図3-1に示されている。最も多い回答は50ドルから75ドルの間であった。学生がこのような間違った決定にたどり着くまでの典型的な考え

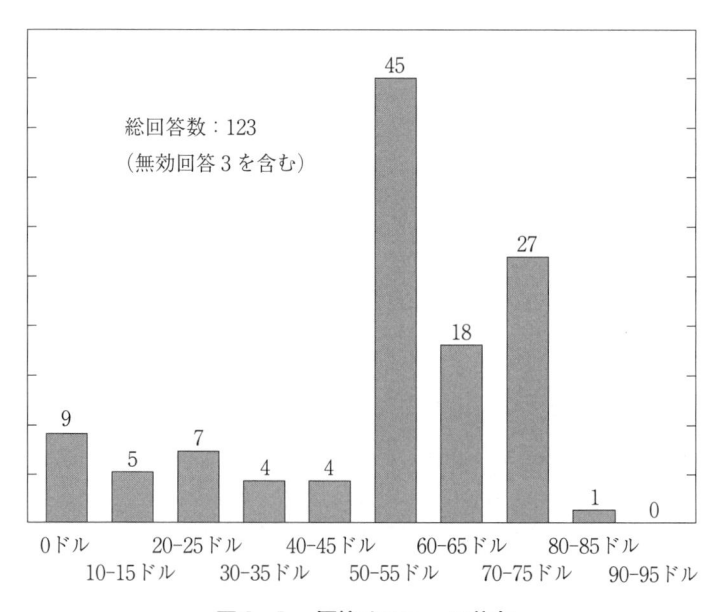

図3-1　価格オファーの分布

方は以下のようなものである。「平均的に，この会社はターゲット企業の株主にとっては50ドルの価値があり，買い手企業にとっては75ドルの価値がある。よって，このふたつの価格の間で取引されるなら，双方に利益がもたらされる」。

会社の買収問題の正解は著しく直観に反するので，提示金額を正しく０ドルと回答したのは123人のうちのわずか９人であった。会計事務所のパートナー，会社のCEO，投資銀行家，その他の多くの専門家を対象とした追試でも似たような結果であった。さらに，実験での成績に応じた謝金が支払われ，何度もゲームを経験することで学習する機会を与えられた参加者でも，図３-１に描かれたのと同じ回答パターンを示した（Ball, Bazerman, & Carroll, 1991; Grosskopf, Bereby-Meyer, & Bazerman, 2007）。

０ドルが最善のオファーであるという論理を教えてもらえば，たいていの人はそれを理解する能力を持っている。ただし外からの助けがなければ正解に辿り着けない。つまり，自分の意思決定プロセスに適切な情報を取り込む能力を持っているのに，系統的にその情報を閉め出してしまうのである。実験参加者は，自分がいくらの利得を期待できるかはターゲット企業がこちらのオファーを受け入れてくれるかどうかに係っていることに気づかない。またそこには，「ターゲット企業はオファーを受けるかどうかを決める前に自社の真の価値を知ることができる」というこのゲームの設定が利いていることにも気づかないのである。このことから，ターゲット企業が最もオファーを受け入れやすいのは，オファーを出さないのが買い手企業の利益にかなうときであるといえるだろう。

オリジナルの実験では参加者の圧倒的多数が自らに損失をもたらす回答をしたが，Valley, Moag, & Bazerman（1998）は会社買収問題の改訂版を使った実験をおこなって，当事者どうしが面と向かって話せば，たいていは双方に利益の出る価格で取引が成立することを発見した。社会的相互作用が，ゲーム理論や行動意思決定論が予測する非効率な結果を克服するメカニズムを創出するのである。Valleyらの研究によって，当事者間でコミュニケーションが交わされれば，相手の利得で自分も正の効用を得る傾向が高まり，信頼が構築され，ゲーム理論のモデルが想定していないような情報交換が可能になることが示された。

ゲームのルールが何であるか，また相手がどんな意思決定をするかは，交渉の場面では絶対的に重要な情報であるし，利用可能なことも多いが，上記の5つの問題は，それらが人間の覚知の焦点から外れる場合の好例を提供している。しかしながら，焦点化の失敗が交渉の失敗を説明する力は，ここで挙げた5つの例題に留まらず，はるかに幅広いものである。Ho, Camerer, & Weight (1998) は，各参加者が他の参加者の選択を予想する以下のようなゲームの実験をした。各参加者は0から100の中からひとつの数字を選ぶ。他のすべての参加者が選んだ数字の平均値の2分の1に最も近い数字を選んだ人が優勝である。他人の意思決定とゲームのルールの微妙な意味合いがきちんと焦点に入っていない浅い考えから最もよく出てくる回答は50である。もっとも初歩的な論理でも，もし他のみんなの平均が50だったとすると，自分が選ぶべき数字はその半分の25であることが分かる。ここまで到達するにはゲームのルールへの注意が必要とされる。さらに，あなたが他の参加者の意思決定を考慮に入れるなら，他の参加者もみなこれと同じ論理に従うであろうことが明らかとなる。それによって平均値が25になるなら，あなたは12.5を提示するべきである。さらに，もし他の参加者がみなこの論理を使ったら，あなたは6.25を提示するべきである。この論法はどこまでも繰り返され，最終的に0が論理的な均衡点になる。ただし実験では，優勝する数字は0よりも大きいのが普通である。このゲームで実際に回答者からよく出てくるのは50や25のような考えの浅い数字であるが，それはゲームのルールと他の参加者の考えを十分に考慮に入れないことから来るのである。

　私達が競争相手を評価する際にも，覚知の限界が影響を及ぼす。Camerer & Lavallo (1999) は，人は競争相手の能力について鈍感であることを発見し，それを「参照集団の無視 (reference group neglect)」と名付けた。Moore, Oesch, & Zietsman (2007) の研究によれば，企業家の注意は競争相手よりも自分自身，すなわち自分の強みや弱みに向けられている。この自己焦点化があるために，企業家は分かりやすい競争（多くの競争相手も同じように参入している競争）には進んで参入し，分かりにくい競争（競争相手がほとんどいない競争）への参入はためらってしまう（Moore & Cain, 2007も参照のこと）。このことは，レストラン，バー，ホビーショップ，酒販店，衣料品販売店のよう

な業界で，参入率が常に過度なまでに高いことの説明の一助になるかもしれない。新しいベンチャーが成功を収めるかどうかは，創業者自身の行動力と製品やサービスの質がどれだけかにのみ依存しているのではない。成功するためには，それが競争相手を上回っている必要があるのである。Radzevick & Moore (2008) によれば，スポーツの試合結果の予想についてもよく似た現象が起こる。人は自分のひいきチームに注意の焦点を合わせると，対戦相手の強さがどれだけかは無視して，ひいきチームの勝利の予想に過剰な自信を抱くだろうと彼らは予測した。そして研究の結果，それが確認された。カジノにおけるスポーツの勝敗への賭けのパターンを分析したところ，人はホーム・チームが成績が良いときはそれだけでホーム・チームに賭ける傾向があった。このような現象が起こる最大の原因は，人は相手チームよりもホーム・チームについてより多くの情報を持っていて，賭けをする前にわざわざバランスのとれた情報を集めようとしないことにある。

Moore (2004b, 2005) は実験で，交渉期限の認知に関しても覚知の限界があることを示した。参加者は売り手と買い手に分かれて交渉するが，もし合意に達しなかったら双方とも報酬は得られない。ここで片方に交渉の期限が設定されると，その参加者は直観的に，このことが交渉相手に知られたら自分が不利な立場に追い込まれるだろうと感じる。しかし当然ながら，片方に期限があるならばもう片方もそれを超えて交渉できないのだから，客観的にはそのような期限設定は両方の当事者に等しく影響を及ぼす。しかし期限を設定された参加者は，それが交渉相手に及ぼす影響に思いが至らず，自分に一方的に不利に働くと勘違いしてしまう。参加者は期限があることは自分の弱みであると考えるので，時間制限があることを交渉相手に知らせるかどうかを決めなければいけないとき，たいていは伝えないことを選択する (Gino & Moore, 2008; Moore, 2004a)。皮肉にも，それによって期限のある側は本当に不利な立場に追い込まれてしまう。なぜなら，こちらは期限があることを知っているので性急に合意を取りまとめようとするが，それを知らない相手はもっと余裕を持って交渉に当たれるからである。

Massey & Wu (2005) は，人が意思決定をする際に，その意思決定が置かれた全体的な文脈を無視する傾向を「全体性の無視 (system neglect)」と名

付けて分析した。このタイプの覚知の限界の最も重要な例は，特別利益団体の不当な政治的影響力を抑制するための選挙資金制度改革について，多くのアメリカ国民が間違った反応を示していることである（Bazerman, Baron, & Shonk, 2001）。選挙資金制度改革を支持し重視しているかと質問されると，人々は「はい」と答える。ところが，選挙資金制度改革を他の課題と比較して優先順位を付けるように求められると，だいぶ下のほうに順位付けてしまう。Bazerman et al.（2001）によれば，選挙資金制度改革が他の課題に及ぼしている間接的影響についての覚知が限られているため，有権者はその重要性を低く評価してしまうのである。だが，選挙資金制度改革は実質的に他のあらゆる課題に影響している（そしてその影響は甚大である可能性がある）ので，国民はそのような改革に深い関心を持つべきであると筆者らは信じている。しかし人々はそういう筋道で物事を考えようとはしないようである。人々が重きを置くのは，減税や教育のように最終状態や結果がもっとはっきりと見えるような課題なのである（Bazerman, Baron, & Shonk, 2001）。

　最後に，交渉者には覚知の限界があるために，自分の意思決定が交渉当事者以外の人に及ぼす影響を考慮することができない。意思決定と交渉の研究者はしばしば囚人のジレンマ・ゲームや社会的ジレンマにおける協力を研究しているし，それを教えてもいる。囚人のジレンマ・ゲームでは，当事者が互いに協力し合えば，互いに裏切りあうよりも当事者全員が大きな利益を得られる。しかし，相手が選んだ行動が何であっても，こちらにとっては協力するよりも裏切るほうが得となる。囚人のジレンマ問題は，国家間の核軍拡競争がなぜ起こるのか，企業間の戦略的提携がなぜ失敗するのか，森林の過剰伐採や過剰漁獲がなぜ起こるのかを説明するモデルになっている。

　経営的な問題の中で囚人のジレンマ・ゲームが最もよく当てはまるのが製品やサービスの価格設定である。同種の製品を売っているふたつの会社があった場合，両社とも低い価格を設定するよりは，両社とも高い価格を設定するほうが互いに利益になる。しかしながら，市場占有率を高めるという観点に立てば，相手の価格戦略がどうであっても，自社としては低い価格で売るほうが好ましい。もし競争相手が高い価格を維持すれば，こちらは価格を引き下げてシェアを取りに行くのが最善策である。またもし競争相手が価格を下げてきたとして

も，シェアを失わないためにこちらも価格を下げるのが最善策である。

　両社とも価格を下げるよりも，両社とも価格を高くするほうが両社の利益になることは明白である。この話は興味深いことに，多くの交渉学の教師によって，マネジャーが協力によって価値を創出できるモデル的な例として使用されている。ただしその価値はそれに参加している会社にとってのものでしかない。価格が高いことが消費者に及ぼす影響はこの問題の枠外にある。実際には多くの状況において，交渉当事者は問題の枠の外にある人々を犠牲にすることで利益を得ているのである。

第6節 ─── オークションにおける覚知の限界

以下のようなオークション問題を考えていただきたい。

　あなたが所属するコンサルティング会社は，ある若くて有望な名門大学のMBA学生を採用しようとしていました。見るからに才能に溢れたこの学生に，他にもたくさんの企業が目を付けていました。他社との獲得競争になったようなので，あなたは交渉を有利に進めるため，その学生に巨額の契約金を約束しました。そしてついにそのMBA学生はあなたのオファーを受け入れました。学生が雇用契約書に署名している最中に，あなたはふと心配になりました。この学生ははたして高額の採用費用に見合う働きをしてくれるでしょうか。

　ある企業に身売り話が持ち上がり，あなたの会社も入札に参加することにしました。一番高い金額を提示したところにその企業は喜んで買収されます。この企業にどれだけの価値があるのかは極めて不透明であり，当の企業も真の価値が分かっていません。少なくとも6社が入札した結果，あなたの会社の入札価格が最も高かったので，あなたの会社のオファーが受け入れられました。あなたは祝いのシャンパンを開けるべきでしょうか。

　あなたはイーベイ社のインターネット・オークションで，今まで見たこともないような美しい敷物を買ったばかりです。その敷物には多くの入札があり，その価値を認めたのがあなただけではなかったことを物語っています。敷物が届くのを心待ちにしている間に，あなたの心に不安が頭をもたげてきました。あなたは安い買い物ができたのでしょうか。

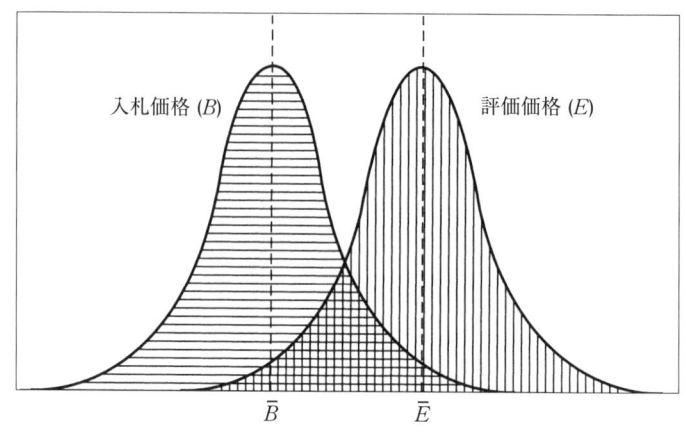

変数	前提条件
E = 評価価格 B = 入札価格	1. 真の価値 $\propto \bar{E}$ 2. すべての入札者にとって真の価値は等しい

図3-2　勝者の呪いの図解

出典：(Bazerman & Samuelson, 1983), "I Won the Action But Don't Want the Prize." *Journal of Conflict Resolution* 27, pp. 618-634, Copyright © by Sage Publications, Inc. Reprinted by permission of Sage Publications, Inc.

　単純な論理で考えるなら，いずれのシナリオでも，あなたは競争に勝ったのだから素直に喜ぶべきである。しかしBazerman & Samuelson（1983）によれば，あなたは競争入札での「勝者の呪い」の新たな犠牲者になってしまったのかもしれない。買い手と売り手の間の二者間交渉では，勝者の呪いは普通，買い手が売り手の観点を考慮しそこなったときに降りかかる。オークションの勝者である落札者に呪いがかかるのは，その入札に参加したすべての競争相手よりも高い金額で自分が入札したことが意味するものを落札者が検討し損なうためである。しかもその競争相手の誰よりも売り手は情報の点で優位に立っているのである。

　Bazerman & Samuelson（1983）によれば，最高金額の入札者であるあなたは，売りに出された商品の真の価値を著しく過大評価したのかもしれない。図3-2は，このオークションであなたの身に起きたかもしれないことを図解したものである。曲線Eは商品の本当の価値についての入札者の評価の分布を，

曲線Bは実際の入札金額の分布を表している。ここには次のような前提がある。(1)入札者による評価の分布の平均値は商品の本当の価値に等しい。入札者全体としては過小評価も過大評価もしていない。(2)入札者は自分の評価金額から一定額を差し引いて入札額を決める。このために入札金額の分布は評価金額の分布よりも左にずれる。その結果，落札価格——入札価格の分布の右裾の先端の点——は商品の本当の価値を超える可能性が高いことが示唆される。最高額の入札者は，商品を最も高く評価した入札者のひとりである可能性が高い。そして，商品を高く評価した人達が他の入札者よりも良い情報を持っていたと信じるに足る理由がない限り，入札価格は商品の真の価値を上回っていた可能性が高い。実際，筆者らの研究では，商品の価値が極めて不確かで入札者が大勢いるオークションでの落札金額はたいていその商品の価値を上回っていることが見出された。

なぜ，落札者は「勝者の呪い」にかかってしまうのだろうか。それは落札者の思考プロセスから排除された情報のため，すなわち覚知の限界のためである。もし特定の入札者もしくは入札者集団が，自分達の入札金額で落札できると想定しているなら，その想定が意味しているのは，その入札者は他の入札者と比較するとその商品の価値を過大に評価しているということである。この論法によると，価値が極めて不確かな品をめぐって多くの他の入札者と競争しようとするならば，その商品の価値についての自分の評価を引き下げて，それに応じて入札価格も引き下げなくてはならない。そうすれば，もし落札したとしても，入札金額が高すぎる恐れは少なくなるだろう。ところが大半の人は不確実性がもたらす効果を理解していないし，入札者が多いことを見て商品の価値や品質についての自分の評価に自信を深めている始末である。

最近の20年間の企業買収の事例を集めると，買収合戦がしばしば破壊的な競争となり，買収金額が被買収企業の価値を上回ることが多いことが分かる。失敗であったことが後に明らかとなった買収はすべての買収事例の3分の1にのぼる。さらに，別の3分の1の買収は期待したほどの利益を挙げられていない。加えて，買収によって得られる財務上の相乗効果はたいていは買い手企業ではなく被買収企業に帰属してしまう。他社の買収を検討するならば，買収された企業の価値は落札者の見積もりよりもはるかに低いことが多いことを認識し，

自らの楽観主義を戒める必要がある。

インターネットは日々多くのオークション参加者を魅了しているので，勝者の呪いを学ぶ重要性はさらに高まっている。イーベイ社やその他のインターネット・オークションのサイトが，売り手と，もしかすると売り手よりもその商品を高く評価する可能性がある買い手との間で効率的な取引ができる優れた方法を創り出したのは喜ばしいことである。しかし困ったこともあって，それは騙されやすい人が大勢買い手として入ってくると予想されることである。騙されやすい人とは，大勢の入札者の中にあってオークションに不案内な人である。そういう人は，売り手や他の入札者の観点に立ってオークションを眺めることができない。したがって，次にあなたが人気商品についてオンラインで入札しようとするときは，商品に人気があることがあなたのその商品の査定にどのように影響しているかを忘れずに自問すべきである。

第7節 ── ディスカッション

Bazerman & Chugh（2005）は，交渉における注意の狭窄と焦点化を表すために「覚知の限界」という用語を造り出した。覚知の限界の概念は，第1章で導入して第2章で解説した利用可能性の概念（Tversky & Kahneman, 1974）と，いくぶん重複している。両方とも，意思決定者にとって重要な情報が利用されないことがしばしばであるという事実に関係している。しかしこのふたつの概念は焦点の置き所が異なっている。覚知の限界と違って，利用可能性は人間の一般的な認知ヒューリスティックである。つまり，利用可能性ヒューリスティックは，意思決定者がどんな文脈に置かれていても，鮮明なデータのような最も利用しやすい情報はそうでない情報よりも一般的な情報であると思い込む傾向を説明する。それとは対照的に，覚知の限界は，特定の領域において焦点に入りやすい，もしくは焦点から排除されやすいいくつかの特定の変数を対象としている。覚知の限界が起こりやすい特定の文脈や，覚知の限界のもたらす結果について知ることで，その落とし穴にはまるのをうまく避けられるようになるだろう。

第4章
フレーミングと選好逆転

Framing and the Reversal of Preferences

　問題1は，意思決定研究において最も有名な問題のひとつである。最善と思うほうの選択肢を選んでいただきたい（Tversky & Kahneman, 1981）。

　問題1．アジアの珍しい疫病がアメリカに上陸することが懸念されており，政府が対策を検討しています。もし何も対策をとらなければ，600人の死者が出ると予想されています。対策として提案されたのは代替的なふたつのプログラムです。それぞれのプログラムを実施した場合の結果は科学的かつ正確に以下のように予想されています。

　　　プログラムA：もしプログラムAを採用すれば，失われたはずの200人の命が救われる。

　　　プログラムB：もしプログラムBを採用すれば，1/3の確率で失われたはずの600人の命が救われ，2/3の確率で誰も救われない。

　　　あなたはふたつのプログラムのうち，どちらを選びますか。

　これらの選択肢を評価する場合，あなたが考慮する要素はたくさんある。たとえば，それぞれのプログラムが広く社会に与える影響はどれくらいなのか。誰がこの疫病の危険に最もさらされているのか。どちらの選択肢が最大の便益をもたらすのか。あなたが尋ねたいことは，他にもたくさんあるだろう。しか

しもし，問題で与えられた情報だけでプログラムAとBのどちらかを選ばなくてはならないとしたら，あなたはどちらのプログラムを選ぶだろうか。実際に尋ねてみると，たいていの人が選ぶのはプログラムAである。

この意思決定においてあなたが考えそうなことを検討してみよう。意思決定の最も単純なルールは，常に期待値が最も高くなる選択肢を選ぶというものである。この方略では平均して最も高い成果が得られる。しかしおわかりのように，この問題ではどちらのプログラムも期待値は変わらない。プログラムAでは確実に200人の命が助かるが，プログラムBでは600人の命が助かる確率が3分の1あるので，平均して200人が生存できる。

期待値による意思決定ルールには，このルールに従って意思決定すれば全体としては最適化が実現されるという単純な前提がある。しかし次のようなシナリオを考えてみよう。

【負けのない巨額のギャンブル】
　あなたにはふたつの選択肢があります。
　(a) 必ず1000万ドルがもらえる（期待値は1000万ドル）。
　(b) コインを投げて表が出れば2200万ドルがもらえるが，裏がでれば何ももらえない（期待値は1100万ドル）。
　期待値のルールに従えば(b)を選ぶことになりますが，あなたはどうしますか。

【訴訟】
　あなたに対して50万ドルを請求する訴訟が起こされています。あなたは法廷で争った場合に自分が負ける可能性を50％と見込んでいます（期待値は25万ドルの損失）。ただし原告側は24万ドルなら示談を受け入れる用意があると言っています（期待値は24万ドルの損失）。期待値のルールに従えば，あなたは示談に応じることになるでしょう。弁護士や裁判の費用，裁判を起こされた腹立ちなどを無視したとして，あなたは(a)法廷で争うか，(b)示談にするか，どちらを選びますか。

どちらの問題でも，たいていの人は(a)を選ぶであろう。このように，人が期待値のルールに従わない状況が存在するのである。期待値のルールからの逸脱を説明するために，早くはDaniel Bernoulli（1738/1954）が，期待される金銭的価値に代えて期待効用という判断基準を提案した。期待効用の理論によれば，選択肢がもたらす結果の善し悪しは，それがもたらすと期待される満足や純便

益の程度,すなわち効用(utility)で測られる。不確実性下の選択における期待効用は,起こりうるすべての結果について,それがもたらす効用とその結果が生じる確率を掛け合わせて,それらの総和として求められる。期待値ルールでは100万ドルは50万ドルの2倍の価値があるとみなされる。しかし期待効用で測ると,100万ドルを獲得することの期待効用が50万ドルを獲得することの期待効用の2倍になるとは限らない。最初に50万ドルを得ている人がもう一度50万ドルをもらったとしても,最初ほどの効用を得るわけではないのである。

その理由は,「利得の限界効用逓減(declining margiral utility of gains)」として説明される。すなわち,私達は何かを多く得れば得るほど,それを得る喜びが少なくなるのである。たとえば,50万ドルを得ることはすばらしいし,100万ドルを得ることはもっとすばらしいのだが,100万ドルを得ることのすばらしさは,50万ドルを得ることのすばらしさの2倍ではない。同様に,2匹のロブスターが盛り付けられたディナーは,2匹目のロブスターもおいしいが,最初に食べるロブスターほどはおいしくはない。同様に,たいていの人にとっては,50％の確率で100万ドルを手に入れるよりも,確実に50万ドルを得るほうが効用が大きいのである。

期待値のルールから逸脱する意思決定は,リスク選好の見地から説明することもできる。50％の確率で100万ドルを得ることよりも,確実に48万ドルが手に入ることを好んだとすると,それはリスク回避的な選択をしたことになる。なぜなら,リスクを少なくするために期待値を犠牲にしたからである。同様に,上述した「負けのない巨額のギャンブル」問題では,確実な1000万ドルを選択するのがリスク回避的な選択である。なぜなら,この選択肢は期待値が低くリスクも低いからである。これとは対照的に,訴訟問題で法廷闘争を選ぶのはリスク志向的な選択である。なぜなら,この選択肢は期待値が低くリスクは高いからである。原則的に,期待効用のモデルでは,人は起こりうる結果の単純な算術平均の最大化ではなく,効用の最大化を目指している。期待効用は期待値の論理からは逸脱するが,有益で一貫した論理構造を持っている。そして研究者は一般に,期待効用のルールに従った意思決定を合理的な行動とみなしている。

次に,問題1のアジアの疫病問題の別バージョンを検討してみよう(Tversky

& Kahneman, 1981)。

　問題2．アジアの珍しい疫病がアメリカに上陸することが懸念されており，政府が対策を検討しています。もし何も対策をとらなければ，600人の死者が出ると予想されています。対策として提案されたのは代替的なふたつのプログラムです。それぞれのプログラムを実施した場合の結果は科学的かつ正確に以下のように予想されています。

　　　　プログラムC：もしプログラムCを採用すれば，400人が死亡する。

　　　　プログラムD：もしプログラムDを採用すれば，1/3の確率でひとりも死亡せず，2/3の確率で600人が死亡する。

　　　あなたはふたつのプログラムのうち，どちらを選びますか。

　問題1と問題2の各プログラムをふたつずつ組み合わせてよく見れば，それらが客観的に全く同じ選択肢であることが分かる。「200人の命が救われる」(プログラムA)は，「400人が死亡する」(プログラムC)と客観的には同じ結果であるし，プログラムのBとDも同様である。しかしながら非公式な実験によれば，たいていの人は問題1ではプログラムAを選び，問題2ではプログラムDを選ぶという (Tversky & Kahneman, 1981)。両問のふたつの選択肢は客観的には同じなのに，結果の表現が救われた命から失われた命に変更されただけで，典型的な選択がリスク回避からリスク志向の行動へと変わってしまったのである。

　リスクを利得と知覚する（例えば，命を救う：プログラムAとB）か損失と知覚する（命を失う：プログラムCとD）かで，リスクに対する人の受け止め方が変化する。Kahneman & Tversky (1979) のプロスペクト理論は，選択肢の「フレーミング (framing：枠づけ)」の変化——この場合には，利得から損失への変化——によって生じる認知の違いが，人の意思決定に顕著な影響を及ぼしうる事実を説明している。ここでいう「フレーミング」とは，人の一般的な意思決定を顕著に変えてしまうような，客観的には同じ情報の異なる言い回しを指している。フレームの違いは合理的な意思決定にはなんら影響を与えないはずなのに，実際には人はそれに影響を受けてしまうのである。

問題1と問題2の場合には，鍵となるフレーミングの中に，人が結果を評価するときの基準となる隠された参照点が含まれていて，それが実験的に操作されている。ふたつの問題が客観的には同じであることに留意していただきたい。問題1は命が救われるという観点からフレーミングされており，隠された参照点は，600人の死亡という最悪の結果である。利得の状況で意思決定する場合，私達の多くがリスク回避的になる。「負けのない巨額のギャンブル」で確実に手に入る1000万ドルのほうを選ぼうとするのも同じである。

　これに対して，問題2は損失の観点からフレーミングされている。ここでは，隠された参照点は，アジアの疫病による死者が全く出ないという最良の結果である。損失の状況で意思決定する場合，私達の多くがリスク志向になる。上述した訴訟問題で，期待値が低い選択肢であるにもかかわらず多くの人が法廷で争おうとするのも同じ理由からである。Kahneman & Tversky はいみじくも，客観的に同じ問題でもフレームを変えることで人の選択が変えられること，またその変化が予測できることを見抜いたのである。

　通常の意思決定では，人は基準となる参照点と比較して結果を評価する。そのとき参照点がどこに置かれるかによって，その意思決定が利得でフレーミングされるのか，あるいは損失でフレーミングされるのかが決まる。そしてそれが結果的に意思決定者のリスク選好に影響を与えるのである。アジアの疫病問題は参照点の重要性を示す好例である。利得問題としてフレーミングされた場合には，隠された問いかけは「600人全員が死亡する恐れがある状況から，何人の人の命が救われるか」である。すなわち，600人の命が失われることが中立的な参照点となる。これに対して，損失問題としてフレーミングされた場合には，隠された問いかけは「600人全員が生存しているという現在の状況から，何人の人の命が奪われるか」である。

　このような参照点の移動の重要性を示すもうひとつの例として，次のようなシナリオを検討してみよう。

問題3．あなたは2年前に，XYZ社の株を100株譲り受けました。そのときの株価は1株あたり20ドルでした。しかし不運にも，この2年間で株価は10ドルまで下がってしまいました。その会社は現在，ある地域で油田の採掘を

おこなっており，大油田を掘り当てるかもしれませんが，何も見つけることができないかもしれません。地質調査によれば，もし油田を掘り当てれば株価は20ドルまで回復すると予想されます。ただし，もし石油が出なければ株価は0ドルになってしまいます。あなたは今，1株あたり10ドルでこの株を売りたいと思いますか？

　この問題でのあなたの参照点はどこにあるだろうか。あなたが手にできる金額（株の売却によって受け取る金額）だろうか，それともあなたが失う金額（20ドルと売り値との差額）だろうか。もし参照点を0ドルと考えれば，あなたはリスク回避的になり，いま株を売って確実に「利得」を得るであろう。しかし20ドルを参照点と考えれば，あなたはリスク志向的になって，確実に「損失」を出すよりは株を持ち続けようとするであろう。

　参照点の影響力を知ることによって，意思決定にどのような違いがもたらされるだろうか。リスクのある意思決定に直面したならば，まず参照点を確認するべきである。次に，他にも同じくらいの合理性を持つ参照点がないかどうかを検討する。もし答えがイエスなら，これからおこなう意思決定について複数の視点から考え，そこに生じる食い違いをよく吟味することである。ここまでできれば，問題が提示されうる複数の代替的なフレームに対して十分な注意を払った意思決定ができるであろう。

　合理的な意思決定をするためには，選択肢のフレーミングから影響を受けないようにしなくてはならない。しかしフレームは私達の意思決定にことのほか大きな影響を与えうる。近年になって，フレームがどのようにして強い影響を及ぼすかについて重要な発見がなされている。フレームの概念を用いることによって，研究者は，人間の判断における誤りや一貫性のなさについての解明を進めている。またフレーミングは，意思決定論，心理学，マーケティング，法学，医学，ファイナンス，組織行動，経済学の分野で大きな関心を呼んでいる。

　本章で中心的に扱うのも，こうした広い意味でのフレーミングである。ここから先では，次のような文脈において生じる選好の逆転について検証する。(1)私達はどうしてフレーミングによって自分が望みもしない意思決定をしてしまいがちなのか。(2)「擬似確実性（psuedocertainty）」の知覚は判断にどのように影響を与えるのか。(3)フレーミングによって，私達はいかにして必要以上の

保険に加入してしまうのか。(4)私達はどのようにして取引の出来不出来を評価しているのか。(5)物を所有することがいかにしてその価値の査定に変化をもたらすのか。(6)心理会計が意思決定のフレームにどのように影響を及ぼすのか。(7)私達はいかにして不作為よりも作為のほうを過大評価するのか。(8)同じものを「ボーナス」と呼ぶのと「払い戻し」と呼ぶのとではどんな違いがあるか。(9)選択肢を別々に評価するのと同時に評価するのとではどんな違いがあるか。

第1節 ——— フレーミングと人間の選択結合の非合理性

Tversky & Kahneman (1981) は，150人の実験参加者に次のような質問をした。

問題4．あなたは下記のふたつの問題の両方について意思決定を下してもらいます。まずAとBの問題をよく読んでください。次にそれぞれについてあなたにとって好ましいほうの選択肢を選んでください。

問題A　　　次のどちらかを選んでください。
　　　　　　a．240ドルが確実に手に入る。
　　　　　　b．25％の確率で1000ドルが手に入るが，75％の確率で何も手に入らない。

問題B　　　次のどちらかを選んでください。
　　　　　　c．750ドルを確実に失う。
　　　　　　d．75％の確率で1000ドルを失うが，25％の確率で何も失わない。

結果は，問題Aでは参加者の84％がaを選び，bを選んだのはわずか16％だった。問題Bでは87％がdを選び，cを選んだのはわずか13％だった。問題Aで多くの人が「240ドルが確実に手に入る」ほうを選んだのは，人は利得にフレーミングされた問題についてはリスク回避的だからである。これに対して，問題Bで多くの人が「75％の確率で1000ドルを失うが，25％の確率で何も失わない」ほうを選んだのは，人は損失にフレーミングされた問題についてはリスク志向的だからである。これらふたつの問題に対する回答の組み合わせをみ

ると，実験参加者の73％がａとｄを選び，ｂとｃを選んだのはたったの３％だった。

ここで，次の問題を考えてもらいたい。Tversky & Kahneman（1981）が，問題４とは別の86名の実験参加者に与えた問題である。

問題５． 次のどちらかを選んでください。
   ｅ．25％の確率で240ドルが手に入るが，75％の確率で760ドルを失う。
   ｆ．25％の確率で250ドルが手に入るが，75％の確率で750ドルを失う。

結果は予想どおり，86名全員がｅではなくｆを選んだ。実際に，ｆはすべての点でｅよりも優位な選択肢である。この結果のどこが興味深いかというと，問題４で選好された選択肢のａとｄを結合すると問題５で選好されなかった選択肢ｅになり，問題４で選好されなかった選択肢のｂとｃを結合すると問題５で選好された選択肢ｆになるからである。

$$a + d$$
$$= (100\%) \times (\$240) + [(75\%) \times (-\$1,000) + (25\%) \times (\$0)]$$
$$= (25\% + 75\%) \times (\$240) + (75\%) \times (-\$1,000)$$
$$= (25\%) \times (\$240) + (75\%) \times (\$240 - \$1,000)$$
$$= (25\%) \times (\$240) + (75\%) \times (-\$760)$$
$$= e$$

$$b + c$$
$$= [(25\%) \times (\$1,000) + (75\%) \times (\$0)] + (100\%) \times (-\$750)$$
$$= (25\%) \times (\$1,000) + (25\% + 75\%) \times (-\$750)$$
$$= (25\%) \times (\$1,000 - \$750) + (75\%) \times (-\$750)$$
$$= (25\%) \times (\$250) + (75\%) \times (-\$750)$$
$$= f$$

意外にも，好ましくないふたつの選択肢の合計が，好ましいふたつの選択肢の合計よりも優位となっている。ふたつの問題をひとつに結合した結果，選好逆転（reversal of preferences）が生じたのである。

この研究成果にマネジャーは注目すべきである。なぜなら，現実世界の意思決定（たとえばポートフォーリオ選択，予算編成，新規プロジェクトの資金調達など）は，ひとつの意思決定にまとめられることもあれば，複数の意思決定に分割されることもあるからである。組織においては意思決定が連続的に下されるのが一般的であるが，それによって，首尾一貫しない非合理的な選択がおこなわれる可能性が高まりがちであることが，この研究から示唆される。マネジャーの意思決定を個別に見れば理にかなっているように見えたとしても，全体として眺めると最適になっていないのが明らかなこともある。たとえば，販売部門は収益を出すという観点から物事を考えるように推奨されているが，審査部門は損失を避けるというフレームで意思決定を下すように推奨されている。不確実性の下で首尾一貫した意思決定の方略を打ち立てるためには，個人と組織がこのようなバイアスに注意を払って，リスク下の意思決定のあるべきかたちを部門の垣根を越えて特定し統合するための手法を開発する必要がある。

　あるときはリスク回避となり，あるときはリスク志向となると，前の問題でaとdを選択したときのように，意思決定の組み合わせが劣ったものになってしまう。私達の直観的なリスク選好は問題のフレーミングから強く影響を受けてしまうが，Kahnemn & Lavallo（1993; Rabin & Thaler, 2001も参照のこと）は，たいていの意思決定では期待値ルールに従うことでそれが克服できるであろうと主張している。ノーベル経済学賞を受賞したPaul Samuelson（1963）が同僚に持ちかけた，有名なコイン投げの賭けの話にも，同じような見解がみられる。同僚が勝てば200ドルをさしあげるが，負ければ100ドルをいただくという賭けである。Samuelsonは同僚に対して，リスクを伴うが正の期待値を持つ賭けを提案していたわけである。リスク回避的だった同僚は，1回だけの賭けなら御免だが，コインを100回投げるなら話に乗ると言った。この同僚は，このゲームが正の期待値を持っているので，賭けを数多く繰り返すならば実質的に勝ちが保証されていることが分かっていたのである。しかしたった1回のコイン投げでは，賭けに乗ったことを50％の確率で後悔することになる。

　Samuelsonの同僚ならば，人生の中で，株式や債券や投資信託に余裕資金を投資するかどうかなど，多くのギャンブルに直面してきたことは疑いない。彼はきっと，100回のコイン投げを求めたように，個々の意思決定における期

待値を最大化することで，長きにわたって順調な人生を送ったことであろう。私達の誰もが日常生活においてこうした「小さなギャンブル」に出くわすが，そのときは常にこの方略に従うようにすべきである。リスク回避的な意思決定を繰り返すことは，長期的には利得の機会を減じてしまうであろう。期待値最大化方略をとれば，私達が経験する正の期待値を持つすべてのギャンブルのリスクの総計が極小化され，結果的に得られる利益は極めて大きなものになるのである。

現実世界では，リスクに対して中立的でなくてよいのは，おそらく職業選択，持ち家の購入，会社の買収など，とても重要な意思決定に限定されるであろう。そのような意思決定は，問題を多様なフレームから注意深く検討したあとでおこなうべきである。ところが私達の多くはそれとは対照的に，時にリスク回避的になり，時にリスク志向的になって，結果的には必ずしも最適ではない決定をしてしまう。あまり重要な意思決定でなければ，基本的に期待値を利用するのが，最も単純で効果的な方略である。

第2節 ─── 人間は確実性を好む。たとえそれが擬似的な確実性であっても

あなたもおそらくご存じであろうが，ロシアンルーレットはあまり楽しいゲームではない。リボルバー式拳銃のシリンダーに6つある薬室のどれか1つに銃弾を込めて，シリンダーを回転させてから，ゲームのプレイヤーが交替で拳銃を自分の頭にあてて，引き金を引くのである。

自分がこのゲームに参加することを考えると，当然のことながら，たいていの人はあまりいい気持ちにはなれない。もしあなたがこのゲームを強制されたとしたら，そして頭に拳銃をあてる前にいくらかのお金を払えば拳銃から銃弾を抜くことができて，差し迫った死の確率を17％（6分の1）からゼロにできると言われたら，どうするだろうか。多くの人がそうであるように，かなりの金額を支払ってでも銃弾を抜いてもらいたいと思うだろう。

では次に，拳銃に銃弾が2発込められている，さらに危険なロシアンルーレットを考えてみよう。ここでお金を払えば銃弾を1発抜いて切迫した死の確率を17％まで（3分の1から6分の1に）下げてもらえるとしたら，あなたは

いったいいくら支払うだろうか。たいていの人にとって，銃弾を2発から1発に減らすことは目前の死の確率がゼロになる場合に比べればはるかに満足度が低く，また値打ちも低く感じられるだろう。死ぬ確率はいずれの場合も同じ率だけ下がるのだが，それが現実である。

人は高い確率（たとえば銃弾が1発詰まった拳銃を使ったロシアンルーレットの場合の83％という生存率）を過小に評価する一方で，確実な出来事（銃弾の詰まっていない場合なら確実に生き延びられる）は正しく評価できるということを立証したのはKahneman & Tversky（1979）が最初である。もしある出来事が100％か0％の確率で起きるならば，私達はこの出来事が起きる確率を正確に評価できる。ところが（たとえば83％のような）高い確率で起きることは，期待効用のフレームワークが予想するように，83％よりも低い確率であるかのように対応してしまうであろう。その結果，Slovic, Fischhoff, & Lichtenstein（1982, p.24）が示したように，「たとえば，損害にあう確率を1％から0％まで下げるような保身行為は，それがどんなものであれ，同じ損害にあう確率を2％から1％に下げるものよりも高く評価される」のである。言い換えると，人は同じだけの確率の変化であっても，それで確実性が得られる場合は，不確実性の範囲内での変化よりも高い価値を置くのである。

興味深いことに，確実であるという知覚（つまり，ある出来事が起きる確率が0か1であるという知覚）は，容易に操作できる。Slovic, Fischhoff, & Lichtenstein（1982）は，洪水には適用されないが火災には適用される損害保険を宣伝する最良の方法を検討した。この保険は，「火災による損害の全額を補償します」と宣伝しても，「自然災害による損害の一部を補償します」と宣伝しても，記述に偽りはない。しかしSlovicらは，全額補償の宣伝のほうが，加入を検討している人には魅力的であることを発見した。それはなぜかというと，全額補償という表現では火災によって損害を被る確率がゼロになると知覚されるのに対して，全般的な損害の一部を補償するという表現の場合は損害の出る確率が幾分か引き下げられるが，ゼロにはならないからである。宣伝文句の全額補償というフレーミングによってもたらされる確実性の知覚は「擬似確実性（psuedouncertainty）」と名付けられている。直面している不確実性の一部についてだけの確実性だからである（Slovic, Fischhoff, & Lichtenstein,

1982)。

　Slovic, Fischhoff, & Lichtenstein（1982）は，疫病の予防接種という文脈において擬似確実性の効果が強力に作用することを実証してみせた。彼らは2種類の質問票を作成した。バージョン1の質問票には，ある疫病に全住民の20%が感染すると予測されていると書いてあり，実験参加者は，接種した人の半分に効果がある予防接種をするかどうかを質問される。バージョン2では，ふたつの異なった疫病があって，同じ人が両方に罹ることはないが，どちらも全住民の10%に感染すると予測されていると書かれている。用意された予防接種は片方の疫病には確実に効果がある（確実性）が，もう片方には全く効果がない。あなたはバージョン1の質問票に書かれた予防接種を受けるだろうか。バージョン2の質問票に書かれた予防接種はどうだろうか。いずれの場合も，予防接種を受けると，疫病への罹患リスクは客観的には20%から10%に下がる。しかし　Slovic, Fischhoff, & Lichtensteinは，バージョン2の質問票に書かれた予防接種（擬似確実性）のほうが，バージョン1の質問票に書かれた予防接種（不確実性）よりも好まれることを見出した。バージョン2の質問票を渡された参加者のおよそ57%が予防接種を受けると答えたのに対して，バージョン1では40%の参加者しか予防接種を望まなかったのである。

　次の問題で，Tversky & Kahneman（1981）は，確実性と擬似確実性の影響をあわせて調べた。

　問題6．次の選択肢のうち，どちらが好ましいですか。
　　　　a．確実に30ドルをもらえる。
　　　　b．80%の確率で45ドルをもらえる。

　問題7．2段階のゲームがあります。第1段階では，75%の確率で何も得られずにゲームは終了してしまいますが，25%の確率で第2段階に進むことができます。第2段階では，以下のふたつの選択肢からひとつを選択します。
　　　　c．確実に30ドルをもらえる。
　　　　d．80%の確率で45ドルをもらえる。
　　　cとdのどちらが好ましいですか。ただし，ゲームを開始する前，つまり第1段階の結果が出る前に決めなくてはなりません。

問題8．次の選択肢のうち，どちらが好ましいですか。
　　　　e．25％の確率で30ドルをもらえる。
　　　　f．20％の確率で45ドルをもらえる。

　Tversky & Kahneman（1981）は，これらの問題を別々の実験参加者に課した。問題6では，参加者の78％がaを，22％がbを選んだ。問題7では，参加者の74％がcを，26％がdを選んだ。そして問題8では，参加者の42％がeを，58％がfを選んだ。
　ここにはいくつかの興味深い対比がある。問題7を検討してみよう。問題の前半と後半を結合すると，cは25％の確率で30ドルがもらえることになり，dは20％（0.25×0.80=0.20）の確率で45ドルがもらえることになる。するとこれらは問題8の選択肢と内容は同一であって，ただ質問の仕方が違うだけであることがわかる。さらに，問題7の場合，もし第1段階で終わってしまえば，その先の選択肢は何であろうと関係がない。そしてもし第1段階を通過すれば，その先は問題6と同じである。それゆえ，問題6と問題7とで回答が異なる理由は見出しえない。問題7が問題6とも問題8とも同じである以上，問題6と問題8も同じように扱われるべきである。しかし実験の参加者は問題6と問題7では同じように反応したのに，問題8では違った反応をした。どうして問題8への回答に違いが生じたのだろうか。
　問題6と問題8の相違は，Tversky & Kahneman（1981, p.455）が「確実性効果（certainty effect）」と名付けた現象を浮き彫りにしている。すなわち，「ある結果が起こる確率が減少するとき，その減少は元の確率が確実（100％）であった場合のほうが，元の確率がそれ以外であった場合よりも重きを置かれる」のである。客観的に見て同じである問題7と問題8に対する回答の相違には，「擬似確実性効果（psuedocertainty effect）」（Slovic, Lichtenstein, & Fischhoff, 1982; Tversky & Kahneman, 1981）が表れている。30ドルをもらえるという見込みが人を惹きつけるのは問題8よりも問題7のほうであるが，それは人が選択肢cに確実性（「確実な勝ち」）を知覚するからである。しかしここで見込まれている「確実性」は，第2段階に到達してからのことで，しかもこの段階ではまだ結果は不確実なのである。

確実性効果と擬似確実性効果の影響によって，人の判断は非一貫的になる。確実性効果によって私達は，不確実な出来事の生起確率を引き下げるよりも確実に起きる出来事の生起確率を引き下げるほうに関心を向けがちになる。また擬似確実性の効果によって，不確実性を軽減してくれる選択肢よりも，確実と思わせてくれる選択肢を選ぼうとする。合理的に考えれば，不確実な状況で確率が一定の減少を見せるならば，元の確率がどれだけかにかかわらず，意思決定者にとっては同じ価値を持つはずである。たとえば，ガンにかかる確率が20％から10％に下がることは，10％から0％になるのと同じ価値があるはずである。しかし人が感じる確実性や擬似確実性が，たいていの人には特別な意味を持つのである。この擬似確実性を操作することは，医療，個人保険，法人損害保険やその他さまざまな保険について説明するときの手順に重要な意味を持つ。調査データによれば，人が保険をかけるのは，リスクから身を守るためではなく，程度によらず不確実性に起因する心配を減らすためであるという（Tversky & Kahneman, 1981）。

第3節 ─── フレーミングと保険の過剰販売

保険料とは何かというと，ほとんど起きない大きな損失の確率を減らす引き換えに，あなたが甘受しなくてはならない確実な損失である。実際はすべての保険の加入者にとっての期待値はマイナスであり，その分が保険会社の利益になっている。

興味深いことに，Schoemaker ら（Hershey & Schoemaker, 1980; Schoemaker & Kunreeuther, 1979）や Slovic, Lichtenstein, & Fischhoff（1982）の発見によれば，確実な損失を保険料と言い換えることで，客観的な支払金額が変わらなくても人はそれをあまり損失とは感じなくなるようである。Slovic, Lichtenstein, & Fischhoff（1982）は実験参加者に，確実な損失（保険料）を支払うか，確率は低いが甚大な損害を被るかもしれないリスクを引き受けるかのいずれかを選んでもらった。そのとき参加者の半分には前者の選択肢を「確実な損失」と表現し，残りの半分には「保険料」と表現して伝えた。その結果，確実な損失と言われた場合よりも，保険料と言われた場合のほうが，前者の選

択肢を選んだ人がはるかに多かった。

　Tversky & Kahneman（1979）と Hershey & Schoemaker（1980）によれば，「保険」という言葉が「どうして保険に加入しないでいられるのか」，「賢明な市民は保険に加入するものだ」などの社会に流布している規範を生み出している。保険への加入は，たいていの人がそれ以外の選択肢を考慮しないでとる行動のひとつである。無保険で運転をしても違法ではない州にあなたが住んでいると仮定して，自動車保険から脱退することを検討することがあるだろうか。

　保険や保証というフレーミングを使えば，消費者のとても奇妙な行動のひとつを説明できるかもしれない。たいていの消費者は，新車を購入すると決めた後に延長保証サービスの加入を勧められる。セールスパーソンは決まって，「月々あと数ドル支払うだけで，修理代の心配をしなくてもいいのですよ」と言う。新車を購入した人の半分近くもの人が延長保証をつけるのはなぜだろうか。延長保証サービスが得だからと思うかもしれないが，実はどうも得ではないようである。車のディーラーは，延長保証サービスでかなり儲けているのだ。日産に対して起こされた訴訟で公開された文書によると，その当時，一般的な延長保証サービスの料金は795ドルであった。そのうち実際に修理にかかるのはたった131ドルで，109ドルが管理費として日産に支払われ，残りの555ドルはそのままディーラーの懐に入っていたのである。費用のかさむ修理は頭の中で鮮明に思い描かれるし，それに保険や保証を好む社会的規範があいまって，他の選択肢を慎重に検討したならおそらく選ばないようなリスク回避の選択肢を多くの消費者が選んでしまうのである。これまで見てきたように，確実な金銭的損失ではなく保険であるとみなしてしまうと，その損失を甘受しがちである。消費者はすべての延長保証サービスに対して「ノー」と言って，そのお金を銀行に貯金して，必要となったときの修理に使うようにすればいいのである。長い人生を考えれば，とてもいい決断ができたことになるだろう。

第4節 ─── あなたにとって大切なことは何か

　Thaler（1985）に記述された次のシナリオを2回読んでいただきたい。ただし最初は，丸括弧内は読んで角括弧内は読まずに飛ばしていただこう。そし

て二度目は逆に，角括弧内は読んで丸括弧内は読まずに飛ばしていただく。

　ある暑い日，あなたは海岸で寝そべっています。氷入りの水を飲むだけでも十分ではありますが，あなたはかれこれ１時間もの間ずっと，お気に入りの銘柄の冷たいビールを１本飲めたらどんなにいいだろうかと考えています。すると連れの友人が起き上がって，そのへんまで電話をかけに行くついでに，近くの（素敵なリゾートホテル）［小さな繁盛していない食料品店］からビールを買ってこようかと言います。そのへんでビールを売っているのはそこだけです。友人は，ビールは高値で売られているかもしれないが，いくらまでなら出すつもりがあるかと尋ねます。あなたの予算内で買える値段で売られていたら買ってこようというのです。あなたの予算を超えた値段だったら買ってきません。あなたは友人を信じており，また（バーテンダー）［店主］と価格交渉をする余地はありません。あなたは友人にいくらの予算を伝えますか。

　この二重の問題には，いくつか注意すべき特徴がある。第１に，ホテルの場合でも雑貨店の場合でも，あなたが手にする商品は同じである。第２に，価格交渉の余地はない。第３に，あなた達は海岸でビールを飲みたいのだから，リゾートホテルなら雰囲気も味わえるというメリットもない。期待効用理論に従えば，ふたつのシナリオのどちらであっても設定される予算は同じはずである。しかしThalerの実験結果によれば，実験参加者は「素敵なリゾートホテル」でビールを買う場合にはだいぶ余計に支払ってもいいと回答した。かなり昔の実験であるが，ホテルで購入するビールに対する支払金額の中央値は2.65ドル，食料品店で購入するビールについては中央値は1.50ドルであった。

　どうしてこのような食い違いが生じたのであろうか。Thalerによれば，「素敵なホテルのビールに2.5ドルを支払うことの不愉快さは許容範囲内であるが，食料品店のビールに2.5ドルを支払うのは，法外なぼったくりのように感じられるからではないか」ということである。そうであるならば，あなたが買った商品にあなたが感じている価値の他に，何かがあなたの意思決定に大きく影響していることになる。あなたは「とてもお買い得で見逃せない」という理由で，必要でもない商品を買ってしまったことはないだろうか。あるいは，予算の範囲内ではあるけれども，単にその値段がぼったくりであるという理由から買うのをやめたという経験はないだろうか。Thalerはこのような現象を説明して，

人の購買行動は「取得効用（acquisition utility）」と「取引効用（transaction utility）」の両方の影響を受けると指摘した。取得効用とは，あなたが商品（この場合はビール）に与える価値である。また取引効用とは，「その商品ならこのくらいの値段をつけるべきだ」という観点からみた，あなたの取引の妥当性についての評価である。雑貨店のビールに2.5ドルを支払うことは，素敵なリゾートホテルのビールに2.5ドルを支払うよりも，明らかに大きな負の取引効用をもたらす。取引効用を考慮して意思決定をすることは合理的でないと主張することはできるが，それでは私達の行動を説明することができない。

続いて，Tversky & Kahneman（1981）の改作であるふたつの問題を考えていただこう。

問題9．あなたは今，最先端のマウスを50ドルで買おうとしています。販売員はあなたに，あなたが買おうとしているマウスが，この店から車で20分のところにある同じチェーンの別の店でセール品になっていると教えてくれました。あなたは今日マウスを買わなくてはならず，今の店で買うのか，車で20分走って別の店で買うのか，いずれかを決めてなくてはなりません。あなたがセール品を求めて車を走らせようと思うためには，別の店のマウスの価格は最高でもいくらでなければいけませんか。

問題10．あなたは今，ノート型パソコンを2000ドルで買おうとしています。販売員はあなたに，あなたが買おうとしているパソコンが，この店から車で20分のところにある同じチェーンの別の店でセール品になっていると教えてくれました。あなたは今日パソコンを買わなくてはならず，今の店で買うのか，車で20分走って別の店で買うのか，いずれかを決めてなくてはなりません。あなたがセール品を求めて車を走らせようと思うためには，別の店のパソコンの価格は最高でもいくらでなければいけませんか。

今の店でマウスあるいはコンピューターを買うのか，それとも車で20分かけて別の店に行って買うのかを，合理的に決めるにはどんな方法があるだろうか。たいていの人はすぐさま，20分という時間の価値とその移動に要するコストを総合し，それとセール品を買うことによる金銭の節約とを比較すればいいという結論を出すだろう。これは，ふたつの商品に求められる最低の値引金額は同じであるはずだということを意味する。ところが実際は，マウスを別の店に買

いに行くときよりもパソコンを買いに行くときのほうが大きな値引を要求する人が多い。それはなぜかというと，時間の価値を評価するときに取引効用の要素が入りこむためである。たいていの人は，「たいへんお得な買い物」のためでないと，20分かけて移動しようとはしない。もし値引が40ドルだったとすると，パソコンの場合には大きな割引ではない（2％）が，マウスではものすごい割引（80％）である。ただし規範的な観点に立てば，割引率の違いは本質とは無関係である。人は単に値引きの額とその値引きを獲得するために要した時間の価値を比べるだけであって，その価値はいかなる意思決定においても不変のはずである。

　著者らは個人的には，TverskyやKahnemanそしてThalerの洞察は，私達がどのように自分の時間を使っているかについて有益な示唆を与えてくれると考えている。本節で述べられた各項目を読むことで，新聞に付いているクーポンはまめに切り抜いて使いなさいと教えるような家庭に育った私達が時間とお金をどのように秤にかけているのかについて考えさせられることであろう。意思決定の研究者でさえ，システム思考1に従うと自分の選好順位とは食い違う行動パターンを示してしまうことが知られている。本節でいくつかの問題を見てきたことによって，大金がかかっているときは探索に時間をかけ，たいした金額ではない場合には探索にあまり時間をかけないことが肝要であることが明らかになった。しかし現実には，10ドルや12ドルを節約するためには何軒もの食料品店をはしごするのに，家などの大きな買い物をするときにはあまり徹底して調べない人があまりにも多いようである。

第5節 ─── 自分が所有しているものに置く価値

　あなたが5年前に，前途有望な画家の絵を250ドルで1枚買ったとしよう。その後その画家はとても有名になり，あなたの絵は今や5000ドルの値打ちとなった。この絵を売ってもよいとあなたが思う金額は最低でどのくらいかを考えていただきたい。そしてまた，同じくらいよく描けている別の絵を買うとしたらいくら支払ってもよいかを考えていただきたい。

　たいていの人は，同程度の別の絵に支払ってもよいと思う金額よりかなり上

の金額でないと自分がいま持っている絵を売ろうとしない。またその売値は，自分が持っている絵を5年前ではなくいま買うとしたら支払ってもよいと思う金額をもかなり上回っている。この行動パターンは「授かり効果（endowment effect）」（Thaler, 1980）と呼ばれている。授かり効果については，ほかにもたくさんの例がある。家を売却しようとしている人は，その家を購入しようとしている人よりも，その家に値打ちがあると思っており，その結果，多くの物件が長い間買い手がつかない。中古車の売り手は買い手よりもその車に価値があると信じている。実際に，インターネットオークションサイトのイーベイに出品されている物件のおよそ3分の1が，留保価格（reservation price: 売り手が許容できる最低価格）を上回る価格での買い手からの入札がないという理由で，売れずに残っている（Null, 2007）。

　どのような取引であっても，売り手が許容できる最低金額を支払う意志が買い手になければ合意には至らない。客観的には，物の価格はその真の価値に基づいて決定されるはずである。ところが，売り手が物に置いている価値はしばしば，その本来の値打ちだけでなく，売り手がそれに対して抱いている愛着による価値も含んでいるのである。

　Kahneman, Knetsch, & Thaler（1990）は，ある巧妙な実験をおこなった。参加者の3分の1は「売り手」になり，目の前にマグカップが置かれた。そしてそのマグカップはあなたのものであり，あとでそれがいくらかを教えるので，その価格で自分が売りたいと思うなら売ってお金に換えることもできると伝えられた。そして0.5ドルから9.5ドルまでの50セントきざみで記された価格表が配布され，それぞれの価格ならマグカップを売るか，それとも売らずに持ち帰るかをマークした。

　別の3分の1は「買い手」になった。そして，あなたにはあとでいくらかのお金が与えられるが，お金のまま持ち帰ってもいいし，そのお金でマグカップを買ってそちらを持ち帰ってもいいと伝えられた。そしてやはり0.5ドルから9.5ドルまでの50セントきざみの価格表に，それぞれの価格でマグカップを買うか買わないかをマークした。そして残る3分の1は「選択者」となり，あとでマグカップとお金のどちらかを選択することになると告げられた。そして0.5ドルから9.5ドルの価格表に，それぞれの価格ならマグカップでもらうかお

金でもらうかをマークした。そして3グループのすべての参加者は，マグカップの価格もしくはマグカップの代わりに受け取る金額はあらかじめ決められていて，自分達の回答はそれには一切影響しないと理解していた。

実験結果から，買い手や売り手という役割が私達の価格査定に非常に大きな影響を及ぼすことが明らかになった。「売り手」がつけたマグカップの価格は平均で7.12ドルだったが，「買い手」は2.87ドル，「選択者」は3.12ドルであった。買い手と選択者は，マグカップの価格について同じような評価をしたことになる。これとは対照的に，マグカップを所有していることで，売り手にとってのマグカップの価値は大きく高まったのである。この種の授かり効果の実験では，それぞれのつけた価格の比率が2：1というのが一般的である。

授かり効果が意味するのは，人は自分が持っているものを過大に評価する傾向があるということである。所有というフレームによって，人がその品を合理的に分析した場合とは非整合的な価値が生まれるのである。この非整合性によって，中古住宅の売り手の多くが自分の家に対して不当に高い金額を設定してしまい，そのあげく長い期間にわたって買い手が現れないという現象の原因をある程度まで説明できる。自分が所有している品を賢く評価するためには，授かり効果を理解することが重要なのである。

Thalerはシカゴ大学のビジネススクールの自分の学生達に，以下のようなふたつの仮想的な問題を出した。いずれも，当時としてはとても現実的な問題であった。

問題11. 1998年に，マイケル・ジョーダンが所属するシカゴ・ブルズがNBAの優勝決定戦への出場を決めました。あなたはぜひとも観戦したいと思っています。チケットは完売ですが，この機会を逃すと，次にマイケル・ジョーダンの試合を観られる機会がもしあったとしても，それはだいぶ先になります。知り合いにチケットを売ってもいいという人がいます。あなたがそのチケットに支払ってもいい最高金額はいくらですか。

問題12. 1998年に，マイケル・ジョーダンが所属するシカゴ・ブルズがNBAの優勝決定戦への出場を決めました。あなたはそのチケットを持っていて，ぜひとも観戦したいと思っています。チケットは完売で，この機会を逃すと，

次にマイケル・ジョーダンの試合を観られる機会がもしあったとしても，それはだいぶ先になります。あなたがそのチケットを売ってもいい最低金額はいくらですか。

　Thalerの実験結果では，問題11で学生が支払ってもいいとした最高金額の平均は330ドルであったが，問題12で学生が売ってもいいとした最低金額の平均は1920ドルであった。私達はこのような行動に共感できるけれども，それが問題含みであることも理解できる。チケットの価値はいったいどれくらいだろうか。この答えを知らないと，そんないい値段なら売るしかないというほどの高値がついてもチケットを手放さず，あとあとまでそれを持ち続けてしまうことが目に見えている。車，家，株式，会社の事業部など，あなたやあなたの会社が所有しているすべてのものについて，同じことがあてはまるのである。

第6節 ─── 心の会計

　第4節と第5節で述べてきたことは，Thaler（1999）の「心の会計（mental accounting）」の研究結果と合致している。彼によれば，旅行や家のリフォームの費用，月々の家計など，さまざまなお金に関わる活動を統制し，評価し，記録をつけるにあたって，人はさまざまな心の会計を使う。興味深いことに，人は心の会計が違うと，驚くほど異なる決定のルールを使う。第4節と第5節では心の会計の特定の側面を明らかにしたが，この節では心の会計のその他の興味深い側面をみることにする。

　Thaler（1999）に，会社重役の一団に有償の講演をおこなうためにスイスを訪れたときの話が書かれている。講演のあとにThalerは夫婦でスイス国内を旅行したが，当時はドルが弱く，旅行の費用が高くついた。Thalerによれば，旅行の費用が全体として講演料よりかなり高くなっているだろうと知ってはいたが，旅行でお金を使うことは苦にならなかったという。彼は，もしニューヨークで講演をして同額のお金をもらってから夫婦でスイスを旅行した場合であったらどう感じただろうかと心の中で比べてみた。そのような旅行では，お金がかかることがとても苦になるのではないだろうか。要するに，旅行の費用

が別の会計（ニューヨークの講演の会計）から出ていると苦になるが，同じ会計（スイスへの講演旅行の会計）から出ていればあまり苦にならないのである。著者らはこのスイス旅行の話に同感できるし，読者のみなさんも同じではないだろうか。

　もっと一般的な例がある。あなたが，1週間分の食料を買うために食料品店に行ったとしよう。そこで店員があなたに，その店でその日だけ使える10ドルの割引券をくれたとする。この割引券は，あなたがその店で使う金額に影響を与えるだろうか。合理的に考えれば，あなたは割引券をもらう前に比べて，10ドル多くお金を持っているというだけのことなので，この割引券はあなたが使う金額には影響しないはずである。たとえば，もしあなたが割引券をもらう前に10万ドルの純資産を持っていたら，所持金は10万10ドルとなる。しかし，資産が10万ドルの人より，資産が10万10ドルの人のほうがお金を多く使うとは誰も考えないであろう。ところが Milkman, Beshears, Rogers, & Bazerman (2008) が，ウェブによる食料品の受注・配達業者の協力を得て実験をおこなったところ，「10ドル割引」の権利をもらった人はそうでない人よりも多く買い物をした。具体的には，10ドルの割引をもらうと購入金額が2ドル増えるのである。思いがけない収入があった人がそれを簡単に使ってしまうのはごく日常的なことだが，これは Thaler の主張とも一致する。

　同様の研究に，Shafir & Thaler (2006; Thaler, 1999) がある。彼らは，ワイン愛好会の会報の定期購読者に次のような問題に答えてもらった。

問題13. あなたは以前に先物市場で良質の1982年もののボルドーワインをケースで買っていたとします。そのときの価格は1本あたり20ドルでした。そのワインをいまオークションで買うと1本あたり75ドルします。あなたはこのワインを1本空けることにしました。

　このワインを飲むことに対してあなたが感じるコストは下に示す金額のどれに一番近いですか。
　　a．0ドル
　　b．20ドル
　　c．20ドル＋利息
　　d．75ドル
　　e．マイナス55ドル（20ドルで買ったワインが75ドルに値上がりしたから）

Shafir & Thaler（2006; Thaler, 1999）によれば，結果は，aを選択した参加者が30％，bが18％，cが7％，dが20％，eが25％であった。彼らが注目したのは，このニュースレターはOrley Ashenfelterという経済学者が発行していて，経済学的な正解であるdと答えた人はほとんどが経済学者であったことである。経済学者以外は，現在の市場価格に基づいて自分の所有物の価値を評価したりはしない。むしろ，支払いはすでに済んでいるのでコストをゼロと考えたり（選択肢a），自分が実際に支出した金額と考えたり（選択肢b），あるいは，取引の差し引きの金額（選択肢e－得な取引でお金が儲かった）と考えたりするのである。

　心の会計は選択しなかった結果の満足感にも影響を及ぼす。次のようなふたつの出来事を考えていただきたい（Thaler, 1985より）。

出来事A．あなたのところに国税庁から通知が届いて，あなたが税還付についてちょっとした計算間違いをしていたので100ドルを追加で納税するようにと書いてありました。同じ日に州の税当局からも通知が着ていて，同様の間違いのために100ドルを追加で納税するようにと書いてありました。計算間違いによる影響は他にはありませんでした。

出来事B．あなたのところに国税庁から通知が届いて，あなたが税還付についてちょっとした計算間違いをしていたので200ドルを追加で納税するようにと書いてありました。計算間違いによる影響は他にはありませんでした。

　どちらの状況が心の動揺が大きいだろうか。支払金額は同じであるが，たいていの人は一度に大きな支出をするBよりも，少額の支出が重なるAのほうに動揺を感じてしまう。このような感情的な反応は，損失に対する私達の自然な反応とも一致する。すなわち，損失による心の痛みを比較すると，最初の損失のほうがあとの損失よりも辛く感じられる。すでにお分かりのように，たいていの人にとって，200ドルを失う辛さは100ドルを失う辛さの2倍には及ばない。それと同じで，ふたつの心の合計で100ドルずつ失うほうが，ひとつの心の会計で200ドルを失うよりも痛みが大きいのである。お金を得る場合はこれが逆になる。総額が同じでも，一度にまとめてもらうよりも少額ずつ分けてもらうほうがありがたいと感じるのである。ゆえに私達にとって100ドルの価値は200

ドルの価値の半分よりも大きく感じられる。ここから教訓が引き出される。大切な人に対して一度にたくさんの贈り物をしてはならない。ひとつずつあげたほうが，もらう人の喜びが大きいのである。

　最後に，Thaler（1999）に書かれている彼の同僚の興味深い話を紹介しよう。私達すべてがそうであるように，その同僚もまた生活の中で，ときどき損失としか片付けられないような少額の支払いに迫られる。その支払いに伴う不愉快な気分を回避するために，彼は心の会計を応用している。すなわち，毎年の初めに，スピード違反の罰金や借りた図書の延滞金などの不愉快な支払いのための基金を設ける。そして実際に些細なやっかいごとが起こったときは，その基金からさっさと支払ってしまう。さらに年の終わりには，基金の残金をユナイティッド・ウェイ（訳註：寄付金を非営利団体に分配する組織）に寄付するのである。

　心の会計をこのように応用すると，予期しない些細な支出の不愉快さを和らげてくれるのは確かである。このやり方が慈善事業への寄付行為に及ぼす正味の影響については定かではないが，アイデアとしては筆者らは気に入っている。一度お金を別にしておくと，それをどのように使うのかという細かなことには煩わされなくて済むのである。

第7節 ─── 損害行動の忌避，不作為バイアス，現状維持

　Bazerman, Baron, & Shonk（2001）は，実験参加者に次のような問題を出した。

　　問題14. あなたにとってどちらが好ましいですか。

　　　　　　　　a．もしあなたが事故で亡くなったときは，あなたの心臓はだれかの命を救うために使われます。また，もしあなたに心臓移植が必要になったときには，90％の確率で心臓の提供を受けることができます。

　　　　　　　　b．もしあなたが事故で亡くなったときは，あなたの心臓は遺体と共にお墓に埋められます。また，もしあなたに心臓移植が必要になったときには，45％の確率で心臓の提供を受けることができます。

この問題では，たいていの人がaを選ぶ。それなのにどうしてアメリカ政府は，bに近い臓器移植政策を採用しているのだろうか。アメリカでは臓器提供待ちリストに常時約5万人もの人が登録されているが，その3分の1以上が臓器が見つかる前に亡くなっている。臓器提供者の数はここ数十年，自動車のシートベルトやオートバイのヘルメットの着用によって減少し続けており，1万1000人の臓器提供適格者のうち，わずか4500人しか実際には臓器を提供していない。もしこの数字を倍にすることができれば，毎年アメリカで臓器提供を受けられずに亡くなっているおよそ1万5000人のうちの4分の1の命を救えるだろう。

どうすれば臓器提供の数を増やせるのかが分かっているにもかかわらず，現状はかくのごとしである。Bazerman, Baron, & Shonk（2001）によれば，ふたつの新しい取組みのうちいずれかを採用すれば，救済できる人の数を少なくとも2倍にできる。ひとつは，臓器提供の意思表示をした人に何かあったときには優先的に臓器を提供することである。この方法は，臓器提供制度への参加を劇的に増加させるのに十分なインセンティブを提供するであろう。もうひとつの方法は，臓器提供に関する本人の意思表示がなされていない場合は不同意とみなすという現在のオプト・イン（opt-in）方式を改めて，多くの諸外国（オーストリア，ベルギー，フランス，スウェーデンなど）が採用しているように，本人の意思表示がない場合は臓器提供に同意しているものとみなすオプト・アウト（opt-out）方式に改めることである。つまり，臓器提供の適格者が亡くなったときには，本人が事前に特に臓器提供拒否の意思表示をしていない限りは臓器提供者とみなされるように，アメリカの制度におけるデフォルトを変更するのである。Johnson & Goldstein（2003）によれば，ヨーロッパでアメリカと同じようなオプト・イン方式を採用している国では提供率は4％から28％にすぎない。ところがオプト・アウト方式を採用している国では，それが86％から100％となっている。

オプト・アウト方式にすれば多くの人の命が救われるのに，アメリカのようにオプト・イン方式で我慢している国があるのはなぜだろうか。その答えは，損失と利得に関する人間心理にある。Tversky & Kahneman（1991）によれば，私達の心の中では利得よりも損失のほうが大きな位置を占めている。それを考

えれば，Paul Samuelson の同僚が1回きりのコイン投げを避けたことも納得がいく。その線でいくと，政府が政策を変更すると必ず便益とコストの両方が発生することを考慮しなくてはならない。もしオプト・アウト方式に移行すれば，新たな命が救えるだろう（これは重要な利得である）。しかし一方で一部の人に対しては，たとえば自分の臓器を摘出されずに埋葬されることを望む人に対しては，際立って大きなコストをもたらす。政策立案者はしばしば非合理的にも，作為の損害（harms of commission: ここでは死者が臓器を取り出されてしまうこと）よりも不作為の損害（harms of omission：ここでは臓器提供ができずに人をみすみす死なせてしまうこと）のほうを選んでしまうのである。たとえ不作為の損害のほうが作為の損害よりもはるかに大きくてもそれは変わらない。Ritov & Baron（1990）は，これを「不作為バイアス（omission bias)」と名づけている。

　人間のリスク下の意思決定をよく観察してみると，多くの人が「損害行動はとらない」という経験則に従っていることがわかる。この経験則に言外に含まれているのは，不作為による損害には目をつぶるということである（Ritov & Baron, 1990）。興味深いことに，心理学の研究によれば，個人のレベルでは短期的には作為による後悔のほうが大きいが，長期的には不作為による後悔のほうが大きいという（Gilovich & Medvec, 1995）。大きな便益の実現と引き換えに小さな損害が不可避であるような状況が社会にはたくさんある。Ritov & Baron（1990）による実験では，1万人の子供のうち10人が死亡するという疫病を予防する接種があるが，その予防接種の副作用で1万人のうち5人が死亡するというと，多くの人が子供に予防接種を受けさせたくないと回答した。この人々は，たとえ自分の意思決定によって5人が余計に死ぬことになっても，予防接種という「作為」で死者が出ることに耐えられなかったのであろう。このように私達は，結果を良くしようと行動することよりも，現状維持を選択することがあまりに多いのである。

　ある人に別の会社から転職のオファーがあったとしよう。新しい仕事が今の仕事よりもいくつかの面でとても条件がよくても，別の面で少し条件が劣っているとオファーを断る人が多い。多くの意思決定者にとっては，損失のほうがずっと軽微であっても，利得よりも気になってしまう。不作為バイアスは基本

的に，変革に対する非合理的な障害である現状を維持することを支持するのである。リスク下の意思決定では行動が求められることが多い。それゆえ，変革を目指している人でも，変革に失敗するリスクよりも変革することのリスクのほうに関心を向けてしまう。人は利得よりも損失をより深刻に受けとめるので，現状を維持しようというモチベーションが働いてしまうのである。

ここで，Kahneman & Tversky（1982）の問題を考えてみよう。

> 問題15．ポールとジョージについての文章を読んで，このような状況でどちらが後悔しているのかを考えてください。
>
> 　　ポールはA社の株式を所有しています。この1年の間，ずっとB社の株式への買い換えを検討していましたが，結局は買い換えないことにしました。しかし今になって，もしB社に買い換えていたら1200ドルの儲けになっていたことに気づきました。
>
> 　　ジョージはB社の株式を所有していましたが，この1年の間にA社の株式に買い換えました。しかし今になって，もしB社の株式をそのまま持っていたら1200ドルの儲けになっていたことに気づきました。

おそらくあなたの想像どおりであろうが，Kahneman & Tverskyの実験では，おおかたの人がジョージのほうがポールよりも後悔が大きいだろうと考えた。何もしなかったことで悪い結果が生じたときよりも，何かをしたことで悪い結果が生じたときのほうが，私達の後悔が大きいのである。このような感情は日常生活で私達の意思決定に影響を与えるだけでなく，アメリカの法制度にも組み込まれている。つまり，訴訟を恐れて新しいワクチンを製造しないことで社会に損害を与えた製薬会社よりも，調査を重ねて注意深く製造されたワクチンで予期しない損害を出してしまった製薬会社のほうが責任を厳しく追及されるのである（Baron & Ritov, 1993）。その結果，効果のある薬やワクチンを市場に提供しない不作為によって，あまりに多くの人が病気にかかって命を落としているのである。同じように，殺人事件に関与した人を厳しく罰している国でも，命が危険にさらされている人をその状況から救出できるのに何もしなかった人を罰する「傍観防止法」はめったに見られない。

第8節 ─── 払い戻しとボーナスのフレーミング

　2001年9月，アメリカ政府は，年間所得に応じて1人あたり300ドル，500ドル，600ドルのいずれかを納税者に供与した。総額は380億ドルにのぼる。政府当局とメディアはこの供与を「払い戻し」という用語を使って表現した。ブッシュ政権は，これによって購買意欲が刺激され，低迷する経済が活気づけられると考えた。しかしEpley, Mark, & Idson（2006）が3つの研究をおこなったところ，政府がこの政策に与えた名称によるフレーミングが，すなわち，よりによって「払い戻し」という用語を使ったことがその効果を著しく限定してしまったことが分かった。Epleyらがつきとめた興味深い事実とは，もし政府がこの供与を「払い戻し」ではなく「ボーナス」と表現していたなら，より多くの国民がすぐさまそのお金を貯蓄ではなく消費に振り向けて，経済の大きな刺激となったであろうというものであった。

　Epley, Mark, & Idson の最初の研究によれば，「払い戻し」と「ボーナス」というふたつの用語は，そのお金をどのように使うべきかに関して全く異なった納税者心理を呼び起こす。実験参加者は全員が納税者であったが，彼らにはまず，およそ半年前に財務省から小切手が配られたことを思い出してもらった。そしてひとつの参加者集団（「払い戻し」群）には，次のような文章を読んでもらった。「この減税政策の提案者によれば，政府が支出を賄う以上の税金を徴収したために税金に剰余金が発生した」ので，その分を「還付金」として納税者に返還するものである。

　一方の「ボーナス」群には次のような文章を読んでもらった。「この減税政策の提案者によれば，政府の支出が予想よりも少なくて済んだために予算に剰余金が発生した」ので，その分を「ボーナス」として納税者に返還するものである。

　文章を読んだあと，参加者のふたつのグループに，その小切手の何％を使い，何％を貯金したのかを思い出してもらった。「払い戻し」群は25％を消費して75％を貯金したと報告したが，「ボーナス」群は87％を消費して13％を貯金したと報告した。両群への振り分けは無作為におこなわれたので，両群の参加者

の間で実際に消費と貯蓄の割合が違っていたとは考えられない。これらデータが示すのは，彼らが消費と「ボーナス」，そして貯蓄と「払い戻し」を，それぞれ結びつけて考えたということである。Epley らは「ボーナス」という言葉は余剰の現金黒字を連想させ，「払い戻し」という言葉は本来あるべきところに戻ってきたお金という印象を与えたと考えた。

　第2の研究では，Epley, Mark, & Idson はハーバード大学の学部学生を参加者として実験をおこなった。参加者には50ドルが与えられ，一方にはこれは授業料の払い戻しであると説明し，他方にはボーナスであると説明した。そして1週間後に学生達に，50ドルのうちいくら貯金して，いくら使ったのかを尋ねた。平均すると，「払い戻し」と説明された参加者は10ドルを消費して40ドルを貯金したと報告したのに対して，「ボーナス」と説明された参加者は22ドルを消費して28ドルを貯金していた。つまり，ボーナス群のほうが払い戻し群よりも2倍多く消費したのである。学生の報告が正確でない場合もあるので，Epley らは3番目の実験をした。そこではハーバード大学の学部学生に，「ボーナス」あるいは「払い戻し」として25ドルを与えた。その上で Epley らは「実験店」を開いて，標準価格の20％引きの商品を売りに出した。そうすると，払い戻し群は平均して2.43ドルしか使わなかったのに対して，ボーナス群は11.16ドル，つまり4倍も多く使ったのである。

　これらの研究で示されたのは，フレーミングの驚くべき力，自分がフレーミングの影響をいかに受けているのかを知ることの大切さ，そして重要な意思決定へのフレーミングの関与である。アメリカ政府があのとき払い戻しではなくボーナス・キャンペーンをしていれば，もっと景気を刺激することができたことは明らかである。

第9節 ──── 統合選好と分離選好の逆転

　あなたがふたつの選択肢を個別に評価して，選択肢Bよりも選択肢Aのほうにより高い価値を与えたとしよう。これらふたつの選択肢からどちらかを選ぶとしたら，論理的に考えれば，選択肢Bよりも選択肢Aを選ぶと言うだろう。本節では，論理的な一貫性というとても単純な条件から逸脱するいくつかの選

好逆転を中心に議論する。

複数の選択肢を個別に評価したときと同時に評価したときに生じる選好逆転に関しては，現在ではかなり多くの研究がある。ここでは，個別に見たときにはどちらか一方の選択肢に価値を置いていたのに，それらの選択肢を同時に検討すると選好が逆転してしまう例をいくつか選んで検証する（Bazerman, Loewenstein, & White, 1992）。そしてこうした逆転現象について，少なくとも2通りの説明を提示する。それによって，逆転が生じるのはどんなときなのかが明らかになるだろう。

まずふたつの給料パッケージについて考えてみよう。パッケージAは1年目が年俸2万7000ドル，2年目が2万6000ドル，3年目が2万5000ドル，4年目が2万4000ドルというものである。パッケージBは1年目が2万3000ドル，2年目が2万4000ドル，3年目が2万5000ドル，4年目が2万6000ドルというものである。Hsee（1996）は学部学生を対象にして，これらのパッケージについて，もし就職するとしたら受け入れられるかどうかを答えてもらった。その結果，参加者がこれらふたつの選択肢のどちらか片方だけを見せられて評価したときには，パッケージBがパッケージAよりも好んで受け入れられた。しかし参加者がふたつの選択肢をいっしょに検討した場合には，パッケージAが格段に多く受け入れられた。ひとつずつ個別に評価した場合は，参加者は年を追うごとに俸給額が下がるのを嫌ったのであろう。しかしふたつを同時に評価した場合には，パッケージAのほうが多くのお金を，しかも早くから支給してくれることが容易にわかったのである。

これとは全く異なった文脈の実験をHsee（1998）がおこなった。参加者に音楽辞典を買うために店に来ていると想像してもらって，1冊あるいは2冊の音楽辞典を評価してもらった。「大きな辞典」は2万語が収録されているが，表紙が破れている。「きれいな辞典」は1万語しか収録されていないが，表紙はきれいである。参加者にはどちらか片方あるいは両方の辞典を吟味して，それぞれに支払ってよい最高の金額を答えてもらった。両方の辞書を評価した参加者は，「きれいな辞書」よりも「大きな辞書」に多くを支払ってもよいと答えた（平均で27ドル対19ドル）。これとは対照的に，片方の辞書だけを評価した参加者は「大きな辞書」よりも「きれいな辞書」にたくさん支払ってもよい

と答えた（平均で24ドル対20ドル）。参加者は個別に評価したときには破れた表紙を嫌い，同時に評価したときには収録語数の多さを好んだのである。

　Kahneman & Ritov（1994）は，環境問題や社会問題といった異なるタイプの問題において，同じような一貫性の欠如を発見した。参加者は特定の問題を強調する記事の見出しをいくつか見せられた。そのうえで，「個別評価群」の参加者は，その中で指定されたひとつの問題について，政府の介入をどれくらい支持するかを回答した。「比較評価群」の参加者は，指定されたふたつのうちどちらについて政府の介入をより強く支持するかを回答した。その結果，個別の評価では，参加者は感情ヒューリスティック（Slovic, Finucane, Peters, & MacGregor, 2002）の予測と整合的に，傷ついたフウロウ，サンゴ礁，発ガン性物質など，強い感情を誘発する「感情喚起」の環境的要因を重視した。一方でふたつの中からひとつを選ぶ場合には，参加者は，皮膚ガン，多発性骨髄症，鉛入り塗料など，人体に直接的で深刻な影響を与える要因を選ぶ傾向があった。たとえば，ひとつの問題だけを評価した個別評価群の参加者は，農業労働者の皮膚ガンよりもオーストラリアの哺乳動物種の絶滅の危険の重要度のほうをわずかに高く評価したが，このふたつを同時に評価した比較評価群では，農業労働者の皮膚ガンを重視した参加者のほうが多く，その比率は2対1であった。

　政治に関する世論調査には，ある特定の候補者を支持するか支持しないかを尋ねるパターンと，ふたりの候補者のうちどちらに投票したいのかを尋ねるパターンがある。そして世論調査会社が世論調査に基づいて立てた予想と実際の投票結果が時として一致しないことがある。Lowenthal（1996）はその原因の一部を実験で明らかにしている。参加者がふたりの候補者を比較するとき，また実際に投票するときの評価は，候補者の個別評価とは逆転したのである。Lowenthalは，ふたりの仮想的な候補者に対する有権者の選好を調べた。ある候補者は1万人の雇用を創出してくれると期待されるが，脱税の過去があるという噂がある。別の候補者は5000人の雇用を創出してくれると期待され，また悪い噂は聞かない。参加者が候補者を個別に評価したときには，クリーンな候補者のほうがはるかに高く評価された。しかし両候補のどちらに投票しますかと尋ねられると，より多くの職を持ってきてくれそうな候補者が，ほぼ2対1

の差で優位に立ったのである。

　これらの例に見られるように，同時に評価したときと個別に評価したときに選好が一貫しないという研究結果は次々と数を増やしている（Bazerman, Moore, Tenbrunsel, & Wade-Benzoni, & Blout, 1999; Hsee, Loewenstein, Blout, & Bazerman, 1999）。そこにある共通点は，選択肢を評価する属性がふたつあって，ある選択肢と別の選択肢ではそれぞれの属性における評価が対照的なことである。そして，個別の評価ではある属性が重視され，同時の評価では別の属性が重視されるのである。このような現象が生じる原因については，少なくともふたつの説明がある。それが「欲求・当為（want/should）」説と「評価可能性（evaluability）」説である。

　Bazerman, Tenbrunsel, & Wade-Benzoni（1998）が提唱した「欲求・当為」説は，個人がしたいことと，すべきであると考えていることとの間の葛藤に注目する。個別の評価では，感情に訴える選択肢，つまり「欲求」の選択肢が高く価値付けられるが，同時に評価するときには，より論理的で合理的な選択肢，つまり「当為」の選択肢により高い価値が与えられる。これは感情ヒューリスティック（Slovic, Finucane, Peters, & MacGregor, 2002）の説明とも整合的である。また O'Connor, De Dreu, Schroth, Barry, Lituchy, & Bazerman（2002）は，人は感情を喚起する選択肢を選択したい選択肢と考え，論理的な選択肢を選択すべきものと考えていることを示して，「欲求・当為」説の表面的妥当性を裏付けた。要するに，Bazerman, Tenbrunsel, & Wade-Benzoni（1998）が主張するように，私達は選択肢を個別に評価するときにはしばしば感情的な選好に従って行動し，複数の選択肢を同時に評価するときには合理的な分析をしようとするのである。さらに言い換えるなら，個別の評価ではシステム1思考が比較的多く見られ，同時の評価ではシステム2思考が比較的多く見られると言える。

　「評価可能性仮説（evaluability hypothesis）」（Bazerman, Loewenstein, & White, 1992; Hsee, 1996; Hsee, Loewenstein, Blout, & Bazerman, 1999）は，個別評価と同時評価の間で起こる選好逆転について，より認知的な説明を提供する。この説によれば，評価方式の違いによる選好逆転は，各属性が選択肢の評価に用いられる可能性，つまり「評価可能性」の違いによって引き起こされる。ふた

つの選択肢を比較するにあたって，（辞典に含まれる言葉の数のように）評価するのが難しい属性と，（破れた表紙のように）評価するのが易しい属性との間での得失評価が必要な場合，評価するのが難しい属性は個別評価においては軽視され，同時評価においては重視されるのである。個別の評価では，評価するのが難しい属性を基準にして選択肢の望ましさを評価することに困難を覚えることが多い（たとえば，「1万という数は十分な数なのだろうか」というように）。その結果，評価するのが難しい属性のほうは意思決定にあまり影響を与えなくなる。これに対して，同時に評価する場合には，評価するのが難しい属性に関してふたつの選択肢の比較データがあるので，その属性の評価可能性が高まる。つまり，収録語数が他の辞典と比較できるようになると，収録語数という属性がより意味を持つようになる。それとは対照的に，表紙が破れていることが辞書の欠点であることを知るためには，比較のための情報は必要ない。

　個別の評価という作業は複雑である。本節は，個別の評価と同時の評価で属性が獲得する重み付けが変化するふたつの過程に注目した。ひとつは，人は感情ヒューリスティックに従って，最初に感情に訴える属性に関心を払って，本能的に反応することである。もうひとつは，評価するのが難しい属性は個別の評価では重要視されないことである。個別評価と同時評価で選好に逆転が生じるときには，これらふたつの過程が存在していることははっきりしている。このような逆転については第7章で再び論じることにする。そこでは人々が社会的比較をおこなうにあたって困惑を感じるときに影響を及ぼしている要因を探索することになる。

第10節 ──── 結論とまとめ

　本章で扱ったフレーミング効果と選好逆転という現象は，行動意思決定研究における中心的な発見の一部である。本章の最初に紹介したアジアの疫病問題は，この分野の研究史において特に重要な問題のひとつである。この研究とKahneman & Tversky（1979）のプロスペクト理論のその後の展開を見るまでは，行動意思決定論の研究は経済学者達によってほとんど無視されてきた。第1章で議論したSimonの限定合理性の概念は，探索コストを勘案すれば合

理的な方略で説明できるという言い逃れで片付けられてしまった。第2章で論じたヒューリスティックとバイアスも，同じような理由で無視されてしまった。しかし本章で論じたフレーミング効果によって，経済学者でさえも規範的観点からは意味がないと認めざるを得ないような情報に基づいて，人々が劇的なまでに異なった意思決定をすることが示されたのである。

25年以上もむかしに，当時支配的であった経済学のパラダイムに異議を申し立てたアジアの疫病問題のデータが土台となって，心理学者と経済学者との間に生産的な対話が生み出された。他にも多くのフレーミング効果が立証されて，この対話という伝統は継続され，行動経済学や行動ファイナンスの領域の発展に貢献した。

これらの研究に対してしばしば投げかけられる問いかけのひとつが，これらの効果が現実世界で一般化できるかどうかという質問である。本書の4つ前の版では，著者のひとりのベイザーマンはこの質問については楽観的であったものの，確証できるだけのデータは持っていなかった。しかしそれから今日までに，多くの優れた研究がフレーミング効果を用いて現実世界の現象を説明してきた。どうしてタクシー運転手が忙しい日よりも暇な日のほうが長時間にわたって運転するのか（Camerer, Babcock, Loewenstein, & Thaler, 1997），どうして多くの人が電話の回線保険に加入するのか（Thaler & Ziemba, 1988），交渉において人々が膠着状態に陥るときの条件（第10章を参照），そして投資におけるさまざまな失敗（第8章のトピック）などである。Camerer（2000）はまた，現実世界におけるフレーミング効果の重要性をはっきりと示す証拠をとりまとめるというすばらしい仕事をしてくれた。

どうしてフレーミング効果は，私達の判断にかくも強く影響するのだろうか。その答えは，第2章と第3章でバイアスについて議論したときに用いたのと同じ答えではあり得ない。これらの章で論じたバイアスは，人が判断においてヒューリスティックという近道をとることから生じるものである。それとは違って，フレーミングや参照点の効果に関する研究によって，合理的な意思決定として想定されている意思決定プロセスよりももっと複雑な心理的プロセスが人間の意思決定の根底にあることが示唆されたのである。合理的な意思決定者は単に自分の選択において期待される価値の最大化を図るだけであって，意

思決定の結果が利得であるのか損失であるのかどうかは関係ないし，現状維持と比べてどうかを検討するのも余計なことである。しかし現実の人間は，まず現状維持に照準を合わせて，そこからの変化を利得あるいは損失と考えるのである。

どうして人間には進化の過程で意思決定を損なうような特殊な装置がプログラミングされたのかについて，Rayo & Becker（2007）が説得的な説明をしている。それによれば，結果を評価するときに私達がフレームや参照点に頼ることは，生物学上の制約という問題の簡潔な解決になっている。制約とは，私達の「主観効用の尺度」——喜びや痛みを経験する私達の能力——が無限に敏感であるわけではないということである。ビル・ゲイツが50回目の10億ドルを手に入れたとき，最初の10億ドルと同じような満足を感じただろうか。決してそうではなかっただろう。私達の限界効用が利得においても損失においても逓減することはこの章で既に説明したところであるが，その原因は，まさしく私達の主観効用尺度の感度が制限されていることにある。

私達の主観効用尺度の感度に生物学上の制約があるとするならば，私達は，得たものに慣れてそれを当然と思うことで参照点をそのつど調整する必要がある。もしそうやって参照点を調整しなければ，あっという間に効用尺度の最大値に至ってしまって，それ以上に幸せになるためにできることは何もないことに気づいてしまう。そうなれば私達は，もっと一生懸命に働いて，もっと豊かになり，もっと多くを得ようとするモチベーションが湧かなくなってしまう。もちろん現実には，私達は現在の富や地位やその他の達成してきたことに慣れてしまう。そして，さらに上を求めることで自分がもっと幸せになれると信じてモチベーションを維持するのである。

このモチベーションのシステムが皮肉なのは，私達が働き続けるためには新しい状況に慣れなくてはならないのだが，その慣れを前もって予想できてはいけないことである。ポジティブな環境変化にもネガティブな環境変化にも人間は驚くべき速さで適応するのだが，適応したあとは直ちにそのことを忘れてしまう（Brickman, Coates, & Janoff-Bulman, 1978; Gilbert, Pinel, Wilson, Blumberg, & Wheatleu, 1998）。私達はいわば快楽の踏み車の上を踏み歩いているようなものである。向こう側から手招きされて，永遠にたどり着けない想

像上の幸福に向かって懸命に歩んでいるのだ。

第5章
動機と感情が意思決定に及ぼす影響

Motivational and Emotional Influences on Decision Making

　マーク・メリルは病みつきのギャンブラーであった。自分でもこれではだめだと思って，1996年にギャンブル依存者のための医療施設に入院した。そして自分をインディアナ州のいわゆる「自己除外名簿」に登録した。これによってカジノは彼の入場を永久に拒否することになった。登録の取り消しは不可能である。それにもかかわらず，メリルはインディア州のゲーリーにあるトランプ・インディアナ・カジノに入場してギャンブルをすることができた。1998年12月と翌年1月，彼はギャンブルの負債の穴埋めのために，ふたつの銀行に強盗に入った。メリルは逮捕されて銀行強盗の罪で有罪判決を受けたが，今度は彼のほうがトランプ・インディアナ・カジノに対して，自己除外名簿に掲載されている者を入場させた過失に対して，600万ドルの損害賠償を請求する訴えを起こした。しかしインディアナ州の裁判所は，自己管理できなかったことを理由に提訴はできないとして，メリルの請求を退けた（Bauer, 2006）。

　かつての行動意思決定研究は，その大半が，自らがしつこく批判していた経済学と同様に，意思決定は認知的なプロセスであるとみなしていた。しかし最近では，意思決定の誤りの多くが動機や感情の影響によるものだと考え始めている。私達は，依存症や空腹，性的な衝動，その他の一時的な感情の影響によって，長期的な利益とは相反する誘惑的な選択肢に飛びつこうとする短期的な動機を持っている。本章では，私達がそのような意思決定を下すのはどのような状況なのかを考察する。

　特に焦点を当てるのは，意思決定に影響する動機と感情の4つのカテゴリー

である。第1節では，マーク・メリルのギャンブル依存症の話にあるような，したいこととすべきこととの間の葛藤を説明する。第2節では，私達の判断が欲望によってバイアスをかけられ，自分の信じたいことを信じるように丸め込まれてしまう道筋のいくつかを分析する。第3節は，人々が公正さを自分に都合よく解釈してしまう道筋について議論する。第4節は，意思決定者の感情の状態がどのようにしてその判断に影響を及ぼすのかを詳細に検討する。

第1節 ——— 感情と認知が衝突するとき

　ホメロスの『オデュッセイア』では，オデュッセウスは，長い航海中にひとつの問題に直面する。海の男達を甘い歌声で島に誘い，果ては死に至らしめるという女性の魔物，セイレーンがまもなく現れることを彼は知った。これまでどんな人間もセイレーンに逆らうことはできず，海岸は「今や朽ち果てた男達の骨の山で埋め尽くされていた」。オデュッセウスは船員達にセイレーンのそばを止まらずに通り過ぎるよう命じ，またセイレーンの甘い歌声が聞こえないように耳にロウを詰めさせた。しかしオデュッセウス自身はセイレーンの歌を聞きたかったので，船員達に彼の体をロープでマストに縛りつけるように，そして彼がどんなに請い願っても，船がセイレーンのそばを安全に通り過ぎるまではロープを解かないように命令した。船が出るとき，オデュッセウスは部下にこう警告した。「おまえ達に私が自由にしてくれと切に懇願したときは，さらにロープを増やしてきつく縛りあげるのだぞ」。オデュッセウスの計画は首尾よくいき，船はセイレーンのそばを無事に通過することができた。

　私達は誰しも心の中で，したいこととすべきこととの葛藤に直面する。オデュッセウスはセイレーンの歌につられて行ってしまってはならないと分かっていたが，実際に歌を聴いてしまうと，セイレーンのところに行きたくてしようがなくなった。マーク・メリルのような病みつきのギャンブラーは，カジノに行きたいと思う一方で，いったんギャンブルを始めてしまうとやめられなくなるので自分はカジノに行ってはいけないということも承知している。アルコール依存症の人は酒を飲みたいと思う一方で，飲めば悪い結果になるのでアルコールは控えるべきだということも分かっている。学生は夜はゆっくりした

り友達と遊んだりしたいと思う一方で，自分は勉強すべきだということも知っている。消費者はしばしば，欲しい商品を買うか，それとも健康や環境や予算上の都合の観点から買うべき商品のほうを買うかを決めなくてはならない。

第1章で紹介した感情ヒューリスティック（Slovic, Finucane, Peters, & MacGegor, 2002）は，人が意思決定において，たいていの選択肢に対して自動的に感情的に反応する側面を説明する。Bazerman, Tenbrunsel, & Wade-Benzoni（1998）も，人はこのような感情的な反応によって，じっくりと考えてから下すときの意思決定とは異なった決定をすることが多いと論じている。本書ではこれらふたつの選好のタイプを区別するために，「したいこと（欲求：want）」と「すべきこと（当為：should）」という用語を用いる。人はこのような不協和を抱えながらどのようにして優先順位を付けるのだろうか。感情が勝つのはどんなときで，理性が勝つのはどんなときだろうか。

◆多重自己

Schelling（1984）によれば，ひとりの人がまるでふたつの人格を持っているかのように行動することがよくある。つまり「きれいな肺のままで長生きしたいと欲している人が愛煙家であったり，引き締まった肉体を望んでいる人がデザートが大好きだったりする」（p.58）。この「多重自己（multiple-selves）」理論は，アルコールや薬物の依存者（Ainslie, 1975）や，お金を貯めるよりむしろ使うことに走るなどの一般の消費者がよくおかす間違いや，その他のさまざまな機能障害行動を説明するために用いられてきた。これらのほとんどの場合において，複数いる「自分」のひとりが，将来の自分のためになる選択肢ではなく，今すぐに満足を得られる選択肢を選ぶほうに肩入れしている。

認知神経科学の研究によれば，私達は実際に脳の異なる領域に，複数の自己を持っているらしい。いま手にしたい報酬について考えるときと，選ぶべき将来の大きな報酬を考えるときとでは，脳が活性化される領域が異なっている（McClure, Laibson, Loewenstein, & Cohen. 2004）。またこれらの信号を結合したり統合したりするときには，脳のもっと高機能な領域の関与が必要となる。特に，情報の統合と意思決定については，前頭葉前部皮質が鍵を握っているとみられる（Bechara, Damasio, Damasio, & Lee, 1999）。したいこととすべきこ

とのいずれかを選択する際には，短期的な報酬と長期的な報酬を比べなくてはならないが，前頭葉前部皮質に障害を持っている人にはそれが困難である (Bechara, Damasio, Tranel, & Damasio, 1997)。注目すべきことに，感情を司る脳の領域を損傷してしまった人は，前よりも合理的な意思決定をするようになることがある。すなわち，期待値の高いほうを選択する傾向が強くなるのである (Shiv, Loewenstein, Bechara, Damasio, & Damaso, 2005)。神経科学の知見が教えてくれるのは，私達は脳の感情領域によって，長期的な利益にはそぐわない選択肢を求めてしまうけれども，前頭葉前部皮質にある高機能な領域のはたらきによって，そのような欲求を抑えて期待効用の高い選択肢を選ぶことができるということである。

　私達の心の中にある相反する欲求の源泉が何であれ，Schelling (1984) によれば，それが経済現象にも大きな影響を及ぼしている。実際に多重自己理論は，他の理論では説明しにくい以下のような現象を説明してくれる。

- 喫煙産業と禁煙産業の両方が活況を呈している。
- 肥満の増加とダイエット本やお手軽ダイエット法の流行が同時進行している。
- 飲酒が増加すると共に，アルコール依存症者更生会のプログラムへのニーズも増加している。
- 不法薬物が蔓延すると共に，薬物依存症者を治療する病院も増加している。
- 性行動に関する社会や法律の厳しい取り締まりを尻目に，ポルノや売春がはびこっている。
- 先送りの性格を克服するための書籍やプログラム，自己啓発法が流行しているが，実際には先送りがしばしば起こっている。

◆選好逆転

　すでに述べたように，心の中での一時的な関心と長期的な自己利益が一致しないのは，人々が「したい」ことと「すべきである」と考えていることとの間に本質的な対立があるためである。第4章では，この欲求と当為の区別を，選択肢の個別評価と同時評価との間に生じる選好逆転を説明するために用いた。実験結果によれば，選択肢を個別に評価するときには，感情への訴え（「した

い」自己）が強くなるけれども，複数の選択肢を同時に目の前にして互いに比較して重み付けするときには，合理的で内省的な「すべき」自己が強くなるということであった。後者のプロセスでは，比較することで選択肢の相違が明確になり，より合理的な意思決定が促された（Hsee, 1996）。それに対して，前者のプロセスで個々の選択肢を考えるときには，意思決定者は「自分はそれが欲しいのか」という問いに動かされることが多い。そのような状況では，感情的で本能的な動機が力を増す。

　したがって，一時的には報酬になるが長期的には損失となってしまう選択肢（たとえば，気晴らしのための麻薬服用や無断欠勤など）を目の前にすると，直ちに「したい」自己が立ち上がって，この選択肢は魅力的であると判断してしまう。しかし，一時的な欲求に身を任せるという選択肢とそれを拒否するという選択肢について，それぞれの相対的な価値をきちんと評価し比較すれば，「すべき」自己の力が強くなる。1年の計を元旦に緻密に立てるのが「すべき」自己であり，それらをひとつひとつ破っていくのが「したい」自己である（Khan & Dhar, 2006, 2007）。

◆時間差の影響

　内面的な葛藤の末に生じる行動を説明するひとつの方法が，経済学の割引の概念を適用することである。すなわち，現在の便益と未来の便益との得失評価を含む選択では，未来の便益をいくらか割り引くのである。たとえば，あなたが大好きなソーダを1缶もらうとして，それを10年後にもらうよりは今夜もらうほうがありがたいであろう。その理由は，10年後にはそのソーダが飲めないかもしれないというだけのことであったにせよである。合理的に意思決定する人は，未来を「指数割引（exponential discounting）」，つまり各期間を同じ割合で割り引くと考えられる。たとえば，あなたが死ぬ確率が1年あたり約1％であるとしよう。その場合，あなたはソーダ缶の入手が1年延びるごとに，その現在価値を1％だけ割り引いていくであろう。もし今ならそのソーダ缶に1ドル支払ってもいいと思っているならば，1年後にソーダを受け取るという条件で今その代金を支払うとしたら0.99ドルしか支払いたいとは思わないであろう。10年後に手に入るという条件では，ソーダ缶の割引現在価値は1ドル×

0.99[10], つまり約0.9ドルになる。

　これに対して，先送りや怠惰，依存症など，自己コントロールに問題がある場合には，「双曲割引（hyperbolic discounting）」によって選択がなされる。この理論は Laibson（1994）によって初めて公式に提唱されたが，その背後にある洞察は極めて簡明である。それは，人は将来の利得や損失の価値を，それが現在発生した場合と比べて，低く評価するというものである。ソーダの例に戻ると，今日のソフトドリンクは明日や１年後のソフトドリンクよりも主観的にはずっと価値がある。ここで留意すべきなのは，365日後に手に入れることと366日後に手に入れることの違いはほとんどないが，同じ１日でも今日と明日の違いは大問題だということである。O'Donoghue & Rabin（1999）が指摘したように，私達は現在というバイアスに縛られているのである。

　Milkman, Rogers, & Bazerman（2007）は，ビデオ・レンタルの文脈において，「したい」自己と「すべき」自己の葛藤に関する時間的要素を検証した。その研究結果によれば，人はオンラインのレンタルサービスで何日後かに届くDVDを注文する場合は，（ドキュメンタリーや芸術的な映画など）見るべきだと思っている映画を選ぼうとする。ところが，いったんDVDが届くと，プレーヤーにセットされるのは（コメディーやアクション映画などの）見たいビデオのほうなのである。結果的に，「見るべき」ビデオは「見たい」ビデオに比べて有意に長い期間，見られることなく顧客の家に置いたままにされてしまう。基本的に，利用者は未来について意思決定するときには，すべきことを重視する。しかし現在について意思決定するときには，したいことを優先するのである。

　同じ研究者による研究であるが，Rogers, Milkman, & Bazerman（2007）は，オンラインによる食料品の配達サービスにおける顧客の注文の意思決定を分析した。このサービスは，顧客がオンラインで注文すると数日後に商品が届く。分析の結果，一般的に，注文と配達希望日との間の時間差が大きくなればなるほど，消費者の注文の中で（アイスクリームなどの）「食べたい」商品よりも，（野菜などの）「食べるべき」商品が占める割合が高くなることが分かった。

　最後に，Rogers & Bazerman（2007）は，自分が支持すべきだと考えている政策と支持したい政策が対立しているときに，市民がどちらを支持をするの

かを調べた。その一例がガソリン税である。たいていの人はガソリン税はないほうがいいと思っているが，その必要性も認めている。Rogers & Bazerman (2007) の実験では，このような「すべき」政策は，ただちに施行されるという条件の場合よりも将来施行されるという条件の場合のほうが支持率が有意に高くなった。

　時間差によって意思決定に違いが出てくることは，私達の現在の関心事が鮮明であることにも関係している。明らかに，私達は今この瞬間に自分達に起きていることをとても気にしている。なぜなら私達はそれを現在進行形で体験しているからである。もしあなたがベン・アンド・ジェリーズのアイスクリームが食べたいと思えば，それはいま食べたいのであって，翌日，あるいは数日後ではないはずだ。時間差による選好の違いは，私達の生理にとりわけ深く根ざしている。今すぐに報酬を手に入れたいと思うと，私達の脳の感情部分が活性化される。そして将来の報酬について検討するときには，合理的で内省的な前頭前野が活性化されるのである（McClure, Laibson, Loewebstein, & Cohen, 2004）。

◆内面的葛藤の調停

　内面的葛藤に関する研究から重要な問いかけが提起されている。長期的な健康や安全を達成するためには，「すべき」自己でもって，完全に自分の意思決定をコントロールすべきなのだろうか。それとも，「すべき」自分が下した意思決定を改善するために，「したい」自分ができることが何かあるのだろうか。この問題について，本書では，経済学，ライファの決定分析（第 1 章を参照），交渉のフレーム（第 9 章で論じる）の 3 つの分野から助言を提示することにしたい。

　経済学者からの助言　Schelling (1984) や Thaler (1980) などの経済学者によれば，私達が自分の心の中の葛藤を解決するための鍵は，私達の心の中の短期志向の意思決定者が持っている破壊的な欲求をコントロールする手段を作り出すことにある。「すべき」自己は計画者であるので，「したい」自己を囲い込み，取り込み，またはコントロールするすぐれた仕組みを作り出すことがで

きる。Thaler & Shefrin（1981）は多重自己の問題を，とても賢いが利己的なマネジャーを雇っている企業のオーナーが直面するエージェンシー問題に譬えている。オーナーの課題は，オーナーの利益に合致したマネジメントをおこないたいと思うようにマネジャーの職務を設計することである。この比喩では，企業のオーナーが「すべき」自己であり，マネジャーの「したい」自己が持つ強い欲求をコントロールするための計画を立てる。

具体的には，ふたつの自己の利害を調停する方法を探すことができるのは，「すべき」自己のほうである。ダイエットをしている人を例にとると，楽しんでできる運動を見つけることや，「したい」自分が空腹を感じたときに常に健康食品がそばにあるようにしておくことがそれに当たる。「すべき」自己によって感情が理性を押しのける状況を先取りし，その状況を首尾よく回避するのである。マーク・メリルが自分の名前をインディアナ州のギャンブル除外者リストに登録したのと同じである。いくつかのカジノは問題を抱えたギャンブラーに除外者リストに登録するように呼びかけている。しかしカジノの支配人達は，決心が変わってリストから自分の名前を除外しようとするギャンブラーに対してあまりにも寛容な対応をしている（Holt, 2006）。

まさにこの理由から，このような規則の効果を高めるためには，いっさい融通の利かない事前のコミットメントが有効である。たとえば，アルコール依存症の患者なら，アルコールを飲むと激しい吐き気を引き起こす「アンタビュース」と呼ばれる薬を服用することができるだろう。温情的な第三者（両親，雇い主，政府など）が，「したい」自己に負けないように援助してくれることもある。多くの州では，分譲マンションなどの高額商品について，消費者を衝動的な契約から守るために，契約取り消し期間を法律で定めている。

意思決定研究者からの助言　多重自己の問題は，Walt Whitman（1855/2001）によれば，私達ひとりひとりが「多重性を持っている」ということを意味している。このような複雑さを認めることは，意思決定者は内的に首尾一貫した選好を持っていると仮定している意思決定研究者に挑戦状をつきつけるようなものである。この問題に対する Howard Raiffa の研究（1968）はとりわけ興味深い。彼は人間の内面に非一貫性があることと，個人の利害関心においては競合

するふたつの選好は同時には存在しえないという事実を受け入れるべきであると主張する。具体的にRaiffaが推奨するのは，ふたつの自己の両方に問いかけて，間違っているのはどちらなのかを見極めることである。おそらくは，「すべき」自己が「したい」自己に対して，その将来の見通しのなさ——たとえば意思決定が及ぼす長期的な影響を見落としていること——を突きつけることができるだろう。あるいは，「したい」自己は「すべき」自己になりかわって，「すべき」自己の形式的な分析が見落としていた，漠然とした感情が意味するものを明らかにすることができるかもしれない。Raiffaは，複数の自己の間で調停が成立するまで，このようなコミュニケーションを交わすことを推奨している。

　Raiffaの提案は，「したい」自己の感情的で本能的な欲求に対して，発言する権利と機会，そして情報を与えることの重要性を認めるものである。Loewenstein（1996）が言うように，「したい」自己はとても貴重な情報を提供することができる。つまり，「空腹は栄養源を求めるシグナルであり，痛みは人体に害を及ぼすおそれのある物質が体外から進入したことを知らせる。そして感情は，それまでの行動を中断させる，行動に優先順位を付ける，特定の行動に精力を振り向けるなどのさまざまな役割を担っている」。

交渉研究者からの助言　Raiffaの研究は，ふたつの自己が相互依存の関係にあれば，その違いを交渉によって調停することが可能であることを示した。しかしながら私達は，「すべき」自己が長期的な自己の利益のための論理で意思決定をしても，後になって「したい」自己の衝動的な行動によってその決定が覆されるような事例も思い浮かべることができる。たとえば，ダイエットや運動を始めるという意思決定をしても，それについて「したい」自己と「すべき」自己の調整がつかないと，すぐに頓挫してしまうであろう。

　このことから筆者らは，「したい」自己にうまく対処するために，合理的な交渉戦略を構築することを勧めるものである。Raiffaの助言を改良して，意思決定や交渉の過程において，「したい」自己に独立性とより強い発言力を認めてやるのである。「したい」自己は交渉が膠着状態に陥っていることを宣言する力を持つ交渉者であるとみなすことで，意思決定の段階において「すべき」

自分が行きすぎた支配力を持つことと，実行の段階において「したい」自分が行きすぎた支配力を持つことを回避するのが狙いである。

　「したい」自己と「すべき」自己との交渉には，いくつかの原則を設定することをお勧めする。第1に，ふたつの自己に対して，合意に達するように要求しなくてはならない。なぜならば，葛藤を放置しておくと，「すべき」自己が次々と決定を下して，「したい」自己がそれをことごとく妨害するという繰り返しに陥ってしまうからである。第2に，合意はパレート最適となるべきである（第9章を参照）。つまり，「したい」自己と「すべき」自己の双方にとって，それよりましな合意はありえないような合意を形成する必要がある。このような合意は，中心的な問題についてふたつの自己が「協議」して，互いに妥協することからしか得られないであろう。たとえば，「したい」自己はどれくらいの頻度でアイスクリームを食べるのか，「すべき」自己は1週間のうち何日運動をするのかである。両方の自己が妥当な線だと認める合意ができあがったならば，「したい」自己はすすんでこの合意に従うようになるであろう。第3に，「すべき」自己は，交渉可能域を超える合意を無理強いしてはならない。つまり，その合意条項は，「したい」自己にとって現在もまた将来も受け入れ可能でなくてはならない。契約違反をしたからといって告訴できる裁判所は存在しないし，「したい」自分はいつでも契約を無効にできるということを，「すべき」自己は忘れてはならない。

第2節 ── 肯定的幻想

　Taylor（1989）によれば，たいていの人は，自分自身や世の中，そして将来を，客観的に正確に見ているのではなく，かなり肯定的に見ているという。また Taylor & Brown（1988）によれば，このような肯定的幻想（positive illusions）があることで，自尊感情が高まり守られもするし，満足感も増す。さらには難しい課題に取り組み，不愉快でコントロール不能な出来事に対処することができるのである。Taylor（1989）はさらに，肯定的幻想が肉体的健康と精神的な健康にとって有益であると主張している。また Greenwald（1980）は人間の自我を全体主義国家に喩えた。なぜならそこでは，自己を甘やかすと

いう目的のために，好ましくない事実や望まれない事実が隠蔽されるからである。また私達が自分史を語るときも，自分に都合のいい信念と一致するように記憶が改変されているという。

同様の見解として，Dunning (2005) によれば，人は自分自身を正確にではなく肯定的に見ようとしている。たとえば，自分自身にとって都合の悪い情報に接すると，自分の価値の高さを示すような自己奉仕的な要因を数え上げようとする (Crocker, Thompson, McGraw, & Ingerman, 1987)。逆に自分の価値が認められていると分かると，自己奉仕的な判断をする必要をあまり感じなくなる。

これらの研究結果は，自分の価値を肯定したいという自己本位的な動機によって説明できるだろう。たとえば人は，自分が所属しているグループのほうが他のグループより優れていると信じたがる傾向がある (Gramzow & Gaertner, 2005)。また人は自分の名前に含まれている文字をそうでない文字よりも好む (Nuttin, 1985, 1987)。セント・ルイスに住んでいるルイスさんのように，自分の名前がついた町で生涯を終える人は不自然に多い (Pelham, Mirenberg, & Jones, 2002)。また人は自分の名前とよく似た名前の相手と結婚しがちである (Jones, Pelham, Carvallo, & Mirenberg, 2004)。実際，私達が自分の性格を好むということは，第4章で論じた，ある品物を所有するだけでその品物の主観的な価値が高く評価されるようになるという「授かり効果」を説明する一助になるかもしれない (Morewedge, Shu, Gilbert, & Wilson, 2007; Van Boven, Dunning, & Loewenstein, 2000)。ただし諸研究の結果によれば，このような効果は無意識に生じるのであって，人が自動的にすばやく反応するときに最も顕著に現れる (Koole, Dijksterhuis, & van Knippenberg, 2001)。たとえば，問題を体系的に考える（つまり，システム2思考をする）と，自分の名前にある文字を他のものよりも好むというようなことはなくなるのである (Koole, Dijksterhuis, & van Knippenberg, 2001)。

◆肯定的幻想の限界

全体主義的自我がひたすら自己高揚を追求しているというのが肯定的幻想の視点に立った人間観であるが，近年の多くの研究によって，それに疑問が投げかけられている。いくつかの研究によって自己高揚の限界が明らかにされてき

た。また他の研究では，人が自分を実際の自分より劣っていると思ったり，実際にはそうではないのに他人よりも劣っていると主張したりする自己矮小化（self-diminution）の存在も立証されている。さらに他の研究では，肯定的幻想が結局のところ私達にとってよいものかどうかが疑問視されている。

　人が自分自身について，非現実なほど肯定的な信念をどれだけ抱くことができるかは，その信念の客観性，信用性，反証の可能性によってある程度まで制限される（Allison, Messick, & Goethals, 1989; Kunda, 1990）。たとえば，自分は人よりもテニスがうまいとか，あるいはカクテル・パーティーで人よりもウィットに富んだ会話ができると考えるよりは，自分は人よりも親切であると考えるほうが容易である。Allison, Messick, & Goethals（1989）は，容易に利用可能で客観的なデータと矛盾するような肯定的幻想を抱くのは困難であろうと推論している。同じように，自分は交渉において有利な合意を取り付けるのに長けていると思うよりも，自分は他の人よりも誠実であると考えるほうが簡単である。また Wade-Benzoni, Li, Thompson, & Bazerman（2007）によれば，人が自分を高く評価するのは，リサイクルや紙の再利用，照明をこまめに消すといった個別の行動よりも，環境にやさしい生活をしているというような漠然とした基準のほうである。

　肯定的幻想に関する研究はこれまで，自己高揚感には過大評価（overestimation）と高位配置（overplacement）のふたつのタイプがあることを見逃してきた。過大評価とは，人が自分の成果，成功の可能性，状況の掌握度を過大に評価する現象である。また高位配置とは，特定の課題において，自分は他人よりもよくできると高く順位付けをする現象である。これまでの研究で，肯定的幻想のこれらふたつのタイプの間には興味深い不一致があることが明らかになった（Moore & Healy, 2007）。その中でおそらく最も注目されるのは，過大評価と高位配置が，課題によって負の相関を示すことであろう。人は難しい課題については自分の成績を実際よりも過大評価する一方で，易しい課題では実際よりも過小評価する傾向がある（Burson, Larrick, & Klayman, 2006）。しかし人はまた，易しい課題では他人より自分がうまくできると思い，難しい課題では他人よりも劣ると思う傾向がある（Moore & Kium, 2003; Windschitl, Kruger, & Simms, 2003）。たとえばたいていの人は，自分は平均以上の優良ドライバー

であると思っているが，一輪車では平均以下だと思っている（Kruger, 1999）。

　Moore & Small（2007）は，このように明白な不一致がなぜ存在するかについての説明を試みている。難しい課題での成果の過大評価（と易しい課題での過小評価）は，多くの場合，人が自分自身について不完全な情報しか持っていないという事実から，簡単に説明されうる。人はある課題について自分の成績が目に見えてよいと，自分の成績を過大評価するよりも過小評価する傾向のほうがはるかに強い。それに加えて，人が他人について知っている情報はたいてい，自分自身についての情報より悪いものである。その結果，私達の自分自身への評価は，他人に対する評価よりも極端になる。そのため図5-1のようなパターンが生じるのである。

　この理論は，同様な不一致を示す相対的楽観主義（comparative optimism）に関するデータを説明する一助になる。相対的楽観主義とは，自分の身には他人に比べて肯定的な出来事はたくさん起こるが，否定的な出来事は少ししか起こらないという信念である（Weinstein, 1980）。そして客観的なリスクの確率と，他人と比較した場合の自分のリスクの度合いの見積もりとの間に不一致が生じるのである。たとえば，平均的な女性は自分が乳がんに罹る確率は他の人より低いと信じているが，自分が乳がんになる確率は実際に女性が乳がんに罹る確率よりも8倍も高く見積もっている（Woloshin, Schwartz, Black, & Welch, 1999）。同様にアメリカ人は自分がテロ攻撃の犠牲になることは他人より少ないと思っているにもかかわらず，自分自身が実際に犠牲となる確率はかなり過大に評価する傾向がある（Lerner, Gonzalez, Small, & Fischhoff, 2003）。さらにティーンエイジャーは，自分が翌年死んでしまう確率をかなり高めに見積もるが，他人と比べれば自分が死ぬ確率は低いと信じている（Fishhoff, Parker, Bruine de Bruin, Downs, Palmgren, & Manski, 2000）。

　易しい課題よりも難しい課題のほうが自分の成績を過大評価するのが容易であるのと同じ仕組みで，頻繁に起きることを自分が経験する確率を評価するときよりも，あまり起きないことを経験する確率を評価するときのほうが過大評価が起こりやすい。そして，自分は難しい課題では他人より劣っているが易しい課題は他人よりもうまくこなせると信じているのと同じ理由から，自分はよくある出来事を経験する確率は他人よりも高く，反対に，まれな出来事を経験

150

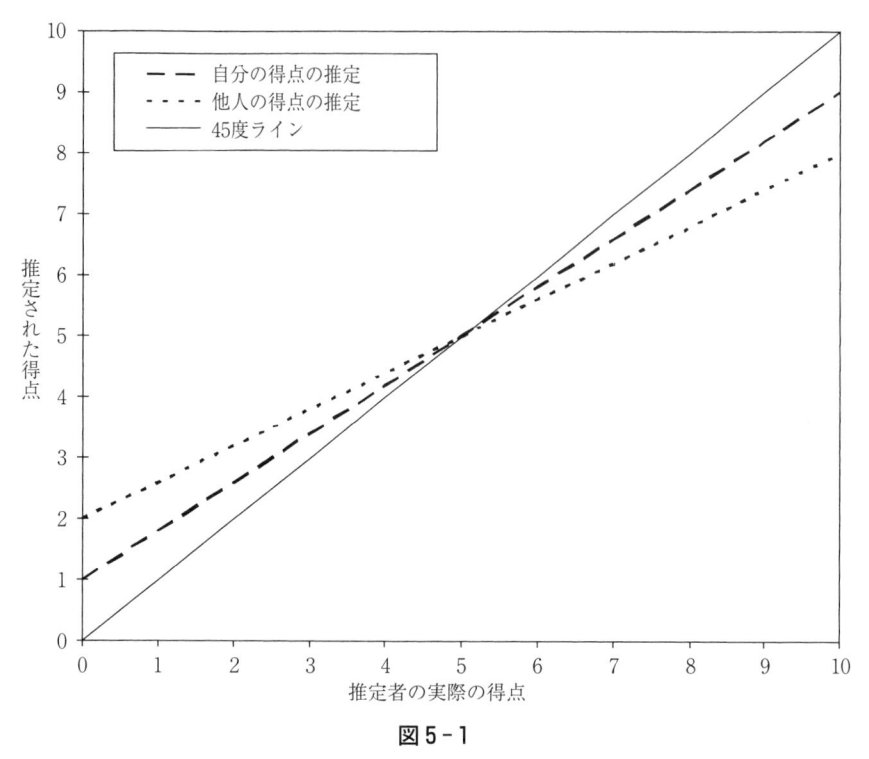

図 5-1

肯定的幻想の理論による予測の一例。10問の雑学クイズについて自分と他者の得点を推定したときに，推定者の実際の得点を独立変数とし，推定者の思い込みによる自分と他者の得点を従属変数として関数に表したもの。クイズを解く前には自分の得点を5点と予測していた場合。

する確率は他人よりも低いと考えてしまう（Chambers, Windschitl, & Suls, 2003）。たとえば70歳まで生きる（よくある出来事）確率は他人よりも高いと思っているが，100歳まで生きる（まれな出来事）確率は他人と比べて低いと思っている（Kruger & Burus, 2004）。

　人間は自分の成績の評価について系統的なバイアスを帯びているのでなく，ただ評価能力が乏しいだけであるとしても，たいていの人が自分はたいていのことは他人よりもうまくできると信じていると考えられる。それはなぜかというと，私達は職業や職務や趣味を選択するときに，部分的ではあるが，自分には「比類のない」才能があるという信念に基づいて選択しているからである

(Moore & Cain, 2007; Tesser, 1988)

◆肯定的幻想は本人にとって有益か

　一部の社会心理学者は，肯定的幻想は適応的な心理現象であると主張している（Taylor, 1989）。肯定的幻想は，個人の肯定的な自己観を守ってくれることから，心の健康の維持に役立つとも言われている（Taylor & Brown, 1988, 1994）。さらに Taylor & Brown によれば，肯定的幻想は個人のコミットメントを高め，難しい課題への対応を助け，不快かつ掌握不能な事柄への対処を容易にしてくれる。

　リスクを割り引いて考える起業家が輩出するのは人間に肯定的幻想があるおかげであると説明することは，たしかに理にかなっている。肯定的幻想を持つことで，認知的一貫性や今ある現実への信頼，そして自分にはできるという感覚を持ち続けることができる（Greenwald, 1980）。Seligman（1991）は，セールスパーソンの採用選考にあたっては，彼が「学習性楽観主義（learned optimism）」と呼ぶところの肯定的幻想をどれだけ持っているかで候補者を評価すべきであると主張する。Seligman によれば，非現実的なほどの強い楽観主義が，セールスの粘り強さを支えているからである。

　筆者らは，こうした知見がどれも真実を突いていることを疑わない。ある特定の状況下では（たとえば，きわめて健康状態が悪い場合）肯定的幻想は有用かもしれない。さらに，肯定的幻想があることで悲劇的な状況に対処できることがあるかもしれない。選択の余地がほとんどなくて，重大な意思決定に直面してないときには特にそうであろう。しかしそうは言っても，肯定的幻想がどのような状況にも適応できるわけではないし，多くの意思決定の状況ではむしろ危険ですらある。ほとんど成功の見込みのないベンチャーに老後資金を投じている人は少なくない。自分は余人に代えられないと勘違いをして上司に最後通告を突きつけ，その結果として職を失う人もいる。

　肯定的幻想に適応性があることを示す研究の多くは，共通して重大な限界を抱えている。それは，これらの研究が将来の成果に対する幻想を測定しているのではなく，自己評価がどれくらい正確であるかの証拠を集めたにすぎないことである（Klein & Steers-Wentzell, 2005）。これらの研究は，（自分のガンの

深刻さや仕事での成功の見込みに関して）自分は他人よりもうまくいくだろうという信念の度合いを計ったうえで，自分達がうまくできると信じている人が実際にうまくやっていることを示したにすぎない。これらの証拠を単純に解釈すれば，人は自分のガンがどのくらい悪いのか，あるいは自分の将来はどの程度見込みがあるのかを正確に知っているだけのことである。実際のところ，研究では，自尊感情の高さは，将来の成功の原因ではなく結果であることが示唆されている（Baumeister, Campbell, Krueger, & Vohs, 2003）。

　反対に，肯定的幻想によって一時的にせよ愚かにも自分を現実以上の存在と思い込んでしまうことは，有害であり時に自己破滅的ですらある。Robins & Beer（2001）の大学生を対象とした研究によれば，肯定的幻想は短期的には心の健康や自尊感情の高さと関係している。しかし長期的には，自分の学業成績が思ったほどによくないという証拠を見せつけられると，学生は挫折感を抱いてしまう（McGraw, Mellers, & Ritov, 2004を参照）。肯定的幻想を持っていると，尊大で，注意力に乏しく，自己中心的な行動をとるようになることがある（Anderson, Srivastava, Beer, Spataro, & Chatman, 2006; Baumeister, Campbell, Krueger, & Vohs, 2003）。肯定的幻想が現実に努力や成果を減少させてしまうこともある（Stone, 1994）。自己奉仕的な推論をする傾向が最も強い人は自己欺瞞的になりやすい。それはひとつには，そのような人は自分の行動の自己正当化に長けているからである（von Hippel, Lakin, & Shakarchi, 2005）。

　肯定的幻想が適応に役立つという考えには筆者らは懐疑的であるが，多くの研究者もまた，肯定的幻想（たとえば，「地球温暖化は言われているほど悪くはない」）は，学習や意思決定，人事に関する決定，危機への対応の質に悪い影響を及ぼしがちであり，葛藤や不満を助長することがあると警告している（Brodt, 1990; Dunning, Heath, & Suls, 2004; Kramer, 1994; Tyler, & Hastie, 1991）。組織人は肯定的幻想によって，肯定的な結果が出たときに自分の貢献を不適切なまでに過大に主張し，組織における自分の価値を過大評価し，達成の見込みが薄い目標を設定してしまう（Kramer, 1994）。否定的な結果を自己高揚的に解釈する組織人は，自分の過去のまずい意思決定から学ぶことができない（Morris & Moore, 2000）。

第3節 ── 自己奉仕的な論理

- 西側諸国は第三世界に対して熱帯雨林の消失と人口過剰を非難する。一方で第三世界は西側諸国に対して工業化による汚染と過剰消費を非難する。
- 『USニュース＆ワールド・レポート』誌の調査で，「誰かがあなたを告訴して，あなたが勝訴したとします。訴えた人はあなたの裁判費用を支払うべきだと思いますか」という質問をしたところ，回答者の85％の人が「はい」と答えた。ところが，「あなたが誰かを告訴して，あなたが敗訴したとします。あなたは相手に裁判費用を支払うべきだと思いますか」という質問に対しては，たった44％の人しか，「はい」と回答しなかった（Budiansky, Gest, & Fischer, 1995, p.52）。
- 地元の大気汚染を減らすために煙突を高くすると，より広範囲の地域の酸性雨問題が深刻化する。大気汚染が深刻化すると，汚染物質がより遠くまで到達するようになる。北東カナダが酸性雨の被害に見舞われたとき，住民はアメリカの北東部や中西部の工業化が原因であると非難した。しかしアメリカは責任を認めず，酸性雨の原因が北東カナダでの石炭の燃焼である可能性を指摘した。

人の知覚と将来の予測はしばしば自己奉仕的なバイアスを帯びる（Babcock & Loewenstein, 1997; Diekmann, Samuels, Ross, & Bazerman, 1997）。同じ情報を与えられても，各人は自分の立場によって，まったく異なった仕方でその状況を理解する（Babcock, Loewebstein, Issacharoff, & Camerer, 1995）。具体的には，人はまず自己の利益の観点から，個々の結果が自分にとってどれだけ望ましいのかを考える。それから公正さを構成する属性の重み付けを変えながら，公正さという視点からその選好を正当化する（Messick & Sentis, 1983）。人は公正な解決を目標に掲げるのが常であるが，何が公正であるかについての各人の評価は自己利益のバイアスの影響を受ける。たとえば，複数の主体が対立関係にあるときは，それぞれが抽象的な公正基準を持ち出して，それによって自分達に都合のいい実行可能な解決策を正当化し提案するのが普通である。

人は自分の都合のいい理由を考えることで，独立した第三者が妥当と認めるであろう程度を超えて自分達の取り分を多くすることがまったくもって公正であると信じこんでしまう。問題は，人が意図的に不公正に立ち回ろうとすることではなく，情報をバイアスをなしに解釈できないことにある（Diekmann, Samuels, Ross, & Bazeramn, 1997; Messick & Sentis, 1983）。

Hastorf & Cantril（1954）は，プリンストン大学とダートマス大学の学生フットボールのファンに，双方の大学のチームが対戦するフットボールの試合の短い映像を見てもらった。全員が同じ映像を見たにもかかわらず，どちらのファンも，相手チームのプレイはフェアではなく，スポーツマンシップにもとる振る舞いをしていると感じた。研究者の目には，ふたつの学生グループが「別のゲームを見た」かのように映ったほどであった。同様に Sutton & Kramer（1990）の軍縮交渉の研究によれば，冷戦期の東西両陣営は共に，協定締結に至らなかったことを相手方の硬直した態度のせいにした。ロナルド・レーガン大統領はこう語った。「私達は平和に至る環境整備のためにアイスランドにやってきた。私達はテーブルについて，歴史に残る軍縮の提案をしたのだが，ソビエトの書記長がそれを拒否した」。これに対して同日，ミハイル・ゴルバチョフ書記長は以下のように述べた。「私達には新たな提案をする用意があったので緊急会議を提案した。ところがアメリカ側は手ぶらでやってきたのだ」。Kramer（1994）によれば，このふたりのリーダーの発言記録は，政治的な表明である以上に，両者が心の奥底に自己中心的な考えを持っていることの証拠である。

第2章の確証ヒューリスティックの文献レビューにおいて指摘したように，人は自分の都合のいい情報が目の前にあるとそれを無批判に受け入れてしまう。一方で都合の悪い情報に対しては批判的になったり，懐疑的になったりする。Dawson, Gilovich, & Regan（2002）は，私達が証拠を評価するときは自分に都合のいいように基準を選択する傾向があることを見事に立証した。Dawsonらによれば，利用可能なデータが支持している主張を受け入れることはまったくもって理にかなっている。一方で，主張を圧倒的に支持しているデータを要求することもまた理にかなっているように見える。Dawson, Gilovich, & Regan（2002）によれば，人は主張を信じたいと思っているときには，「これ

は信じられるだろうか」と自問し,信じたくないときは,「これを信じなくてはいけないのだろうか」と自問するのである。

　この現象を説明するために,Ditto & Lopez (1992) は,実験参加者に,共同プロジェクトで自分と一緒に作業する人を選ぶように求めた。具体的には,参加者はふたりの共同研究者の候補者のうち知性が高いほうを選ぶように言われた。そしてふたりの候補者の過去のさまざまな仕事の成果に関する情報が与えられ,どちらが知性が高いかが見極められるまで,気のすむまで調べることが求められた。与えられた情報は,候補者の片方は友好的で協調性があるが,もう片方は無礼で不親切であると参加者が感じるようにあつらえてあった。すると,友好的な候補者のほうが知性が高いことを示唆する情報に接した参加者はそこで情報の探索をやめて,すぐさまその人物を選んだ。ところが無礼な候補者のほうが知性が高いらしいという情報に接した参加者は,自分が望む選択を正当化できるようになるまで,ひたすら情報を探し続けたのである。

　Balcetis & Dunning (2006) の実験で,バイアスを帯びた知覚が自動的に作動してしまうことが示された。この実験では,参加者は目の前に置かれたふたつの飲み物うち,ひとつを試飲してもらうことになると告げられた。ひとつは新鮮な絞りたてのオレンジジュースで,もうひとつは,緑色でゼリー状の,何かの塊が入ったいやな臭いのする混合飲料で,野菜スムージーというラベルが貼ってあった。どちらの飲み物の味見をするかは,コンピューター画面にランダムに表示されるのが家畜か海の動物かによって決まるようになっていた。ある参加者のグループは家畜が現れると野菜スムージーを飲まなくてはならず,別の参加者のグループは海の動物が現れると野菜スムージーを飲まなくてはならない。そして参加者には,ウマとアザラシの両方の特徴を持ったあいまいな絵が見せられた。実験の結果,家畜が見たいと思っていた参加者はそれがウマにしか見えず,意識のレベルにはその絵がアザラシである可能性は浮かばなかった。海の動物が見たいと思っていた参加者はその逆であった。つまり,人の知覚を選択的にするフィルターがかかるのは無意識のレベルなのである。

　これらのバイアスが無意識のレベルで生じるならば,自分がバイアスに対して弱いということに人が気づかないのは驚くべきことではない (Pronin, Gilovich, & Ross, 2004)。知性と善意の人ですらバイアスのかかった結論に至っ

てしまうのだが，それでも本人は自分が公正で客観的であることを信じて疑わない。会計監査人が重要なクライアントの疑わしい会計処理をうまく取り繕う方法を苦労して見つけ出したような場合でも，それが一般的に認められている会計処理と矛盾しないものと信じている（Moore, Tetlock, Tanlu, & Bazerman, 2006）。企業の CEO が株主を犠牲にして私腹を肥やすことで自分のエゴを満足させる方法を見つけたときも，自分は株主利益の最大化を求めて行動していると信じている。医者は製薬会社から贈答品を受け取っておきながら，自分の医療判断はそれによるバイアスを受けていないと信じている。そして政治家は選挙活動に気前のいい献金を受けているが，それが自分の議会での投票には影響しないと信じている。虚偽を述べることが法律上の詐欺に該当するためには，それを述べたときにそれが虚偽であることを自分で知っていなくてはならない。一般に言われるように，最も効果的な嘘は自分自身がそれが真実であると信じている嘘である。第 7 章では，意思決定に与えるバイアスと倫理との関係について，改めてより詳細に論じる。

第 4 節 ──── 感情が意思決定に及ぼす影響

　ここ数十年の間に，特定の感情が意思決定に及ぼす影響についての研究が大きく進展した。この研究は，いい気分と抑うつ気分の影響を調べることから始まった。たとえば，気分がいいと，ヒューリスティックへの信頼が高まり，バイアスのかかった判断をしがちである（Lerner & Keltner, 2001）。また Park & Banaji（2000）によれば，気分がいいとステレオタイプへの信頼が高まり，気分が落ち込むとそれが減少する。不幸な人は幸せな人ほど肯定的幻想を抱かないことを示唆した研究もある（Alloy & Abramson, 1979）。そして多くの研究によれば，機嫌が悪いときは慎重に考える（システム 2）ので，判断のバイアスを減らすことができる（Forgas, 1995）。一方で Bodenhausen, Gabriel, & Lineberger（2000）によれば，悲しい気分の人は普通の状態の人よりもアンカーの影響を受けやすく，その結果，あまりいい意思決定をしない。初期の研究では，抑うつ気分のときは意思決定の正確さが向上することが広く指摘されていたが，今ではそれは誤りであることが明らかとなった。

◆個別の感情

　これまでの研究によって，人間には，喜び，悲しみ，恐れ，不快感，怒りなど，その表現のしかたが文化の垣根を越えて共通である基礎的な感情があることが明らかにされた（Ekman, 1992）。これらの感情のひとつひとつによって，私達の感覚と外部に対する評価活動が活性化され，世界に対して一定のパターンで反応するように準備が整えられる。たとえば，恐れは私達の心をリスクに対して敏感にし，逃走の準備をさせる（Lerner & Keltman, 2001）。不快感は私達の関心を物理的な汚れに向けさせ，汚れを自分の体から取り除くように動機づける（Rozin, Haidt, & McCauley, 1999）。悲しみは自分に関心を向けさせる。そして人はより深く思いをめぐらし，また変化を求めるようになる（Cryder, Lerner, Gross, & Dahl, 2007）。怒りは特に興味深い感情である。なぜなら，否定的な感情であるが，自信や自己の有能感を高め，リスクへの感度を鈍らせるなど，多くの特徴を喜びと共有しているからである（Lerner & Tiedens, 2006）。

　これらの感情は判断にも影響を与えうる。たとえば，Lerner, Small, & Loewenstein（2004）は，感情の状態が授かり効果の大きさに甚大な影響を与えうることを発見した。第4章で紹介した授かり効果は，ある品物に人が置く価値がそれを所有していないときよりも所有しているときのほうが大きくなるという現象である（Kahneman, Knetsch, & Thaler, 1990）。Lerner, Small, & Loewenstein（2004）は，品物を所有している人がつけた販売価格と，品物と現金のいずれかを選択する人がつけた選択価格が，当人が感情的に中立でなく悲しみや不快の感情にあるときにどのような影響を受けるかを調べた。不快感情の条件では，参加者は不潔なトイレを使用している映画（『トレインスポッティング』）の一場面を見せられた。また悲しみの感情の条件では，参加者は，少年の世話をしていた人の死を描いた映画（『チャンプ』）の一場面を見せられた。実験の結果は，不快感は排出への欲求を高め，参加者は所有している品物を手放したく思う一方で新しい品物を手に入れるのは避けたいと思うようになった。すなわち，不快感を感じた売り手は売値を引き下げ，また買い手も買値を引き下げた。これに対して，悲しみの感情は環境を変化させたいと思わせるので，売り手は売値を引き下げ，買い手は買値を引き上げた。

この研究によって，Lernerらは，感情が金銭的な意思決定にどのように影響を及ぼしうるかを示した。さらに興味深いことに，売買の意思決定に先行して別個の課題に取り組ませて参加者の感情を操作することで，異なる文脈間で感情の影響がどのように異なるのかを明らかにした。さらに重要なのは，この研究によって，意思決定に感情がどのような影響を及ぼすかを明確かつ正確に理解することの必要性が明らかにされたことである。これまで研究者の多くは，感情は肯定的な感情と否定的な感情のふたつに分類できるという前提を置いていた。ところがLerner, Small, & Loewenstein (2004) は，同じく否定的な感情として分類されるふたつの感情が，まったくパターンの異なる効果をもたらしうることを発見したのである。

　感情は私達のリスク認知とも深く結びついている (Slovic & Peters, 2006)。喜びの感情にある人は楽観的で，悲しみの感情にある人は悲観的になる (Loewenstein, Weber, Hsee, & Welch, 2001)。さらに恐れや不安はリスク回避的な行動を誘発する (Lerner & Keltner, 2000)。ところが怒りを感じている人はリスクを受け入れようとする傾向がとりわけ強く，リスクに対しては極めて楽観的なようであった (Leith & Baumeister, 1996; Tiedens, & Linton, 2001)。また怒りを感じている人は，自分のキャリアや健康に関するさまざまなリスクについて，それが低いと考えている (Lerner & Keltner, 2000)。皮肉なことだが，怒りを感じている人は，心臓病になるリスクも他人よりも低いと信じている (Taylor, Lerner, Sage, Lehman, & Seeman, 2004)。これはとても逆説的である。なぜなら，怒りを多く感じる人ほど，実際には心臓病になる確率が高いからである (Williams, Patson, Siegler, Eigenbrodt, Neieto, & Tyroler, 2000)。

◆気分と想起との対応関係

　抑うつ状態にある人がしばしば報告するところによれば，抑うつ状態でもっともつらいのは，落ち込んでいないときの気分がどんなものであったかが思い出せないことであるという。同様に，人々が幸せであるときは，辛かったときのことを思い出すのに苦労するものである。ヒューマンリソース・コンサルタントは，昇給を要求するなら上司の機嫌がいいときに限ると助言する。いい気分の上司は，あなたの調子が良かったときのことを思い出してくれ，会社の懐

があなたの昇給に耐えられるかどうかについて楽観的になってくれるからである。

　天気は人の知覚に影響を与えるのと同じような仕組みで人の気分にも影響を及ぼす。世論調査で「あなたはどれくらい幸せですか」と尋ねられたとき，曇りの日は晴れた日よりも満足度を低く回答する（Schwarz, 2001）。Saunders（1993）は，この効果が株価にも及ぶことを明らかにした。ニューヨーク証券取引所の株価は，ニューヨークの天候が曇りのときより，晴れのときのほうが高くなる。気分と判断が広く一貫した対応関係にあるのは，おそらく第2章で考察した確証バイアスと同じような心のメカニズムによるものであろう。人は単純に，現在の気分と一致しないことよりも，一致したことのほうを思い出しやすいのである。

◆後悔の回避

　感情によって導かれる行動のもうひとつの領域が，後悔の先取りである。次のような状況を考えていただきたい。

　　あなたはある都市の郊外でおこなわれた会議に出席しました。その会議が長びいてしまったので，会議終了後すぐに，あなたは最終便をつかまえるために空港に急ぎました。もし午後8時30分の便に間に合わなければ，当地で一夜を過ごすことになり，翌日の重要な会議に出席できなくなります。道が混んでいたため，空港に到着したのは8時52分でした。あなたは走って搭乗口に向かいましたが，搭乗口に着いたのは8時57分でした。そのとき，

　　a. あなたは飛行機が定刻どおり8時30分に出発していたことを知らされました。
　　b. 飛行機がゲートを離れたのは8時55分で，あなたの目の前で飛行機は出発していきました。

　このふたつの場合のどちらの失望が大きいだろうか。たいていの人はbのほうが失望が大きいと即答する。しかしどちらの場合でも，飛行機に乗れなかったために現地で1泊しなければならないという客観的な結果は全く同じである。選択肢のbでは，あなたがもう少し早く着くか飛行機がもう少し遅れたら飛行機に乗れたのに，という反実思考（counterfactual thinking；訳註：

実際には起こらなかったことについて,それがもし起こったらどういう結果になっただろうと考えをめぐらすこと)が分かりやすく浮き彫りにされているのである (Kahneman & Miller, 1986; Kahneman & Tversky, 1982)。

反実思考や後悔の感情が及ぼす影響は,Medvec, Madey, & Gilovich (1995) の中心的な研究対象であり,そこで興味深い事実が発見された。オリンピックの銀メダリストは銅メダリストよりも嬉しそうではないのである。どんなスポーツ選手も銅メダルよりは銀メダルが欲しいと言うにきまっている。ところが,メダルを獲得したときの選手達の最初の反応と顔の表情をコード化して調べたところ,銅メダル獲得者のほうが嬉しそうに見えることが分かった。Medvec, Madey, & Gilovich は,銅メダリストはメダルが獲得できたことで感激しているのに対して,銀メダリストは自分が金メダルまであと一歩だったことを考えずにはいられないからだと結論づけた。

後悔する確率を最小化しようとしたために,実際の結果という観点からは最適とはいえない決定をしてしまうことがある。たとえば,Larrick (1993) によれば,人は後でいやな気持ちにならないように自分の決定をゆがめてしまうことがあり,それにはふたつの道筋がある。ひとつは,選択しなかった選択肢がもたらしたはずのフィードバックから自分を遮蔽するようにして選択することである。もうひとつは,選択しなかった選択肢がもたらしたはずのフィードバックを避け得ない場合は,選択しなかったほうと比べても遜色のない選択肢を選ぶことである。このような文脈では,「すべき自己」にさまざまな結果を比較させるのが有用かもしれない。(銅メダルの代わりに銀メダルを獲得するというような) よいほうの結果が後悔の痛みと比較して相対的にどれだけの価値があるかをめぐって,あなたのふたつの自己を交渉させる必要がある。

第5節 ——— 要約

人は自分の感情はコントロールが利かないと考えすぎているようである。実際は,私達は感情を持つことをやめることはできないとしても,それが意思決定の質に与える悪影響を少なくとどめることはできるかもしれない。Johnson & Tversky (1983) および Lerner, Goldberg, & Tetlock (1998) によれば,

人は一般的に意思決定に与える感情の影響に気づいていない。そのために，自分は怒っていると分かっていたとしても，その怒りが判断に影響を与えていないと思い違いをしている。おそらくは，過去の研究をきちんと理解すれば，「すべての人間と同様に，自分も感情に影響されている」という知識に到達することができるであろう。そしてそれによって，感情が私達の判断に影響を及ぼす道筋に気づきやすくなるだろう。

感情が意思決定に与える影響を軽減するためには，まず感情とその原因をはっきりとさせなくてはならない。感情にラベルを付けて分類するだけでも，感情の強さを抑える効果がある（Lieberman, Eisenberger, Crockett, Tom, Pfeifer, & Way, 2007）。感情の研究者には周知の事実であるが，たとえば，実験参加者に自分の感情の状態を正確に表現するように頼むと，その前に感情を操作したことの影響が消去されてしまう。また，不愉快な感情は，その感情の原因をはっきりさせることで，はるかに容易に中和されることがある。なぜならそれによって，人は刺激に対してシステム 1 により衝動的で感情的に反応するのではなく，システム 2 により認知的な評価で反応するようになるからである。本章では，天候が生活満足度に影響することを議論した。しかし，調査員が回答者に生活満足度を尋ねる前に「あなたのところのお天気はどうですか」という質問をしたときに何が起こったかを考えなくてはならない。この質問そのものが，生活満足度への回答に天候が与える影響を消去してしまうおそれがある（Schwarz & Strack, 1999）。

感情の否定的な影響をコントロールするもうひとつの方策は，意思決定者に自分の決定について説明してもらうことである。Lerner & Tetlock（1999）によれば，何らかの方法で決定を正当化しなくてはならない参加者は，自分の感情を抑制できるようになり，より体系的なシステム 2 思考をするようになる。それはおそらく，自分の考えを言葉によって明確化することそのものが一種のシステム 2 思考であるためなのかもしれないし，言語化に感情を抑制する効果があるためなのかもしれない。この説明責任を自分に負わせるためには，上司に対して決定の論理的根拠を報告してもいいし，もしくは自分自身への説明のために文字に書き記してもいいだろう。単純に説明責任を認識することだけで，論理的にも経験的にも，感情のままに行動して後で後悔する可能性が削減され

るのである。

　最後に，感情のコントロールを制度化することも可能であろう。政府の政策は，課題の生々しさによって過大な影響を受けることがよく知られている（第2章を参照）。その結果，私達の社会は，希少な資源を最良の結果をもたらすと思われる項目に振り向けるのではなく，より生々しい懸案事項に配分する傾向がある。それはなぜかというと，生々しい物語は感情的反応を誘発し，その感情がひいては希少資源の配分を間違わせるためである。Sunstein（2002）によれば，「下院が激情に駆られたときには上院がそれを"冷ます"役割が期待されているように，費用便益分析を用いることで，政治がヒステリーや恐怖ではなく，関連するリスクをしっかりと評価しそれをコントロールすることで動いていることが保証されるのである」。要するにSunsteinは，意思決定の論理的なプロセスの使用を制度化することで，私達の社会が一時的な感情の影響から守られるであろうと示唆しているのである。不運なことに，アメリカの議会では，民主党は軽率にもあまりにもしばしば費用便益分析の使用を拒んできたし，共和党は自分達の立場を擁護するためにバイアスのかかった費用便益分析をおこなってきた。議会は費用便益分析を無条件に拒否したり，党利のために利用したりするのではなく，賢明な意思決定をするためにそれを用いるべきなのである。

　この章では，認知を中心に据えた第1章から第4章までとは違った視点から意思決定のバイアスを考察した。特に焦点を当てたのは，個人の動機や感情の影響によるバイアスである。また一時的な欲求が動機に与える圧力，自分を肯定的に見たがる欲求，物事をこうなってほしいという観点から見てしまう傾向，感情が意思決定を変えてしまう系統だった道筋などを考察した。動機や感情による影響はきっと他にもあるだろう。私達の意思決定プロセスに見られる異常なパターンを理解するためには，認知が果たしている役割のほかに動機や感情が果たしている役割にも目を向ける必要がある。本章の目的はそこに光を当てることにあった。自分の感情的な反応をコントロールするのは難しいかもしれないが，感情がどのように私達の選択に影響しているのかを十分に理解することによって，意思決定を改善する道が開けるであろう。

第6章
コミットメントのエスカレーション

The Escalation of Cmmitment

　　最初に失敗したならば，何度でも挑戦せよ。それでもだめだったら手を引け。
　　ばかみたいにいつまでもかかずらっていてもしかたがない。

　　　　　　　　　　　　　　　　　　　　　　　　——W. C. フィールド

　これまでの章で扱ってきたのは1回かぎりの意思決定であり，判断や動機によるバイアスや情報のフレーミングがそれに影響を与える道筋を考察してきた。しかしながら，重要な経営上の意思決定の多くは，単独で孤立してなされているのではなく，複数の連続した選択で構成されている。意思決定を連続的におこなうとき，私達はある特定のタイプのバイアスの影響を受ける。すなわち，私達は最初の決定へのコミットメントをエスカレートさせてしまうのである。本章では最初に，コミットメントをエスカレートさせてしまう個人の傾向について説明する。第2節では，競争的環境がいかにコミットメントをエスカレートさせてしまうのかを見る。そして第3節では，エスカレーションを起こしてしまう人間の心理的な傾向についての説明を整理して，非合理的なエスカレーション行動を排除するための助言を提示する。

　以下に示すエスカレートが誘発される状況を考察していただきたい。

- あなたは自分の下で働くマネジャーをひとり新規に採用しました。彼女はきっとすばらしい成績をあげるだろうと期待していたのですが，最初に届

いた成果表によると，彼女の成績は期待していたほどではなさそうでした。あなたは彼女を解雇すべきでしょうか。彼女の成績が現在のまま続けば，会社には財政的な損失になるかもしれません。他方，あなたは彼女の訓練のためにこれまで相当の投資をしてきました。彼女はまだ仕事の要領を覚えている途中なのかもしれません。あなたはもう少し彼女への投資を続けることにして，そのための資金などを都合しました。しかし2ヵ月たっても，彼女の成績は平均以下のままです。「損切り」するだけの理由は今では十分に揃っています。しかしこの間に，彼女に対してさらに投資を積み重ねてしまいました。あなたがこれ以上の「投資」を断念すべきなのはいつでしょうか。

- あなたは一流のコンサルタント会社に就職しました。この会社には自分が成長できる大きな余地があり，すばらしいキャリアが開けると信じていました。ところが2年たってもあなたには期待していたほどの急速な昇進や昇給はありませんでした。あなたは会社に自分の価値を示すために，長時間のサービス残業をすることにしました。しかしその後も，会社があなたの貢献を認めているようには感じられません。あなたがこの会社に入ってからすでに数年が経過したので，もし辞めるとなると，ストック・オプションを含めて，かなりの金銭的利益を諦めなくてはなりません。あなたはもう30代後半ですし，脂ののりきった数年間をこの会社に賭けてきたという思いがあります。あなたはこの会社を辞めますか。

- あなたは非公開の投資会社で働いており，新規のベンチャーに200万ドルを投資することを決めました。社内にはこの投資には懐疑的な意見もありましたが，あなたは個人の意見として投資を主張しました。1年後，そのベンチャーの社長が事務所に訪ねてきて言いました。「良い知らせと，悪い知らせがあります。悪い知らせとは，会社の資金繰りがうまくいってないことです。追加の資金がないと倒産してしまい，御社も200万ドルを失うことになります。良い知らせというのは，御社が100万ドルを追加で投資してくだされば，発明品の欠陥を改良できて，大成功することはまちがいないということです」。あなたは追加の投資をしますか。

3つのシナリオに描かれている意思決定の状況はさまざまであるが，多くの共通点がある。いずれにおいても，あなたは過去の意思決定の結果を踏まえて新たな意思決定を下さなくてはならない。それぞれのケースにおいて，あなたはかつて採用や就職，あるいは投資の意思決定を下した。そしてあなたはその後もその行動に対して，多くの時間と努力と資源を投資し続けた。しかし今に至っても期待したほどの成果は挙がっていない。

重要度はさまざまであるが，私達はしばしば同じような意思決定に直面する。古いポンコツ車にさらにお金を使うべきだろうか。航空会社に電話をかけて長いこと保留にされているとき，電話を切るまで何分くらい待つべきだろうか。あなたが保有している株の価格が下がったとき，どこまで下がったところで売却すべきだろうか。人には惰性というものがあるので，以前に決定した行動を継続してしまいがちである。あるいは，「あまりに多く投資をしてきたので，いまさら引くに引けない」と感じるかもしれない。どうしたら会社の辞め時が分かるのだろうか。過去の行動の継続はどの時点で非合理的になってしまうのだろうか。そしてそのような行動が非合理的であるならば，それがこんなにもありふれているのはなぜだろうか。これらが本章の中心的な問題である。

私達は幼い頃から，「何度でも挑戦せよ」と教えられてきたが，実際には，間違った方向に粘り強さを発揮すると，多大な時間，エネルギー，そして金銭を浪費してしまう。ただしそれが正しい方向に向かったときは，相応の報酬を得ることができる。その双方がせめぎあう上述したような状況の中では，賢明な意思決定ができるかどうかは，そのまま継続すれば元を取れる状況とそうではない状況を見分けられるかどうかに懸かっている。

さまざまな分野の研究者が，上述した3つの仮想状況について見解を述べてきた。そしてそこでは，過去に選択した行動へのコミットメントに対してさまざまな用語（エスカレーション〔escalation〕，罠〔entrapment〕，固執〔persistence〕など）が充てられてきた。本章ではそのようなさまざまな定義を紹介することはせず，非合理的なエスカレーションを次のように定義しておきたい。すなわち，人が過去に選択した行動へのコミットメントを意思決定の合理的なモデルが認める以上にエスカレートさせることを，非合理的なエスカレーションと呼ぶことにする。

会計学者や経済学者は，上述した仮想例をどのように処理したらよいのかについての手掛りを提供している。その専門的見解によれば，すでに投資した時間やコストを「埋没コスト（sunk cost）」と認識することが必要である。つまり，これらのコストはすでに過去に支払い済みで回収不能であり，将来の行動選択に際しては考慮してはならないのである。私達の行動に関わる参照点は現在の状態であって，それぞれの選択肢についてのコストと便益は将来のものに限って評価すべきである。たとえば，博士課程を辞めるかどうかを考える場合，これまでにあなたが6ヵ月という時間を費やしたか，あるいは4年という時間を費やしたのかは重要ではない。意思決定にとって重要なのは，退学した場合の将来のコストおよび便益と，在籍したままの場合の将来のコストと便益の双方を考えることである。

会計学の教授は学生達に会計学の文脈で埋没コストを認識するように教える。ところが会計学を学んだマネジャーの意思決定を見ると，埋没コストを無視せよという教科書的な助言は，現実世界の諸問題の賢い解決につながってはいないようである。埋没コストの考え方を自家薬籠中のものにすることがマネジャーにとってこんなにも難しいのはなぜだろうか。理由のひとつとして考えられるのは，埋没コストについて教える際に，私達が本能的に埋没コストを意思決定のための計算に組み入れてしまうのはなぜなのかが，きちんと説明されないためである。私達の行動レパートリーからエスカレーション的な行動を排除するためには，すでに分かっている非合理的な行動を特定し，その行動を「解凍（unfreeze）」し，変化への準備を整えなくてはならない。

特定の行動にコミットした意思決定者は，その後の意思決定において，合理的なレベルを超えてそのコミットメントを継続するという意思決定を下しがちである。その結果，最初のコミットメントが現在も有効であるかどうかにかかわらず，これまでのコミットメントを正当化するように資源配分をおこないがちである。次の節では，このような行動の構成要素をさらに詳しく分析する。

第1節 ——— 独立状態でのエスカレーション

本章冒頭の問題文にある投資会社の役員の苦境に再び身を置いていただきた

い。エスカレーションの状況についての記述を読むと，おそらくあなたは，追加融資を承諾して最初の投資へのコミットメントをエスカレートさせることは「だめだ」と思うだろう。実際は，ベンチャーの立ち上げ期に投資を続けることは経済学的には正しいのかもしれないのに。結局のところ，失敗の兆候がひとつ現れたからといって手を引いてしまうのは必ずしも賢明とは限らない。むしろそのような行動のほうが人間の心理の深刻な欠陥の表れであると多くの人はみるであろう。

　合理的なエスカレーションと非合理的なエスカレーションは，どのように区別できるのであろうか。これまでの研究から言えることは，最初のきっかけの金銭的コミットメントを決めたのは自分であるということは忘れてしまって，これからの合理的な行動を決めるようにすべきだということである。最初にコミットしたのが自分であるということをその後の意思決定から分離すると意思決定がどう変わるかを調べた研究は数多い。具体的には，参加者はふたつの群に分けられ，片方は自分が最初の意思決定をしたという設定で，もう片方は最初の意思決定は前任者が下したのであって自分はその後任であるという設定で，最初の意思決定の結果が失敗に終わったという結果を受けて2回目の意思決定をどう下すかを回答する。

　Stawによる初期の研究（1976）では，「高責任者」と呼ばれる参加者群が，企業内のふたつの事業部のどちらかひとつに研究開発費を配分するように求められた。さらに参加者には，3年後にその投資が成功したというフィードバックと失敗したというフィードバックのいずれかが与えられた。そしてそれを踏まえて，もういちど同じふたつの事業部間での資金配分の意思決定をするように求められた。これに対して，「低責任者」と呼ばれるもうひとつの参加者群には，最初の配分の意思決定は別の財務担当役員が下したという条件で，その結果について，やはり成功したというフィードバックと失敗したというフィードバックのいずれか（高責任者群に伝えられたのと同じ情報）が与えられた。そしてやはり同じふたつの事業部への資金配分の意思決定をするように求められた。実験結果は，最初の意思決定の結果が悪かった（投資の失敗）場合は，低責任者に比べて高責任者のほうが，2回目の配分で同じ事業部に対してかなり多くの研究開発費を配分した。これとは対照的に，最初の意思決定がうまく

いった場合には，再配分の割合は両群間でほぼ同じであった。コミットメントの顕著なエスカレーションが生じたのは最初の意思決定を自分が下してそれが不首尾に終わった参加者群だけであったことから，エスカレーションの根底にあるメカニズムは自己正当化（self-justification）であると Staw は結論づけた。つまり，ひとたび人が意思決定を下して行動に乗り出してしまうと，ネガティブなフィードバックは最初の決定と不協和を起こす。この不協和を解消する方法のひとつが，最終的には成功するだろうと信じて，最初の行動へのコミットメントをエスカレートすることなのである。

人が一度選択した行動へのコミットメントをエスカレートさせる条件は他にも数多く知られている。Staw & Ross（1978）によれば，コミットメントのエスカレーションの傾向が高まるのは，失敗の原因が自分の最初の意思決定と関係なく説明できる場合（たとえば，「商品の市場への訴求力が小さかったために売れなかったのではなく，経済状況が変化したためである」）である。Bazerman, Giuliano, & Appelman（1984）によれば，集団は個人よりもコミットメントのエスカレーションを起こしにくいけれども，ひとたびエスカレーションを起こしてしまうと個人よりもその度合いが大きくなる。集団には多くの構成員がいるので，過去に失敗した行動へのコミットメントをエスカレートさせることの非合理性に気づきやすい。ただしその気づきが起こらないと，集団力学が最初の決定への支持を強めてしまって，コミットメントのエスカレーションの合理化が進んでしまう。Schoorman（1988）によれば，採用や昇任の人事にたずさわりかつその最終決定に同意した管理者は，そのときに採用あるいは昇任した者のその後の人事評価においてポジティブなバイアスがかかる（評価が甘くなる）。一方で，採用や人事にたずさわりはしたが最終決定には反対であった管理者は，その後の人事評価において逆にネガティブな方向にバイアスがかかる（評価が辛くなる）。

Staw & Hoang（1995）は，NBA のチームが，自らのドラフトでの選択へのコミットメントをエスカレートさせることを発見した。この研究でチームが支払った埋没コストとみなされたのは，ドラフトによる選択という手段を使ったことと，選手の選抜や契約に要した金銭である。Staw & Hoang によれば，選手の成績を考慮に入れてデータを調整しても，選手の出場時間，トレードさ

れる確率，リーグ在籍年数に，ドラフトでの順位が強く影響している。登山家による登頂の決断に関するFriedman（1996）の研究は，生か死かの差し迫った状況でエスカレーションがどのような役割をするのかを見事に説明した。興味深いことに，Friedmanがこの研究を発表したのは，著名なエスカレーション研究者でありながら登山家でもあったJeffrey Z. Rubinが1995年に山での遭難事故で亡くなったのを追悼するカンファレンスにおいてであった。その登山に同行していたRubinのパートナーは，天候状態がひどく悪化すると予想して早々に引き返していたのであった。

　これまでの研究を総合すれば，最初の決定とその後の決定とを分離して考えることの困難さをマネジャーは知っていなくてはならない。マネジャーはコミットメントの非合理なエスカレーションと闘うために，組織の中で対策を講じることができる。いくつかのヘッジファンドは，トレーダーの間で定期的にポートフォリオの担当を交代している。商品を購入したトレーダーには売却の決定をさせないという仕組みである。もちろんこのようなやり方は，ひとりの人間が一連の決定を下さなくてはならない状況では役にたたない。一般的に私達が認識しておくべきことは，自分の意思決定が過去の行動からバイアスを受けやすく，結果が悪いときは特にコミットメントをエスカレートさせやすいという事実である。

第2節 ─── 競争的エスカレーション

　これまで述べてきた独立状態でのエスカレーションの場合には，非合理的なエスカレーションを正当化するのは意思決定者の個人的な心理である。すなわち，人は自分自身の過去のコミットメントによってエスカレートしてしまうのである。そして競争状態にあるときには競争という力がエスカレーションに拍車をかける。本節では，競争的環境におけるエスカレーションのプロセスを説明する。

　ある業界にA社とB社というふたつの大手企業があるとしよう。さらに両社にとって重要な川上企業もしくは川下企業であるC社があって，両社の潜在的な買収ターゲット企業となっているとする。C社は独立状態で10億ドルの価値

があるが，もしA社あるいはB社が買収して，A社＋C社，あるいはB社＋C社となれば，シナジー効果によって12億ドルの価値になると見込まれている。もしA社がC社を買収すれば，B社は壊滅的な打撃を受け，5億ドルの損失を被ることになる。またB社がC社を買収すれば，A社がやはり壊滅的な打撃を受けて，5億ドルの損失を被ることになる。なお，もしA社かB社がC社に買収話を持ちかけたならば，その情報はただちに競争相手に知られることになる。ここで問題である。もしあなたがA社のトップであったなら，とるべき行動は何だろうか。

筆者らがこの問題を企業の経営幹部に出題したところ，典型的な回答は，11億ドルでC社に買収をオファーするというものであった。もしこのオファーが受け入れられれば，A社＋C社は1億ドルの利益を得ることになる。しかしこの買収が実現すると，B社にとっては困ったことになる。もしB社が行動をとらなければ5億ドルの損失を被るからである。そこでB社は12億ドルでの買収をC社にオファーするであろう。この金額では買収による利益が出ないけれども，5億ドルの損失を被るよりはましだからである。すると今度はA社が困ったことになる。ここで行動をとらなければ5億ドルの損失を被るからである。そこでA社は5億ドルの損失を出すよりは，損失を1億ドルに抑えるために，13億ドルでC社にオファーするであろう。そして今度はまたB社の問題となる。これはオークションにおけるエスカレーションとなり，買収価格は17億ドルのあたりまでいくであろう。そしてA社とB社は両方とも最終的に5億ドルの損失となってしまう。買収価格が17億ドルに及ぶ前にどちらかがオークションから降りたならば，その会社はやはり5億ドルの損失を出すことになる。

この話は，1980年代の企業買収ブームで，買収側には利益が出なかったという事実にもつながっている。全体としてみると，企業統合によって得られるシナジー効果の利益は売却側の手に渡ったようである。この話はまた，筆者らがこれまでに何回もおこなった教室でのオークションの結果とも整合的である。オークションの手順は以下のとおりである。まず教師が教室の前に立って，ポケットから20ドル紙幣を出して，以下のようなアナウンスをする。

　　　ここでこの20ドル紙幣をオークションにかけたいと思います。参加は自由です

第6章　コミットメントのエスカレーション——*171*

ので，他の人が競り合うのを見ているだけでも構いません。値段は1ドル単位でつけてください。せり上げる人がいなくなった時点でオークションは終了です。競り落とした人は自分が付けた金額を支払って20ドル札を受け取ります。ただしこのオークションには，普通のオークションと違う点がひとつあります。それは，2番目に高い値段をつけた人は，当然20ドル札は手に入りませんが，それにもかかわらず，自分の付けた金額を私に支払わなくてはならないことです。たとえばビル君が3ドル，ジェーンさんが4ドルの値段をつけてオークションが終わったならば，私はジェーンさんに16ドル（20ドル−4ドル）を支払い，2番目に高い値段をつけたビル君から3ドルをもらうのです。

もしあなたなら，まずは2ドルをつけて，このオークションに参加したいと思うだろうか。この先の文章を読む前に決めていただきたい。

筆者らはこのオークションを，学部学生，大学院生，そして企業の経営幹部を対象にして繰り返し実施してきたが，結果はいつも同じだった。競りは熱気を帯びて速やかに進行する。しかし12ドルから16ドルの間までいくと，その時点で最高の値段をつけているふたりを除いて，全員がオークションを降りる。残されたふたりは罠にはめられたと感じ始める。ここでひとりは16ドル，もうひとりは17ドルの値段をつけているとしよう。16ドルの値段をつけた人は，18ドルに競り上げるか，ここで降りて16ドルの損をするか，ふたつにひとつしかない。競り上げたほう（もしそこで相手が降りれば自分が儲かるという選択肢）が，降りて確実に16ドルを損するよりもましに見えるので，16ドルの値段をつけた人は，18ドルに競り上げるだろう。同じことが，値段が19ドルと20ドルになるまで続く。驚くべきことに，21ドルに競り上げるという意思決定は，それまでの意思決定とほとんど変わらない。19ドルの損を受け入れるか，それとも相手が降りるまで続けて，損を少なくするのかの選択である。もちろん周囲は，値段が20ドルを越えたところで，いつも大笑いの騒ぎになる。明らかにこのふたりは非合理的な行動をしているのだが，では何ドルから非合理的な付け値になるのだろうか。

疑問に思われる読者の方は，ご自分でこのオークションを試していただきたい。落札価格は通常は，20ドルと70ドルの間になるが，時には100ドルまで行くことがある。筆者らが過去20年間で自分のクラスで実施したオークションで

は，これまでで総計で3万ドル以上を儲けた（付記：私達はこのお金を公明正大に入手したのであるし，自分の懐に入れたわけでもない。お金はクラス全体の飲食代に使ったり，慈善団体に寄付したりした）。

このドル札オークションを紹介したのはShubik（1971）である。元々は1ドル札のオークションであったが，本書の著者のひとりのBazermanが物価上昇を鑑みて，また効果を際立たせるためにそれを20ドル札に変えた。Teger（1980）はこのオークションを活用して，人が過去に選択した行動へのコミットメントをエスカレートさせる理由を調べた。Tegerによれば，参加者は素朴な気持ちでオークションに参加するのであって，入札価格が1ドル（あるいは20ドル）を超えることは予期していない。「いったいぜんたい，誰が1ドル札にそれ以上の値段をつけるというのか」。このオークションに「勝つ」ことができれば儲けられるというだけで，オークションに参加するには十分な理由になる。ひとたびオークションに参加すると，あとほんの数ドルを追加すれば確実な損を回避できるという状況に身を置くことになる。この「推論」は，最初にオークションに参加したことを正当化したいという欲求と相まって，オークションの参加者をさらなる競り上げへと向かわせるのである。近年，企業の上級経営幹部のオークションで，5ドル単位の100ドル札オークションを実施したが，基本的なパターンは変わらなかった。

ドル札オークションをよくよく考察すれば，オークションに参加しようと決めた段階でその人は罠にはまっているのだということに気がつく。こちらがもう少し競り上げれば相手が降りるかもしれないことは確かだが，双方がそう思っていれば結果は悲惨なものになる。しかし，相手がこのオークションでどのような出方をしてくるかが分からない以上は，さらに競り上げていくのが明らかに間違いであるとまでは言い切れない。ではどのように行動するのが正しいのだろうか。うまく意思決定できる人とは何が罠であるかを見極められる人である。すなわち，このオークション自体が罠であることに気づいてたとえ少額であろうとも最初から入札をしないことがこの問題の解決の鍵である。競争の罠であるかどうかを見分けるひとつの方法は，別の意思決定者の視点からその意思決定を検討することである。ドル札オークションにこの方法を適用すると，オークションがあなたにとって魅力的に見えるならば他の参加者にも同じ

ように魅力的に見えるということにたちどころに気づくだろう。そうすればこのオークションで何が起こるかが正確に予測できて，間違って参加しないで済むのである。

競争相手を使ってエスカレーション行動が起こらないように抑制する方法もある。ドル札オークションでいえば，クラスの誰かがリーダーとなってクラス全員をまとめあげて，共謀してオークションの主催者に対抗するのである。リーダーはクラスのひとりに1ドルで入札させ，他の全員には決して入札しないように言い含める。そして後で19ドルの儲けをみんなで分け合うのである。コミュニケーションはとても効果的な手段となりうる。

同じことは，上記のA社，B社，C社の話についても言える。1995年に，この話と基本的に同じパターンが，アメリカン航空，ユナイテッド航空，USエアーの3社で展開された。1995年に，アメリカ航空業界の第5位だったUSエアーは，適正な価格での身売りを望むことを発表した。アナリストはすぐさま分析して，業界のリーダー企業であるユナイテッド航空とアメリカン航空が関心を示すであろうと推測した。ただしその分析は，ユナイテッド航空もしくはアメリカン航空にとってのUSエアーの買収価値が，独立企業としてのUSエアーの価値を上回っていることを前提としていた。さらにその分析には，買収競争に負けることは何としても避けたいという強い動機をユナイテッド航空とアメリカン航空が持っているという情報が欠けていた。USエアーがアメリカン航空に買収されることはユナイテッド航空にとって大きな後退を意味するし，またUSエアーがユナイテッド航空に買収されることも同様にアメリカン航空にとって大きな後退になるのである。あなたがアメリカン航空もしくはユナイテッド航空のトップであったなら，どうしたいと思うだろうか。

上述したようなエスカレーションを避けるために，アメリカン航空はある戦略を考えた。ロバート・クランドール会長が，11万8000人の従業員に対して公開書簡をしたためたのである。

> アメリカン航空が規模を拡大し成長を遂げていくための最良の手段は内部成長であって他社との合併ではないと私達は常に信じてきましたし，それはこれからも変わりません。……したがって私達は他社に先駆けてUSエアーに買収のオ

ファーをするつもりはありません。しかしもしユナイテッド航空がUSエアーを買収しようとするなら，アメリカン航空の競争力を維持するために，私達も買収競争に参加する準備がありますし，必要とあれば他の手段も講じるつもりです (Ziemba, 1995)。

この手紙はアメリカン航空の従業員に宛てられたものであったが，このメッセージの最も重要なターゲットがユナイテッド航空であったことは明白である。メッセージは明確である。現状維持でいこう，そうしないと両社とも不毛な闘いに巻き込まれてしまう，ということである。クランドールの手紙によってこのときは競売のエスカレーションは回避された（1995年にはUSエアーにはひとつも買収のオファーがなかった）。そして5年後にユナイテッド航空がUSエアーに対して単独企業価値の232％の価格で買収すると先手を打ったとき，ユナイテッド航空とアメリカン航空の株価は急落したのである。

クランドールの戦略の成功から学ぶことのなかったジョンソン・エンド・ジョンソン（J&J）社は医療用品メーカーのガイダント社を獲得しようとして競売戦争に突入してしまった。J&J社は最初の2004年12月にガイダント社に対して254億ドルの買収価格を提示した（Feder, 2006）。当初はこの合併はガイダント社の株主にとってもJ&J社の株主にとっても旨味がある取引であるように思われた。ところがおよそ6ヵ月後，交渉が成立する前に，「ニューヨーク・タイムズ」紙がガイダント社の製品のスキャンダルを暴露した。ガイダント社の植込型除細動器には不具合があって場合によっては誤動作を起こすことがあるのに，3年もの間それを医師に通知していなかったのである。FDA（食品医薬品局）はガイダント社への調査を開始し，まもなく同社は除細動器のリコールを発表した。

2005年秋，J&J社は，当局の調査が入ったこととガイダント社の「短期業績と長期展望」を鑑みて，買収条件について交渉のやり直しを希望すると表明した（Feder & Sorkin, 2005）。ニューヨーク州司法長官のエリオット・スピッツァーはガイダント社を提訴すると発表し，同日，連邦取引委員会はJ&J社とガイダント社の合併を条件付で認めた。J&J社は契約の履行中止を決定したが，ガイダント社は買収の履行を求めてJ&J社を告訴した（Feder, 2006）。ガイダント社に関する厳しい報道が高まりを見せると，J&J社は11月16日，ガイ

ダント社の買収価格を215億ドルに変更した。

　J&J社の競争企業であるボストン・サイエンティフィック社は，もしJ&J社がガイダント社を買収すると，戦略的に不利に立たされることが分かっていた。実際にガイダント社に対するJ&J社の最初のオファーから買収価格の変更までの間に，ボストン・サイエンティフィック社の株価は1株あたり35.88ドルから25％も下落した。2005年12月5日，ボストン・サイエンティフィック社はガイダント社に対して247億ドルの買収価格を提案した。そうこうしている間にもガイダント社問題は悪化した。12月27日，ガイダント社に送った製品に関する行政警告書をFDAが公開したのである（Bajaj, 2005）。

　それにもかかわらず，3社間の交渉は2006年に入っても続いた。ガイダント社が1月11日に232億ドルまで上げられたJ&J社の提案を暫定的に受け入れる決定をすると，その翌日，ボストン・サイエンティフィック社は買収価格を242億ドルに引き上げた。17日にはボストン・サイエンティフィック社はガイダント社を買収するために270億ドルを提示したが，この価格はガイダント社の法的トラブルが起こる前にJ&J社が提案した価格よりもはるかに高いものであった（Feder & Sorkin, 2005）。そして1月25日，J&J社は競売から降りることを決定し，ガイダント社はボストン・サイエンティフィック社の買収価格を受け入れた（Harris & Feder, 2006; Sual, 2006）。

　その翌日，ボストン・サイエンティフィック社の株価は23.15ドルまで下落した。ガイダント社の競売に参加したときより2ドルほど下がったことになる（注目すべきことに，J&J社の株価は，ガイダント社の買収価格を提示するたびに下がっていった）。数ヵ月後の2006年6月には，ボストン・サイエンティフィック社はガイダント社の除細動器2万3000台を回収するはめに陥った。会社の株価は17ドル以下にまで下がった。

　J&J社とボストン・サイエンティフィック社の両社は，技術，法律，財務，そして世間的なイメージの点で明らかに負債を負った会社を買収するために激しく争ったわけである。両社の一連の意思決定は共に株価の下落を招いたが，このような結果は驚くには値しない。買収競争で後れをとっている企業が市場シェアや競争的地位を失うおそれに直面したときに，過大な買収金額を提示して巻き返しを図るのは自然な流れである。入札企業にとっては，過払いによっ

てオークションに勝つのもオークションに負けて競争的地位を失うのも同じことなのである。

　20ドル札オークションと企業の入札競争のいずれにおいても，入札者は競争相手の出方を考えずに，最初にとった戦略を正当化するために入札を続けるのが常である。双方の入札者が，利益を獲得するという当初の目的を忘れて，入札相手を打ち負かすことに目標を転じてしまうと，オークションによる金銭上の損失は最終的に劇的なレベルにまで到達してしまう。そしてそこに競売人の腕の振るいどころがあるのである。

　競争的な状況でのエスカレーションのメカニズムは，Staw の独立状況でのエスカレーションのメカニズムと共通しているところが多い。どちらの場合も，意思決定者は最初の意思決定を将来の意思決定で正当化する必要があると感じてしまう。そして気がつくと「投資しすぎていまさら後に引けない」という状況に至ってしまう。しかしながら，ふたつのメカニズムにはひとつの重要な相違がある。ドル札オークションは競争相手がいるので，「勝ちたい」という欲求がコミットメントをさらにエスカレーションさせてしまうのである。

第3節 ─── なぜエスカレーションが起きるのか

　これまでの節では，コミットメントのエスカレーションが起きてしまう条件について，いくつかの要点を示した。私達の意思決定から非合理的なエスカレーションを取り除くための第1段階は，エスカレーションを促進する心理的要因を特定することである。これまでの研究から，エスカレーションが生じる原因はいくつもあることがはっきりとしている。これまでの章で示された知見を前提として，本節ではそれらの原因を整理することにする。その最初の3つ，すなわち知覚のバイアス（perceptual bias），判断のバイアス（judgmental bias），印象管理（impression management）は，これまでに見てきたエスカレーションのすべての例に共通している。4つめの競争的非合理性（competitive irrationality）は，単独のエスカレーションを競争的エスカレーションから区別するものである。エスカレーションの4つの原因を説明してから最後に，エスカレーションを除去するための方法を考察する。

◆知覚のバイアス

　本章の冒頭の，新規採用者が期待に反して業績が出せていないというケースを思い出していただきたい。本章でこれまでに紹介してきた研究結果を見れば，あなたの最初の意思決定が，その従業員の業績についてのあなたの知覚に影響を及ぼしていることが分かる。つまり，あなたはその人を採用するという自分の最初の意思決定を支持する情報には気づくのに，最初の決定と矛盾する情報は無視するのである。同様に，ベンチャーの立ち上げのケースでも，最初に投資を決定してからは，ネガティブな情報よりもポジティブな情報を優先する傾向が強くなってしまうのである。

　この現象は，第2章で論じた，否定的な情報よりも肯定的な情報に注意を向けてしまうという一般的な傾向からも説明できる。同様に Staw（1980）によれば，経営者はしばしば自分の最初の決定を守るために，たとえば採用した者がよく働いていることを示す情報など，その決定を支持する情報を積極的に探し求める。また Caldwell & O'Reilly（1982）の実験結果によれば，ある行動を自由に選択した参加者は，その行動にコミットメントし続けるために都合のよい情報ばかりを選ぶ。

　ある特定の行動に私達がコミットメントすることで生じる知覚のバイアスを修正する手段はいろいろある。第2章で推奨したように，私達が意思決定を下すときには，本能的に肯定的な情報を求めてしまうので，バランスをとるために否定的な情報もぬかりなく探す必要がある。連続した意思決定は本質的にエスカレートしてしまう傾向があるので，このような注意が特に必要である。加えて，判断や意思決定を続けておこなう場合には，その前に自分の知覚をチェックする助けとなるようなモニタリングのシステムを作っておくことも有益であろう。たとえば，私達が否定的な情報をきちんと受け入れているかどうかを客観的な第三者に評価してもらえば，エスカレーションを起こしてしまう知覚のバイアスは軽減あるいは除去されるであろう。

◆判断のバイアス

　意思決定のために情報を取捨選択したあとには，いよいよ意思決定を下さなくてはならない。本節の議論の中心は，最初の投資から何らかの損失が生じる

と，以前に選択した行動を継続するように系統的に判断が歪められてしまうという現象である。たとえば，競争的なエスカレーションの状況において20ドル札に20ドルを超える値段をつけてしまったり，Stawの独立状況でのエスカレーションの状況で初期の研究開発費を上回る額の追加投資を認めてしまったりするような場合である。これらの現象は，第4章で述べたフレーミングの概念を使って説明できる。人はポジティブにフレームされた問題に対してはリスク回避的になり，ネガティブにフレームされた問題ではリスク志向的になる傾向があることを思い起こしていただきたい。

1995年，ニック・リーソンは損失を避けたいためにコミットメントをエスカレートさせて，とんでもない結果を招いてしまった。彼がベアリングズ銀行のシンガポール支店の支店長になったときには，前途有望な若手マネジャーだった。1997年の著書 *Rogue Trader*（邦訳『マネートレーダー銀行崩壊』）で語っているように，彼は自行の資金を使った取引に携わっていたが，いくつかの不運に見舞われた。最初の段階で小さな損失を受け入れるというリスク回避の選択もありえたはずである。しかし彼は損失を隠し，さらに多額の資金をつぎ込んでリスクの高い投資というギャンブルを続けてしまった。そしてその間ずっと，自分が作った底なし沼からいつかは抜け出せるだろうと希望を抱いていたのである。第4章では，たいていの人が損失の領域ではリスク志向になる傾向があることを述べた。リーソンには幸運は訪れなかった。損失が発覚したときには，その額は14億ドルに及んでいた。待っていたのは，233年の歴史を持つ由緒ある老舗銀行の倒産であった。リーソン自身は国外逃亡をはかっているところを逮捕されて刑務所に送られた。

リーソンが数百万ドルの損を出した時点で，ベアリングズ銀行の別のマネジャーがその危険な投資計画を継続するかどうかの選択を与えられたとしたら，状況はどのように変わっていたかを想像してみていただきたい。このマネジャーは別の参照点から将来の結果を評価するであろう。彼は最初の決定をしておらず，それを隠す必要もないために，危険な投資を続けるという選択肢を選ぶことはなかったであろう。

◆印象管理

　本章の最初に紹介した採用問題に戻ろう。たとえあなたの知覚と判断が，成績が低い従業員は解雇すべきだという結論に至ったとしても，あなたは彼女を解雇するという選択肢を選ばないかもしれない。それはなぜかというと，彼女を解雇することは，あなたの最初の決断が誤りであったことを周囲に公表するに等しい行為だからである。あなたは自分の「体面を保つ」ために，彼女を雇用し続けるという意思決定を下すかもしれない。他者に対して自分の印象を管理しようとすることが，コミットメントをエスカレートさせてしまう3つ目の原因なのである。

　失敗を認めたくないということに加えて，私達は自分が一貫した人間であると他者に見せようとする。過去にとった行動にコミットメントを続けることは，この種の一貫性のひとつである。Staw & Ross（1980）によれば，私達の社会は自分の行動や意見を変えるマネジャーよりも行動が一貫しているマネジャーをよきリーダーとみなしている。2004年のアメリカ大統領選挙においてジョン・ケリー候補が敗北したのも，このような私達の感覚に反した行動をとったためである。イラク戦争に対してケリーが「変節」したことに対して，多くの投票者が深い疑惑の目を向けた。ケリーは上院議員時代にはブッシュ大統領にイラク戦争開始を認める決議案に賛成した。しかしその後大統領選挙になってから，イラク戦争に対して極めて批判的になったのである。ケリーはイラク戦争に対する姿勢について，「私は反対投票の前に賛成投票をした」という釈明は，今では悪評高く，彼の優柔不断の証拠として引用される。ニュースには「ケリーのトップテンはころころ変わる」といった見出しが当たり前のようにつくようになった（CBSNews, 2004）。

　ジョージ・W・ブッシュの陣営は，ケリーの表面的な一貫性のなさを巧みに利用した。それは偽善の表れであって，ケリーは自分の信念を貫くことができない信用に値しない人物であると有権者に不安を抱かせたのである。さらにブッシュ陣営は，ブッシュが「変化の時代でも安定したリーダーシップ」をとれる人物であるという宣伝をした。こうなると，イラク戦争から国内スパイを取り締まるための愛国者法に至る多くの問題についてのジョージ・ブッシュの姿勢が投票者にはあまり評判がよくないということは大したことではないよう

に感じられた。自分の政策が評判が悪かったり実現性が乏しかったりしても見直そうとしないブッシュの姿勢は，強い性格と確固たる決断の証拠と見なされたのである。「みなさんには必ずしもいつも私に同意していただけないかもしれませんが，私が何を目指しているかはご存じいただけていることでしょう」。ブッシュは誇らしげにこう語ったのである（Webb, 2004）。

ジョン・F・ケネディは1956年の著書 *Profile in Courage*（邦訳『勇気ある人々』）で，政治家が下すべき最も勇気ある決断とは，たとえそれが有権者の不興を買うことになるとわかっていたとしても，有権者にとって最上と信じる行動をとることであると記している。Staw & Ross（1980）の研究結果によれば，このような葛藤は，これまでに支持されてきた行動に背を向けようとするときには，特に厳しいものとなる。

興味深いパラドックスがある。あなたが組織のために最良の決断をするということは，これまでのコミットメントを無視して，将来のコストと利益だけを考えることを意味する。ところが実験に基づいた研究によると，これまでのやり方を変えるのではなく，コミットメントをエスカレートさせるほうが高い報酬が得られる傾向がある（Ross & Staw, 1986）。組織の利益の観点からは，第1に，現行の印象管理のあり方を改めて，良い意思決定をすることに対して高く報酬を支払うようにする必要がありそうである。そのためには，マネジャーは組織構成員全員に，質の高い決定を犠牲にするような印象管理は許されないことを周知徹底しなくてはならない。第2に，組織は報酬体系を修正して，被雇用者の価値を組織の価値に適合させるようにしなくてはならない。組織はマネジャーが職務において賢明な意思決定をすることを望んでいるが，当のマネジャーは自分のキャリアを伸ばせるような意思決定をしようとする。自分の報酬が結果に基づいて決められるならば，被雇用者は最初の決定へのコミットメントをエスカレートさせて，悪い結果を隠そうとするであろう。もし経営者が意思決定の結果ではなくプロセスをみて報酬を決めるならば，従業員は最初の決定が正しかったと判断されるかどうかには関係なく，各段階でできるだけ最良の決定をしようと動機づけられるだろう（Ross, 1987）。

◆競争的非合理性

　エスカレーションのこれまでの3つの説明は，独立状況と競争状況の両方に一般に適用することができる。ところが競争における非合理性に関する研究によって，両者を区別する別の視点がもたらされた。具体的には，競争的非合理性とは，ふたりの競争者が，予想される結果が双方にとって明らかに非合理的であるのに，何が非合理的な行動であるかを特定できないままに行動している状況を指す。

　ドル札オークションに参加するのが非合理的な意思決定であることには多くの人が賛意を示すだろう。この見解は確かに理にかなっているけれども，一片の隙もないわけではない。あなたにとって参加しないことが道理にかなっているならば，他のすべての人にとっても同じことである。しかし参加したのがひとりだけだったなら，その人はわずかな付け値で儲けを得ることができる。この推論は論理的ではあるが，かなり強い仮定に依拠している。つまり，他の人はみなよくよく考えたうえで参加しないことを選ぶだろうという仮定である。もしこの仮定が支持されなければ，そして私達はクラスで何百回もこのゲームをして一度もこの仮定が支持されたことがなかったのであるが，他にも参加者が現れて，あなたはエスカレーションの罠にはまってしまうであろう。

　すでに述べたように，あなたが競り上げを続けるかどうかは，競争相手がいずれは降りるだろうという見込みをどれだけ持っているかにかかっている。他の参加者にももちろん同じことが言える。もし20ドル札が安く（たとえば1ドルで）手に入るならば，オークションに参加することが合理的であるにちがいない。このように，競争的非合理性はエスカレーションを説明する以上に数多くの未解決のパラドックスを提起するのである。エスカレーションと競争的非合理性に関する研究によって提示される中心的な忠告は，他人がとるであろう行動について十分に考えをめぐらせないと，利益を獲得する機会に見える状況の多くが実は罠であったというはめに陥るだろうということである。

第4節 ── まとめ

　本章では，過去に選択した行動へのコミットメントをエスカレートさせる傾

向を促進する要因について，追加的に4つを提示した。それぞれは単独でもエスカレーションを促進するが，しばしばいっしょになって，過去の過ちを継続するという非合理的な意思決定を下すように仕向けてくる。エスカレーションを軽減するためには，個人や組織のレベルでこれらの要因のひとつひとつに対策をとらなくてはならない。

　エスカレートする傾向に関するこれまでの研究でわかったことを総合すると，マネジャーはマネジメントに関して実験的な態度で臨む必要があるということである。つまり，あなたがマネジャーなら，意思決定をしてそれを実行しなくてはならないわけだが，もし最初の計画がうまくいかなかったなら，コミットメントをやめて別の行動を選択することに抵抗感を持ってはならない。将来へのコミットメントをしたなら，それに合理性がどれだけあるかを常に査定し，間違ったコミットメントを早期に発見できるようにすることである。

　最後に警告をひとつ。本章ではコミットメントが行き過ぎた状況を扱ったが，問題のもうひとつの側面について考察しておくことも大切である。それは，選択した行動へのコミットメントを維持すべき場合や，あるいはエスカレートさせるべき場合もあるということである。最も重要なのは，あなたの選択肢をオープンにしておくことである。仕事や人間関係において状況が難しくなれば，もう手を引くべきだと思うこともあるだろう。しかしながらコミットメントをやめてしまうと，その関係から将来得られるすべての便益を失うかもしれないことを理解しておくことも大切である。人間関係を保っていれば，先に進めば進むほど多くの選択肢がもたらされることが多い。以上の助言は，コミットメントのエスカレーションの話とは相容れないように見える。チャンスを逃してはいけないと言いながら，油断するなとも言っているからである。実際には，それらを両立することは可能である。大切なことは，埋没コストにとらわれずに，それぞれの選択肢から得られる将来の便益とコストに焦点を当てて意思決定を下すことである。

第7章
意思決定における公正と倫理

Fairness and Ethics in Decision Making

　あなたは定評のある大学の MBA プログラムの卒業を控えています。就職活動で数多くの企業の採用担当者と面接を重ねた末に，気に入った企業のひとつから年俸9万ドルでオファーがありました。ただし，年俸については交渉の余地はないと念を押されています。あなたは，同社で働く人々も，自分に与えられる業務の内容も，同社の立地も気に入っています。しかしあなたは，あなたの出身校と同レベルの MBA 修了予定者に対して同社が年俸9万5000ドルを提示していることを知りました。あなたは同社のオファーを受け入れますか。

　ハリケーン・カトリーナがルイジアナ州南部を直撃し，多くの人々が住居を失いました。建築資材など，さまざまな物資の需要が高まった一方で，供給は減少しました。経済学者によれば，このような状況では価格が上昇すると予測されます。実際に，ハリケーンの余波が続く中で，ある小規模の建築資材メーカーが，材木など特に需要が急増した商品の価格を2倍以上に引き上げました。こうした値上げは倫理的といえるでしょうか。あるいは合理的といえるでしょうか。

　最初の問題について言うと，筆者らの学生の多くは，自分の給料と他人の給料の差にとても気を揉むようである。たとえその差が自分達の今後の処遇に影響を与えないことを知っていても，それに変わりはない。2番目の問題では，メーカーが値上げをするのは倫理にもとる行為であると多くの人が信じている。効率的な市場ではこういうときは値上げするのが当然であると経済学者がいくら唱えても，顧客の多くは商品の値上げは不公正であると知覚して反発するの

で，小売業者にしてみれば一時的な需要の増加に対応して値上げをするのは合理的ではないのである。

公正と倫理の問題は，意思決定についての理解を完全にするうえで避けて通ることができない。本章の前半は，人が他者の行動の公正さをどのように知覚するかに焦点を置く。後で議論するように，経済学の理論は公正さというものは余計な問題だと退けてしまっているが，一般の人間は公正さについて強烈なまでの関心を寄せている。本章の後半は，私達自身の判断における倫理性に焦点を当てる。そして，人間の倫理的な判断に自己奉仕的かつ無自覚にバイアスがかかる道筋について考察する。

第1節 ——— 公正の知覚

公正についての研究は，希少な資源の分配に焦点を当てるか（Messick, 1991），あるいは分配手続きの公正さに焦点を当ててきた（Find & Tyler, 1988）。公正についての研究の多くは，公正に関する人間の判断の合理性については評価を下すのを避けてきた。そのために，私達の認知プロセスがどのようにして怒りや嫉妬や非効率を生みだしているのかという問題についての理解が進まなかったのである。公正についての人間の知覚の機能不全を低減し解消する方策を見つけるためには，公正知覚の合理性の問題に正面から取り組む必要がある。

人が意思決定にあたって公正について考慮することをモデルに取り込むことで，経済学のモデルが説明しきれていない問題のいくつかを解き明かすことができるかもしれない。Kahneman, Knetsch, & Thaler（1986）によれば，労働市場の需給関係によって失業率が高い時期であっても雇用主が賃金を切り下げないのは公正を考慮しているからであるし，特定の商品の価格の硬直性も同じように説明できる。本章では公正さを考慮することで私達の決定が合理的なモデルから逸脱してしまう3つの道筋について検討していく。第1に，個人の判断が需要と供給の関係から導かれた予測から乖離する状況について述べる。第2に，交渉の最後通告問題を検討し，なぜ私達が自己の経済的利益にそぐわない選択をするかについてそこから明らかになることにも検討を加える。第3に，

社会的比較のプロセスがどのようにして自己の潜在的な選好と相反するような決定に導くのかについて考察する。本節の結論部分では、公正に関する判断がなぜ重要なのかについて議論する。

◆経済合理的な行動が不公正に感じられるとき

Kahneman, Knetsch, & Thaler（1986）は一連の実験によって、公正を考慮した人間の意思決定が経済学的な合理性から乖離することを立証したが、それは後に議論を呼ぶところとなった。次のシナリオを読んで、工具店の主人が採った行動について考えていただきたい。

> ある工具店では、雪かき用のスコップを15ドルで売っていましたが、大雪に見舞われた日の翌朝にそれを20ドルに値上げしました。

あなたは、工具店の主人の行動を公正と評価するだろうか、それとも不公正と評価するだろうか。経済学の考え方に従えば、値上げして当然である。供給が一定であるにもかかわらず需要が増加すれば、価格の上昇という結果が論理的に導かれる。ところが、雪かき用スコップの値上げが経済学的に合理的であるにもかかわらず、回答者の82％が、その値上げは不公正であると回答した。興味深いことに、値上げは公正であると回答した人ですら、ハリケーンが過ぎ去った後に工具店が発電機の価格を値上げすることについては公正とは認めなかった。雪かき用スコップのケースと論理的には同じケースであるにもかかわらず矛盾した結果になったのである。このように、公正についての人々の見解は経済学のモデルと非整合的なことが少なくない。

雪かき用スコップの値上げ問題は、自分以外の人の公正感に思いをめぐらすことが重要であることを示している。あなたが工具店を営んでいて、猛吹雪の後に25本の雪かき用スコップの在庫があったとしよう。あなたは、雪かき用スコップの価格を5ドル値上げすべきだろうか。仮にあなたが経済合理的な人間だとしても、答えはノーだろう。顧客の公正感を無視すれば、値上げによって125ドルを余分に儲けることができる。しかし、その値上げに顧客が腹を立ててあなたの店から離れてしまうと、将来に失われる利益は125ドルでは収まら

ないであろう。顧客に対して需要と供給の法則について講義したところで，大した役には立たない。顧客が値上げを不公正であると感じ取ったら，あなたに対して否定的な反応を示すだろう。結局は，経済合理性に基づく商売をする業者（たとえば，雪かき用スコップを値上げする工具店）の業績は，公正であることに重点を置く事業者の業績を下回るであろう。なぜなら，顧客はそのような小売店の経済合理的な行動を不公正と知覚して制裁を加えるからである。

こうした事実は，人々がどのようにして公正な判断にたどり着くのかという重要な問題を提起する。自分が雪かき用スコップに値付けをしようとしている工具店のオーナーだと仮定してみよう。あなたは，値上げが不公正と知覚されるのはどのようなときかを見極める必要がある。たとえば，公正の判断がフレーミングの効果（第4章参照）の影響下にあることも知っておくべきである。Kahneman, Knetsch, & Thaler（1986）が示した下記のふたつの問題について考えていただこう。

> 問題A　わずかに利益をあげている会社があります。同社が立地している地域は今不況にあって，物価上昇は起きていませんが，失業率がかなりの水準に及んでいます。同社で働くことを切望している労働者は数多くいます。同社は今年は賃金を7％引き下げることを決定しました。

この問題では，回答者の62％が同社の行動を不公正と判断した。

> 問題B　わずかに利益をあげている会社があります。同社が立地している地域は今不況にあって，物価上昇率は年12％で，失業率がかなりの水準に及んでいます。同社で働くことを切望している労働者は数多くいます。同社は今年は賃金を5％引き上げることを決定しました。

問題Bでは，同社の行動が不公正であると判断した回答者はわずかに22％であった。実質所得の目減りは同じなのに，回答者の公正についての判断はまったく違ったのである。賃金の切り下げは不公正な損失と知覚されるが，物価上昇率に満たなくても名目的に賃上げになっていれば受け入れられやすい。私達は，行動の公正さを判断するためのある種の規則を心の内に抱いているようである。たとえば，賃金は増えるべきであって減るべきでないというのがそれに

あたる。経済状況が悪化しても経営者が賃金を引き下げることが難しいのはそのためである。私達が名目上の数量に重きを置く傾向は，経済学の分野で「貨幣錯覚（money illusion）」として知られている。それがあるために，問題Aと問題Bの賃金の実質的な変化は同じなのに，問題Bのほうが公正に感じられるのである。貨幣については，形式的な数値で示される金銭（名目価値）ではなく，貨幣の実際の購買力（実質価値）に換算して考えるほうが理に適っている。ところが実際には，私達は自分の給料が上昇しているか下降しているかを名目で評価している。私達は，物価上昇率で調整した数値で合理的に判断する代わりに，直観的な社会の規範に従って判断しているのである。

　値下げや値上げについての消費者の判断にも，似たような非整合性が見られる。Kahneman, Knetsch, & Thaler（1986）が示した次のシナリオについて考えていただきたい。

シナリオ1：ある自動車メーカーの人気車種は在庫が不足しているため，顧客は2ヵ月待ちの状態である。あるディーラーは，この車種を標準価格で販売してきたが，今は標準価格に200ドルを上乗せして販売している。

シナリオ2：ある自動車メーカーの人気車種は在庫が不足しているため，顧客は2ヵ月待ちの状態である。あるディーラーは，この車種を標準価格の200ドル引きで販売してきたが，今は標準価格で販売している。

　回答者の過半数（71%）は，シナリオ1でディーラーが採った行動を不公正とみなしたが，シナリオ2でディーラーの行動を不公正とみなした人は少数派（42%）であった。消費者は，メーカーが設定した標準価格を支払うつもりがない場合でも，標準価格を特別視しているかのようである。価格の公正さの評価に当たっては標準価格が決定的なアンカーとしての役割を持っていて，標準価格を上回る価格での販売が受け入れられることはない。しかし，メーカーが設定した標準価格に特別な価値があるという然るべき根拠はない。

　以上に共通したパターンがふたつある。第1に，人は現在の状態から離れることについてはとても神経を使う。第2に，経済学的に正当化できる行動であっても，しばしば不公正と知覚されてしまう。私達は価格の変動を評価する

ときに，標準価格や現行価格を信頼して参照点に設定するようである。価格変動が公正か否かについての解釈が，本書の第4章で検討したフレーミング効果の影響を受けているのは明らかである。そのようにしてなされた公正についての判断が合理的であるとは認めがたいけれども，マネジャーは，自分の行動が従業員や同僚，取引先，顧客の目にどのように映っているのかについて関心を持つべきである。

　Thaler（2004）には，何が公正かを消費者が判断する際に，市場原理ではなく自分の感情で判断している例がいくつも挙げられている。デルタ航空はインターネット販売以外の航空券の発券手数料として，航空券1枚につき2ドルを課そうとした。ファースト・シカゴ銀行は有人窓口での応対に3ドルの手数料を課そうと考えた。コカ・コーラ社は商品の需要の多寡に応じて販売価格を変える自動販売機を開発した。アメリカン航空は組合員に対して大幅な賃下げを提案しておきながら，重役には莫大なボーナスを支給した。どのケースでも，各社の行動が市場原理に反しているという証拠はない。しかしながら，それらはおおかたの人々に「不公正」と知覚されるのでビジネスのアイデアとしては好ましくないと，私達のほとんどが直観的に感じるのである。

◆「不公正な」最後通告に私達が抵抗を示すとき

　次のような場面について考えていただきたい。

　　あなたは飛行機で旅行中で，通路側の席に座っています。あなたの隣には，ビビアンという名前の風変わりな容姿の女性が座っています。彼女の隣の窓側の席には，スーツを着たマークという名のビジネスパーソンが座っています。飛行機が離陸して30分ほど経った頃，ビビアンが，あなたとマークに話し掛けてきました。自分は相当の金持ちだが，フライトに飽きてきたのでゲームをして時間をつぶしたいというのです。彼女は，財布から100ドル紙幣を50枚出して，次のように言いました。「私は，あなた方に5000ドルを差し上げます。ただし，現金の分け方について，あなたがたが同意できることが条件です。現金を分けるにあたっては，あなたがたは所定のルールを守らなければなりません。最初に，マークが5000ドルをふたりでどのように分けるかを決めなくてはなりません。そのうえで，あなた（本書の読者）は，マークが決めた分け方を受け入れるか否かを決めます。もしあ

なたが受け入れたならば，あなたとマークは，マークが決めた分け方で5000ドルを手にすることができます。もしあなたがマークの決めた分け方を拒否したならば，あなたもマークも，何も手にすることができません」。あなたとマークは，ゲームに参加することに同意しました。マークは，しばらく考えて，次のように言いました。「私は，5000ドルを次のように配分したいと思います。私が4900ドルを受け取り，あなたには100ドルを差し上げます」。次はあなたの番です。あなたはこの分け方に同意しますか。

　あなたが普通の感覚を持つ人ならば，おそらくマークの提案を断るであろう。それはなぜだろうか。マークの提案を断ることは，経済学の伝統的な合理性の概念に明らかに反している。なぜなら，あなたがマークの提案を受け入れれば，両者とも状態が現在より改善される（マークは4900ドル，あなたは100ドルのプラス）からである。しかしあなたは，自己の富の最大化という範疇の外にあるさまざまな理由によって，マークの提案を拒否するという選択をするかもしれない。拒否する理由の中には，不公正な分配を受け入れたくないというのもあるし，自分が受け入れることでマークが得をするのが嫌だというのもある。あるいは，不公正な提案をしたマークに制裁を下すことが社会全体に善をなすことになると考える人もいるだろう。いずれの理由においても，公正の問題が関与している。もしあなたが公正云々ということを気にしない人であれば，100ドルを受け取るであろう。なにはともあれ，何も手に入れられないよりは，100ドルを手に入れたほうがましなのだから，ビビアンがあなたにただ100ドル紙幣をあげますと言って差し出したのだったら，あなたはおそらくそれを受け取ったのではないだろうか。

　この問題は，意思決定のプロセスで公正と平等が果たしている役割を理解することの重要性を指し示している。あなたとマークの立場が逆になったと仮定してみよう。すなわち，あなたが現金の分け方を決め，マークにはそれを受け入れるか否かの選択肢がある。あなたは，どのような意思決定を下すだろうか。公正について考慮しなければ，マークはたとえ100ドルでも，あるいはそれ未満でも受け入れるはずだと簡単に結論を出すであろう。しかし，そのような提案はマークに拒否されてあなたが何も手に入れられない可能性が極めて高い。公正と平等について考慮すれば，あなたは対照的な結論に至るであろう。すな

わち，相手の反応を予測して，100ドルよりもずっと多額の取り分を相手に分け与えることで，あなた自身の取り分の期待値も結果的に高くなるのである。

　この飛行機内の分配問題は，不自然でおよそ現実には起こりそうもない話に見えるかもしれない。しかし私達は日々，背後にこのような構造を持つゲームをプレーしているのである。店内に表示された価格に目を遣りながら買うか否かを迷っている人は誰でも，店が示した最後通告を受け入れるか否かを決めるべき立場にある。店はおそらく，その商品にかかったコストを上回る価格を表示しているであろう。もしあなたがその商品にコスト以上の価値を見出すならば，それを買うかもしれない。しかしあなたは，食料品店にあるセロリが本当に店が付けている価格に値するのかどうかについて，店員と交渉することはできない。店は，次のような最後通告を出している。「これが私達が決めた価格です。この値段でお買い求めになるか，そうでなければお帰りください」。

　この仮想的な飛行機内の分配問題と同種の問題を使って，数多くの研究者が，人々が最後通告に対してどのように反応するかを体系的に研究してきた（Güth, Schmittberger, & Schwarze, 1982）。これらの研究では，提案者は既知の決められた金額を分配する。具体的な手続きとしては，「私は○○を要求する」と書かれた用紙の○○の箇所に自分の要求する取り分を記入する。応答者はその提案を受け入れて自分の取り分を受け取るか，もしくはそれを拒否して，ふたりとも何も手に入れられないかのどちらかである。合理的な行為者の伝統的なモデルによれば，提案者は応答者に対してゼロをわずかに上回る金額を提示するであろう。また応答者は，自分の取り分がゼロを上回っていれば，どんな提案でも受け入れるであろう。ところが実験結果は，提案者も応答者も公正について考慮したうえで意思決定を下したことを示していた。提案者が要求した自分の取り分の割合は平均して70％を下回っていた。それは，実験参加者が初めてこのゲームをしたときも，1週間後にもういちどゲームをしたときも変わらなかった。実のところ，提案者の提案で最も多かったのは，折半するというものであった。加えて，応答者は，たとえ自分にいくらかでも分け前のあるような提案であっても，不平等な提案は拒否する傾向が強かった。特に応答者の取り分が20％に満たない提案はたいてい拒否された。

　人はしばしば，自分が公正もしくは正当化可能であると考える結果を得るこ

とを強く求める。そのため，相手が欲張りすぎているときには，自分が代償を支払ってでもそれを罰しようとすることがしばしばである。Ochs & Roth (1989) は，応答者は提案者の提案を拒否したうえで今度は自分が提案者として逆提案ができるが，逆提案の段階では分けるべきパイとしての金額は最初よりも少なくなってしまうという設定の実験をおこなった。そのような最後通告ゲームの結果は，最初の提案が拒否されたケースの81％において，新たな提案者（かつての応答者）は，かつて自分が応答者だったときに自分の取り分として提示されて拒否した金額を下回る金額を自分の取り分として要求した。金額的には不利益となる逆提案をすることをあえて選択したのである。Ochs & Roth (1989) によれば，実験参加者は公正さからも効用を得ていると考えることでこのような結果を説明できる可能性がある。ただし単純な平等概念ではデータをうまく説明できない。なぜなら，第1段階では大半の提案者がパイ全体の50％以上を要求したからである。むしろ，提案を受け入れることが経済合理的であっても，その提案が不公正と知覚されれば当然のように拒否されるということを，実験参加者は実感させられるのであろう。

公正な独裁者とは　Ochs & Roth は，実験参加者をふたつに分け，片方にはここまで述べたような最後通告ゲームをしてもらって，片方には「独裁者 (dictator)」ゲームをしてもらった。独裁者ゲームでは，提案者はふたりの間でどのようにパイを分配するかを決めるが，応答者には拒否権がなく，必ず提案者が決めたとおりに分配される。結果は，最後通告ゲームでは提案者の多くが50対50の分配を提案した。100対0の提案をした提案者はひとりもいなかった。それに対して独裁者ゲームでは，提案者の36％が全額を自分に割り当てた。応答者の同意が必要な場合に提案が平等に近づくのは当然だが，応答者の同意を必要としない独裁者ゲームにおいてすら，64％の提案者が相手になにがしかの分け前を与える選択をしたのである。この結果が示しているのは，公正でありたいという願望と，不公正はいずれ代償を伴うかもしれないという認識があるために，合理モデルから系統的かつ予測可能な方向へ乖離した選択がなされることである。

公正への強い願望 最後通告ゲームで不公正な提案をした提案者を罰するためなら数ドルを費やしても構わないという感覚を多くの人が本能的に持っているにしても，関わっている金額が十分に高ければ，人はもっと合理的に振る舞うようになるのではないだろうか。ところが実験の結果は，このような直観による見解を否定している。最後通告ゲームで分配するパイの金額を変えて数多くの研究がおこなわれてきたが，金額が変化しても人間の行動に明らかな変化は表れなかった。パイが数ヵ月分の賃金に匹敵する金額であっても，結果は同じであった。提案者の提案で最も多いのは折半という提案であり，応答者は自分の取り分がパイ全体の20％未満の提案は拒否するのである（Cameron, 1999; Hoffman, McCabe, & Smith, 1996; Straub & Murnighan, 1995）。

神経画像処理の技術を使えば，最後通告ゲームにおける感情反応を司る脳の部位を正確に示すことができる。機能的磁気共鳴画像装置（fMRI）によって，脳内の血流をリアルタイムで目視できるようになった。表面にあらわれた人間の選択の背後にある脳のメカニズムに関心を持つ意思決定科学の研究者は，機能的磁気共鳴画像装置を使って，異なった条件下で脳のどの部位が活性化するかを特定しようとしている。Sanfey, Rilling, Aronson, Nystrom, & Cohen (2003) は，最後通告ゲームの応答者の脳をスキャンして，提案者が人間であった場合とコンピューターであった場合との違いを調べた。いずれの場合でも，提案が公正であったときと不公正であったときとでは脳の活動パターンに違いがあったが，その違いは相手がコンピューターのときよりも人のときのほうが大きかった。不公正な提案について考慮している応答者の脳では，負の感情状態を掌る部分（両側前島皮質）が活性化していた。また，Sanfeyらが課題の認知的な要求，すなわち，可能な限り多額の金銭を手に入れたいという願望に関わっているのではないかとにらんでいる領域（背外側前頭前皮質）も同じように活性化していた。不公正な提案に対して人間が大きな感情的反応を見せることは，この種の意思決定に感情的なプロセスが含まれていることについての確固たる証拠である。

最後通告ゲームに参加する人々の反応には，文化の垣根を越えて驚くほどの共通性が見られる。Henrich, Boyd, Bowles, Camerer, Fehr, Gintis, et al. (2001) は，世界の15の地域社会でこのゲームを含む実験をおこなった。その結果は，

自己利益の追求という古典的な経済学のモデルを支持するものではなかった。そして，実験参加者が所属する社会のいずれにおいても，経済ゲームにおいて公正が重要な要因になっていることが見出された。社会間では最後通告ゲームでの振る舞いにいくつかの違いが見られたが，それは参加者の属する社会の経済的あるいはデモグラフィックな要因ではなく，それぞれの社会での日常的な相互作用のパターンの違いによって説明できた。公正は世界のどの文化でも意思決定に影響を及ぼす概念であるが，公正をどの程度まで実現するかはそれぞれの文化の規範によって違いがあるようである。

　Brosnan & de Waal（2003）の研究は，公正な判断という概念が種の垣根を越えて普遍的であることを説得的に実証した。彼らの実験では，オマキザルは，同じ作業をした他の個体よりも自分への報酬が少ないと反抗的な態度に出た。賃金が不平等なときに人間の労働者のモチベーションが下がる（Fehr, Kirchsteiger, & Reidl, 1993）のと同様の現象である。隣のオマキザルに好物であるブドウが渡されると，オマキザルは腹を立て，自分に与えられたキュウリを憤然として拒否したのである。

◆他人が得る損益への関心

　人間もオマキザルも，他者に起きた出来事を気にかける。人間は，敵対者に対して損害を与えるためや，好きな人に利益を与えるためにすすんで代償を支払おうとすることがある。加えて，自分が得た報酬は他者が得た報酬と比較してどのくらいなのかを気にかける。こうした人間の性向を理解している組織は，精巧な職務評価制度を作り出して，従業員の報酬の額を組織内部の階層に応じて定める。そのパラメーターに基づいて，給与やボーナス，手当の額が慎重に算定される。だからこそ従業員は，比較対象となる地位に就いている同僚と比較して，自分が公正な報酬を得ていると信じることができる。もっとも組織は，給料に関するデータをなるべく伏せようとするものである。従業員が自分の給料を他者と比較できないようにすることで，公正ではないと知覚されるのを防ぐためである。企業がそのような手の込んだ行動をすることが正当化されるのは，企業の給料の衡平さとその企業が製造する製品の品質との間に正の相関関係を見出した研究があるためである（Cowherd & Levine, 1992）。同様に，

Depken（2000）によれば，メジャー・リーグのチーム内における給料の格差の程度と，勝率という客観的な指標でみたチームの成績との間には負の相関関係があった。最高給の選手と最低給の選手との給与格差が小さいほど，チーム全体がまとまって高成績を挙げる傾向があったのである。人はどんな状況下でも，自分の得る報酬と自分に関係した他者の報酬との比較に関心を抱いているし，その結果によって行動も変化するのは明らかなようである。

　大学を卒業して労働者になると，産業間で大きな賃金格差があることを思い知らされる。投資銀行に就職すれば，初年度の年俸は8万ドル以上に達するかもしれない。しかし，同じ能力を持っていても，出版業界や建設業界に就職すると年収はその半分にも満たない。こうした不公正な格差が市場でまかり通るのはなぜだろうか。この産業間の賃金格差に関して，公正への関心がいかに形成されるかという観点から，ふたつの興味深い事実が説明できる（Thaler, 1991）。第1に，高収益を生み出している業界は給料が高いという相関関係が観察される。第2に，ある業界内の特定の業務に高い給料が支払われていると，それ以外の業務の給料も高くなる傾向がある。自分の給料が他者と比較して公正であるかどうかについての従業員の知覚には，その企業の収益性と，自分と同じような職務に就いている他者がどれだけの給料を得ているかが影響を及ぼす（Akerlof & Yellen, 1990）。このことは，人が自分の給料を比較するのは企業内部もしくは同一産業内の他企業に限られ，他産業との比較はめったにおこなわれないことを示唆している。私達が投資銀行業と出版業の賃金格差を受け入れるのはそのためである。

　第4章で明らかにしたように，人はたいてい，現在の自分の状態を参照点と比較して評価する。時には，自分の現有資産などの現在状態が参照点としての役割を果たす（Kahneman & Tversky, 1979）。しかし，Loewenstein, Thompson, & Bazerman（1989）によれば，個人間の問題について意思決定する際には他者の得る損益が重要な参照点になるし，個人間の対立の解決策の好ましさを評価するときには，自分の損益がいくらかよりも，それが他者の損益と比較してどうかのほうがはるかに大きな決め手になる。たとえば，実験で，ひとりの参加者に対立がもたらしうる結果のうちのひとつを示して評価してもらうと，自分が600ドルを得て相手が800ドルを得るという結果よりも，自分が500ドルで相手も500ドル

という結果のほうが好まれるのである。

　Bazerman, Loewenstein, & White（1992）は，他者への関心が私達の意思決定に及ぼす影響を説明する論理と，第4章で議論した分離選好と統合選好の逆転とを結びつけて，人が他者の得る損益に関心を持つのはどういうときかを分析した。分離選好と統合選好の逆転現象に関する初期の実証研究で，Bazerman, Loewenstein, & White（1992）は，特定の結果を点数で評価するときには他者との比較が大きく影響するが，実際の選択行動においては自分が得る損益の絶対水準のほうが重要になることを示した。実験参加者が別々に評価した場合は，自分が500ドルを手にして相手が700ドルを手にするよりも，自分も相手も400ドルを手にするという結果のほうを高く評価した人が70％を占めた。ところが，このふたつの選択肢を同時に示して好きなほうを選ばせると，その割合は22％まで低下した。こうした基本的なパターンは，比較の対象や内容の別なく一貫している。ふたつの結果のどちらかを個別に評価するときには他者の得る損益が参照点となる。しかし，両方の結果を示して二者択一の形式で問えば，ふたつの結果が容易に比較できるので，わざわざ他者の損益を参照点にする必要はない。そうなると他者の得る損益はさして重要ではなくなって，代わって自分が得る損益が選択課題において考慮すべき際立った属性になるのである。

　Blount & Bazerman（1996）は，これらの研究成果を現実の報酬を絡めた実際の場面に拡張した研究をおこなった。彼らは，同僚の実験のために参加者を募る作業を引き受けた。参加者候補は3つの群に分けられた。第1群は，40分間の実験に従事する報酬として7ドルがオファーされた。また，実験参加者はみな7ドルが支給されると知らされた。第2群は，40分間の実験に従事する報酬として8ドルがオファーされた。また，他の一部の参加者には8ドルではなく10ドルが支給されるが，それは当人の社会保障番号の下一桁の数字で決められたと知らされた。第3群は，以下の選択肢が与えられた。(1)40分間の実験に参加したすべての人に7ドルが支給される。(2)40分間の実験に参加した人の一部（自分を含む）には8ドルが支給され，それ以外の人々には10ドルが支給される。(3)実験に参加しない。第1群の参加者候補のうち条件をのんで実験に参加したのは72％であった。第2群の参加者候補のうち条件をのんで実験に参加

したのは55％にとどまり，その差は有意であった。第3群では過半数（56％）が(2)を選び，(1)を選んだのは16％であった。また実験に参加しないことを選んだのは28％であった。このように，ひとつの条件だけを検討する場合は，他者が得るであろう損益が決定的な意味を持つ。ところが複数の選択肢が与えられた場合は，それぞれで自分が得る損益が比較可能なので，他者の損益は相対的に重要度が低下するのである。

　これらの発見は，第1章で紹介した感情ヒューリスティック，第4章で紹介した分離選好と統合選好の逆転現象，第5章で設定した「したい」自己と「すべき」自己の区別などとの整合性が認められる。単一の選択肢だけをみて評価する場合には，社会的比較が自分の損益を評価する参照点になる。ところが複数の選択肢が与えられると，それを横断的に比較することが容易になり，有益さの劣る他者との比較にわざわざ頼る必要がなくなるのである。

◆平等規範の意図せざる結果

　最後通告ゲームの応答者の意思決定は，平等の規範を実現させたいという気持ちによって，ある程度の影響を受ける。最後通告ゲームで公正がおこなわれることを期待すると，経済学的には望ましい提案をも拒否する結果になる。しかし他方で，同じ平等の規範によって，私達は「公正な」状態を性急に受け入れてしまうこともある。Messick（1991）は，合理的に分析すれば均等分割するべきではないときでも人々が均等分割を望むような状況をいくつか明らかにした。人は良いことでも悪いことでも均等分割を比較的簡単に受け入れる傾向があるので，交渉においても足して二で割るような妥協案が採用されやすい。次のような状況について考えていただきたい。

　　あなたは自動車ディーラーを訪れて車に試乗し，ショールームの中にある商談スペースに戻ってきました。あなたが試乗した車の標準価格は1万8000ドルでした。セールスパーソンとしばらく話してから，あなたは買値として1万5500ドルを提示しました。それに対して，セールスパーソンは1万7600ドルを提示してきました。次にあなたが1万6000ドルを提示すると，相手は1万7200ドルを提示しました。さらにあなたが1万6400ドルを提示すると，相手は1万6800ドルまで下げてきました。ここであなたは，これ以上は譲歩せず，だめなら別のディーラーに話を持ち掛けるという態度を装いました。セールスパーソンは，

真摯な態度で次のように言いました。「お客様は立派な方とお見受けしますし、その車を本当に気に入られていることも分かります。お客様が欲しいと思われている車をお世話することが私の喜びでもあります。お客様は道理をわきまえた方のようですし、私もそうありたいと思っています。そこでどうでしょう。いまあるふたつの価格の中間をとって1万6600ドルでは」。

　たいていの人は、セールスパーソンの申し出を即座に受け入れてしまうだろう。結局のところ、中間をとるという解決案は公正に感じられるのである。しかし、よく考えてみれば、両者の主張の中間をとるという解決が一般にそうであるように、この解決案もまた実に恣意的である。交渉の展開によっては最終的にテーブルの上に並べられたふたつの数字は1万6000ドルと1万6400ドルであったかもしれず、その場合も中間をとるという解決案は公正な印象を与えたであろう。しかしその場合は取引価格は1万6200ドルになって、このケースよりも400ドルも低い結果になったはずである。中間をとるという解決が公正かどうかは、アンカーとして用いられたふたつの数字がもともと相対的に見て公正であったかどうかにかかっている。合理的に意思決定をするためには、中間をとるという解決案が人々にはとても魅力的に見えるということと、解決案の基になるふたつの数字にはさしたる根拠がなく、別の数字を作ることも容易であったはずだということをわきまえていなくてはならない。先方のオファーが公正と認められるからといって、それが最善の解決策であると決まったわけではない。それと同じくらい公正な解決策が他にあるかもしれないし、そちらのほうがあなたにとってより望ましいかもしれないのである。

　繰り返すが、公正感は人間の意思決定に大きな影響を及ぼす。そして、他者の公正感を無視すると高くつくかもしれない。人にはそれぞれ、自分なりに公正さの評価を下す権利がある。ただし、何が公正であるのかについて、他人は自分とは全く異なった基準を持っているかもしれないことを認識しておく必要がある。

◆なぜ判断の公正が問われるのか

　私達は、自分の行動が公正であるかどうかについて他者がどう判断してい

かに目を配る必要がある。なぜなら，もし不公正だと判断されると先方から罰を与えられるからである。人は，それが自分の利益にならなくても，不公正な相手に対して罰を下すことがある。たとえば，自分が組んでいる相手が誰だか分からないようなかたちの1回限りの最後通告ゲームにおいて，応答者が提案者のオファーを拒否したならば，その応答者は自分の金銭的利益を捨て去ってでも不公正な分配案をオファーした提案者を罰することを選んだことになる。

実のところ，Ernst Fehr の研究によれば，最後通告ゲームを第三者的に観察している人は，自分自身は不公正な分配の影響を受けないにもかかわらず，不公正に振る舞っているとみられるプレーヤーを罰するために進んで金銭を支払おうとした（Fehr & Fischbacher, 2003; Fehr & Gachter, 2000）。Fehr & Fischbacher（2004）では，独裁者ゲームにひねりを効かせたゲームを用いて実験がおこなわれた。このゲームには，独裁者と受容者に加えて，第三者の立場に立つ観察者が参加した。観察者は，独裁者が受容者にどれだけの分け前を与えるかを見て，そのような分配をした独裁者に対して罰を与えるかどうかを決めることができる。ただしそれにはコストがかかる。独裁者に罰を与えるには観察者が金銭を支払わなくてはならない。観察者が1ドル支払うごとに，独裁者の取り分から3ドルが差し引かれる。ここで留意すべきなのは，観察者が純粋に利己的ならば，そのように利他的に罰を与えるはずがないことである。罰を与えると観察者も独裁者もコストを支払うだけで利益は全くないのだから。それにもかかわらず，観察者として参加した人の55％が，半額未満を受容者に分け与えた独裁者に対して罰を下す選択をした。独裁者が受容者に与える金銭の額が少なくなればなるほど，観察者は独裁者を強く罰した。

Fehr らによれば，ずるをした者に対して「利他的懲罰（altruistic punishment）」を与えることで，人は実際にかなりの満足感を得るようである。ずるをした者に対して実際に罰を与えるときには，事前に線条体背側部（望ましい結果を得たときに満足感をもたらす脳の部位）が活性化するからである（de Quervain, Fischbacher, Treyer, Schelhammer, Schnyder, Buck, et al., 2004）。

公正についての判断は，組織内のいたるところでおこなわれている。私達自身の感情や行動に影響を与えるような公正についての判断を下す状況はたくさんある。少し例を挙げるだけでも，給料の上昇幅の他者との比較，限られた予

算の配分，昇進，人事評価，商品の価格付けなどである。公正についての判断は，客観的な現実だけに基づいて下されるのではない。私達の意思決定のレパートリーから公正や社会的比較を取り除こうとすることは，おそらく現実的ではないだろう。にもかかわらず，不公正に振る舞った個人や企業を罰するために自分は努力を払うべきかという問いに直面したとき，合理的な意思決定者は，第5章で分析したような「したい自己」と「すべき自己」との葛藤について考えるかもしれない。あなたは腹を立てているし，罰したいと思っている。しかしそれはすべきことだろうか。あなたは本心からそれを望んでいるのだろうか。

あなたが判断を下すに際して，自分の心にある公正感を棚上げしたとしても，周りの人々があなたの行動を評価するに当たって公正基準と社会的比較を用いることを示す証拠は有り余るほどある。したがって，人がどのように公正さを評価するかを知ることは，私生活や職業生活の意思決定を改善するために役立つだろう。ここまでは，人々が他人の行動の公正さをどのように評価するかを考察してきたが，本章の後半部分では倫理の問題について議論する。公正についての議論とは対照的に，倫理についての議論は，私達が自分の行動をどのように評価するか，またその行動と自分の価値観との整合性をどのように評価するかに関わっている。

第2節 ── 倫理観の限界

新しい千年紀の幕開けとともに，数多くの企業スキャンダルが明るみに出た。それを受けてメディアは，スキャンダルを引き起こした非倫理的な行動の根底にある原因を探し求めた。メディアの槍玉に挙がったのは，エンロン社とその監査をしたアーサー・アンダーセン会計事務所のごく一部の「不心得者」，それらの企業の内部監査担当者，役に立たなかった政府の規制などである。実業界のリーダーは倫理的に堕落していると非難され，ビジネススクールは将来のリーダーへの倫理教育に失敗したと批判された。

メディアが暗に伝えていたのは，金融スキャンダルの流れを食い止めるためには，マネジャーが非倫理的な行動に出るという意思決定をするのを思いとど

まらせることが重要だということであった。こうしたアプローチは，熟慮して意思決定を下すべしとする倫理学の教えに通じる。しかし本節では，企業スキャンダルについてのこのような倫理学的な見解に異議を唱えることになる。筆者らは，組織内部の行為者のインセンティブに変更を加えることで倫理的な行動を促進するという考えを支持しているし，正真正銘の企業犯罪者が刑務所に繋がれることは喜ぶべきことだと考えている。しかし最近の研究によって，非倫理的な行動の大部分は，当人が非倫理的と知っていて意図的に取った行動ではないことを示す説得力のあるケースが見つかっている。

　以下で焦点を当てるのは，高潔な人物がそれと気づかずに非倫理的な行動に手を染めていくときに作用している認知的なバイアスである。本章の前半では，公正な判断がどのようにして経済学の標準的なモデルから乖離するかを分析した。そして本章の後半では，心に抱いている倫理基準に反する行動を私達にとらせる認知バイアスについて検討する。本書の第2章から第6章にかけて，人間の意思決定がバイアスによって合理性から系統的かつ予測可能なかたちで乖離することを議論したが，心中の倫理基準からの逸脱もまた，系統的かつ予測可能である。本書では，意図的におこなわれる悪徳行為ではなく，本人が気づかないうちに陥ってしまう非倫理的な行動――筆者らはこれを「倫理観の限界（bounded ethicality）」と呼んでいる（Chugh, Bazerman, & Banaji, 2005）――のタイプと程度，そしてその原因の特定を試みた最近の研究について論じたい。これは，適切な行動とは何かを明示的に分析する倫理学の標準的なアプローチからは外れているが，伝統的な倫理学への補完的な役割を果たすことができるだろう。

　筆者らの主張の要点は，人間の行動の背後にある倫理を理解してそれを変えるためには，「人が倫理的に問題のある行動をとるのは，その人が正しいことではなく自分の利益になることを選択した結果である」という通念を乗り越える必要があるということである。人間の行動を決定するのは人間の内部に存在するただひとつの意識的な意思決定主体であるという仮説は明確に否定されている（Fiske, 2004）。新しい研究は意識には限界があることを指し示しており，一方で無意識が人を非倫理的な行動に向かわせる力の大きさに注目している（Banaji & Bhaskar, 2000; Murnighan, Cantelon, & Elyashiv, 2004 & Wegner,

2002)。

　本書でいう倫理観の限界とは，自分の抱いている倫理観とは非整合的で倫理的に疑問符のつく行動をとるように人々を導く心理的なプロセスを指している。倫理観の限界が表面化するのは，経営幹部が，自分以外の人に不利益を与えるだけではなく，自分が意識している信念や選好とは非整合的な意思決定を下すときである。マネジャーは，もっと深く自覚的に熟考すればそれは非難に値する行動だということがわかるような行動をとるにあたって，自己弁護的な認識を形成する。たとえば，第4章で不作為のバイアスについてレビューしたが，そこで明らかになったのは，人は何かをおこなって結果が裏目に出たときよりも，何かをしないことで結果が裏目に出たときのほうが自責の念に駆られることが少ないということである。Chugh（2004）によれば，マネジャーに対して要求が次々と繰り出されるような状況，しかも第1章で議論したシステム1思考による素早い決断が求められる状況では，倫理観の限界はさらに悪化する。システム1思考をすることで，倫理観の限界によって生み出されたバイアスが強さを増し，その人は自分の倫理観から逸脱した意思決定を下すようになる。

　本書でレビューした他のバイアスと同様に，私達の誰もが倫理観の限界から生まれるバイアスを持っている。最も優秀で才能のあるエリートですらその例外ではない。たとえば，2004年3月，アントニン・スカリア判事は，合衆国連邦最高裁判所で予定されている「チェイニー対合衆国ワシントンD.C.地方裁判所」の審理について，シエラ・クラブ（訳註：アメリカの環境保護団体）から自分に対して提出された忌避申し立てを却下した。2004年1月，スカリアは，ディック・チェイニー副大統領とルイジアナで鴨猟に興じたが，それは，ブッシュ政権下で環境政策を推進するために設立されたタスク・フォースである「エネルギー政策会議」の長に就いていたチェイニー副大統領に対して，同タスク・フォースの情報を強制的に開示させるべきか否かについて検討することを最高裁判所が決定してからわずか3週間後のことであった。シエラ・クラブは，チェイニー副大統領との私的な交友関係があることでスカリアの客観性が損なわれると主張した。スカリアは，自身の決定を弁護するために記した文書の中で「最高裁判所の正義をそれほどの安価で手に入れることができるならば，この国は私が想像していた以上に困難な状況に陥っている」と記している

(Janofsky, 2004)。スカリアの言い分によれば,自分とチェイニー副大統領の私的な交友関係は彼自身の判断を意図的に歪めることはないし,利益相反に関する最高裁判所の規定に違反するものでもないというのである。

最高裁判所の規定は,他の利益相反についてのガイドラインや規定や法律と同じく,意図的な汚職を防止するために定められたものである(Banaji, 2004)。スカリアのコメントから読み取れるのは,彼は利益相反の心理的な側面を示す確たる証拠について知らない振りをすることを選んだか,あるいはそもそもそれに無知であったのかのどちらかだということである。本節では,利益相反について定めた最も厳格なガイドラインですら,バイアスの影響を受けた専門家の覚知をすりぬけた利益相反にあらためて目を向けるように仕向けるには十分でないことを示す証拠を提示する。たとえば,心理学の研究成果によれば,友人関係にあるふたりの間では,一方が他方の問題について客観的な評価を下すことは不可能である。

この章では,倫理観の限界を示す7つの例を見ていくことにする。すなわち,自己の功績の無意識的な過大申告(overclaiming credit),内集団びいき(ingroup favoritism),将来の割引(discounting the future),潜在的態度(implicit attitudes),利益相反(conflicts of interest)の心理,間接的に非倫理的な行動(indirectly unethical bohavior),擬似的神聖価値(psuedo-sacred values)などである。それぞれのケースについて,その行動が行為者の意識的な覚知の範囲の外で起こっていることを示す研究結果を示していく。

◆功績の過大申告

Ross & Sicoly(1979)は,既婚者に頼んで,家事全般(皿洗いやゴミ出しなど)に占める自分の貢献度をパーセンテージ(百分率)で評価してもらった。結果は,夫が申し出た割合と妻が申し出た割合を合計して夫婦単位の平均値を導き出したところ,約140%になった。Ross & Sicolyの研究を糸口として,さまざまな領域での功績の過大申告についての研究が進んだ。少し挙げただけでも,学術研究(Caruso, Epley, & Bazerman, 2006),スポーツ(Brawley, 1984; Forsyth & Schlenker, 1977),資金調達(Zander, 1971)などがある(関連したレビューについては,Caruso, Epley, & Bazerman, 2005を参照)。過大

申告の根源は，第5章で詳細にレビューした自己奉仕バイアスにある。自分が所属する企業への貢献度については，正直な人でさえ，実際の貢献度よりも過大に見積もっている。

過大申告は，組織レベルの現象を生み出す要因にもなっている。研究者は，ジョイント・ベンチャーが期待外れに終わるのはなぜかという疑問に頭を悩ませてきた（Epley, Caruso, & Bazerman, 2006）。戦略的パートナーシップが内包する可能性のある欠点のひとつは，提携相手が然るべき役割を実際に果たしているかどうかについて互いに懐疑的になることである。ジョイント・ベンチャーのパートナー企業がベンチャーに対して自社のトップクラスの人材を派遣せずに二流の人材を差し向ける傾向があることは広く知られている。その理由のひとつは，自社の持ち分が半分のプロジェクトよりも自社がすべてを所有している企業のほうに最高の人材を温存しておきたいというインセンティブが両方のパートナー企業にあるためである。提携の両パートナーが自社の貢献を過大申告する傾向があることを考慮すると，両パートナーともジョイント・ベンチャーへの貢献を減らしたくなることも理解できる。その結果，互いの目に相手が不公正に映るし，自分達の行動については正当であると思えてくる。そして，相手の行動についての悪意の解釈が螺旋状に拡大していく。

個人や組織の過大申告を止める手立てはないのだろうか。Caruso, Epley, & Bazerman（2007）は，ハーバード・ビジネススクールのMBAプログラムに在籍している学生に対して，自分が所属する研究班で個人的にどれだけの貢献を成し遂げたと思うかを尋ねた。グループのメンバーが示した数値をグループごとに加算した平均値は139%であった。言い換えれば，平均的なグループに属しているメンバーは全体として，自分達が完遂した100%の作業に対して139%の貢献をしたと考えていたのである。ところが，条件を変えて，自分を含む研究班のすべてのメンバーについて貢献度を考えるように教示すると，合計値の平均は121%にまで低下した。集団への個人の貢献についての考え方を「解きほぐして」あげれば，功績の過大申告が消えてなくなるわけではないにせよ，少なくともバイアスを減らすことはできる。さらに，3人から6人の共同執筆による学術論文について同じ研究者らが分析したところ，そこにも過大申告がはびこっていたが，思い込みを解きほぐすことによって過大申告は減少

した。また，過大申告の程度が大きいほど，将来も同じメンバーで論文を共同執筆しようと考える研究者が減少する傾向があった。

　基本的に，集団メンバーの全体の俯瞰力が向上すると，過大申告が減り，かつ集団全体の成績も向上する。加えて，過大申告は集団の寿命に重要な関わりを持っている可能性がある。この次にあなたの仲間が法外なほどの過大申告をしていると感じたら，口論を始める前に，あなた自身も過大申告という同じ過ちをおかしていないかを省みることである。そして，あなたの仲間が不正直である可能性よりも，ただバイアスに影響されているだけである可能性のほうがずっと高いことを思い起こすのがいいだろう。

◆内集団びいき

　この何年かで，誰かに頼まれごとをしたときのことを考えていただきたい。それは友人であったり，親戚であったり，友人の友人，あるいは親戚の友人からだったかもしれない。コンサートのチケットの入手，アパートへの入居，学校への入学，あるいは就職について，誰かの手助けしたことはあるだろうか。他人に何かを頼まれると，ほとんどの人が快く引き受ける。多くの場合，そういうことをするのは，たいていは自分と同じような人，たとえば大学の同窓生や職場の同僚，たまたま同じ人種に生まれた人などに対してである。心理学の基礎的な発見によれば，私達には，自分と極めてよく似た人に自分を重ね合わせる傾向がある。加えて，私達は，自分とは全く異なるタイプの人に対して親切にしたときよりも，自分を重ね合わせられる人に親切にしたときのほうが快く感じられる。そのため，私達には，国籍や宗教，人種，ジェンダー，出身校などが自分と同じ人に対して援助の手をさしのべる傾向がある。これくらいのことは罪のない行為に見える。自分の研究室の近くにある入学事務局の責任者に頼んで，研究仲間の息子の出願書類を点検してもらったからといって，何か問題があるだろうか。学生時代に自分が所属していた社交クラブの仲間に仕事を斡旋したり，同じ教会に通う友人が住宅ローンを断られたときに，いとこの銀行員に口を利いたりすることは，ただの人脈活用にすぎない。助ける相手が誰であろうとも，好意は好意ではないか，というわけである。

　このような親切心の対象から，意図的にマイノリティー（少数派）を締め出

している人は滅多にいない。しかし，マジョリティー（多数派）に属する人は，希少な資源（仕事，入学許可，住宅ローンなど）を配分するときに，自分と似通った人々を好む傾向がある。それは事実上，自分と異なる人々を差別的に処遇することになる。Dasgupta（2004）は，100件近くの既存研究をレビューした結果，人は「外集団（out-group）」（自分が所属していない集団）の人々よりも「内集団（in-group）」（自分が所属している集団）の人々に対して肯定的な特徴を結びつける傾向がはるかに強く，否定的な特徴については逆に内集団の人々よりも外集団の人々と結びつけやすい。このことは，本章の後半で取り上げる潜在的態度についての諸研究の結果と合致している。さらに，Bernhard, Fischbacher, & Fehr（2006）によれば，他者を不公正に取り扱った人に対して罰を与えることで利他的な規範を実現させたいという気持ちは，不当な目にあった人の民族，人種，言語が自分と似ている場合のほうがはるかに大きかった。このような差別的なパターンは，自動的かつ潜在的なプロセスの結果であることもあるし，よく考えた末での明示的なプロセスの結果である場合もある。

　人は，内集団のメンバーに対して便宜をはかるのは高潔な行為であると思っている一方で，それが外集団のメンバーに害を与えるかもしれないことには気づいていない。自分と同じ「共同体」のメンバーに親切にしたことを得意がるけれども，その過程に潜んでいる私達のえこひいきが持つ倫理的な意味合いは見落としている。内集団びいき，もしくは同じデモグラフィックな背景を持つ人に「特別な信用供与」をほどこすことは，自分と異なる人に対して罰を下すことと同等の行為である。自分と似た人に対して手助けをすることは社会的には好ましいこととみなされている一方で，自分と異なる人を差別的に扱うことは非倫理的とみなされている。

　収入や物件の立地などのさまざまな要因をコントロールしたのちであっても，ヨーロッパ系アメリカ人よりもアフリカ系アメリカ人のほうが銀行から住宅ローンを断られやすいことが，過去10年間の研究によって繰り返し明らかにされてきた。一般的には，銀行はアフリカ系アメリカ人に対して冷淡であるとみなされている。たしかに一部の銀行，あるいは一部の融資担当者はそうかもしれない。しかし，Messick & Bazerman（1996）によれば，住宅ローンの差別

的な適用の原因として，それよりもはるかに一般的で油断がならないのは内集団びいきである可能性が高い。かくして，白人の融資担当者は，審査基準を満たさない白人に多額の融資をおこなってしまう。銀行の貸付資金は限られているので，それによって白人以外の人種に融資可能な資金は減ってしまうのである。

◆将来の割引

　たいていの人は，自分達が引き継いだ自然環境をなるべく良い状態のまま後世に遺すべきであると信じている。また，地球とその天然資源を「あたかも精算中の事業のように」取り扱うべきではないとも信じている（Herman Daly, ただし Gore, 1992, p.191の引用による）。明示的な価値観は，将来の世代を大切にしているのである。ところが，私達には倫理観の限界があるため，その明示的な価値観に反する意思決定を下し続けている。持続可能性を目指した意思決定ではなく，天然資源を加速的に使い果たしていくほうを選択しているのである。私達は明示的には将来が大事であるという価値観を表明するが，一方で私達の暗黙の欲望は消費を欲して，両者がぶつかり合っている。そしてたいていは後者が勝利を収めるのである。私達の価値観の中では将来は割り引いて評価されるが，将来世代も同じように割り引かれる。それは私達が表に出している環境に対する態度とは相容れない行為である。

　これまでの研究によれば，人間は将来に対して極めて高い割引率を適用している（Bazerman, Wade-Benzoni, & Benzoni, 1996; Loewenstein & Thaler, 1989）。自分の持ち家の屋根裏部屋や壁に十分な断熱処理をほどこす人はめったにいない。エネルギー効率の高い電気製品は値が張るけれども1年以内で元が取れるというのに，そういう製品を買う人も少ない。個人だけではなく組織も未来を割り引きすぎるという同じ過ちをおかしている。目先の建築費を安く上げるという短期の関心事にとらわれて，長い目で見れば最もコストパフォーマンスが高い資材を使おうとしない。効率的な建築資材に投資すれば十分に回収できるのに（Ager & Dawes, 1965）短期的な建築コストの最小化を追求することは，長期的には維持管理のコストがのしかかるし，地球の希少な資源にも損害を与えることになる。

◆潜在的態度

　多くの人は，自分がさまざまな人種の人と接する態度などを含めて，自分の態度は意識的な覚知の範囲内にあって，自分のコントロールの下に置かれていると考えている。しかしこうした認識に対しては，「潜在的態度（implicit attitudes）」に関する研究結果から疑問の声が挙がっている。それによれば，私達が誰かと出会うと，心の中にその人の人種，性，年齢についてのステレオタイプが自動的に活性化してしまう（Macrae & Bodenhausen, 2001）。平等主義の価値観を強く信奉している人でさえ，自覚や意図がないままに非好意的なステレオタイプが湧き上がってくることを止めることはできない。一例として，Bargh, Chen, & Burrows (1996) は，実験の参加者にパソコンを使用した退屈な作業をしてもらった。作業の間，パソコンの画面には，白または黒い色の顔が繰り返し映し出された。ただしその表示時間はごく短く，参加者の識閾下にあったので，参加者の意識がその画像に気づくことはなかった。作業開始後しばらくすると，突然にパソコンの電源が落ちて，参加者のそれまでの作業内容がすべて消えてしまったと伝えられた。すると，パソコンの画面上で黒い顔を見ていた人は白い顔を見ていた人よりも攻撃的な反応を示す傾向があり，その差は有意であった。この実験結果は，アフリカ系アメリカ人が攻撃的で暴力的であるという世間一般のステレオタイプに合致している。

　自動的もしくは無意識的な態度が存在し，それが私達の意思決定に影響を及ぼすが故に，私達の行動は私達が表明している倫理的な価値観と整合的であるという保証は極めて限られたものにならざるを得ない。繰り返すが，人間の倫理観には限界がある。自分が意図的に人種的なステレオタイプにのっとった行動をしたと指摘されると，たいていの人は誠実かつ熱心に否定する。にもかかわらず，その人達が表明する意図なるものは，当人の行動が意味するものによって間違いとして否定されるのである。

　Jennifer Richeson らの研究によれば，ヨーロッパ系アメリカ人は，アフリカ系アメリカ人と接するときよりも，同じヨーロッパ系アメリカ人と接するときのほうが気楽に感じられる（Richeson & Shelton, 2005; Shelton, Richeson, & Vorauer, 2006）。ヨーロッパ系アメリカ人がアフリカ系アメリカ人に対してぞんざいに接しようとしているわけではないが，しかし時として，明らかに心

地良くないという心理学的な信号を発するのである。実際に，自動的に活性化されるステレオタイプが最もネガティブな人々は，意識のうえでも他の人種の人との交流に最も苦痛を感じていた（Richeson & Trawalter, 2005）。また実のところ，人種についてのネガティブなステレオタイプを抑えるにはかなりの努力が求められるので，他の作業に対してかなりの認知的な機能障害が生じてしまう（Richeson & Shelton, 2003）。

　心理学の研究から，私達のステレオタイプが表れる人種やジェンダーやその他の人間の違いについての潜在的態度を測定するための有用なツールが生み出された。それがIAT（Implicit Associations Test：潜在連合テスト）である（Greenwald, McGhee, & Schwartz, 1998）。IATは，心理学者が今までに生み出したテストの中で，最も興味深く，また議論を呼んでいるテストのひとつである。なぜならIATは，人々にしてみれば白日の下にさらして欲しくない態度を計測できる可能性を持っているからである。他のたいていの心理テストとは異なり，テストを受ける人が意識的にIATのスコアを操作することはたいへん困難である。IATは，その人が人種差別主義者であるか，あるいは性差別主義者であるかを直接に明らかにすることはできない。その代わり，「白／黒」などの事柄と，「善／悪」のような態度について，その人が潜在的に形成している連合の強さを測定する。

　IATは一般にはコンピューターを利用して，以下のような手続きでおこなわれる。テストの受験者は，キーボードのキーを可能な限り速く打って，コンピューターの画面上に表示される単語を分類するように教示される。その単語は，4つのカテゴリー（たとえば，「白」，「黒」，「善」，「悪」）のうちのいずれかに属している。画面上に顔写真が次々に現れたとしよう。それが「黒人」の顔であった場合は指定されたキーを押し，「白人」の顔であった場合は別の指定されたキーを押さなくてはならない。また，「嫌悪する」，「愛する」，「殺す」，「癒やす」などの単語が現れたら，それを「善」または「悪」に分類して，それぞれ指定されたキーを押さなくてはならない。

　IATは典型的には何ラウンドかにわたっておこなわれる。いくつかのラウンドでは，「白」い顔と「悪」い単語が同じカテゴリーに属していることにされている。したがって，同じキーを押して分類しなければならない。一方で，

「黒」い顔と「善」い単語が同じカテゴリーに属していて，同じキーを押して分類しなくてはならない。他のラウンドでは，逆に「白」い顔が「善」い単語と，「黒」い顔が「悪」い単語と一緒に分類されている。

IATを用いたステレオタイプや偏見の研究によって，いくつかの興味深い発見があった。Nosek, Banaji, & Greenwald (2002) によれば，彼らが開設したウェブサイト (http://implicit.harvard.edu) を訪れた白人のおよそ4分の3が，白人に対して潜在的に好意的であった（あなた自身の潜在的な態度が気になるならば，上記のウェブサイトでIATを受けることができる）。平均的には，白人も黒人も，「白」と「善」および「黒」と「悪」を結びつけるときのほうが，逆に，「白」と「悪」および「黒」と「善」を結びつけるときよりも作業が迅速でかつ正確であった。この研究結果が示しているのは，ほとんどのアメリカ人は，無意識的にではあるが心の中の連合によって，黒人よりも白人に対して好意的であることが身に深くしみこんでいるということである。

人種やジェンダーや年齢などについての潜在的な態度の表出を自分ではほとんどコントロールできないことを知ると，たいていの人は驚いてしまう (Banaji, Bazerman, & Chugh, 2003)。自分でコントロールできないのはなぜかというと，潜在的な態度は，カテゴリー化，知覚，記憶，判断に関わる通常の心理的なプロセスに深く根を張っているためである。人間の態度のこのような側面を，Banaji (2001) は「普通の偏見 (ordinary prejudice)」と呼んでいる。人間の通常の心理的プロセスにステレオタイプや偏見の表出が含まれている以上は，普通のマネジャー，経営幹部，その他の専門職にそれが表れるのは当然であろう。

Blanton & Jaccard (2006) は，IATテストを受けた人が自分の点数の意味を解釈するときには，いくつかの点を心に留め置くようにと助言している。その中で最も重要なのは，IATが明らかにするのは，潜在的な態度の相対的な強度であって，絶対的な強度ではないという点である。言い換えれば，もしIATを受けた結果，あなたが黒い顔よりも白い顔のほうに善を結びつけていることが分かったとしても，あなたが潜在意識のレベルで白人を好んで黒人を嫌っていることを必ずしも意味するものではない。あなたは白人と黒人の双方に対して好意的な感情を持っているものの，その好意の度合いは白人に対する

ほうがやや上回っているということかもしれない。もしくは逆に，あなたは白人と黒人の双方に対して嫌悪感を抱いているものの，どちらかといえば黒人よりも白人のほうがまだましだと感じているのかもしれない。

　心理学者は，潜在的な態度を測定することでその人の行動パターンが部分的に予測できることを発見した。また，Rudman & Borgida (1995) によれば，その人の潜在的なステレオタイプを測ることで，女性の求職者に対してどれだけ差別的な扱いをするかが予測できる。さらに Rudman & Glick (2001) によれば，潜在的な態度において，女性と共同体的な性格（たとえば協力的であること）を結び付け，男性と「主体的」もしくは個人主義的な性格（たとえば野心的であること）を結び付ける度合いの強い研究参加者ほど，野心を顕わにしている女性を社会性に欠けているとみなす傾向があった。また McConnell & Leibold (2001) によれば，その人の潜在的な態度を測定することで，異なる集団に対してその人がとるであろう非言語的な行動について高い精度で予測することができる。そして最後に，Asendorpf, Banse, & Muecke (2002) によれば，潜在的な態度は自発的な行動の予測力が比較的高く，顕在的な態度は思慮の末の行動の予測力が比較的高い。ここからすると，潜在的態度が表に出るのは，意思決定者が，システム2思考よりもむしろシステム1思考に依拠しているときであると言えそうである。

　以上で述べてきたことから，一部の研究者は，過去数十年の間に社会は「旧式の人種差別」から「現代式の人種差別」へと移行したとみている (Brief, Dietz, Cohen, Pugh, & Vaslow, 2000; Chugh, 2004)。旧式の人種差別は露骨であり，敵意を伴っている。現代式の人種差別はもっと捉えにくいが，それでもマネジャーの職業上の判断に影響を及ぼしている。2004年，モルガン・スタンレー社は，同社の女性経営幹部に代わって雇用機会均等委員会 (EEOC) が提訴した性差別訴訟の和解金として5400万ドルを支払った。EEOCによれば，モルガン・スタンレー社の問題の多くは，他の投資銀行と共通であって，責任ある立場にある白人男性の大半が，業務においてジェンダーによる差別があることを認識していない点にあるという (*New York Times*, July 14, 2004, p.C1)。メリル・リンチ社の差別的な雇用慣行に対する訴訟の原告のハイディー・サマーは，次のようなコメントを寄せている。「(証券部門のマネジャーは) 自分

が差別をしているとは夢にも思わない。あなたがメリル・リンチに雇われたとして、あなたが彼（女）らが期待しているような外見——おそらくは白人男性——をしていたならば、あなたは成功を期待されるだろう。彼（女）らは、成功するブローカーやマネジャーがどんな外見をしているかについて独特の見解を持っていて、それは通常は女性や黒人やヒスパニックではない」。私達は誰もが、人種に対する態度が無意識のうちに影響を受けること、そしてそれは私達の意図や価値観に反するかたちで作用することを知っておく必要がある。

◆利益相反の心理

　フィナンシャル・アドバイザーは、自分の勧めに従ってクライアントが取引をしたときに、その取引額に応じて報酬を得るという契約になっていることが多い。外科医は手術しないときよりも手術したときのほうが多額の報酬を得る。医師はしばしば、患者に臨床治験を勧めて報酬を手にする。成功報酬制で働く弁護士は、時間給の弁護士よりも、訴訟で和解を勧めることが多い。不動産仲介業者は、不動産取引の仲介手数料で生計を立てている。Ｍ＆Ａのコンサルタントは、典型的には実際の取引がおこなわれて初めて報酬を得る。そして連邦最高裁判所の判事は、時には自分の友人が関係している事件に裁決を下す。

　これらの専門的職業に就いている人であれば、自分が受け取る便益（金銭とか友人との狩猟旅行とか）と、クライアントや患者、あるいは社会全体にとっての最善の選択との間に利益の相反があることを認めるだろう。ところが一方で、専門職業人は自分の意思決定が利益相反で曇ることはないと思っている。同様に、本書の著者らが働いている大学の教員に応募してきた研究者の論文で、本書の著者らの研究が肯定的に引用されていたとしても、それが採用に関する著者らの意見に影響を及ぼさないのはごく自然なことである。結局のところ、私達は、自分は正直で客観的な人物であると考えている。また私達は、自分は利益相反の影響を受けないと信じているだけではなく、自分に助言をくれる専門家も同じように利益相反を克服できるとも信じている。

　私達は一般に、自分が客観的であると信じ、自分に助言をくれる人も客観的であると信じている。しかしその信念は、私達は利益相反があるときに意識的に不正行為をはたらくこともあるけれども、それ以上に、自分でも気づかない

うちに判断が歪んでしまうのだということを示す明白な証拠と矛盾するものである。不動産仲介業者が，合理的な評価額を上回ると思われる価格までオファーを引き上げるように勧めてきたとしよう。ここでの問題点は，その業者が不道徳な人間であるというよりは，ごく普通の人間であって，それゆえに潜在意識のレベルで自分が得る仲介手数料の最大化を図っていることである。そのために，家の買い手は買い逃すリスクをおかすよりは少々高すぎる価格を支払うほうを好むものだということを示す逸話的な事例が仲介業者の頭を占めてしまうのである。自分が経済的なもしくはそのほかの利益を得る方向にデータを解釈したりデータに手を加えたりするように動機づけられているときには，他者に対して客観的な評価を提供することはできない（Moore, Cain, Loewenstein, & Bazerman, 2005)。このことは，医師，弁護士，会計監査人，不動産仲介業者，大学教授，それ以外の専門職にも指摘できる。

　利益相反には情報開示が最善の解決策であると信じている人は多い。アメリカ議会で上院議員を務めたフィリップ・ハートは，「太陽光は最高の消毒剤である」と述べている。情報開示が魅力的なのは，ひとつにはそれが現状に混乱をもたらすことはほとんどないからである。関係者は自分のしたことをただ報告するだけでよい。それゆえに，情報開示は，利益相反問題の最も一般的な解決法になった。1997年のマケイン・ファインゴールド法を含む政治資金規正の大半は，政治家や政党への献金の情報開示を最大の目玉としている。会計監査の規制を定めた2001年サーベンス・オクスリー法第4章の大部分は，情報開示の問題を取り扱っている。アメリカ医師会やジャーナリスト協会などのアメリカ国内の専門職の団体が定めた倫理綱領は，利益相反の可能性がある問題を開示するように会員に促しているし，ニューヨーク証券取引所の倫理綱領も同様である。

　しかし情報開示は万能薬ではない。それどころか，Cain, Loewenstein, & Moore（2005）の実験結果によれば，情報開示が実際にはバイアスを強める可能性もある。実験では，参加者はふたりが組になって，一方が「推定者」，他方が「助言者」の役割を割り当てられた。そして両者とも硬貨が詰まった6個の瓶を見せられ，それぞれに入っている金額を推定するように求められた。助言者は瓶を身近に見て詳細に調べることができたが，推定者は遠くからちらり

と眺めることしかできなかった。その後で助言者は推定者に助言するように求められた。推定者は自分の推定が正解に近いほど多額の報酬をもらうことができた。しかし助言者のほうには葛藤があった。なぜなら，推定者が瓶の硬貨の金額を過大に見積もれば見積もるほど，助言者の報酬が増えることになっていたからである。言い換えれば，助言者には，推定者の見積もりを高く導こうとするインセンティブがあったのである。なお，助言者への報酬の支払われ方は，一部の推定者には伝えられて，残りの推定者には伝えられなかった。

　実験結果は，助言者に利益相反があることが相手の推定者に伝えられた助言者は，助言者の動機が情報開示されなかった助言者よりも，推定者に対してバイアスが強くかかった助言を与えた。つまり，より高い金額の推定値を推定者に伝えたのである。加えて，情報開示があっても推定者は助言者からの助言を十分には割り引かなかった。その結果，情報開示をすると，情報開示がない場合に比べて助言者が受け取る報酬が増え，推定者の受け取る報酬が減ってしまった。このように，会計士のように利益相反について情報開示を義務化されている専門職業人は，そうでない専門職業人に比べて，自己奉仕的に振る舞う可能性が高まってしまうのである。

　なぜ，アーサー・アンダーセン会計事務所は，あれほど露骨に粉飾された決算書を認めてしまったのだろうか。アンダーセンの会計士が，意図的に会計操作に手を染め，かつ隠蔽工作に出たとは，筆者らは信じていない。会計士が責められるべきなのはむしろ，クライアントとの良好な関係を維持していくために，クライアントの都合に合わせてデータを解釈し，クライアントが好むデータを探し出していたことの動機上のバイアスである。会計士はこれまで長きにわたって，自分達はクライアントの帳簿に記載された内容について，クライアントから独立した立場に立ってバイアスのない判断を下すことができると主張してきた。しかし一方で会計士らは，クライアントとの関係の維持を望むだけではなく，クライアントにコンサルティング・サービスを販売しようとし，あまつさえ将来はクライアントから転職先を世話してもらおうとしていたのである。もとより会計士の多くは職務に忠実であって，意図的な不正に自分を導くようなインセンティブに身を任せることはないであろう。しかし，会計士の収入が，現在のクライアントが将来も契約を継続してくれるかどうかにかかって

いるかぎり，バイアスから完全に逃れるのは不可能である。報道機関やブッシュ政権は，アメリカ全体の金融システムに損害を与えた一握りの腐ったリンゴを見つけ出して罰を与えることに眼目を置いた。しかし，学術的な研究結果によれば，金融危機の最大の原因は，会計士がクライアントの歓心を買うことで報酬を得られるという，制度の根幹に深く組み込まれた利益相反にあることは明らかである。

　本節では，事実上，人はだれもが自己奉仕的な見地からデータを眺める傾向があることを示す証拠を概観した。それに基づいて本書の筆者らが主張するのは，会計事務所がファイナンスやコンサルティングなどのビジネスでクライアントに依存すると，本当の意味での判断の独立性を維持することは心理学的に不可能であるということである (Bazerman, Loewenstein, & Moore, 2002; Bazerman, Morgan, & Loewenstein, 1997)。筆者らはエンロン事件が起こる前の2000年にこの見解をアメリカ証券取引委員会（SEC）に提出したが，SECの理解を得ることはできなかった。SECは従来のシステムを維持し，この国が独立した会計監査システムを持つには至らなかった。そしてエンロン事件の惨事が起こったのである。会計士が真の独立性を確保するためには，会計士がクライアントの歓心を買うという誘惑に駆られないように，会計士とクライアントとの関係を根本的に組み替える必要があるだろう。

　会計士のスキャンダルが白日の下にさらされた直後，投資銀行に所属するアナリストの独立性が疑問視され，報道機関の標的となった。それは，ビジネスの世界の利益相反のもうひとつの鮮明な実例であった。当時のSEC委員長であったローラ・アンガーは，2000件に及ぶレポートを調査した結果，NASDAQの時価総額が60％も下落した間に，証券会社に所属するアナリストの推奨の99.1％は，依然として「強い買い推奨」，「買い推奨」，あるいは「保有継続の推奨」であったことを公表した。証券会社はアナリストに対して，分析対象企業の仲介業務の取引高に応じて報酬を支払うことが多いため，クライアントと良好な関係を維持していこうというインセンティブがアナリストに働くことは明らかであった。

　利益相反を解決するためにできることだろうか。第1に，バイアスのかかった情報源からの助言を避けることで，その排除を図ることができる。第2に，

正直な人にさえバイアスがかかっているのであって,正直であることが利益相反の問題を解決しないことを認識することである。最後に,自分自身や自分の助言者が利益相反の有害な影響を免れているという誤解を捨てることである。

◆間接的に非倫理的な行動

とある巨大な製薬会社が,あるガンの治療薬の市場を独占しているとしよう。この薬は,固定費が高い割に市場規模が小さいため,現在のところ採算がとれていない。しかし患者にとっては,この薬は命の綱となっている。この製薬会社は,1錠につき5ドルのコストで製造した薬をわずか3ドルで販売している。価格を上げたとしても薬の販売数が減ることはないが,多くの人々に多大な経済的負担を強いることになる。この製薬会社が,この薬の価格を1錠につき3ドルから9ドルに値上げすることは果たして倫理的であろうか。

次に,この製薬会社が薬を値上げする代わりに,この薬の製造と販売に関わる権利を小規模で知名度の低い製薬会社に売却したとしよう。両社の交渉の席では,権利を買った小企業の若手役員が次のように述べたとされる。「弊社は御社ほど世間の評判を重視しておりませんし,公衆の目にもさらされていません。したがって弊社は,この薬の価格を5倍の15ドルに設定することもできます」。製造と販売の権利をこのようなかたちで売却することは,自社で値上げする場合に比べて倫理的妥当性が高いだろうか,それとも低いだろうか。

Paharia, Kassam, Greene, & Bazerman (2007) によれば,実験でふたつの選択肢の片方を提示すると,参加者は,薬が15ドルに値上げされると知りながら事業を他社に売却した場合よりも,薬の価格を9ドルに値上げした場合のほうを非倫理的と判断した。一方で,ふたつの選択肢の両方を提示されて比較するように求められた参加者は,薬の価格が15ドルに吊り上げられる選択肢のほうが非倫理的であると判断した。しかし,本書の第5章で議論したように,現実には人々がふたつの選択肢を比較対照することは少なく,たいていはひとつの行動だけを見て倫理性を判断することになる。そのため,単に値上げする場合と比較して,事業を小企業に売却する選択肢のほうが,偽装的でまぎらわしい値上げ戦術であり,世間の関心を惹きにくい。しかし同時に,それは薬を服用する患者にとってはより過酷な結果をもたらしてしまう。

このような間接的な値上げは現実世界でも起きている。実際，そのような事業の売買を専門にしている企業もいくつかあるようである。2005年8月，ムスタルゲンという癌の治療薬を製造していた医薬品製造業のメルク社は，ムスタルゲンの製造と販売の権利をオベーション・ファーマスーティカルズ社に売却した。同社はメルクに比べてはるかに小規模で知名度の低い企業で，大手の製薬会社から売れ行きの振るわない薬の事業を買い取ることに徹していた。オベーション社は買収後まもなくムスタルゲンの卸売価格をおよそ10倍に値上げした。同社はこの薬について研究開発その他の大きなコストは何もかけていないにもかかわらずである。前述の研究にあるように，もしメルク社がムスタルゲンを値上げしていたら，社会の反感を買っていたかもしれない。しかし，オベーション社はたいへん小さな企業だったので，世間一般の関心を呼ぶこともなく薬の価格を引き上げられた。と同時に，メルク社は，ムスタルゲンの価格が10倍に引き上げられたことの説明責任を免れることができたのである。

搾取的な行動の背後にある意図のカモフラージュに関する興味深い研究結果がある。Dana, Weber, & Kuang（2007）によれば，そのような「間接的な非倫理的行動」に出る人達は，自分の自己知覚を保護するためだけではなく，他者の知覚に対して影響を与えるためにそういう行動をとっているらしい。この実験の参加者は，次のような一風変わった独裁者ゲームをした。ゲームに参加する人の半数には，ふたつの選択肢のどちらかを選ぶことが求められた。選択肢Aは，自分が5ドルを受け取り，自分とペアを組む相手も5ドルを受け取るという選択肢である。選択肢Bは，自分は6ドルを受け取り，自分とペアを組む相手は1ドルを受け取るという選択肢である。「基準」条件の参加者には，ふたつの選択肢についてのすべての情報が与えられた。結果は，参加者の74％が選択肢Aを，すなわち両プレイヤーとも5ドルを受け取るという選択肢を選んだ。一方で，「報酬秘匿」条件の参加者は，選択肢Aを選ぶと自分は5ドルを受け取って，選択肢Bを選ぶと自分は6ドルを受け取ることを知らされたが，それぞれの選択肢で自分とペアを組む相手がいくら手に入れるかを知るためには，コンピューター画面上の所定のボックスをクリックする必要があった。結果は，参加者の半数がクリックしないことを選んだ。そしてクリックしなかった人はみな選択肢Bを選び，自分が6ドルを受け取って相手は1ドルを受け

取った。自分の選択がもたらす結果について意図的に自分を無知な状態に置くことで，利己的な選択をしやすくしたのである（興味深い結果がもうひとつある。1ドルしか受け取ることができなかった「受容者」は，「独裁者」が自分の選択が受容者にもたらす結果を知っていたと知らされた場合よりも，受容者が得る結果について独裁者が意図的に情報を得ないことを選択したと知らされた場合のほうが，独裁者の行動を許す傾向があった。少なくともある種の状況下では，あなた自身の利己的な行動がもたらしうる悪影響について自分を無知な状態に保つほうが賢明かもしれない）。

自分が利己的な行動をしたことを他者に知られないようにしておくと私達が利己的な行動をしやすくなることを示す研究結果が Dana, Cain, & Dawes (2006) に示されている。この実験では，参加者はふたつの選択肢のどちらかを選ぶことを求められた。選択肢Aは，10ドルを自分と相手の間で分配する標準的な独裁者ゲームに独裁者として参加する選択肢である。ただし，ゲームの内容とこちらが何を選択したかは相手に知らされる。選択肢Bは，自分が9ドルを受け取って，黙ってゲームを終わらせる選択肢である。自分が組んだ相手は何ももらえないだけでなく，ゲームの存在も知らされない。結果は，参加者のおよそ3分の1が選択肢Bを選んだ。この選択は，利己的に合理的な行動であると片付けることは困難である。なぜなら，利己的な人間ならば，標準的な独裁者ゲームに参加して，単純に10ドルすべてをただ自分の懐に入れるはずだからである。選択肢Bを選んだ人が利己的に振る舞いたいと思っていたのは明らかだが，自分の利己心を隠すことができることで安心できたのである。

◆価値が神聖視されるとき

人には神聖視している価値があるのが普通である。たとえば，宗教を含む倫理体系のほとんどは，生命を神聖な価値とみなしている。しかし，Tetlock (1986) の価値多元論（value pluralism）の概念が示すように，この世界で人間が単一の主義を奉っていることはなかなか許されない。それどころか，人生は困難を伴う選択の連続であって，私達は，さまざまな価値の均衡を図っていかなければならない。生命を神聖視する一部の倫理体系によれば，人間は生命の自然の成り行きに干渉するべきではなく，したがって避妊も禁止すべきであ

る。こうした考えには，ローマ・カトリック教会やダライ・ラマが率いるチベット仏教が賛同しているが，ダライ・ラマ（1999）は，この問題にトレード・オフが存在することも認めている。ダライ・ラマによれば，人口増加によって，以前から地球上に存在していた生命が危険にさらされている。私達は，人間の数が地球が維持できる限界を超えることを憂慮するだけでなく，人間以外の種の生命についても憂慮すべきである。植物や動物の種が1年間に絶滅していくペースは，ペルム紀末の大量絶滅のペースよりも速くなっている。今から2億5000万年ほど前のペルム紀末の大量絶滅では，地球に生息していた植物や動物の種の90％が絶滅したといわれる（Benton, 2005）。そのような劇的な変化が自然界に生じたら，間違いなく人間の生活に影響を与えるであろう。しかし，ダライ・ラマが描く未来の予測図では，人口増加に制限を加えることが，地球上にすでに存在している生命の神聖性を支持するうえで責任ある方法となる。

　Tetlock, Peterson, & Lerner（1996）の指摘によれば，ある種の状況下では，人は自分が神聖とみなした価値に関して妥協することがある。たとえば，生命に関するダライ・ラマの配慮は，将来生まれてきたはずの生命が避妊によって妨げられるという犠牲と引き換えに成り立っている。私達はしばしば，「神聖な問題」（生命の価値など）と，Tetlock, Kristel, Elson, Green, & Lerner（2000）が「現世的な問題」（貨幣の価値など）と呼んだ問題との得失評価について検討を迫られる。Tetlock, Kristel, Elson, Green, & Lerner（2000）は，神聖な価値についての妥協を検討するという苦痛を伴う難問に，人がどのように対処するのかを分析した。最も一般的な反応は，Tetlockらが「道徳上の憤り」および「浄罪」と呼んだものであった。たとえば，臓器や新生児や性的な行為を売買する市場を許容するという考えについてどう思うかと問われた回答者は，道徳上の憤りを示した。そしてその後，回答者は心の中で浄罪の儀式を執り行った。すなわち，自分が返答を求められた忌むべき考えから自分を遠ざけ，道徳的に許容可能な選択肢であるボランティアのために時間を費やすことに同意したのである。

　道徳上の判断が感情面における強烈な反応と密接に関わっていることは疑う余地がない。一般に，こうした感情は道徳上の評価の後に続いて起こると考え

られている。しかし，Haidt（2001, 2007）が説得力のある証拠を提示したところによれば，実際は，その順序は逆であるのが一般的である。すなわち，道徳上の問題に特徴的なのは，それがまず人の感情的な反応を引き出して，その反応が認知的な評価を駆動することである。Haidtの最も強力な研究結果のいくつかは，人々が問題に対して感情に従って対処するのだが，その感情について説明も合理化もできないという状況設定から得られたものである。

その一例をあげると，Haidt, Björklund, & Murphy（2007）は，実験参加者に2ドルの支払いと引き換えに文書に署名することを求めた。その文書は，「私は本契約書によって，死後に私の魂をスコット・マーフィー（これは実験者の氏名である）に2ドルで売り渡すことに同意します」というものであった。そして書類の下部には，「これは法的なもしくは拘束力を持つ契約ではありません」という注釈が印字されていた。実験参加者には，この書類は2ドルといっしょに持ち帰ってもいいこと，この契約には意味がなく，実際に魂を売るわけではないのだから，破くなど好きに処分して構わないことが伝えられた。にもかかわらず，参加者の77％（その多くは自分は魂の存在を信じないと述べていた）が，30秒の作業で2ドルを手にする機会を拒否したのである。拒否の理由を尋ねても，ただ単に契約書に署名したくなかったという事実を述べるだけで，それ以上に理にかなった説明をこしらえることはできなかった。他の場合と同様に，倫理の問題での異議申し立てにおいても，人は理屈ではなくむしろ感情に突き動かされるのである。

第3節 ——— 結論

近年，アメリカの産業界を揺るがす企業スキャンダルが起こるたびに，アメリカ政府は一握りの「腐ったリンゴ」に危機の責任を負わせてきた。しかしそれぞれのスキャンダルを分析していくと，もし周りの人々が倫理的に行動していたら，わずかの悪人がこれだけの問題を引き起こすことは不可能だったであろうことが明らかとなる。権威に対する服従についてのMilgram（1963）の古典的な実験から，助けを求める叫び声に対して居合わせた人が何もしないことを実証したLatane & Darley（1969）の研究，そして本章でレビューした潜

在的社会的認知についての現代的な研究に至るまで，社会心理学者が繰り返し明らかにしてきたのは，人間は自分が従いたいと思っている倫理に反する系統的な過ちをおかすこと，そしてそれが他者を深く傷つけうることである。

本書では多くの記述を費やして，合理性の基準に反した系統的かつ予測可能な人間のエラーについて考察している。本章では，人間が自分で目標として掲げている倫理性の基準を逸脱してしまう倫理的なエラーに焦点を当ててきた。人間は自分の倫理には制約がないと思っているが，実は全く対照的に，知覚的なエラーと認知的なエラーによって倫理性が制限を受けていることを論証してきた。大部分の人は，自分が道徳的で，有能で，倫理的な過ちをおかすことがないと信じている（Banaji, Bazerman, & Chugh, 2003）。この自尊心の高さゆえに，私達は自分の行動を監視しないし，それによって倫理観がいっそう制限されてしまうのである。

倫理のトレーニングを積めば，これまで以上に自分の価値観に従って行動できるようになるのだろうか。この領域に精通した専門家の見解によれば，倫理トレーニングの実際的な効果は期待外れといっていいレベルである（Badaracco & Webb, 1995）。Tenbrunsel & Messick（2004）が述べているのと同じく，筆者らもまた，ほとんどの倫理トレーニングは，明白な反倫理的行動に照準を絞り込んでいて，それゆえに対象が狭すぎると考えている。倫理観の限界という概念を用いることで初めて，行為者の意識的な覚知をすり抜けるような非倫理的な行動に対峙することができる。たいていのマネジャーは，自分は倫理的な人間であると考えており，意図的に非倫理的な行動をとることはない。それゆえに，「倫理的に行動しろと説教するような講義を聴くために，どうして自分が時間を無駄に費やさなければならないのか」と疑問を抱くのである。本章で取り上げたいくつかの概念を用いることで，正直なマネジャーの注意からも不正直なマネジャーの注意からも同じように逃れてしまうような倫理上の問題が浮き彫りになるのである。

10年以上も前に，Messick & Bazerman（1996）は，経営幹部の倫理の問題とは詰まるところ倫理と利益との明確な得失評価に帰せられるという見解に異議を唱え，人間の心理的な傾向に焦点を当てることで意思決定における倫理が改善されると強く主張した。いま本書の筆者らは，このような心理的傾向の無

意識的な側面を明らかにすることが，個人レベルや組織レベルの倫理を改善するための最善の道であると信じている。

第8章
一般的な投資の過ち

Common Investment Mistakes

　ファンドマネジャーにはかなりの額の報酬が支払われるため、投資銀行は最も優秀な社員をファンドマネジャーとして抜擢する。この頭脳明晰で勤勉な人々は高い運用成績を示せたときにたっぷりと報酬を得るのであるから、パッシブインデックスファンド（広く市場全体のパフォーマンスを反映するように仕組まれたファンド）を上回る運用成績であなたの資金を運用してくれるだろうと期待するのは妥当なことに思われる。二流のファンドマネジャーでさえも、インデックスファンドよりも高い運用成績を示す個別銘柄を選択することができるのは間違いなさそうである。

　ここで、いくつかのデータを検討してみよう。S&P 500（スタンダード＆プアーズ社のアメリカ大企業500社の株価指数）をベンチマークとしているバンガード・インデックス500ファンドは、近年、毎年存在しているアクティブファンドのうち75％よりも高い成績をあげている。もちろん、あなたはマーケットよりも成績の悪い75％のファンドのどれかに投資するつもりはないであろう。トップの25％のファンドの中から投資先を選びたいと思うはずである。ただしそれにはひとつだけ問題があって、過去のパフォーマンスは将来のパフォーマンスの優れた予測指標とはならないということが、これまでの研究で十分に明らかにされているのである。過去のパフォーマンスと将来のパフォーマンスの間にわずかな関係があることを示唆する研究もあるけれども、その関係は微々たるもので、しかも一貫していない。そのため、将来どのファンドが

トップ25%に入るかを特定することは非常に難しい。

　世の中にはおよそ8000にものぼるミューチュアルファンドが存在する。そしてそのすべてが，自分達の運用成績がマーケットを上回ることができると投資家に信じてもらいたい人々によって運用されている。しかし，成功する投資信託はどの年においても平均してわずか25%にすぎない。言い換えると，毎年，これらの8000ものファンドのうちの約2000のファンドがマーケットを上回る。さらにその25%の500のファンドが，翌年も再びマーケットを上回るだろう。さらにその25%のおよそ125のファンドが，続く3年目もマーケットを上回ると予想される。ここでの重要な教訓は，複数年にまたがってマーケットを上回るファンドは常に存在するけれども，それはおおむね偶発的に起こるため，過去の実績はほとんど予測力を持ち合わせないということである。

　対照的なのがインデックスファンドである。わずかな手数料で，指標とする市場全体の水準で確かな運用成績を示す。インデックスファンドが大多数のミューチュアルファンドの運用成績を上回る理由のひとつは，単にその手数料がとても低い（0.2%以下がほとんど）ことにある。アクティブファンドは，しばしば年率2%以上，つまりインデックスファンドの10倍以上もの高い手数料がかかる。そのうえ，アクティブファンドは銘柄の入れ替えも激しいため，運用収益から差し引かれる売買手数料も高くなる。定義により，ファンドマネジャーが個別銘柄を選ぶアクティブファンドをすべて集めると，その成績の総計は，手数料が差し引かれる前においてマーケットと一致するはずである (Sharpe, 1991)。結局のところ，コストの高さがこれらのアクティブファンドの収益をかなり減らしているのである。

　ここで，近年になって投資の現場で爆発的に増えたヘッジファンドのケースをみてみよう。ヘッジファンドが運用する資金総額は，1998年の2400億ドルから2006年末の約1兆4000億ドルまで，8年間でほぼ600%も増加した（*Wall Street Journal*, 2007）。ヘッジファンドは，裕福な個人投資家や機関投資家に対し，従来の投資に代わる投資機会を提供している。受け入れる投資家を制限することで，ヘッジファンドは金融当局による規制と情報開示の一部を回避している。それによって，ヘッジファンドのファンドマネジャーは，投資戦略の秘密を保持することが可能になっているのである。この秘密主義は，一部の

ヘッジファンドが目を見張るような巨額の利益を挙げたという物語と相まって神秘性を醸し出し，巨額な投資を呼び寄せる結果になった。さらに，ヘッジファンドが請求する高い料金は，給与水準が極立って高い投資銀行業界の標準からみても，ファンドマネジャーがかなり高い収入を得ているであろうことが読み取れた。たとえば，ヘッジファンドのマネジャーであるジェームズ・サイモンズは，2006年に17億ドルを稼いだ。この桁違いの報酬は，ヘッジファンドが投資銀行業界の外からも最高の才能を惹き付けることができることを意味している。その才能ははたして，より高い運用成績をもたらしたであろうか。

　研究結果はそうではなかったことを示している。Kat & Palaro (2006) によれば，約2000に及ぶヘッジファンドの業績を調べた結果，関連したマーケットのベンチマークを上回っていたのはそのわずか18％にすぎなかった。問題はどこにあるのだろうか。アクティブ投信と同様に，ヘッジファンドへの投資に伴う高額な手数料は，達成しうるどんな収益も減じてしまう。ヘッジファンドは通常，投資家に対し「2と20」の手数料を請求する。つまり，投資総額の2％にあたる年間手数料に加え，あらゆる投資利益の20％の手数料を要求するのである (Cassidy, 2007)。この手数料の水準は，アクティブファンドの中の最も高い手数料に匹敵する。Kat & Palaro (2006) はデータを集めた時点で生き残っていたヘッジファンドだけを分析対象にしてパフォーマンスデータを求めたので，実際のヘッジファンドのパフォーマンスはそれをさらに下回っていたことになる。ミューチュアルファンドと同様に，敗者となったヘッジファンドは解散するので，このような長期間のパフォーマンスデータには含まれていない。もし分析結果がこのような「幽霊」ファンドを含むならば，パフォーマンスはさらに悪く見えるであろう (Malkiel & Saha, 2005)。

　アクティブファンドを買ったりヘッジファンドに投資したりするような個人投資家は，誰も平均をはるかに下回るようなパフォーマンスを求めてはいない。それでも，たくさんの人々がそこに投資し，自分の投資の失敗を裏付ける証拠を突きつけられてもなお長くしがみついている。このような過ちによる費用を合計すると何十億ドルにものぼる。ではなぜ，人々はこのような過ちをおかすのだろうか。本書のこれまでの章にその答えを見つけることができるが，研究者はその洞察を行動ファイナンスという新領域へと発展させている。

基本的に行動ファイナンスは，人間の一般的な判断のエラーについて私達が知っていることを投資の世界に応用したものである。行動意思決定研究は，1980年代から1990年代初期にかけて，交渉の領域（第9章と第10章で取り上げる）において最も広範囲に応用された。近年において新しい洞察が最も活発にもたらされているのは，投資の意思決定の研究領域である。この研究によって私達は人生における一連の重要な意思決定についての理解を深めることができる。さらに，本書で述べている意思決定のエラーがより広範囲に適用されうることについて明確な証拠を提供する。行動ファイナンスは，バイアスがどのように個人とマーケットに影響を及ぼすかについて焦点を当てる。本章は個人の意思決定への適用に焦点を当てるが，マーケットへの影響については Shleifer（2000）と Shefrin（2000）の研究が優れている。

具体的に本章では，(1)ここまでの章で示された中心的な研究結果のいくつかを投資の意思決定に応用し，(2)1990年代後期に一般的になったアクティブ取引のいまわしい慣行について検証し，(3)投資についての明確かつ常識的な助言で締めくくる。本章を読み進めるに当たっては，ここに示された洞察と，投資に関するあなた自身の信条や，あなたの現在の投資ポートフォリオを比較することをお勧めする。結局のところ行動ファイナンスは，意思決定の基本原則を特定の領域に応用したものである。ゆえに，読者は本章が本書の他のどの章よりも実際的で具体的な助言を含んでいることに気がつくであろう。

第1節 ─── 儲からない投資の心理

投資家は，株式市場の高騰を約束する新刊本を好むものである。たとえば，Glassman & Hassett（1999）の極めて楽観的な本である *Dow 36,000* は，非常に大きなメディアの注目を集めた。投資家の心理を手玉にとるようなタイトルを付けることで，本が売れるのである。やる気満々の楽観主義と確証バイアスがあるために，マーケットにお金を注ぎ込んでいる投資家は，自分の投資には明るい未来があると確信してしまう。そのおかげで本が売れ，著者は裕福になれるが，本のおかげで読者が投資に成功することはない。これまでの章で示したように，非常に聡明な人々でさえお粗末な意思決定をしてしまう。そしてそ

の結果，時間と金銭そして場合によっては，自分の将来の財政状態までも犠牲にしてしまうのである。

　この章を読むと，アクティブ投資に対する筆者らの批判があまりにも厳しいと感じるかもしれない。しかし，金融市場における資金や助言の流れ方が間違っていることを示す研究結果は圧倒的である。投資家は，アクティブファンドやヘッジファンド，株の売買を仲介する証券会社，そして頻繁な売買のための電子取引を提供する企業に対して高い手数料を支払っている。これらの手数料こそが，投資信託会社，証券会社，そしてその他の企業が儲ける手段である。手数料を払っている投資家のすべてが間違いをおかしているのだろうか。投資家の大多数については，答えはイエスである。Jason Zweig（2000）が『マネー・マガジン』誌の読者に対して「投資信託会社を経営する人々は，投資家から手数料を絞り取り，運用成績について混乱させ，不必要な税金を支払わせ，さらに必要でないファンドを買うように煽り立てる方法をでっちあげることを常に得意としている」と警告したように。

　株式市場の取引の高い手数料率は，経済学者にとって長い間不可解なものであった。経済学的に合理的な意思決定者であればほとんど取引はしないはずなのに，実際の投資家の取引頻度はかなり高いからである（Grossman & Stiglitz, 1980; Odean, 1999）。その答えのいくつかはこれまでの章でレビューした人間のバイアスから得ることができる。そして実のところ，顧客が取引する際に支払う手数料に収入を依存する金融のプロ達は，投資家のそのようなバイアスにつけ込むのが得意である。この節では，投資の意思決定が(1)自信過剰，(2)楽観主義，(3)ランダムな事象（random event）や平均への回帰（regression to the mean）の否認，(4)アンカリング，現状維持バイアス（status quo bias），先送り（procrastination），(5)プロスペクト理論によっていかにして影響を受けるかを立証していく。

◆自信過剰が過剰取引を引き起こす

　第2章では，人々が一般に自分の知識や信条，予測の正確さに関して自信過剰であることを示した。投資の世界では，この自信過剰は，マーケットがどの方向に進んでいるか分かっている，あるいは投資するべき正しいファンドを選

択することができるなどと極端なまでに過信する傾向へとつながる。自信過剰は，人々をもっと積極的な投資に関わるように仕向ける。なぜ自分の自信過剰を懸念しなければならないかというと，あなたは自分が選んだ株式やアクティブファンドの運用成績に自信を持っているかもしれないが，データが強く示しているところによれば，それらは平均的に市場を下回る成績しかあげられないからである。

　自信過剰は，特に株式市場における投資戦略に関係がある。個別株の保有に関わる費用のほとんどは，その株を売買する取引にまつわる費用である。これらの取引費用と売買価格差を含む出費額は，頻繁に取引する投資家ほど高くなる。これらの費用の合計は時間とともに驚くべき金額となりうる。インデックスファンドに投資することは頻繁な個別株取引よりも良い戦略であるといえるが，それはあなたにとって唯一の良い選択肢ではない。相当な資産を持つ投資家は，個別株で分散的なポートフォリオを組んで長期保有することで，インデックスファンドに代わる低コストを実現できるだろう。投資家が安く手軽にポートフォリオをつくるのに役立つよう設計されたさまざまなツールが出現したおかげで，この戦略は，より簡単かつ一般的になっている（Zweig, 2000）。

　残念なことに，多くの株式投資家は，この分散投資型長期保有アプローチの利点に気づいていない。Barber & Odean（2000b）は，1991年から1996年の間に大手のディスカウントブローカー（訳註：割安の手数料で株式売買をおこなう仲介業者）に投資口座を保有していた6万6465世帯を調査した。長期保有戦略とは裏腹に，平均的口座の毎年の回転率は75％であった。つまり，このディスカウントブローカーの顧客の投資家は，どんな年であれ平均して自分の投資の75％を売却したのだ。同様に，Carhart（1997）によれば，ミューチュアルファンドの年間売買回転率は77％であり，ニューヨーク証券取引所の発表では1999年の年間売買回転率は78％であった。この数値は1970年以降に劇的な増加を記録している。当時のニューヨーク証券取引所の売買回転率は19％であったのが，1980年には36％となった。この急拡大は，マーケットの動きを予測することができると思っている聡明な人々が牽引していたといえる。はたして彼らは正しいのだろうか。

　Barber & Odean（2000b）のデータベースでは，好景気の時期には平均的

な投資家は16.4％の利益を得たが，それは同じ期間の市場全体リターンである17.9％を1.5ポイント下回っている。最も興味深いのが，全体の約20％（口座数にして1万2000以上）を占める最も積極的に売買を繰り返した口座である。おそらく，この投資家達は株が向かう方向性を見極めることができたと思い，そのときそのときの「正しい」ポートフォリオを持つための株式売買の費用負担をいとわなかったのだろう。売買率の高かった20％の口座の平均的な収益は，たったの11.4％だった。この投資家達は，株の値動きを追いかけて売買することに時間とお金を費やしたあげくに，市場全体の収益と比較して6.5ポイントの収益を「失った」のである。アクティブ取引がこんなにも個人資産に有害なのに，多くの人々がアクティブ取引をおこなうのはなぜなのだろうか。簡単な理由のひとつとして，投資家達は自分達のマーケット予測能力に対し自信過剰であったということがあげられる。

　自信過剰がもたらす影響は男女間で異なる。Barber & Odean（2001）は，大手のディスカウントブローカーの3万5000の投資口座を性別ごとに分析して，女性のほうが男性より運用成績が高いことを見出した。市場全体と比較すると，女性投資家が得た収益は，1年間同じポートフォリオを持ち続けることによって得たであろう収益を年間で1.72ポイント下回っていた。同様の比較において，男性投資家は2.65ポイントを失っていた。この結果は女性が男性より銘柄選択に優れていることを意味するのだろうか。答えは否である。男性が選択した銘柄と女性が選択した銘柄の実際の収益は，ほとんど差異が無かった。異なっていたのは取引の頻度である。つまり，男性にとっては，じっとしていることは困難なのだ。女性の年間売買回転率が53％であった一方で，男性は77％であった。男性の運用成績が女性を下回ったのは，頻繁な取引に伴う追加費用のためである。そして，取引ごとにブローカーはより儲かり，投資家は置いてけぼりをくらってしまった。Barber & Odeanの結論は，男性は自信過剰であるゆえに売買頻度が高く，それに伴う手数料が収益から差し引かれた結果，パフォーマンスが低くなったのだということである。ただし，本書の女性読者が過大な満足感を抱く前に注意を喚起しておくが，Barber & Odeanによれば，たしかに女性は男性よりもパフォーマンスが高いけれども，その女性のパフォーマンスですらマーケットのパフォーマンスに比べるとはるかに低いのである。言い

換えると，女性の運用成績は男性ほどはひどくはなかったけれども，その成績は祝福すべき水準にはほど遠いということである。

◆投資の意思決定における楽観主義

もし，あなたが株に投資しているのなら，昨年のポートフォリオ全体の収益率はどうだったかを答えていただきたい。市場を打ち負かすことができただろうか。言い換えると，あなたの投資パフォーマンスはS&P 500を上回っていただろうか。すぐに実際のデータに基づき回答を確認してみよう。すなわち，口座取引明細書を調べるなり，あなたの口座がある証券会社もしくはあなたの投資アドバイザーに電話で聞いてみよう。その際は，昨年のS&P 500の収益を聞くことも忘れないように。自分のパフォーマンスについてのあなたの記憶は，実際のパフォーマンスと比べてどうだっただろうか。

おそらくその比較の結果は，人々が自分についてのさまざまな事柄（今後の出世の可能性や自動車の運転能力など）について楽観的な傾向があることを示す研究結果と一致しているだろうと本書の筆者らは推測している（第5章を参照）。人はいったん投資をすると，その将来の収益性に関して過度に楽観的となり，その後も，過去の投資成績について楽観的な記憶を持ち続ける。楽観主義は自信過剰と密接に関連しているが，それとは区別される。投資家が過大な自信に満ちた決定をするとき，将来の成功に関して無根拠な楽観論に拠って立つのである。そして，過去の自分の投資を振り返る際には，それが実際には期待外れであったという結果が容易に利用可能であっても，楽観主義を貫くのである。

Moore, Kurtzberg, Fox, & Bazerman (1999) は投資のコンピュータ・シミュレーションを開発して実験をおこなった。そのシミュレーションには，現実の最大規模の9つのミューチュアルファンドとインデックスファンドの1985年から1994年の10年間にわたる実際のパフォーマンスがデータとして組み込まれていた。実験参加者のMBAプログラムの学生には，コンピュータのディスクと課題が渡された。参加者は10万ドルの手持ち資金から始めて，シミュレーションの10年目の終わりに最終残高を最大化することを目的とし，6ヵ月ごとに，10種のファンドとマネー・マーケット・アカウント（訳註：連邦政府の保

険付預金口座)のどれにでも投資できるという設定であった(学生はこの全作業を完了するのに平均45分を要した)。6ヵ月分の投資決定をおこなった後,参加者は,その投資による自分の収益,すべてのファンドの収益,そしてマーケット全体の収益に関する詳細なフィードバックを受け取り,それから次の6ヵ月分の投資をおこなう。それを繰り返していくのである。10年間のすべての期間にわたって資金総額をインデックスファンドに投資すると,最初のポートフォリオの10万ドルは38万41ドルに増大した。しかし,参加者の平均的な最終投資結果は,わずか34万9620ドルであった。この収益率は前述した現実のデータベースからの証拠と一致している。つまり,典型的な投資家は,あまりにも頻繁に取引をおこなうアクティブファンドを多く選びすぎたため,取引手数料がかさんだのである。

　このような結果になった要因として,参加者の投資戦略における誤った楽観主義があることは明らかである。1985年から1994年の10年間はマーケットが総じて良いパフォーマンスを示していたにもかかわらず,参加者による自分のポートフォリオの次の6ヵ月の成績予想は常に実際の成績を上回っていた。具体的には,参加者は自分達のポートフォリオは6ヵ月間で8.13%上昇すると予測したが,実際はたったの5.50%の上昇に留まった。さらに興味深いことに,参加者は自分の過去の実績について楽観的な錯覚を持っていた。つまり,ゲームの終わりに,ほとんどの参加者達は,自分達のパフォーマンスはマーケットのパフォーマンスに匹敵していたと報告した。ところが実際は,参加者が得た平均収益率はマーケットを8%も下回っていたのである。具体的には,Moore, Kurtzberg, Fox, & Bazerman (1999) は,参加者に対して,自分の運用成績が,(1)マーケットを15%を超えて下回っていた,(2)マーケットを10～15%下回っていた,(3)マーケットを5～10%下回っていた,(4)マーケットとの差は5%未満だった,(5)マーケットを5～10%上回っていた,(6)マーケットを10～15%上回っていた,(7)マーケットを15%を超えて上回っていた,のどれに当たるかを尋ねた。すると参加者は,自分の運用成績について平均してレベルひとつ分だけ過大に評価したのである。

　Goetzmann & Peles (1997) の同様の研究も,極めて類似した結果を得ている。参加者は自分の運用成績について実際よりも優れていたと記憶していた。

Goetzmann & Peles は，楽観主義は投資家が自分の過去の行動を正当化するのを助長し，自分の投資方略の優位性についての錯覚を持たせると結論づけた。本書の筆者らは，投資家は楽観主義によって，より賢明で時間もとらないインデックスファンドに投資する代わりに積極的な取引を続けてしまうと考えている。

ところであなたは，本章を読む以前に，自分が決定した投資のパフォーマンスとマーケットのパフォーマンスを比較したことがあっただろうか。そんなことはしたことがないという投資家が大半である。それはなぜかというと，筆者らの考えでは，ほとんどの投資家は自分の楽観的な投資見解を擁護したいと思っていて，その幻想を維持するために進んで高い代償を支払うからである。同様に，もしあなたが投資アドバイザーを雇っているならば，これまでにこの「専門家」に対して，これまでに推奨した投資について体系的な追跡調査をして報告するように指示したことがあるだろうか。投資アドバイザーに対して，一定期間における彼（女）らの助言による収益とマーケットのパフォーマンスとを比較するように依頼することは有益と思われる。人間の心は良いニュースを求めているので，あなた自身やあなたの雇った専門家は自らを投資の真実から遮断しているかもしれない。そしてそれが，長期的にはあなたに多くの費用を負担させているかもしれないのである。

投資家の周囲には数多くの情報源があって，投資家の生来の楽観主義を助長している。金融雑誌は，私達に過去に提供した賢い助言を思い出させはするが，全く誤りであった助言についてはたいがいは知らぬふりである。これらの出版社は，過去の助言の結果を体系的に追跡することによって自分達の評判を危険に晒すよりも，むしろ過去の成功の逸話的な証拠を提供する傾向がある。概して，これが賢い事業戦略であることは否めない。もし誌面で過去の助言による本当の収益を明らかにしたならば，その雑誌はほとんど売れなくなるだろう。

◆ランダムな事象がランダムであることを否認する

第2章で見たように，人間には，統計学的にランダムな事象についてそれがランダムであることを否定し，法則性のないところに法則性を見つける傾向がある。バスケットボールで「ホットハンド」を見出すのがその一例であった。

投資家が特定のファンドについて「ホットである」と思わされると，アクティブ投資に伴う費用を支払うことをさらにいとわなくなる。たとえば，あるファンドが2年連続マーケットを上回ったとき，その成功が無作為的な事象によるものであると考える投資家はめったにいない。投資家はそのごく僅かのデータを過度に一般化して，そのファンドマネジャーはすばらしい腕を持っており，したがって投資に値すると思い込みがちである。ファンドマネジャー（訳註：原著執筆当時。現在は研究者）である Nassim Nicholas Taleb が著書の *Fooled by Randomness*（望月衞［訳］『まぐれ：投資家はなぜ，運を実力と勘違いするのか』ダイヤモンド社，2001）で論ずるように，投資の世界にはおびただしい数のランダムネスが存在するが，個人投資家やプロの投資家がその存在を否定する声の数はそれを上回っている。投資家の多くはマーケットを上回るパフォーマンスを熱望し，マーケットと同じ水準のパフォーマンスをあげて費用が最小限ですむインデックスファンド戦略でよしとすることを嫌う。ここで最も重要な結論は，過去の運用実績に基づいて特定の投資の将来予測をする助言はどれも警戒せよということである。

　Moore, Kurtzberg, Fox, & Bazerman (1999) で使われた1985年から1994年までの10年間のデータベースにおいては，Bogle (1994), Carhart (1997), そして Thaler & DeBondt (1992) と同様に，投資信託のパフォーマンスは平均値に回帰する傾向がみられた。それにもかかわらず，実験参加者は自分のポートフォリオの将来のパフォーマンスが過去のパフォーマンスと高い相関関係にあると考えていた。実際には，参加者の予想は現実の収益と逆相関していた。参加者は概して「ホットな」ファンドはこれからもホットなままであると期待していたが，それは，投資には才能のようなものがあると参加者が考えているためであった。これは，現実世界の投資家をコストの高いファンドにしがみつかせると同じ間違った思い込みである。

　ごく僅かであるが，株の過去のパフォーマンスによって将来のパフォーマンスが予測可能であるとする研究結果もある。Jegadeesh & Titman (1993) は，順調にいった株がその翌年も順調にいき続けるモメンタム（弾み）効果（momentum effect）の存在を立証した。ただしこの効果にはひとつだけ問題があって，その翌年にはこのパターンが覆ってしまうのである（DeBondt &

Thaler, 1985)。Odean（1999）によれば，過去のパターンが将来も続くと思い込んでいるバイアスのかかった投資家が存在するために，実際の株のパフォーマンスが影響を受けているのかもしれない。そのようなモメンタムトレーダーが新たに参入して株を買い続けている間はその株は値上がりを続けるが，最後のモメンタムトレーダーがマーケットに参入して，当該企業の基本的な価値を上回る水準にまで株価が押し上げられた後は，株価が下がりだし，不可避的な反転に至るのである。

DeBondt & Thaler（1985）は，株をふたつのグループに分けて将来のパフォーマンスを比較した。ひとつは過去3年間で最大の負け組銘柄のグループで，もうひとつは過去3年間で最大の勝ち組銘柄のグループである。すると，次の5年間では「負け組」ポートフォリオのパフォーマンスが「勝ち組」ポートフォリオを劇的なまでに上回っていたことがわかった。DeBondt & Thalerによれば，こうした反転が起こるのは，過去は将来の良き予測材料であると投資家が思い込んでいて，勝ち組銘柄を買いすぎて負け組銘柄を売りすぎる傾向があるためである。株式の市場価格は最終的には調整され，値が下がりすぎた「負け組」ポートフォリオの所有者は，値が上がりすぎた「勝ち組」ポートフォリオの所有者よりも良い投資をしたことに気づくであろう。

もしあなたがJegadeesh & Titman（1993）の研究結果に触発されたなら，直近の株式市場の勝ち組銘柄を買う戦略を採用したくなるかもしれない。その一方で，DeBondt & Thaler（1985）の研究結果を見ると，直近の負け組銘柄を買いたくなるかもしれない。しかし残念なことに，最後のモメンタムの買い手がマーケットに参入したのがいつであったのかを事前に見極めることは極めて困難である。繰り返すが，過去のデータから将来を正確に予測することはできない。本書の筆者らは個人的には，将来どの株が値上がりするかを知る手段はないことを認めてインデックスファンドの一点張りで通すことで，心の平安を得ている。

◆アンカリング，現状維持バイアス，先延ばし

本章の議論の大半が示しているのは，多くの投資家が自分の投資についてあまりにもたくさんのことを考え，あまりにも頻繁に株を売買し，そして，あま

りにも多くの専門家からの直近の助言に基づいて投資信託を乗り換えていることである。実証データはまた，多くの投資家が，投資ポートフォリオにおいて自分がどんなタイプの資産を望んでいるかについてはほとんど考えていないことを示している。資産配分について考え抜いて長期計画を立てることはとても重要である。ここで投資の助言（多くの投資信託会社によって提供される無料ソフトウェアを含む）が役に立つかもしれない。たとえば，Shefrin（2000），Belsky & Gilovich（1999），そしてその他の数多くの良質な財務アドバイスによれば，ほとんどの人は「長期的な」株式投資に対してごく僅かの資金しか振り向けていないようである。この見解は，長期においては債券や他の標準的な投資先よりも株式のほうがパフォーマンスに優れているという観測に基づいている。ところが実際は，人々は資産配分についてかなり素朴な戦略を用いている。すなわち，自分や他の投資家が過去に下した決定に固執するのである。言い換えると，投資に関する人々の意思決定は極めて思慮に欠けている。

　Benartzi & Thaler（2001）は，米教職員保険年金連合会・大学退職株式基金（TIAA-CREF: Teachers' Insurance and Annuity Association-College Retirement Equities Fund）によって提供される個人退職金積立計画に申し込んだ学者を対象にした研究をおこなった。そこで，自分の退職資金を TIAA（債券）と CREF（株式）にどのように振り向けるかという投資選択に直面した教授のほとんどは，ふたつの口座に半々に割り振っていた。そのうえ，教授達が自分の職業人生にわたって，この配分を変更した回数の中央値はゼロだった。つまり，教授達（最も賢明な人々ではないかもしれないが，最も愚かな人々でもないだろう）は，最初にかなり素朴な配分をおこなって，それから時の経過に伴って自分の人生の状況が変化しても，かつて下した意思決定を一度も考え直さなかったのである。

　教授達による資金の均等配分は，Benartzi & Thaler（2001）によるもうひとつの研究結果とも合致する。すなわち，企業が従業員の退職金口座について投資の選択肢を提供したときに，選択肢の中で株式ファンドが占める比率は，従業員が株式にどれだけ投資するかを予測するための優れたデータとなる。つまり，企業が3つの株式ファンドとひとつの債券ファンドの計4つのファンドを提供したときは，従業員は株式ファンドに自分の退職金のおよそ75%を割

り当てた。対照的に，企業がひとつの株式ファンドと3つの債券ファンドを提供したときは，従業員は自分の退職金のうち平均して75％を債券へ投資した。このように，人々は自分の投資を，多くの食事客が中華レストランでメニューを注文するのと同じ方法によって選択している。つまり，「野菜」の欄から1皿，「鶏肉」の欄から1皿，「牛肉」の欄から1皿，という具合に。これは満足な食事を選択する良い方法かもしれないが，決して最善の投資戦略ではない。つまり，あなたのお金が何十年も退職基金に投資されるままであるならば，株式ファンドが最高の収益を提供することを，歴史が示しているからである。ここでの要点は，雇用主が提示した選択肢に素朴に身を任せるのではなく，自分の資金配分について慎重に考えなければならないということである。

　本章をここまで読んだ読者が，過去の自分の投資決定を再考し始めていることを望んでいる。しかしながら，変化に抗う強い力が存在する。それは現状維持バイアスである。Benartzi & Thaler（2001）の研究における教授達は，この現状維持バイアスの影響によって，生涯における投資配分率の変更が妨げられたのである。Samuelson & Zeckhauser（1988）は，人々は自分の投資において現状を維持する傾向があることを見出した。実験では，経済学と金融の実務知識を持つ参加者に対して思考課題が与えられた。参加者は5つの群に分けられ，全群の参加者とも，大叔父から大金を相続したと想像するように求められた。ただし，第1群の参加者は，その投資先として，(1)中程度のリスクの株式，(2)リスクの高い株式，(3)アメリカ財務省短期証券，(4)地方債の4つ選択肢からどれか選ぶように求められた。それぞれの投資についての説明はわずかであった。残りの群の参加者は，遺産がすでに上記の4つのいずれかのかたちをとっていることを告げられた（第2群は中程度のリスクの株式を遺産として相続したと告げられ，第3群はリスクの高い株式を，第4群はアメリカ財務省短期証券を，第5群は地方債を相続したと説明を受けた）。そのうえで第2群から第5群の参加者は，相続した遺産をそのままのかたちで保有し続けたいか，もしくは，残りの3つの投資のうちのどれかと入れ替えたいかを尋ねられた。参加者は自分達のバイアスのない選好に最も適合した投資を選択するのでなく，圧倒的多数が相続した投資をそのまま維持することを選んだ。基本的にこの実験の参加者は，自分の個別的な必要性に最適な投資に入れ替えるよりも現状維

最後に，行動をとることを妨げようとするバイアスが，多くの人々に最初の段階で投資決定することを先延ばしさせる。アメリカの確定拠出年金制度である401(k)の自動加入に関する研究は，人々が極めて重要な経済的意思決定においていかに受動的であるかを強烈に例示している。この401(k)は，資金が引き出されるまで課税が繰り延べされるだけでなく，企業によっては，一定の限度内で従業員の拠出金と同額を企業がその従業員の口座に拠出するという点で魅力的な貯蓄手段である。大半の企業が採用しているのは，「選択（オプト－イン）」方式である。これは，従業員が401(k)に加入するためには，書式に記入するもしくは電話をかけるなどの自発的な手続きをとらなければならない方式である。一部の企業がとっているのは自動加入方式である。この場合は所定の拠出率での加入が初期設定になっていて，加入したくない従業員のほうが手続きをとる必要がある。このふたつの異なる加入方式の間には従業員の加入率に著しい差がある。Madrian & Shea（2001）によれば，ある企業が選択式から自動加入式へ切り替えたとき，401(k)への新入社員の加入率が49％から86％に急上昇した。Choi, Laibson, Madrian, & Metrick（2003）によれば，加入または非加入という初期設定を設けずに従業員に考えて決めさせるという第3の方式の場合でも選択方式よりは加入率が高まるが，自動加入方式には及ばない。

　同様に，人々がすぐに投資に回すつもりで大金を当座預金や普通預金，またはマネーマーケットアカウントに置いておくことは珍しくない。数ヵ月が経過しても，その人達は依然として同じ意思決定に対峙している。ところがそのとき突然，マーケットは6％も価値が上昇し，大きな機会を逃してしまうのだ。先延ばしによって，あなたは自分の長期の財政的な福利を犠牲にしているかもしれない。いくぶん逆説的ではあるが，投資家は配分決定を先延ばしにする一方で，いったん投資した資金はカテゴリー（たとえば株式）内で過度に移動させている。より重要な意思決定には十分な努力を傾注せず，些末な意思決定には過大な力を注いでいるのである。

◆プロスペクト理論，値上がり株の利喰い売り，値下がり株の塩漬け

　Odean（1998）によれば，投資家は自分の購入価格を下回る市場価格がついている株式は売却せずに持ち続けることを好む。それによって，自分が「敗者」になることを避けようとするのである。一方で，自分が購入した価格を上回る株価がついている株価は売却しようとする。それによって自分が「勝者」に成り上がることができるからである。同様に，Barber, Odean, & Zheng（2005）によれば，投資家は損失が出ている投資信託は保有し続け，利益が出ている投資信託は売りすぎる傾向がある。もしあなたの目標ができるかぎりお金を儲けることにあるならば，ファンドを売買の選択基準はただひとつ，あなたが将来そのファンドにどれだけの値上がりを見込んでいるかである。あなたの購入価格は恣意的であり参照値としては無意味である。ただし購入価格は税金には無関係ではない。値上がりした株を売ると差益に対する税金を払わなければならず，値下がりした株を売ると差損が控除される。したがって税金に関しては，値上がり株よりも値下がり株を多く売却することは理にかなっている。加えて，Odean（1999）によれば，投資家が売る値上がり銘柄と投資家が保有し続ける銘柄のパフォーマンスを比較すると，最終的には前者が後者を上回っていた。要約すると，投資家が勝者になろうと努力すると，銘柄の選択と税金のために，実際には敗者になる可能性が増えるのである。

　なぜ投資家は，このような負けのパターンに陥るのだろうか。第3章のプロスペクト理論から学んだように，意思決定者は結果を何らかの参照値と比較する傾向がある。たいていの投資家にとっては，最も一般的な参照値は，彼らが支払った価格である。購入時よりも値上がりした株を保有している投資家は，確実な利益をとる（いま売却して「勝者」になる）か，それとも株を保有し続けて不確実な将来の利益のために現在の含み益を危険にさらすかの選択に直面する。利得に関しては，私達はリスクを回避する傾向にある。つまり，投資家は利益を確定するために売る（利喰い売り）傾向がある。他方，購入時よりも値下がりした株を保有している投資家は，確実な損失をとる（いま売却する）か，それとも不確実な将来の利益のために保有し続けるかの選択に直面する。損失に関しては，私達はリスクを求める傾向がある。つまり投資家は，勝者になるという希望のために値下がりした株を保有し続けるというリスクをとる傾

向がある。このパターンは，損失を「帳簿に記載する」ことを回避するために努力する後悔最小化戦略（regret minimization strategy）にも合致している。値下がり株を「塩漬け」にしておくかぎりは，損失がないかのように振る舞うことができる。しかし，いったんその株を売ってしまえば，心理会計の台帳の損失側にその損失を記入しなければならない。このパターンで投資家が市場を下回るパフォーマンスしか上げられないのには，3つの要因がある。すなわち，取引に伴うコストが高いこと，売る株を間違えていること，そして税金を払いすぎていることである。これらの過ちに気づくことで，投資家はより賢明で簡素な戦略を採用できるようになるであろう。

第2節 ── 積極的な取引

　オンライン取引は1990年代後半に始まり，投資業界の成長領域となった。電子取引はもともと既存の証券会社を介した取引よりも安かったが，より多くの人々がオンライン取引を始めたため，さらにコストは下がった。オンライン取引の平均手数料は，1996年から1998年の間に75%も低下した。そのうえ，インターネットの普及によって，素人でも膨大な量の財務データ，調査情報，ツール，最新の情報，低コストの取引，そしてほとんど瞬時の取引が利用可能になった。

　まずは，オンライン取引の利点を述べることにしよう。もし株への投資を計画しているなら，そのコストを下げることは成功の鍵となろう。長期保有投資戦略に従う投資家にとっては，フルサービスの証券会社を介する代わりにオンラインで投資することは理にかなっている。しかしながら，長期保有投資戦略は典型的なオンライントレーダーの戦略ではない。特に1990年代後半の強気相場の間は，オンライントレーダーは，活発に株取引をおこなう傾向があった。最悪のケースでは，仕事を辞めてプロのトレーダーになった者もいた。そしてその多くは破滅への道を辿ることになったのである。

　この時期にオンライン取引に携わった典型的な投資家は，直近の株取引で市場を打ち負かした人達だった（その人達は単に運が良かったのだろう）。Barber & Odean（2002）は，1992年から1995年のオンライン取引のサンプル

データを分析して，新規のオンライントレーダーがオンライン取引に切り替える前の年の運用成績はマーケットを平均 2 ポイント上回っていたことを見出した。これらの投資家の自信は，その年が株式市場にとって非常に良い年であったという事実に支えられていたことに注意すべきである。残念ながら，オンライン取引に切り替えた後は，これらのオンライントレーダーの運用成績は平均値に回帰し，そして，頻繁な取引に伴うコストによってさらに下がってしまった。その結果，これらのオンライントレーダーの運用成績は，マーケットを 3 ポイント下回るものになった。

余暇にオンライン取引をおこなう程度であれば，好調だったマーケットを 3 ポイント下回ったとしても惨事というほどではない。しかし，頻繁にオンラインでアクティブ取引をおこなったのは，最も自信過剰なオンライントレーダーだった。その多くはフルタイムで取引するために定職を捨て，「デイトレード（日計り商い）」と呼ばれる現在最も悪名高いイカサマ職業の一員になった。デイトレードの厳密な定義は，株式市場が始まると大量にポジションを取り，同取引日の場が引けるまでに手仕舞をする個人投資家を指す。しかし一般的には，デイトレードは短期取引を意味する。デイトレーダーは通常，テクノロジー関連銘柄などボラティリティの高い株式の価格変動を利用して稼ごうとする。

フルタイムのデイトレーダーは，かなり頻繁な取引をすることで，マーケットを 3 ポイント以上も下回る運用成績を余儀なくされた。Jordan & Diltz (2003) は，巨大な株式バブル期だった1998年と1999年の間の324人のデイトレーダーの記録を調査して，この目がくらむ期間に利益をあげたのはそのわずか36%にすぎなかったことを見出した。そのうえ，デイトレーダーの利益のほぼすべては短期キャピタルゲインであるため，通常の所得として課税される（投資家の所得区分に従い最高35%の税率で）。より忍耐強い投資家は，長期のキャピタルゲインとして，はるかに低い15%の税率が適用される。マーケットが急落する前でさえ，「不運」続きの末に錯乱状態となったアトランタのデイトレーダーが，銃の乱射騒ぎを起こした。そしてマーケットが下がったときには，仕事を辞めた末に老後の蓄えまでデイトレーディングで失った人々に，もっと多くの悲しい物語が待ち受けていたのである。

分別があって頭もいい人々がデイトレーダーになることを決意したきっかけ

は何だったのだろうか。本書第2章では，人々が生々しいデータに反応することを示す研究結果を提示した。Barber & Odean（2000a）は，デイトレードの成功をすべてのアメリカ人の記憶に鮮明に植え付けた幾多の広告を書き留めている。ディスカバー・ブローカレッジ社のコマーシャルでは，マックスという人物が登場する。彼は内発的に動機付けられたタクシー運転手（訳註：金を稼ぐ必要はないが，好きでタクシーに乗務しているという意味）で，運転するタクシーのダッシュボードに絵葉書を置いている。「休暇で行ったんですか」とビジネスパーソンの乗客が尋ねると，「これは我が家なんですよ」とマックスが答える。「どちらかといえば島みたいに見えますけど」と乗客が感想を言うと，マックスは「法律的には，ひとつの国ですけどね」と説明する。マックスはどこでこの富を築いたのだろうか。もちろんオンライン取引である。それはとても簡単なことだった。現実にあった幸運な話と同様に，この種のコマーシャルは，ますます多くの人々をオンライン取引にいざなった。そして多くの場合，悲劇的な結果に至った。

著者のひとりであるベイザーマンは，たまたまデイトレーダー（彼らの多くもまたタクシー運転手だった）に出会ったとき，好んで，「なぜあなたは取引相手よりも自分のほうが多くを知っていると思っているのですか」と尋ねた。ベイザーマンが出会ったデイトレーダーのほとんどは，それまでこのような質問について考えたことがなかった。質問をもっと明確にするように求められたときは，マックスは次のように説明した。デイトレーダーが株を買うとき，その株は誰かが売っている。同様に，デイトレーダーが株を売るとき，他の誰かがそれを買っている。取引相手は何らかの機関投資家である可能性が高い。したがって，デイトレーダーの多くは，典型的には，自分より良い情報を持ち，自分より経験が豊富で，自分よりも素早く取引ができる設備を持っている相手と取引するために手数料を支払っていることになる。全体的に見て，本書の筆者らには，これは分の悪い賭けに思われる。しかし第3章で見たように，人々は取引相手について考慮するのがあまり得意ではないのである。

昨今では，ディナーパーティーの客がオンラインで手っ取り早く儲けたことを自慢するのをあまり耳にしなくなった。ノートパソコンを買い，南の島でオンライン取引によって生計を立てるという夢はすでに忘れ去られた。バブルの

後遺症の教訓がまだ生きていればよいのだが,当時の知識がない者にとっては頻繁な売買はいまだに魅惑的かもしれない。信じがたいかもしれないが,今でも一部の人々はデイトレーダーまであと一歩のところにいて,一発で大もうけをしてやろうと虎視眈々と狙っているのである。おそらく,その人達は自分の過去の大当りによって,または,一攫千金の都市伝説によって駆り立てられているのだろう。デイトレーダー達の幸運を祈ろう。歴史の示すところでは,デイトレーダーが成功するには幸運が不可欠なのだから。

第3節 ── とるべき行動の手順

本書の他のどの章よりも,本章に示される考えには,実質的にすべての読者がとるべき行動についての含意がある。私達はここまで,多くの人々がおかす過ちの概要を綿密に提示し,過ちの背後にある心理を説明してきたつもりである。そして本章では,それらの過ちが投資の文脈でどのように表れるかをみてきた。この節で読者が自分の投資に影響を及ぼすバイアスを減らすうえで考慮すべきいくつかの具体的な考え方を提示して本章を閉じることにしたい。まずは引退後の生活のための貯蓄の問題から始めて,最後に投資についてのより広範な助言を述べることにする。

◆投資目標を決定せよ

第1章では,より合理的な決定をするための鍵はあなたの最終的な目標を明確に特定することであると論じた。投資家の多くは,この問題についてあまり考えてこなかった。一部の投資家にとっては,「できるだけ多くのお金を貯めること」が目標であるかもしれない。しかし,この目標を突き詰めるならば,高い収入を得て,質素に暮らし,資金を賢明に投資すれば,大金の入った口座と共に人生を終えられるだろうということになる。生活のための出費を減らすこともまた,人生の目標たりうる。この目標は,ベストセラーである投資本の *Die Broke*(Pollan & Levine, 1997)(白幡憲之[訳]『ダイ・ブローク:新時代のマネー哲学:リッチに生きて一文なしで死ね!』日本短波放送,2000)の中心テーマである。欲する物を買い,他者や慈善団体のために資金を提供する

混合戦略もいいだろう。しかし，私達の多くは，この程度でさえ自分の金銭的な目的について考えていない。

引退後の快適な生活のために十分に蓄えるという投資目標は単純に見える。しかし，1997年の調査では，引退の貯蓄目標を達成したと感じているのはアメリカ国民のわずか6％にすぎず，その一方で55％ものアメリカ国民が目標に達していないと感じていることが明らかになった（Laibson, Repetto, & Tobacman, 1998）。またLaibson, Repetto, & Tobacman（1998）によれば，アメリカの引退世帯の資産の中央値は流動資産が1万ドルで純資産は10万ドル（住宅資産と自動車を含む）である。この研究結果は，アメリカ人は引退のためにほとんど貯蓄していないことを示す広範な研究結果と一致している。もし私達にもっと貯蓄をする能力があるならば，なぜ，そうすることができないのだろうか。おそらく，最も直接的な答えは，第5章で展開した欲求（want）と当為（should）の区別によって得られるであろう。人々は引退のためにもっと貯蓄しなければならないということを知りながらも，一方では，今もっと消費したい（新しいテレビを買ったり，夕食に出かけたりしたい）と考えている。第5章の議論が示唆するのは，たいていは私達の欲望がするべきだと思っていることに打ち勝ってしまうことである。「すべき」自己に耳を傾けてもそれで便益が得られるのが数十年も先の未来である場合はなおさらである。

アメリカの租税政策と多くの企業は，従業員に対して引退のための貯蓄のインセンティブを提供している。このインセンティブがあるかぎり，本書のほぼすべての読者は，課税所得を減らすためと，雇用者による拠出金を最大化するために，できるかぎり多くそこに投資すべきである。もしあなたが制度が許す最大限度まで拠出していないならば，あなたは長期の富を築くための最も有利で最も安全な方法のひとつをみすみす見逃していることになる。ところが現実には，401(k)プランに加入している人の大半は拠出額が少なすぎる。

Thaler & Benartzi（2004）は，最適な拠出率での拠出を阻んでいる自制心と構想力の欠如を克服するための方法を見出した。本書で述べているような心理学の法則を用いて，「明日はもっと貯蓄しよう（Save More Tomorrow）」と名付けたプログラムを開発し，それによって401(k)プランへの拠出を増やすように人々に動機を与えたのである。このプログラムでは，従業員は今後昇給

を受けるたびに拠出率を上げることを事前に誓約する。このプログラムの成功は，双曲割引，先延ばし，そして，損失回避の概念の理解にかかっている。このプログラムは最初は簡単に始められるように設計されている。というのも，現在よりはむしろ将来のことを議論しているときのほうが，自分が「しなければならない」と思っていることを選ぶことが簡単だからである。人は自分が始めたプログラムを自発的に辞めようとすることはめったにないので，このプログラムの効果は長期的に持続するだろう。最後に，このプログラムの参加者にとって我慢することはさほど難しくない。なぜなら，拠出率の上昇は自分の給料の上昇率に見合っているので，可処分所得が減少していると感じることがないからである。貯蓄の増加分は現在の可処分所得の減少からくるのではなく，将来の収入を当て込んで先に消費してしまうのをやめることから生じるのである。「明日はもっと貯蓄しよう」プログラムの開始から2年を超えたところで，参加者の貯蓄率は3倍以上になった。このことは，心理的バイアスについての知識を持つことが，私達の意思決定（具体的には財務計画）をいかに改善することができるかを示す重要な実例である。「明日はもっと貯蓄しよう」プログラムの原則は，あなた自身の個人貯蓄にも簡単に適用することができる。将来収入が増えたときには退職貯蓄を増やすということを先回りして決めておくのである。そしていざそのときが来たら貯蓄を先延ばしにできないような手立てを講じておくことである。

　ひとたび退職貯蓄のための資金を割り当てたあとは，その資金を何で運用するべきかについての意思決定を明確な資産配分計画に基づいて下さなければならない。Benartzi & Thaler (2001) は，たいていの人は退職資金を株式に割り当てている比率が低すぎることを証拠を挙げながら説得的に述べている。退職資金は遠い将来に備えるための資金であるという事実は，株式の長期的な高収益に伴う高いリスクを許容できることを意味している。現在から多くの読者が引退する時期までに，何年かは相場の悪い年もあるだろうが，それでも株式が債券のパフォーマンスを下回るとは考えにくい。あなたの引退が近づくにつれ，リスクを減らすために株式から債券に切り替えていくのも理にかなっている。

　加えて，引退が近づくにつれ，引退後の生活に必要なものを一括して買うこ

とを目標にしている投資家にとっては、年金保険もまた理にかなった選択肢になる。一括払いの見返りとして、投資家には自分の残りの人生の間、定期的に一定金額の支払いが保証されるからである。あなたが予定より早く死んだならば、あなたは負けである。しかし、いずれにしろ死んだ後はあなたはもうお金を必要としない。逆に、あなたが予想よりも長生きするならば大きな収益を得ることができるし、その追加資金はあなたの人生にとって必要なものとなる。しかし現実には、年金保険は金銭的な便益が高い割には利用されていない。今では数多くの慈善団体が年金保険を提供している。あなたは収入の保証と税金の優遇を得ながら、これはと思う慈善事業に資金を供給することができるのである。年金保険を利用することで、個人でお金をやりくりするよりも総合的に大きな利益を得ることができる。年金保険への加入は多くの投資家にとって理にかなっているが、その選択は慎重にしなくてはならない。金融業界で最もいかがわしい組織によって売られているいくつかの年金保険は、巧みなセールス文句を使っているが、かなり割高である。本書の筆者らが勧めるのは、有名で評判がよく、手数料も低い投資信託会社（たとえば T. Rowe Price, Schwab, もしくは Vanguard）と契約してそこから離れないことである。

引退の問題以上にこの章の議論の中心になるのは、非常に聡明な人々が、全体として役に立たない助言に対して年間何億ドルも支払っていることである。その原因は、その人達が本書を通して説明している投資の過ちをおかしていることにある。

◆株式市場を予測することがそれほど難しいのはなぜか

頭のいい人達でさえ、株式市場の変化を正確に予測することは困難である。その理由はおそらく、その他の多くの頭のいい人達が同じことをしようとしていることにある。経済学者のジョン・メイナード・ケインズは、有名なアナロジー（Keynes, 1936, p.156）を用いてこの状況を浮き彫りにした（訳註：以下の訳文は、間宮陽介［訳］『雇用、利子および貨幣の一般理論〈上〉』岩波文庫、2008、215-216頁より引用）。

「玄人筋の投資は新聞紙上の美人コンテスト、参加者は100枚の写真の中から最

も美しい顔かたちの6人を選び出すことを要求され，参加者全員の平均的な選好に最も近い選択をした人に賞品が与えられるという趣向のコンテストになぞらえてみることもできよう。このようなコンテストでは，それぞれの参加者は自分がいちばん美しいと思う顔を選ぶのではなく，ほかの参加者の心を最も捉えそうだと思われる顔を選ばなければならない。全員が問題を同じ観点から見ているのである。ここでは判断のかぎりを尽くして本当に最も美しい顔を選ぶということは問題ではないし，平均的な意見が最も美しいと本当に考えている顔を選ぶことさえ問題ではない。われわれは，自分達の知力を挙げて平均的意見だと見なしているものを予測するという，三次の次元まで到達している。中には，四次，五次，そしてもっとも高次の次元を実践している者もいる，と私は信じている。」

どの株が値上がりするかを予測するために，投資家は他の投資家がどの株が上がると考えているかを知る必要がある。しかし他の投資家も同じことをしようとしているのである。もちろん，みんながこのゲームをやめて，市場を打ち負かしたいという望みをあきらめ，単にパッシブインデックスファンドだけに投資するならば，ごく僅かの情報通の投資家にとっては自分の知識を悪用する機会が生まれるかもしれない。しかし，そういう事態が近い将来に生ずる見込みはない。なぜなら，投資家は市場を打ち負かす見込みのある投資を選択する能力が自分にはあると頑なに信じているからである。

◆本章の役立て方

あなたが投資の過ちの背景にある心理について理解した今，それに立ち向かって，将来のためのより良い計画を見極めることを学ばなければならない。その計画には，時間をかけて資産配分計画を策定することが含まれる。この配分においては低コストを追求するよう努めなければならない。つまり，真の付加価値を提供しない人々や会社に対して手数料を支払うことは避けるべきである。「販売手数料」（投資信託を購入する際の手数料）を避けることを知っている投資家は多いが，いまだにあまりにも多くの投資家が信託報酬（訳註：投資信託の保有に対して請求される手数料）が非常に高額なファンドを購入している（Barber, Odean, & Zheng, 2005）。あなたの投資計画の準備が整ったならば，定期的に投資し続けよう。適切な資産配分，低コスト投資，そして定期的な追加投資の3つを併せておこなえば，あなたは優れた投資戦略に至る道を歩んで

いるといっていいだろう。あとはリラックスするなり，楽しむことのできる仕事に戻るなり，もしくはもっとテニスをするなりすればよい。年間で数時間以上も自分の投資について考える必要はほとんどないのだから。

　本章での助言は，Burton Malkiel（2003）によって提供された助言と一致している。ポートフォリオ配分に役に立つ提案を含む，投資に関する更なる情報やより詳細な推奨に興味がある読者は，Burton Malkiel の先見の明を持った有益な著書，*A Random Walk Down Wall Street*（井出正介［訳］『ウォール街のランダム・ウォーカー：株式投資の不滅の真理』日本経済新聞社，2007〔原著第9版の訳〕）を一読することを検討していただきたい。

　最後にいくつか用心するべき点を述べておく。本章での助言に従って資金配分を変更する際には，税金についてのいくぶんかの注意が必要である。価格が上がった有価証券を売る前に，それには税金が課せられる可能性があることを理解しなくてはならない。自分の会計士に問い合わせるのもよいだろう。本章での助言は，既存の投資に適用可能であるが，適用にあたっては用心が必要である。新規の投資について考えているなら，本書の助言に従うことは遙かに容易なはずである。

第9章
交渉における合理的な意思決定

Making Rational Decisions in Negotiations

　互いに異なる選好を持つ複数の意思決定主体が共同で物事を決定するためには，交渉が必要である。交渉している人々は必ずしもひとつのテーブルで向かい合っているとは限らないし，明示的に相手方に何かを提案したり反対提案をしたりすることもないかもしれない。さらには，自分達は味方同士であるという内容の共同声明をとりまとめている場合もある。しかし，共同決定に関する全員の選好が一致してしないかぎりは，互いに合意可能な結果に達するためには交渉をおこなわなくてはならない。

　本書はここまでは個人の意思決定に主眼を置いてきた。しかし，経営的な意思決定の多くは，他の意思決定主体と共同して下される。また交渉者はそれぞれに異なった利害を持っているのが普通である。この点で，交渉は，組織の存続に中心的な意味を持つ。個人はしばしば非合理的な意思決定をしてしまうが，交渉を経た決定も同様である。その原因も多くが共通している。交渉の結果は，ひとりの人間の意思決定で決まるのではなく，その他の人間の意思決定も関与する。そのために，交渉における意思決定は個人の意思決定よりもだいぶ複雑になることがある。交渉者が自分の意思決定の合理性を向上させると，合意に達することが理にかなっている場合にはその確率が高まるし，合意の質も高まるのである。

　人は自分達が交渉を経て導き出した結果は必然的にたどりついたものであると思いこんでいることが多い。ところが実際は，ほとんどの交渉において，た

どりつく可能性のある結果は多種多様である。筆者らはMBAの学生やエグゼクティブ対象の交渉論の授業で交渉のシミュレーションをすることが多い。具体的には，受講生はふたりが一組になって，それぞれ別の役割を演じる。すべての組には同じデータが与えられ，同じ問題について交渉する。そして合意に達したかもしくは交渉に行き詰まった時点で，その結果を黒板に書き出していく。驚くべきことに，参加者集団がほとんど同質的であっても，交渉の結果は極めて多岐にわたる。ここから得られる知見は，交渉結果を決めるのは交渉者の意思決定と行動であるということである。

　本章では，二者間交渉において交渉者が合理的に考えるための枠組みの概要を記述する。引き続き第10章では，その枠組みを使って，交渉の際に個人のバイアスやヒューリスティックがどのようにして表面化するのかを検証し，競争的な環境がもたらす認知バイアスについても説明する。本章は，交渉環境におけるシステム2思考を組み立てることに主眼を置いているが，第10章ではシステム1思考に起因するバイアスを浮き彫りにしていく。

　本章の目標は，二者間交渉について考えるための枠組みを提供することと，交渉時の意思決定を改善するために必要な処方箋を紹介することにある。そして本章は，あなたが「中心的な」交渉者となって，質の高い交渉結果を得られるようにすることを目指している。さらに，すべての交渉者にとっての結果を改善し，ひいては社会全体の利得を増大するための方法についても提案していく。これらの目標を達成するためには，ひとつには，交渉の妥結がすべての交渉者の利益になるときに交渉が決裂する可能性を減らす方法を学ぶことであり，またひとつには，交渉の当事者の双方が得る便益の総体を拡大することである。

　交渉者に向けて最初の処方箋を出したのは経済学者であった。経済学の諸理論の中でも，交渉についての考え方が最もよくまとまっているのはゲーム理論である。ゲーム理論は，複数の意思決定主体がいて，そのすべてが合理的に意思決定したならばどのような結果が導かれるかを分析するための数理モデルを構築している。ゲーム理論による分析では，最初に，意思決定が下されるための条件を定義する。たとえば，各プレーヤーが次の一手を打つ順番などである。次に，プレーヤーがとりうる手のすべての組み合わせについて，各プレーヤーが得る効用を点数にして付与する。そして実際のゲームの分析で焦点が当てら

れるのは，プレーヤーが合意に達することができるか否かと，合意に達するとしたらその合意はどのようなものになるか何かを予測することにある。

ゲーム理論の優れた点は，完全合理性を所与としたときに交渉者が利用可能な正確無比の処方箋を提示する点にある。しかしゲームの理論はふたつの点で問題も抱えている。第1に，ゲームの理論は，所与の条件の下でとりうる行動のあらゆる組み合わせについて，すべての選択肢とそれがもたらすすべての結果を完全に記述できる能力を意思決定者が有していることを前提としている。すべての選択肢を書き出すような作業は良く言えば退屈であるし，悪く言えば無限に複雑である。第2に，ゲームの理論は，すべてのプレーヤーが首尾一貫して合理的に行動することを必要としている。しかし本書のこれまでの章で言及したように，人はしばしば予測可能なかたちで系統的に非合理的に行動するのであって，そのような行動は合理的な分析によっては捕捉できないのである。

第1節 ─── 交渉論の決定分析的アプローチ

「完全に合理的で，超人的に聡明な人々」の世界でおこなわれる交渉について分析するゲームの理論に代わるものが，Raiffa（1982, 2001）が開発した決定分析的アプローチである。このアプローチは，「もし私達が今よりもずっと賢く，思慮深く，信念を貫き，あらゆることを知り尽くしていたならば，私達はどのように行動すべきか」という問いに焦点を置くのではなく，むしろ「あなたや私と同じように愚かな人々は実際にどのように行動するのか」という問いに焦点を置いている（Raiffa, 1982, p.21）。Raiffaが開発した決定分析的アプローチは，現実の人間との間で現実にコンフリクトを起こしている交渉者にとって実際に利用可能な助言を提供しようとするものである。その目標は，中心的な交渉者に向けて，交渉相手がとる可能性が最も高そうな行動についての見通しを提供することにある。したがって，Raiffaのアプローチは，助言を受け取る側から見れば処方的であるが，交渉相手の側から見れば記述的である。

Raiffaは交渉を分析するための卓越したフレームワークを構築している。そのアプローチは，交渉分析の鍵となる以下の3種類の情報が土台になる。

- 交渉による合意のほかに，各交渉者がとりうる代替案
- 各交渉者の利害関係のセット
- 各交渉者の利害の相対的な重要度

　この3項目は一体となって，交渉ゲームの構造を決定する（Lax & Sebenius, 1987）。交渉分析は，合理的な交渉者が交渉の構造と自分以外の交渉者についてどのように考えるべきかを考慮するだけではなく，交渉者とその交渉相手が共通しておかす間違いについても考慮する（Bazerman, Curhan, & Moore, 2000; Bazerman, Curhan, Moore, & Valley, 2000; Bazerman & Neale, 1992; Thompson, 2001）。

◆交渉による合意の代わりとなる選択肢

　私達は，重要度が高い交渉に臨む前に，交渉が決裂した場合に備えておくべきである。すなわち，自分自身で「最善の代替案（Best Alternative To a Negotiated Alternative）」（BATNA）を決めておかなければならない（Fisher, Ury, & Patton, 1981）。その理由は，BATNA の価値によって，私達が交渉による合意に求めるべき最低限度の結果が決まるからである。交渉を決裂させるのではなく合意に至るのであれば，少なくとも BATNA よりも価値の高い合意に到達しなくてはならない。同様に，合意案が BATNA を下回る結果しかもたらさない場合は，それを拒絶するべきである。このようにして評価された価値によって，交渉者の「留保点（reservation point）」（無差別点〔indifference point〕とも呼ばれる）が論理的に決定される。

　次のような場面を想像してみよう。あなたは，交渉相手が最終的なオファーを提示したと信じている。あなたはそのオファーを承諾するか拒否するかを決めるだけである。どのようにしてあなたは意思決定を下すだろうか。BATNAの概念を使えば，極めて明快に意思決定を下すことができる。すなわち，相手方が提示したオファーがあなたの BATNA よりも優れていたら，あなたはそれを受け入れるべきである。もし BATNA を下回っていたら，あなたはそれを拒否するべきである。しかし実際の交渉では，たとえ相手の最終的なオファーがこちらの BATNA よりも優れているのに「ノー」と言ったり，相手

第9章　交渉における合理的な意思決定——253

の最終的なオファーがこちらのBATNAよりも劣っているのに「イエス」と言ったりする事例には事欠かない。それはなぜかというと，自分自身のBATNAについて慎重に考慮していないときには，感情があなたの行動を支配しがちだからである。

　交渉に合意すること以外の選択肢にはさまざまな形態がある。たとえば，新車を購入するという選択肢の代わりに公共交通機関を利用し続けることができる。あるいは，あらかじめ別のディーラーからその車種の販売価格を示す書面をもらっていたなら，その価格がBATNAになりうる。後者のほうが留保価格を見極めるのがはるかに容易であることに留意していただきたい。しかしながら，たとえ留保価格が容易に算定できる場合であっても，あるいはリンゴとオレンジの比較のようにあいまいな場合であっても，自分のBATNAを常に決めておくべきであるし，相手方のBATNAの価値についても最善の見積もりをしておくべきである。このような分析はなかなか難しいかもしれないが，それに基づく交渉は直観に依存した即席の評価に基づく交渉よりも優れている。いかなる交渉にも通用する基本的なテクニックは，席を立って交渉を取りやめると相手に脅しをかけることであるが，自分のBATNAについてしっかりと認識することなしに交渉に臨んではならない。交渉のテーブルから立ち去るべき時を教えてくれるのはBATNAなのである。

◆交渉者の利害関心

　交渉を分析するにあたっては，交渉者のすべての利害関心を特定する必要がある。もっとも，交渉者が交渉相手の利害関心を把握していないことは珍しくない。交渉者が相手に表明するポジション（position）と，その心の底にある利害関心（interest）には違いがある。ポジションとは，交渉相手に対して求めるものである。そして利害関心とは，ポジションの背後にある交渉者の動機である。本書が以下で強調するように，心のより深くにある利害関心に焦点を当てることで，交渉者の双方が当初の要求以上の利益を得るような創出的な解決に到達できることがある。

　筆者らがコンサルティングで関与していたクライアント企業（フォーチュン100にも選出されている企業）の最高購買責任者が，ヘルスケア事業部門の新

製品の原料の調達条件について，欧州企業との契約締結に向けた交渉に臨んでいたときの話である。交渉の結果，クライアント企業が1ポンドにつき18ドルの価格で年間100万ポンドの原料を欧州企業から買い入れることで双方の合意が形成された。ところが排他的独占契約をめぐって対立が生じた。欧州企業が私達のクライアント企業に対して原料を排他的に供給することに同意しなかったのである。もしその原料が競合企業の手に渡るならば，私達のクライアント企業はその原料を使用した新製品の製造のために資金を投じることはできない。

クライアント企業の最高購買責任者が欧州に到着してもなお排他的独占契約をめぐる議論は続いた。彼は最後に，大企業である弊社が，御社が生産可能な原材料の全量を買い取ると提案しているのに，どうして排他的独占契約に応じていただけないのですかと尋ねてみた。相手企業の経営者の説明によれば，排他的独占契約を結ぶと，自分のいとことの間で取り交わされた合意に背くことになるという。そのいとこは年間250ポンドの原料を購入し，地元で販売するための製品を製造していたのである。この情報を耳にすると，最高購買責任者は，相手企業が毎年200～300ポンドの原材料をいとこに供給することを例外として認めたうえで，あっという間に排他的独占契約の締結にこぎつけた。そのあとはお祝い騒ぎである。

このような合意に至ることができたのは，相手企業が表明した着地点（＝原材料の排他的供給はおこなわないこと）に執着することなく，最高購買責任者が相手方の利害関心（＝いとこに少量の原材料を供給すること）について尋ねようと決意したことにある。その後その最高購買責任者がクライアント企業の内部で交渉の達人として知られるようになったことは興味深い。彼がその名声を得たのは，ひとつには彼にこのとき欧州企業との交渉における対立を解決するだけの能力があったことによる。もっとも彼は今もなお当時を振り返って次のように言っている。「私は，なぜあなた方は排他的独占契約に応じないのですかと先方に尋ねたにすぎません」。

交渉者が互いに相手の利害関心を把握していたとしても，個々の交渉事項についての相対的な重要度についてよく考えているとは限らない。完全に準備を整えて交渉に臨むためには，交渉者は，個々の交渉事項の自分にとっての重要度を理解し，相手にとっての重要度についても把握しておくべきである。最良

の合意は，重要度が相対的に低い事項と重要度が相対的に高い事項とを取引することで達成される。たとえば，転職のオファーをしてきた会社と交渉していて，あなたはあと3日だけ有給休暇が増えることよりも会社が提供する医療保険のほうが重要であることに気づくかもしれない。あるいは，最初の年の有給休暇を少し減らしてもらって，その代わり，有給休暇を減らした分以上に仕事を始める日を先延ばししてもらうほうがありがたいかもしれない。賢明かつ効率的な取引をするためには，交渉事項が互いにどのように取引可能かについてよく知っておく必要がある。

◆要約

　各交渉者のBATNA，各交渉者の利害関心，各交渉者の利害関心の相対的な重要度という情報は，一体となって，交渉について分析的に考えるための構成要素となっている。重要な交渉に入る前に，あなたはこれらの項目のすべての情報を把握するべきである。こうした情報を手に入れれば，あなたは，交渉が担うべきふたつの重要な役割——価値の創出と自分の取り分の要求——についても用意を備えることができるであろう（Lax & Sebenius, 1986）。このふたつについて詳しく議論する前に，価値の創出と要求は交渉の場面で同時に起こるプロセスであるということを記憶に留めておくべきである。片方には長けていてももう片方は下手な人が多い。本章の目標は，あなたが，交渉のこのふたつの側面をどちらも上手に処理できるようにすることにある。

第2節 ─── 交渉における取り分の要求

　次に挙げた例について考えていただきたい。

　MBA課程を修了した学生が，ある会社での高度に専門的な職種に採用が内定した。勤務条件については学生と会社との間でほとんどの項目で合意したが，給料についてはまだ合意に至っていない。会社側の提示は9万ドルであり，学生の要求は10万ドルである。双方ともに妥当な額を提示したと信じ，かつ双方ともに妥協点を見出したいと強く思っている。学生は口には出していないが，9万3000ドル以上もらえるならオファーを受けたいと思っている。会社側は口には出していないが，9万7000ドルまでならこの学生を採用したいと考えている。

```
    9万ドル          9万3000ドル        9万7000ドル        10万ドル
     Ei               Rr                Er              Ri
```

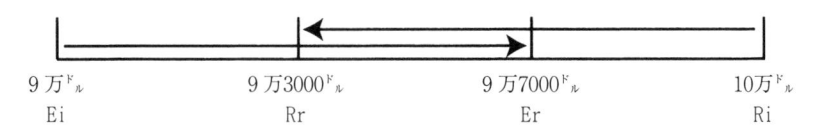

Ei＝会社の最初のオファー
Rr＝学生の留保点（最小限度額）
Er＝会社の留保点（最大限度額）
Ri＝学生の最初のオファー

図9－1　交渉域

交渉域（bargaining zone）の概念を使うことで，この採用問題を単純に図解できる。

交渉域の考え方は，交渉の各当事者が，この価格を下回る（または上回る）金額で合意するよりは交渉を決裂させたほうが得だと考えている留保点（reservation point）を持っていることを前提としている。留保点は，交渉者のBATNAの金額によって決定される。交渉者双方の留保点が部分的に重なり合っていることに目を向けていただきたい。このことは，両方の交渉者にとって交渉が決裂するよりも合意に至るほうがましであるという領域が存在していることになる。このケースでは，それは9万3000ドルと9万7000ドルの間のすべての金額である。この領域は「正の交渉域（positive bargaining zone）」として知られる。こうした領域が存在していれば，両方の交渉者にとって合意に達することが最適点となる。両交渉者の留保点に重複領域がない場合は，「負の交渉域（negative bargaining zone）」が存在していることになる。この場合，交渉は妥結するべきではない。なぜなら，交渉者の双方とも受容可能な妥結点が存在しないからである。

交渉域の概念は直観に反すると感じる人が多い。人生においてさまざまな形態の交渉を経験してきた人は，交渉の当事者双方の留保点は決して重ならないという結論に到達するようである。両者の留保点はただ合意点での一点で出会っているだけだというのである。しかしこの推論は正確ではない。実際，合意点においては，交渉の当事者が双方とも，交渉が決裂するよりはそこで合意したほうがましだと思っているのであって，双方の実際の留保点は重なり合っているのである。交渉の合意点は，交渉域に無数に存在する点のひとつにすぎ

ない。たいていの人は，自分が目標としている結果については頭に入れて交渉に臨む。ところが，BATNAによって決定される留保価格（reservation price）については，自分の留保価格についても相手の留保価格についても深く考えることはないのである。

　先に挙げた採用時の給料交渉の例では，取引可能域は9万3000ドルから9万7000ドルまでの範囲となる。会社側が応募者に9万3100ドルが最終的なオファーであると納得させたならば，応募者はこのオファーを受け入れるであろうし，企業の側は最も安上がりな合意を取り付けたことになる。同様に，応募者が採用担当者に9万6900ドルが受け入れ可能な最低限度の給料であると納得させたなら，会社はその金額を受け入れるであろうし，応募者の側はこの交渉から最大限の利益を引き出したことになる。このように，交渉において鍵となる能力は，相手の留保点を正確に見積もる能力と，そのうえで相手がぎりぎり許容できる金額での合意を取り付ける能力である。これはさじ加減の難しいプロセスである。交渉の当事者のうち，たとえ片方でも状況を見誤れば，交渉相手の留保点を超えた要求をしてしまい，その結果として交渉は決裂してしまうだろう（先に挙げた例でいうと，学生が9万8000ドルを要求して引かない場合や会社が9万2000ドルのオファーを固守する場合であり，オファーしている側は相手がその価格で「屈服する」と信じ込んでいるのである）。こうした事態になると，交渉者は，正の交渉域で効率的に交渉することが頭に浮かばなくなってしまう。Raiffa（1982）の引用によれば，ベンジャミン・フランクリンは次のように述べている。

　　当事者の双方に利益がなければ，取引が成立することはない。自分が置かれた立場の許すかぎりにおいて交渉をまとめたほうが得策であることは言うまでもない。最悪の結果が出るのは，欲張りすぎたために取引がまとまらず，当事者双方に有利な取引ができたはずなのにそれが実現できなかったときである。

第3節 ──── 交渉における価値の創出

　前述の分析は，単一の項目（給料）が問題となっている状況での交渉を扱っていた。定義により，単一課題交渉に含まれるのは価値の要求であって，価値

の創出はそれには含まれない。しかし重要度が高い交渉の多くは，もっと複雑に入り組んでいて，かつ争点となっている課題を数多く含んでいる。交渉者は，問題を特定しまとめ上げていくプロセスによって価値の創出の機会を見出し，利用可能な利益の総計を増やすことができるのである。

◆価値の創出──1978年中東和平条約のケース──

キャンプ・デービッドで1978年におこなわれた会談について考えてみよう（Pruitt & Rubin, 1985より）。

エジプトとイスラエルは，シナイ半島の領土問題についての交渉に臨もうとしていた。両国は相容れない目標を持っているように見受けられた。エジプトは，シナイ半島の全面的な返還を要求した。1967年の戦争以降その地域を占領していたイスラエルはその要求を拒否した。歩み寄りに向けた努力も水泡に帰した。シナイ半島の分割案についても，両国ともに受け入れられなかった。

この対立を一見したところ，両国間には負の交渉域が存在し，交渉を経た解決の道筋を探ることは困難なようであった。すなわち，当事者双方の要求を一本の線分上で表したならば，両者の留保点が重なり合う部分はなく，交渉決裂は不可避に思われた。

この悲観的で誤った予測とは対照的に，最終的にキャンプ・デービッドでなされた合意は，交渉には複数の交渉課題が存在することと価値創出的な交渉が可能であることを示すものであった。

キャンプ・デービッドでの交渉が続くにつれてエジプトとイスラエルのポジションは両立できないとしても，両国の利害関心は両立できることが明らかになっ

```
|─────────────▶            ◀─────────────|
100%をイスラエルへ    Ir(?)         Er(?)      100%をエジプトへ
```

Ir(?)：推定されたイスラエル側の留保点
Er(?)：推定されたエジプト側の留保点

図9-2　誰がシナイ半島を手に入れるのか

た。イスラエルの利害関心は、陸と海からの攻撃の脅威を排除して安全を確保することであった。それに対して、エジプトの最大の関心は、数千年にわたってエジプトの一部であった土地の統治権を確保することにあった。つまり、現実の交渉課題はひとつではなく、統治権と軍事的防衛のふたつであって、そのふたつはそれぞれの交渉者にとっての重要度が異なることが分かったのである。そこから浮上した解決策は、ふたつの交渉課題を交換取引することであった。両国間で締結された合意によって、イスラエルはシナイ半島を返還し、その見返りとして非武装地帯の保証とイスラエル空軍の新たな基地を手に入れたのである。

　このような合意を分析するためには、単純な線分ではなく図9-3で示すような複雑なダイアグラムを用いることになる。横軸は、合意によってイスラエルが得られる効用を表している。縦軸は、合意によってエジプトが得られる効用である。A点は、シナイ半島の領土とその完全な支配権をエジプトに引き渡した場合を表している。この解決策は、エジプトは完全に受け入れられるが、イスラエルが受け入れる余地は全くない。B点はイスラエルがシナイ半島の占領を継続し、完全な支配も続行するというもので、イスラエルは全面的に受け入れられるが、エジプトには受け入れの余地が全くない。C点は、両国が半分ずつ譲歩したもので、シナイ半島を半分ずつ領有するという解決策である。交渉域のダイアグラムで明示されているように、この解決策は、いずれの留保点も満たすことはできない。なぜなら、シナイ半島全体の領有権がエジプトに認められることはなく、イスラエルは十分な安全保障が得られないからである。ところが、D点（最終的な解決策）の存在が、交渉域の再定義の余地があることが示している。図9-3は、双方の交渉当事国の領有権と安全保障に関わる留保点を満たし得る解決策があるならば、そこには正の交渉域が存在することを示している。図9-3の2本の破線で仕切られた右上の領域が、交渉の当事国双方の正の交渉域を表している。

　キャンプ・デービッド合意をみると、交渉の双方の当事国が、相手国のポジションだけではなくその利害関心も考慮したことで、正の交渉域の存在に気づくことができたように思われる。互いの利害関心がどこにあるかが分かれば、互いに自分にとって重要度の低い交渉課題を相手に譲って、代わりに自分に

とって重要度の高い交渉課題について譲歩してもらうことで合意に達することが可能となる。

◆交渉課題の交換取引による価値の創出

交渉課題の交換取引という考え方は，イスラエルとエジプト間の紛争のケースに固有のものではない。実際に，重要度の高いビジネス上の交換取引には価値創出の機会があることがほとんどである。交渉課題についての重要度の置き方が交渉者間で異なる場合は常に，課題を交換取引することで，両者が単純に譲り合うよりも双方にとっての利益を増やすことができる。この助言とは裏腹に，MBA課程の学生やエグゼクティブの教育に携わってきた筆者らの眼には，現実世界の交渉者は往々にして価値創出の機会を見過ごしているように映る。価値創出の機会を見過ごしたために何百万ドルもの損をしたケースは数知れない。

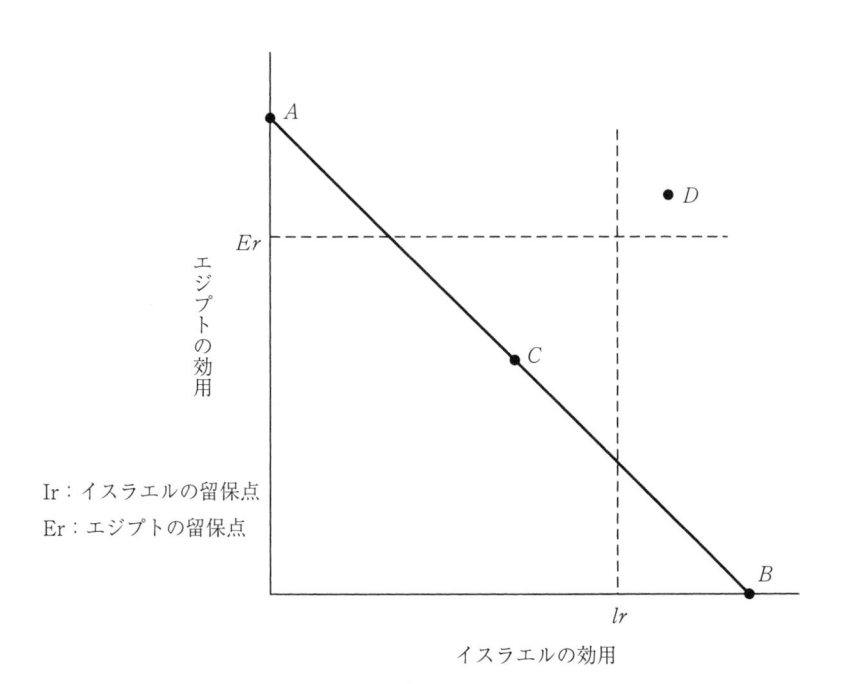

図9-3 イスラエル・エジプト紛争における利害関係の統合

交渉者が交渉相手との見解の相違に直面すると，それを困難な状況と捉えるのが普通のようである。しかし実際は，見解の相違はむしろ機会であることが多い。交渉者は価値創出の機会を逃してはならない。交渉相手が，ある項目にあなた以上に価値を置いていたならば，それを相手に譲ればよい。ただただで譲るのではなく，引き換えに自分のほうにとって大事な項目を手に入れるのである。最も簡単に価値を創出する方法は当事者間で価値の異なる交渉課題を交換取引することであることを理解すれば，効率的に交渉ができる。自分にとって何が重要かを見極め，相手にとって重要なのは何かを推定することで，その相違から価値を創出するための準備が整うのである。あなたがもし「本当に」相手のことを思いやるならば，価値創出に取り組む理由がいっそう増えることになる。ただし，価値の創出という行為は，相手のことを思いやる「気のいい」交渉者だけが成しうることではない。合理的な交渉者が，当事者間で後に分割するパイのサイズを大きくするという目的で淡々と遂行することでもある。

　一般に広く知られる交換取引の形態は，ある交渉課題については相手に譲る代わりに，他の交渉課題については相手に譲ってもらうというものである。たとえば，支払いを早くすることやまとめ買いをする代わりに安く売ってもらうような場合である。高度な交換取引にはリスクや時間といった要因が含まれることが多い。本書の第4章では個人のリスク許容度の違いがどのように意思決定に及ぼすのかをみたが，リスクもまた交渉において重要な役割を果たしている。パートナーを組んだふたりが新たにジョイント・ベンチャーを設立したとしよう。パートナーのひとりはリスク回避型で，安定的な収入を必要としている。もうひとりはリスク選好型で，収益の保証は必要としていない。ここで両者に交換取引の機会が生まれる。前者の給料を高くする代わりに，後者のジョイント・ベンチャーの持ち分を多くするのである。こうすれば，すべてを半々で分けるよりも双方にとってうまみがある。リスク許容度が違ったおかげでこのような交換取引が可能になったのである。

　交渉当事者間には個人差や文化差があり，また置かれた状況も異なるので，時間選好にも違いがある。企業によって予算のサイクルに違いがあることが時間選好の相違をもたらすことは現実世界でよくあることである。あるビジネス

パーソンが，交渉相手が自分達の予算のサイクルをこなすことにこだわりすぎていると愚痴をこぼしたなら，筆者らはそれを好機として捉えるべきだと励ますであろう。もしこちらが，先方が抱える予算の問題の解決に手を貸せば，先方は十中八九，進んでこちらのために重要な譲歩をしてくれるであろう。お金をあまり待てない側には早めにお金を渡し，待てる側は代わりに何らかの譲歩を得るというやり方で，未来の結果を組み直す余地があることは多い。

　交渉当事者間で相違点が多いほど，交渉で生みだされる成果が大きくなる。Northcraft & Neale（1993）によれば，プロジェクトで力を合わせて事に当たる人々——たとえば，CEOとCOO，1冊の本を共同執筆するふたりの研究者，戦略的アライアンスを組んだ企業——が持っているスキルの違いが共同作業の成功に寄与することが多い。実際，交渉者間のスキルが補完的な場合は，それぞれが得意な仕事を分担するというかたちで取引ができて，双方にとって利益となる。Lax & Sebenius（2002）は，「ディールクラフティング（dealcrafting）」（訳註：論文著者らの造語で，共同価値の創出に関わる行為）について議論する過程で，伝統的なオークションハウスのバターフィールド社とインターネットのオークションサイトであるイーベイ社が共同で設立したジョイント・ベンチャーを，価値創出に軸足を置いて成功したパートナーシップとして引き合いに出している。バターフィールド社が得意とする高級品と，イーベイ社の新しいオークションのシステムが結合して両社に価値を創出したのである。Lax & Sebenius（2002）は，広範囲にわたるさまざまな違い（税金や会計処理，流動資産など）を好機として利用して成し遂げられうる多様な取引について記述している。以上で本節の全体にわたるメッセージが明らかになったはずである。見識のある交渉者にとって，交渉者間の相違は障害ではなくむしろ好機なのである。

◆賭けを通じての価値の創出

　交渉で価値を創出するための最も一般的な方法は交渉課題の交換取引であるが，他に両者で賭けを交わすこと，もしくはコンティンジェント契約（contingent contract）（訳註：起こるかどうか不確実な事態についての取り決めを盛り込んだ契約）を交わすことで価値を創出することもできる。本書の筆者らは，将来の不確実な結果の予測について交渉当事者が無駄な議論を交わす

必要を取り除くことで交渉の行き詰まりの多くが打開できることを発見した。交渉当事者間での予測の相違に起因する問題に対処するためには，議論する代わりに賭けを交わすことがとても効果的なテクニックになりうる。

　本書の第4章では，人は自分が手に入れたものを一般に過大評価するという授かり効果について議論した。売り手は，自分が授かり効果の影響下に置かれていることを認識し，自分の期待を調整しなければならない。こうした調整を加えても交渉の行き詰まりを打開できなければ，交渉当事者は，相手との将来予測の違いを利用して，それぞれが自分の予測に賭けるかたちでコンティンジェント契約を交わすことができる。

　Malhotra & Bazerman（2007）には，クライアントの依頼を受けた弁護士が裁判で勝てるか否かについてクライアント自身が疑わしく思っているケースが例として取り上げられている。クライアントは，弁護士とコンティンジェント契約を交わすことができる。その契約は一般に，クライアントが勝訴すれば弁護士は多額の報酬を得るが，クライアント側が敗訴すれば弁護士は無報酬となることを定めるものである。同様に，出版社はたいてい，著者に先にいくらかの金銭を支払い，本が売れてその「前払い」が回収できたならば売上の一定割合を「印税」として支払う。もし出版社が著者の能力に不信感を持っていれば，出版社は，前払い金をごく少額に留めて，その代わりに高率の印税を支払うことを望むであろう。もし著者が自分の書物の成功を固く信じていれば，その条件に同意するだろう。

　次のケースについて考えてみよう。あるテレビ番組制作会社が，自社が制作した番組の放送の権利をテレビ局に売り込もうとしていた。その番組は，アメリカの三大テレビ局のひとつで視聴率が最も高い時間帯（ゴールデンタイム）での放送をすでに終えた人気の連続ホームコメディーであった（Bazerman & Gillespie, 1999；Tenbrunsel & Bazerman, 1995が作成したケースに基づく）。同番組の視聴率の予測値は交渉当事者間で異なっていた。売り手側は，同番組が少なくとも9％の視聴率（＝アメリカ国内のテレビ所有世帯のうち，同番組を視聴する世帯の割合が9％）をあげると考えていた。それに対して，買い手側は，同番組の視聴率を7％以下と見積もっていた。テレビ局は視聴率1％あたり100万ドルの広告収入を得るという点では両者の見解が一致していた。視

聴率の予測について長く白熱した議論が続いたが，交渉はついに決裂に終わった。同番組がテレビで放送されることはなく，テレビ局は代わりに同番組よりもつまらない番組を購入した。この交渉の失敗の原因は，同番組が高視聴率を稼ぎ出すか否かについて，真っ向から見解が対立したからである。Bazerman & Gillespie によれば，テレビ局が番組制作会社に支払う価格を番組の視聴率に応じて変動するようにするべきであった。つまり，テレビ局が番組制作会社に支払う金額を番組の視聴率に応じて設定する方向で双方の合意が得られていれば，将来の視聴率をめぐる見解の相違に伴う問題は解決されたはずなのである。

Bazerman & Gillespie（1999）は，コンティンジェント契約が交渉当事者双方の利益を増加させる数多くの方法について説明している。その中の4つの方法の概略は以下のとおりである。

- 見解の相違に基づく賭けは共同価値を高める──将来の不確実な出来事が実際に起こる確率について短絡的な議論が交わされているときには，賭けが極めて有用である。互いの不一致についての認識が一致すれば，それぞれの予測に基づくかたちでのコンティンジェント契約を交わすことができる。
- 賭けはバイアスを制御するうえで役に立つ──前章までの各章では，人間の一般的な意思決定上のバイアスについて数多く説明してきた。意思決定上のバイアスには，自信過剰，授かり効果，公正についての自己中心的な解釈などが含まれる。こうしたバイアスは，第10章で詳細に検討するように，交渉による合意に対して強固な障壁となる。興味深いことに，コンティンジェント契約を使えば，そのようなバイアスがあっても合意に達することができる。コンティンジェント契約は交渉当事者にバイアスを取り払うことを要求するのではなく，むしろ自分の（バイアスを帯びた）信念に賭けることを許容しているのである。
- 賭けは相手の誠実さを診断できる──コンティンジェント契約は，交渉相手のはったりや不正な要求を見抜くための強力な道具となる。相手から何かの要求があったら，その要求が正当であることの（高くつくような）保証を相手に求めればよい。もしそれがはったりであったなら，相手は要求

を取り下げるであろう。興味深いことに，あなたが賭けを持ち出せば，あなたは相手の予測が誠実なものであるかどうかを見定める必要もなくなる。もし相手が誠実に予測をしていたなら，あなたは当を得た賭けをしたことになる。もし相手が不誠実な予測をしていたなら賭けに乗ってこないのでそれが相手のはったりを暴くことになる。

- **賭けは業績向上へのインセンティブとなる**——コンティンジェント契約は，交渉当事者に対して，契約で明記されたレベルやそれを越えたレベルの業績をあげようとするインセンティブを与える点において優れたテクニックでもある。セールスパーソンの歩合給は，高業績へのインセンティブをもたらすコンティンジェント契約として一般的である。

◆要約

　交渉で高い利益を得るということは，ただ自分の取り分をなるべく多く要求することではない。より重要なのは，交渉者の間で分配可能な資源の蓄えを増やしていくことである。にもかかわらず，あまりにも多くの交渉者が取り分の要求にのみ集中して，結果的に価値の創出に失敗している。たとえば，相手方を徹底的に叩いた人は，自信と満足感を覚えてその場を立ち去るかもしれないが，もしかしたら生み出されていたかもしれない価値を手に入れることは叶わないのである。あなたは，1000ドルのパイの60％を自分の取り分として相手に要求するだろうか。それとも2000ドルのパイの55％を自分の取り分として相手に要求するだろうか。パイを大きくすることができれば，たとえ取り分の比率は少なくても，交換取引によって大きな利益を得たことになる。繰り返すが，筆者らは，交渉者はよい子にしていなければならないと説教するつもりはない。しかし自己利益を最大限に追求しようとするならば，自分のパイの取り分を多くするために，パイ自体を大きくするように努めなければならない。

第4節　　　価値創出の道具

　筆者らがシミュレーションを使って交渉について教えていると，エグゼクティブクラスの学生やMBA課程の学生が，そこで互恵的な取引の方法を見出

しそこねることが多い。交換取引の可能性があることを示すデータを学生に提供すると，学生は即座に，相手の利害関心やポジションについての重要な情報がないところで，どのようにして最適な価値を生み出すことができるのかと質問してくる。こうした情報を収集するために必要な6項目の方略について本節で説明する。これらの方略のどれをとっても，単一であらゆる状況に適用できるものではない。しかしこれらをうまく組み合わせることでパイを最大化する可能性が高まるのである。リストの最初のいくつかは，あなたが交渉相手を信頼するときに最も良く機能する方略である。リストの下のほうの項目に移るに従って，相手との関係が競争的であったりさらには敵対的であったりするときに価値を創出するのに役に立つ方略に踏み込んでいく。

◆信頼構築と情報共有

交渉の当事者が最も容易に価値を創出する方法は，互いに相手の選好（特に，各交渉課題にどれほどの価値を置いているか）について情報を共有することである。こうした情報が引き出されれば，交渉当事者は共同の便益を最大化できる。

残念ながら，情報共有について口で言うのは簡単だが，それを実行に移すとなると難しい。相互に信頼しあい，情報を共有しあうのは心地よいものである。しかし私達は，交渉相手を信頼することに躊躇を覚えることが少なくない。それは，相手に情報を提供すれば，要求できるものもできなくなってしまうと思いこんでいるからである。一例を挙げると，筆者の交渉論の授業で，シミュレーションで学生をふたつのグループに分けて，それぞれが同じ会社の異なるふたつの事業部の代表という設定で交渉させることがある。すると圧倒的大多数は，設定上可能な最大級のパイを創り出すことに失敗する。何と，同じ会社に属しているという設定であるにもかかわらず，情報が共有できないのである。驚いたことに，エグゼクティブの多くも，外部のサプライヤーや顧客との交渉よりも，自分達が属する会社内での交渉のほうがきついと述べる。同一組織内の交渉者が情報共有に失敗し，結果として組織内部の資源を台無しにしてしまうとは何かが間違っている。組織と組織の間と同じように，組織内部も情報共有が進んでしかるべきである。

さらに，Malhotra & Bazerman（2007）によれば，あなたの協調行動が相手から利己的な行動として解釈されるおそれがないときには，信頼構築が有益となる。信頼に値しない人でさえもうまい取引をしようとするときには善良そうに見えるように振る舞うものである。しかし合理的な交渉者は，たとえ明確な経済的または政治的な理由がなくとも，相手との関係を維持し強化しようとはかるものである。そういう関係を構築しておけば，次に誰かと交渉するときに相手から信用される可能性が高まるのである。詰まるところ，他者からの信頼を得る最善の道は，実際に信頼に値する行動をとることなのである。

◆質問を出すこと

　すべての情報を共有することが必ずしも利益になるとは限らない。あなたには，もし交渉相手に知られたらあなたに不利にはたらくような情報があるかもしれない。同じ理由で，相手も秘密の情報を積極的には開示しないであろう。そういうときにはとにかく質問を出すにかぎる。多くの人は，交渉とはそもそも交渉相手に影響を与える機会であると理解している。それゆえ，相手の話に耳を傾けるよりも，自分がたくさん話そうとしてしまう。相手が話しているときでさえも，人は，新たな情報を得ることよりも，次に自分が話そうとすることに全神経を注いでしまう。説得のしかたはセールスの訓練の基本であるが，あなたの情報を集めようとしている相手にとっては渡りに船となる。交渉におけるあなたの目標は，相手の利害関心を可能な限り把握することでなくてはならない。

　質問を出すことによって，賢明な取引に役立つような重要情報を相手から引き出す可能性が高まる。交渉者が質問をしないのは，どうせ相手は質問に答えないだろうと思い込んでいるからである。たしかに相手があなたの質問に答えるという保証はない。しかし，あなたが質問を出さないよりも，質問を出した方が，相手が答える可能性は遥かに高くなる。もちろん一般には，交渉相手に対して留保点を教えてくださいと頼むことは，あまり好ましいやり方ではない。それであなたにとって有益な返答が得られる見込みは薄いであろう。しかしながら，相手から答えが返ってくる見込みが遥かに高い重要な質問もある。たとえば以下のようなものである。

- 御社は，弊社の製品をどのように使うおつもりですか。
- 自社製品の御社にとっての魅力を高めたいと考えているサプライヤーは，理想的には何をすべきでしょうか。
- どのようにすれば，弊社が競合他社さんよりも魅力的なオファーができるでしょうか。

実際の交渉者がこのような質問をすることはめったにない。なぜなら，自社の製品やサービスの魅力を相手に納得させることだけで手一杯だからである。本章の最初の部分で取り上げたクライアント企業のケースを引き合いに出せば，最高購買責任者が原材料調達の問題を解決することができた鍵は，原材料の調達先である欧州企業に他の誰も「なぜ」とは訊かなかったのに対して，彼だけが「なぜ」と訊いたことにある。

質問を出し，相手の話に積極的に耳を傾けることは，新たな情報を相手から引き出すうえで最も大切な行為である。交渉に臨むにあたっては，前もって，相手方からどんな情報を引き出すべきかを考えておくべきである。そのうえで，そのために必要な質問をするのである。私達の交渉論の授業の受講生から，現実世界ではこちらの質問に対して相手が答えるとはかぎらないという指摘がなされることがある。それはそのとおりである。しかし，こちらが質問を出さないよりも，質問を出したほうが，相手が答える可能性は高くなるのである。

◆戦略的な情報開示

互いに信頼を寄せるという交渉の雰囲気が形成されず，相手があなたの質問にうまく答えてくれないときには，次の一手はどうしたらいいだろうか。それはあなたから何か情報を引き渡すことである。ただし，あなたの留保点を相手に明かすことは，それがあなたのアンカーになってしまうので，避けなくてはならない。その代わり，あなたにとっては相対的な重要度が低いような情報を開示すればよい。目標は，行きつ戻りつしながら，徐々に情報共有を進めることにある。このテクニックは，あなた自身のリスクを最小化することができる。もしそれでもなお相手が議論を交わすことに二の足を踏むようであれば，あなたもまた情報を伏せることができる。相手に情報を引き渡すべきだと助言する

と，たいていの人は驚きの表情を見せる。なぜなら，それは自分の交渉力も相手に引き渡すことになると考えられているからである。たしかに，ただ自分の留保点を相手に伝えるならば，自分の交渉力を相手に引き渡すことになる。交渉当事者の双方が便益を得るのは，各交渉課題についての互いの関心のレベルの違いについて双方が知ることができた場合である。

戦略的な情報開示の利点は，あなたと交渉相手が分け合うためのパイを拡大することが可能になる点にある。交渉者が聡明であれば，提供された情報に基づいて互いに利益になる交換取引をすることができるだろう。戦略的情報開示の利点のもうひとつは，交渉においてはこちらがとった行動を相手も返してくれることが多いことである。あなたが相手を怒鳴りつければ，相手もまた怒鳴り声で応じるだろう。あなたが自分の間違いや失礼な行為を詫びれば，相手も同じ行動に出るかもしれない。あなたが自分のポジションに関わる情報をいくらか相手に提供すれば，相手も自分のポジションについての情報をいくらかお返しに提供してくれるかもしれない。こうした互恵性は，相互に利益になる合意を生み出していくために必要な情報共有を創出することができるのである。

◆複数の交渉課題を同時に交渉する

エグゼクティブはしばしば筆者らに「交渉の際に私達はどのような課題を優先して議論すべきでしょうか」と尋ねてくる。交渉者の中には，最も重要な交渉課題を最初に解決することが決め手であると信じている人がいる。「他の方略はどれも単なる先延ばしにすぎません」ということである。一方で，楽な交渉課題から手を付けるのがベストであると信じている人もいる。そうすれば，相手方との信頼構築に必要な時間を稼ぐことができるだけではなく，困難な交渉課題に立ち向かうために必要なエネルギーを蓄えることができるというのが理由である。

筆者らはいずれの意見にも与しない。むしろ，多岐にわたる交渉課題について同時に交渉することを強く支持したい。他の交渉課題がどのような展開を見せるかが分からないうちにひとつの交渉課題について合意に達したとしたら何が起こるかを考えてみよう。あなたはその交渉課題について強く出たおかげでその課題については欲しいだけのものを手に入れたが，相手にはほとんど得

ものがなかった。すると相手は他のすべての交渉課題について態度を硬化させ，取引の全体も崩壊することになるかもしれない。それとは対照的に，もし複数の交渉課題について同時に交渉すれば，双方に好都合で価値創出的な交換取引を見つけることができる。買い手と売り手が複数の交渉課題をめぐって衝突したとしても，交渉課題のそれぞれについて双方が同じ重みを置いていることはないものである。複数の交渉課題を同時に議論したときにだけ，交渉課題についての互いの重要性の相違が浮かび上がるのである。

ただしそうは言っても，すべてのことがらについて同時に話し合うことは普通は不可能である。そこですべきことは，交渉するときには，すべてが決着するまではひとつも決着しないのだと主張することである。いくつかの項目について同時に話し合うことはできるし，可能な取引について暫定的に議論することすら可能である。しかし，最終的な結論について話し合う段階になると，交渉課題をどのようにパッケージ（抱き合わせ）するかについて考慮するべきである。交渉課題のパッケージにはすべての交渉課題が網羅され，それらを通じてあなたが望んでいる結果についてのメッセージが含まれている。交渉課題をパッケージにしてオファーすることによって，相手方はオファーの中で特に厄介な部分を分離しやすくなるし，対案も出しやすくなる。対案はこちら側への要求であるだけでなく，当該項目についての相手側の柔軟性を示すシグナルでもある。

MBA課程の学生が筆者らによく尋ねてくる質問がある。求職先の企業から，欲しい給料の最低金額を教えて欲しいと言われたら何と答えればいいかというのである。筆者らは正直に答えることを勧めている。正直というのは，「その質問への答えは，契約金，毎年のボーナス，福利厚生，職務規程，職位，昇進の見込み，その他の多数の項目がどう決まるかに依存する」ということである。給料以外の勤務条件が分からないうちに給料の受け入れ可能最低金額を決定するのは不可能である。同じ理由で，あなたの側も，給料以外の交渉項目について話し合う前に給料について契約交渉をおこなってはならない。とやかく言っても，もし求職先が年間最低100万ドルのボーナスを保証してくれるとしたら，あなたは無給でも喜んで働くだろう。重ねて強調するが，すべてに決着がつくまではひとつも決着をつけてはならない。

◆多数のオファーを同時に提示する

　交渉者の多くは，議論の「アンカー」を作るという目的で，早めにオファーを出してそれを協議の対象にしようとする。不幸なことに，交渉者はしばしば，追加的な価値の創出に取り組む前にオファーを提示してしまう。アンカーには強烈なインパクトがあるので，本来なら後で発見できたはずのものを見えにくくしてしまう。したがって，あなたは，情報を積極的に収集するまではオファーの協議を始めないように心掛けなければならない。

　情報を積極的に収集した後であっても，あなたは，双方に価値を創出するような単独のオファーを捻り出すことはできないと感じるかもしれない。そういうときは，オファーのパッケージをいくつか提示することを検討すべきである。たいていの人はひとつだけオファーを出してそれを協議しようとする。しかしそれでは，相手がそれを断ったときに，オファーを出す前以上の情報をこちらが手にすることはできない。

　もっといい方略は，多数のオファーのパッケージを同時に提示することである。ただし，どのパッケージもあなたにとって同価値でなくてはならない。もしかすると相手は，あなたが提示したオファーは3つ（4つでも5つでもいいが）とも受け入れられないと回答してくるかもしれない。しかしそれに失望することはない。その代わり，「そちらが最も気に入ったオファーはどれでしょうか」，あるいは「こちらがオファーを練り直すとしたら，今回出したオファーのどれを基にして作業するのがいいでしょうか。そのオファーのお気に召した点はどこでしょうか。またお気に召さない点はどこでしょうか」と尋ねてみよう。相手の好みを知れば，あなたは，価値創出可能な取引に至るための価値あるヒントを手にすることができる。

　オファーのパッケージを多数同時に提示することは，あなたが柔軟な対応ができる交渉担当者であるという印象を人に与えることにもなる。またそれは，あなたが協調的で，相手の好みや要求に関心を寄せているというシグナルにもなる。であるから，次に何かのオファーを練るときには，オファーをひとつに留めてはならない。あなたにとって等価値のオファーをいくつか同時に作成することである。

◆合意後の合意を求めて

　たった今，あなたが複雑に入り組んだ契約に署名したとしよう。あなたも相手も結果に満足している。多くの人はこの時点で取引が完結したと信じて疑わない。しかし賢明な交渉者は，パイのサイズを増す方法がまだ残されていないかをその後も探し続けるであろう。たとえ契約に署名した後であっても，相手に対して，合意を改善するために別の角度から検討するつもりはないかどうかを尋ねることを検討すべきである。

　Raiffa（1985）が勧めるのは，交渉者が共に受容可能な合意を見出したのちに，「パレート優位（Pareto-superior）」の合意（いま到達した合意よりも双方にとって望ましい合意）を探り当てる手助けをしてくれる第三者を雇うことである。このシナリオでは，それぞれの交渉者は，第三者の提起による新たな合意案を拒否する権利と，第三者が介入する前の状態の合意に立ち戻る権利を留保している。Raiffaによれば，この保険があることで，交渉者は第三者がより優れた合意案の創出のために介入することを受け入れるのである。それは，「合意後の合意（PSS：post-settlement settlement）」として知られている。Raiffaの洞察に基づくなら，交渉者は価値創出の最後の一歩として，PSSを求めるべきである（Bazerman, Russ, & Yakura, 1987）。もちろん，PSSのプロセスは第三者の協力がなくても可能である。

　普通の人は，せっかく長い交渉を終えたあとに再び議論を始めるなんてまっぴらだと思っている。だからこそPSSを提案してはいかがだろうか。合意に達した後であっても，交渉当事者のどちらにとっても完全には最適でなく，契約を改善する余地が十分にあることが少なくない。合意文書に署名することで，交渉の当事者間に信頼関係があることと，交渉の当事者が生産的に共同作業をする能力があることが確認されている。もし，到達した合意がパレート最適であることに自信がないなら，最善の道は相手方にPSSのプロセスを提案することであろう。もしもっと優れた合意案が見出されなかったら，当初の合意が効力を持つだけである。そしてもし当初の合意よりも優れた合意案が見つかったら，その余剰を交渉当事者間で分かち合うことができる。PSSは，契約を意図的に取り消すことででもなければ交渉相手に土壇場の譲歩を迫ることでもないし，交渉相手にそのように受け取られてはならない。PSSが交渉当事者

の双方に利益をもたらすためにおこなわれるものであることを相手に伝えるために，Malhotra & Bazerman（2007）は，PSSの提案をするときは次のように口火を切ることを勧めている。

> とうとうやりましたね。これだけ素晴らしい合意にこぎ着けられたので，これまでの苦労も報われるというものです。これで終わりということで双方に異論はないと思います。実はここでひとつアイデアがあるのですが，よろしければお聞きいただけないでしょうか。私達は双方ともこの合意に満足しているのですが，ああすればもっとよかったと思うようなことが，こちらにも，またそちらにも残っていることが避けがたいのが交渉の常だと思っております。いまここで少し時間をとって，私達の双方にとって改善できる方法を探して話し合ってみるというのもいいかもしれません。わたし達はすでにそのような可能性を探し尽くしてしまった感がありますが，もしかして見落としがないかどうかを調べてみるのも悪い考えではないかもしれません。もちろん，結果的にわたし達の両方にとって利益になる方法が見つからなければ，いまなされた合意が双方にとって最善のものであることに確信を深めることができます。もしよろしければ試してみたいのですが，いかがでしょうか。

PSSの提案は，パレート効率的な合意に至ったことを確認するための最後の試みであり，それによるリスクは限定的である。このプロセスに手を付けるのは，本書で示した5つの情報構築方略のいずれかを用いて最初の合意を取り交わした後のことである。Raiffa（1985）は，次のように記している。

> 多くの紛争が強硬で不屈な交渉によって合意に達していることは認識する必要がある。しかし問題はその決着の中身である。それは効率的な合意になっているだろうか。たいていの場合はそうではない。……交渉者はパイの分け方について細かく議論するだけで，協力することでパイをもっと大きくできることには気づかない。……，実際になされた合意よりも当事者の双方にとって好ましいような，もっと注意深く形成された合意がありえたかもしれないのである。

◆要約

本節で提示した6項目の方略は，あなたが重要な交渉において価値を創出する道具となる。方略のすべてがあらゆる場面で機能するとはかぎらないけれど

も，交渉者はそれらをうまく組み合わせることによって，交渉を通じて到達する共同利益を増大させることができるのである。

可能なかぎりの価値をすべて見つけだすことができたかどうかは，どうやったら分かるのだろうか。第1に，本書に示された方略のリストの全項目について自分が本当に検討したかどうか，またそれをできるだけ多く試してみたかどうかを二重チェックすることである。第2に，相手方の利害関心をどの程度まで理解しているかを考えることである。相手方の利害関心や優先順位をよく知らないままに交渉を終えたなら，あなたは，交渉のテーブルに価値あるものを置き忘れてきたことになる。

繰り返すが，どんな方略をとろうとも，交渉は価値の創出で終わりではなく，そのあとに価値の分割という作業が控えている。自分の取り分の要求についての言及を欠いた方略は交渉の方略としては不完全である。価値を創出し要求する方略で身を固めることで，交渉者は，両方の次元での成果を改善する能力を備えることができるのである。

第5節 ——— 要約と批評

本章は，交渉を成功に導く可能性を高めるための数多くの方法について紹介した。最初に，決定分析的アプローチの概略を述べた。このアプローチは情報の収集に焦点を置いている。特に重要なのは，留保点を明確にすること，交渉当事者の心の奥にある利害関心を探ること，そしてその利害関心をその相対的な重要度に従って重み付けることである。さらに，価値の創出と要求について考える必要性を議論した。そして，交渉者間の相違（将来の結果の見積もり，リスク選好，時間選好など）を利用して取引の余地を見つけるという考え方を紹介した。さらに，埋もれている価値を交渉によって見つけ出すための6つの方略（信頼を構築すること，質問をすること，情報を戦略的に開示すること，同時に多数の交渉課題について議論すること，同時に多数のオファーを提示すること，合意後の合意を探し求めること）の概略を述べた。これらは一体となって，私達が現実世界における交渉について合理的に考えるための必要な処方的な枠組みを提供してくれる。

交渉論を教える者として筆者らが気づいたのは、交渉シミュレーションをするときに十分に準備をしてこない学生は、きまって相手にいいようにやられてしまうということである。優れた直観があれば楽々と交渉をこなすことができるという考えは、率直に言って間違っている。前もって準備をすることが決定的に重要である。準備の質を高めるためには、数多くの単純にして重要な質問事項について思案を重ねる必要がある。以下にサンプルとして示した質問事項のリストは、ありとあらゆる交渉に適用するとまではいかないにしても、ここから最初の一歩を踏み出すことは有効である。

1. 自分のBATNAは何か。
2. 自分の留保価格はいくらか。
3. 今回の交渉では、何が課題となっているのか。
4. それぞれの交渉課題は、自分にとってどの程度重要なのか。
5. 相手方のBATNAは何か。
6. 相手方の留保価格はいくらか。
7. それぞれの交渉課題は、相手にとってどの程度重要なのか。
8. 実行可能で価値を生み出す交換取引は存在するのか。
9. 自分と相手には、未来の出来事についての見解の相違があるか。そうだとしたら、賭けの余地はあるか。
10. 自分が現時点では知らない情報をどうやって手に入れるか。

これらの質問事項に答えたとしても、あなたが成功するとは限らないが、あなたの勝算は高まることになる。

本書の第8章までで指摘したように、私達が住む世界は完全に合理的な世界ではない。私達自身の意思決定のプロセスは特にそうである。本書の中心となる教訓は、たとえあなたが決定分析的アプローチのような合理的な助言をもらったとしても、あなたの心に深く根付いた意思決定のバイアスが、その助言に従う妨げになるかもしれないことである。この意味において、決定分析的アプローチは、複数参加者間の交渉においてもっと優れた意思決定者になるための最初の一歩にすぎないといえる。このアプローチは、あなたが中心的な交渉

者として，自分や他の参加者がとりがちな行動を予測するための追加的な記述的アプローチを必要とする。あなたや交渉相手が完全に合理的には行動しないとしたら，合理性からどのように系統的に逸脱するのだろうか。どのようにすれば，交渉相手の実際的な行動を的確に予測し，また決定分析的な助言に従うことを妨げる障壁を認識し克服できるのだろうか。決定分析的アプローチの教えに従えば，私達は，交渉相手が実際におこなった意思決定について——ただしそれは必ずしも合理的な意思決定ではないかもしれないが——検討すべきである。この助言に有益な一言を付け加えるなら，自分自身と交渉相手の意思決定が合理性からどのように逸脱するのかを見極めることが肝要である。この問題が次章の核心となる。

第10章
交渉者の認知

Negotiator Cognition

　第9章で示した交渉の決定分析的アプローチに従えば，取引に正の交渉域が存在する場合は，合意を取り結ぶことが常に望ましい。にもかかわらず，交渉が合意に至らないことが多い理由は何であろうか。決定分析的アプローチは交渉の当事者の双方に多大な価値をもたらすような合意に達するための方略も論じているが，そのような助言を受けてさえ交渉者がパレート効率的な結果に達しえないのはなぜであろうか。

　本章は，交渉の際に誰もがおかしてしまう認知的な過ちについて探っていく。そしてとりわけ，交渉者の認知に影響を与える以下の主だった6項目の交渉課題に焦点を絞ることにする。(1)交渉における固定パイの神話（mythical fixed pie），(2)交渉者の判断のフレーミング，(3)コンフリクトの非合理的なエスカレーション，(4)自己の価値の過大評価，(5)自己奉仕バイアス，(6)アンカーによるバイアスである。本章の各節は，交渉者の意思決定のプロセスが行動科学の処方的なモデルから逸脱する典型的なパターンを説明し，その逸脱を修正する方法について議論する。

　上記の最もありがちな過ちについて理解できれば，あなた自身の交渉のスキルは以下の2通りの方法で向上させることができる。第1に，重要な交渉で誰もがおかしてしまう過ちを避けるためには，覚知が決定的に重要なステップとなる。第2に，自分の行動の中にそのような過ちを見つける術を習得できれば，自分以外の交渉者の意思決定にある過ちについても予測できるようになる。

第1節 ─── 交渉における固定パイの神話

　なぜ交渉者は，双方に最大限の価値を創出しうる合意に達することができないのであろうか。理由のひとつは，交渉においてはパイの大きさは固定されているという前提を立てていることである。固定パイの考え方で交渉に臨むと，こちらの利害が相手の利害と真っ向から対立していると思い込んでしまう。比喩的に表現すれば，その人達は，大きさの決まったパイがあって自分達はそれを少しでも多く取ろうと争っているのだと信じているのである。

　外交上の合意や，夫婦喧嘩の仲直り，そして戦略提携がしばしば暗礁に乗り上げるのは，交渉当事者間の利害が絵に描いたように対立しているのだという思い込みによるものである。本書で述べてきたように，創造的な合意に到達できるのは，複数の交渉課題について参加者が交換取引の余地を発見したときである。しかし，パイの大きさは固定されていると思い込んでいる人は，そのような交換取引の機会を探そうともしないのである。

　固定パイの前提に立つと，競争的な状況はどれも勝つか負けるかの関係に見えてしまう。たしかに，運動競技，大学への入学，市場占有率をめぐる企業間競争など，競争の多くは勝つか負けるかの関係である。しかしこのような客観的な勝ち負け関係を一般視するようになると，必ずしも勝ち負け関係ではない関係までもがそう見えてしまう。交渉においては，価値の創出と価値の要求のふたつが必要であるため，当事者は複数の動機が組み合わされた状況に置かれる。そしてほとんどの場合，価値の要求のほうが突出して強くなって，交渉者は自分が知覚する固定パイのなるべく多くを勝ち取ろうと動機付けられる。そのような視野狭窄に陥ると，双方に利益になる創造的な解の探索が妨げられてしまう。

　固定パイの神話の恐ろしさは，冷戦時代に議会に提出された兵器削減条約に対して，当時のサウスカロライナ州共和党のフロイド・スペンス下院議員の以下の発言に現れている。「戦略兵器制限交渉（SALT：Strategic Arms Limitation Talks）に関して，私はここしばらく，次のような信念を持ち続けている。すなわち，ロシア人は，自国にとって最善の策でなければSALTと

それに基づく条約を受け入れることはないであろう。またもしそれがロシアにとって最善の策ならば、我が国にとっては最善の策ではありえないだろう」(Ross & Stillinger, 1991からの再引用)。何であれソビエト連邦にとって好ましいことはアメリカ合衆国にとって好ましくない、といった類の危険なまでに錯綜した推論は、固定パイの思い込みの表れである。21世紀の後知恵で振り返って見ると、SALTのような条約は、軍事費の無駄な拠出と核戦争の不安を削減したことで、アメリカ合衆国とソビエト連邦の両国に得るところがあったといえよう。それでもやはり、Thompson (2001)によれば、交渉の両当事者がまったく同じ目標（たとえば冷戦の終結）を望んでいた場合でも、目標とは異なった合意に至ったり、交渉が決裂したりすることがある。固定パイの神話によって、交渉者が、Thompsonのいう「両立不能性バイアス (incompatibility bias)」（一方の利益は他方の利益とは相容れないという思い込み）の犠牲になってしまう。

　固定パイ神話にとらわれていると、相手からなされた譲歩に対して、それが敵対者からなされたものだという理由で「反応的低評価 (reactively devalue)」を下してしまう (Stillinger, Epelbaum, Keltner, & Ross, 1990)。Curhan, Neale, & Ross (2004) は、ある実験で、交渉で到達する可能性のある合意案のそれぞれについて、参加者に交渉前と交渉後の２回にわたって評価してもらった。参加者は、交渉のあとになると、自分が実際に交渉で提案として採用した合意案については前よりも好むようになっていた。さらに重要なことに、相手が提案として採用した合意案に対しては、交渉後は交渉前よりも低く評価するようになったのである。たとえ同一の合意案であっても、自分達が示した場合には自分達にとって有利な案であると考え、相手が示してきた場合には自分達にとって不利な案であると考えがちなようである。交渉相手が何らかの交渉課題について譲歩してくると、あなたは一瞬にしてその譲歩を低く評価してしまう。「先方が進んで譲歩してきたとすれば、この検討課題はきっと重要度が低いのだろう」という誤った論理を組み上げてしまうのである。

　交渉者が相手の意図に対してこのような前提を置いていると、互恵的な交換取引の探索が抑制されてしまう。実のところ、交渉者が本気になって探せば、互恵的な取引は実に容易に見付け出すことができる。筆者らがビジネススクー

ルの学生に，どうして交渉シミュレーションで交換取引をしなかったのかと問うと，学生達は交換取引が可能であるとは分からなかったと口を揃える。それは固定パイの神話が探索の実行に待ったをかけているためである。

第2節 ──── 交渉者の判断のフレーミング

次のようなシナリオについて考えてみよう。

　あなたは，3年前に25万ドルで購入したコンドミニアムを29万9000ドルで売りに出したところです。ただしあなたはこの物件の実際の価値を29万ドルと踏んでいるので，29万ドルまでなら値下げするつもりです。そこへ28万ドルで買いたいというオファーがありました。このオファーについて，あなたは，自分がコンドミニアムを購入した価格と比較して3万ドルの得と考えますか。それともあなたの目標価格と比較して1万ドルの損と考えますか。

　この質問に対する回答は，「両方」である。合理性の見地からも，また私達の直観によっても，このふたつの見方の間にある相違は大して重要ではないことが容易に理解される。しかしながら，本書の第4章でKahneman & Tversky（1982a）が論証したように，質問が損失にフレームされているか利得にフレームされているかで人間の回答には重要な違いが出る。この違いは，交渉者の行動を記述するうえで決定的に重要な意味を持つ。
　交渉の際にフレーミングが重要な役割を果たしていることを理解するために，次に述べる労使交渉について考えてみよう。ある労働組合は，組合員の賃金を現在の時給16ドルから18ドルに引き上げるように経営者側に要求している。その主張によれば，昨今のインフレーションの下で，時給18ドル未満は不当な低賃金であるという。それに対して経営者側は，たとえわずかでも賃上げをするとそのコストで経営が立ち行かなくなってしまうと主張している。労働組合と経営者の双方の選択肢が，時給17ドルで折り合いをつける（確実な決着）か，仲裁に持ち込む（リスクのある決着）かのふたつしかなかったとしたら，どういう結果になるだろうか。経営側も労働側も，この状況を，自分達が何を失うことになるのかという視点から見ている。したがって，Kahneman &

Tversky（1981）の研究結果に従えば，どちらもリスク志向的になって，確実な決着案を拒否すると予想される。ところが，交渉者のフレーミングを否定から肯定に変えれば，予測される結果はだいぶ違ってくる。もし組合側が，時給が16ドルから少しでも引き上げられたらその分を利得と認識し，経営側は，もし時給が18ドル未満に抑えられたならばその分を利得として認識するとしよう。すると，両者ともリスク回避的なので，交渉による結論は16ドルと18ドルの間に落ち着くであろう。Neale & Bazerman（1985）によれば，交渉者がどちらも利得にフレームしていた場合は，どちらも損失にフレームしていた場合に比べて，互いに譲歩しあって互恵的な結果に到達できる確率が有意に高かった。

交渉者が利得のフレームを持つか損失のフレームを持つかは何によって決まるかというと，その答えは意思決定者が知覚し選択するアンカーにある。経営者側と賃金交渉に臨んでいる労働組合のリーダーが利用可能なアンカーについて検討してみよう。それは，(1)昨年度の賃金，(2)経営者側の最初のオファー，(3)労働組合側が見積もった経営者側の留保点，(4)労働組合側の留保点，(5)労働組合が支持者に向けて公言した自らの交渉に臨むポジションなどである。アンカーが(1)から(5)に移動すると，昨年度の賃金と比較すればわずかながら利得に見えたものが，大げさに公言した目標値と比較すると損失になってしまう。このようにして，労働組合の交渉者は利得のフレームから損失のフレームに移動してしまうのである。具体的には，時給16ドルの労働者が，時間あたり2ドルの賃上げを要求しているとしよう。この交渉者にとって，時間あたり1ドルの賃上げ提示は，過年度の賃金に対して時間あたり1ドルの利得と受け止められる（アンカー1）かもしれないし，労働組合が支持者に向けて公言した目標値と比べて時間あたり1ドルの損失と受け止められる（アンカー5）かもしれない。

交渉者が使用する方略において，フレーミングは重要な意味を持つ。交渉相手から譲歩を引き出すためには，交渉相手がそれを利得のフレームで認識するようなアンカーをつくるべきである。つまり，相手にとっては利得と感じられるように交渉して，交換取引の機会と妥協を創出することである。加えて，交渉相手が損失とフレームしていることに気づいたら，確実な利得が得られるところでリスクのある方略を用いていることに気づかせてあげることである。

最後に，フレーミングの影響力は調停人にも重要な意味を持っている。双方に妥協を促すような提案をするときは，調停人はどちらもそれを利得のフレームで見るように説得する努力をするべきである。ただしこれは用心の要る作業である。なぜなら，片方にとっては利得のフレームになるアンカーは，もう片方にとっては損失のアンカーになりがちだからである。したがって，交渉の当事者と個別対応する際に，調停人は，相手によって異なるアンカーを示して，それぞれがリスク回避的になるように仕向ける必要がある。さらにまた，交渉当事者のフレームに影響を与えるために，調停人は，当該状況における現実のリスクを強調するべきである。つまり，その不確実性に目を向けさせ，交渉当事者の双方が確実な決着を望むようにいざなうのである。

第3節 ──── コンフリクトのエスカレーション

　何十年ものいがみあいの末に，メジャーリーグの球団オーナーと選手会が向こう4年間の基本協約に合意したのは1990年3月18日のことであった。これによって，1990年のシーズン開催を中止に追い込む恐れがあったストライキも回避された。この基本協約は1993年12月31日に期限切れとなり，1994年のシーズンは，基本協約がないままに始まった。オーナー側から最初のオファーが提示されたのは1994年6月14日である。しかしオーナーが提示したオファーは，取引可能な領域から外れていた。不毛な交渉の後，同年8月12日に選手会はストライキに突入した[註1]。

　ストライキは1994年のシーズンを中止に追いやり，それによって球団オーナーと選手はおよそ10億ドルの利益を逃してしまった。ストライキの期間中，球場のレストランや売店，野球カードの業者，そして野球ファンまでもがさまざまな不利益を被った。ストライキの非効率性が露呈したのは，裁判所がオーナー側に対して，1995年は暫定的に旧制度に戻してシーズンを開催し，その間に選手会との交渉を継続するように求めたときである。

註1　本節における1994年のシーズン中のストライキの記述は，ノースウェスタン大学ケロッグ経営大学院 MBA 課程の交渉論の授業を受講していた Chris Maxcy, Lisa Mroz, Keith Rakow, Cynthia Safford が授業課題としておこなった分析に多くを負っている。

1986年から1993年にかけて，メジャーリーグは黒字経営だった。1993年の時点で，年間の利益は3600万ドルにまで上昇していた。しかしこの構図はストライキで一変した。球団のオーナーが失った額は，1994年が3億7500万ドル，1995年が3億2600万ドル，1996年が1億ドルと2億ドルの間である（Grabiner, 1996）。その一方で，選手達は金銭と地位と交渉力を失った。かつてのアメリカ人の国民的な娯楽は少なくとも数年間にわたって地に墜ちたのである。ストライキは極めて高くついただけではなく，対立関係が負の連鎖に入りこんだ強烈な実例となった。

　対立のさなかに，Sebenius & Wheeler（1994）は，膠着状態を打開して当事者の双方に利益をもたらす可能性がある解決策を提案した。それは，野球シーズンを継続しながら，その間の試合開催の収益をオーナーは受け取らず，選手も給料を受け取らないというものであった。もっと正確に言えば，オーナーに入るはずの収益と選手が受け取るはずの給料は積み立てられて，両者で合意が形成されるまで支払われないというものであった。交渉している間にも基金の規模が拡大していく様子を見れば，球団と野球選手の双方に妥結に向けての勢いがつくであろうと考えられた。Sebenius & Wheelerはさらに，オーナーと選手会の双方が所定の時期までに合意に達しえない場合は，基金の一部を拠出して慈善事業（たとえば，スペシャルオリンピックス）に寄付することにするのも一案であると主張した。そうすれば妥協に向けての動きをさらに促進することにもなるし，メジャーリーグの評判を好転させる広報活動にもなるというのである。全体として，Sebenius & Wheelerは，ストライキよりもはるかに効果的で，とても賢明な解決策を提示していたといえる。

　では，なぜオーナーと選手はその助言に従わなかったのであろうか。筆者らの見るところでは，両者とも相手を打ち負かすことだけに専心していて，最初に選んだ行動へのコミットメントをエスカレートさせていったためである。当事者が不適当な目標に翻弄されたことを示す証拠のひとつは，球団オーナーが，1994年のワールドシリーズの中止を歓迎したことである。自分達が一致団結していることに気を良くするあまりに，10億ドルの利益が自分達の目の前を素通りしていたことに気づかなかったのである。そのちょうど4年後に，NBA（北米のプロバスケットボールリーグ）の球団オーナーが，野球界の間違いから何

も学んでいないことを世に示した。同じようなエスカレーションのパターンを辿って，NBA は202日間のロックアウトに突入したのである。このロックアウトで，オーナー側は10億ドル以上の損失を出し，選手側は5億ドル以上の給料を失った。

　Diekmann, Tenbrunsel, Shah, Schroth, & Bazerman（1996）は，交渉におけるエスカレーションについて研究をおこなった。その結果によると，不動産の売り手と買い手の双方は，売り手がかつてその物件を買った価格に影響を受ける。この「埋没コスト」は，売り手と買い手によるその物件の査定価格には影響しないが，双方の予想と留保価格，最終的な交渉結果に影響する。コミットメントのエスカレーションについて理解できれば，交渉者が相手の出方を予測するのに大いに役立つ。相手はどこまで粘るのだろうか，そしてどこで折れるのだろうか。エスカレーションに関する文献が予測するのは，相手が粘り続けるのは，「このポジションのためにこれまでにあまりに多くのものをつぎ込んできたので，今さら引くに引けない」と思っているときである。自分のポジションを広く公表していた場合は，非合理的なエスカレーションがさらに拡大する傾向がある（Staw, 1981）。

　交渉においてとるべき方略については，交渉時のエスカレーションについての研究成果が示唆を与えてくれる。すなわち，相手があなたに対して断固として強い要求を表明するように仕向けるのは避けるべきである。そういうことをされた相手は後で罠にはまって窮地に追い込まれたと感じるだろう。もしあなたの交渉相手が交渉課題についてかたくなポジションをとっていたとしても，相手が譲歩して取引が可能になるように創造的な方法を見つける余地があるかもしれない。一例を挙げれば，筆者らの同僚がかつてシカゴのコンドミニアムを購入するために交渉に臨んでいた。コンドミニアムの売り手は，価格について硬直的なポジションを表明した。「私はこの物件を35万ドル未満では手放しません。これが私の最終提示価格です」と言うのである。交渉論も教えていた同僚は，売り手に対して価格以外での譲歩を持ちかけた。最終的には，相手の要求通りに35万ドルを支払ったが，売り手はコンドミニアムの改装や改修工事を売り手の負担でおこなうことと，とても高額な駐車スペースを無料で追加することに同意したのである。

第4節 ────── 交渉における自己の価値の過大評価

　2006年のシーズンが終わったとき，マット・ハリントン（身長約193センチ，体重約95.3キロ，24歳，右腕投手）は，アメリカの独立リーグであるアメリカン・アソシエーションに所属する野球チームのフォートワース・キャッツでの4シーズン目を終えた。過去4年間，ハリントンが投手として稼いだ収入は1ヵ月あたりにして1000ドルに満たなかった。そこで彼はシーズンオフの期間中，ターゲット（訳註：アメリカの大手スーパーマーケット）で棚卸の仕事に従事していた。ここまでは，ハリントンは独立リーグに加盟している典型的な野球選手であるという印象を読者に与えるであろう。しかし2000年にさかのぼると，当時18歳のハリントンは『USAトゥデイ』紙や『ベースボール・アメリカ』誌の表紙を飾っていた。記事の中で，彼は勤勉で謙虚な青年と評され，メジャーリーグのドラフト会議で最も有望なピッチャーとして注目を集めていた。

　この年，ハリントンとその家族は野球選手のエージェントとして有名なトミー・タンザーを代理人に雇った。予算の乏しい球団を追い払うために，タンザーは上位の指名権を持つ各球団に対して，ハリントンが契約にサインするためには，最低でも495万ドルの契約金を提示しなければならないだろうと通告した。コロラド・ロッキーズがドラフト会議全体で7番目の選手としてハリントンを指名したが，ロッキーズはタンザーが要求した額を支払うつもりはないと言明した。ドラフト会議の後で，ロッキーズはハリントンに対して，最初は年俸490万ドルの8年契約を，次は年俸530万ドルの8年以上の契約を，そして最後は年俸400万ドル以上でわずか2年間の契約を提案した。このオファーは，ドラフト会議全体で7番目の選手に提示されるものとしては，一般的な水準であった。しかしハリントンとその両親，そしてタンザーは，いずれのオファーも屈辱的な低さであるとしてはねつけた。双方の交渉は数ヵ月にわたって粘り強く続けられたが，ついに決裂した。彼はこの年はメジャーリーグでも上位のマイナーリーグでもプレーすることはできなかった。彼は，独立リーグのセントポール・セインツに入団し，翌年の交渉に望みを託した。

　セントポール・セインツでの成績はぱっとしなかったが，ハリントンは，

2001年のメジャーリーグのドラフト会議に向けて，スコット・ボラスという新たな代理人を確保することができた。そしてサンディエゴ・パドレスが，ドラフト会議全体で58番目の選手として彼を指名した。この時点で，ハリントンの要求は，年俸125万ドルの4年契約と契約金30万ドルにまで減額していた。その翌年の2002年に，ハリントンは，ドラフト会議全体で374番目の選手として指名された。彼には，テンパベイ・デビルレイズから10万ドル以下のオファーが提示されたが，これを拒否した。2003年には，シンシナティ・レッズが，ドラフト会議の24巡目で全体の711番目の選手として彼を指名した。しかし交渉はまたもや物別れに終わった。

　この時点で，ハリントンは，球界史上で最も長く契約交渉をした選手となっていた。しかし彼の冒険物語はまだ終わりではなかった。2004年に，ニューヨーク・ヤンキースは，36巡目で彼を指名した。全体では1089番目の選手であった。しかし彼がオファーに応じることはなかった。2005年のドラフトでは最後の50巡目になっても，MLB傘下の30球団のどれひとつとして彼を指名するところはなかった。それによって彼は自分に興味を持った球団と自由に契約できるフリーエージェントの選手となった。2006年10月，シカゴ・カブスは彼とマイナーリーグの選手として契約を結んだ。固定給はなかったものの，メジャーでの活躍に望みを託して，彼は春季キャンプに招待された。ハリントンはキャンプに姿を現したが，2007年のシーズンが開幕する前にカブスから放出（解雇）されてしまった。彼は独立リーグのセントポール・セインツに舞い戻ったが，そのセントポール・セインツも2007年6月に彼を放出した。

　交渉の際には，より良い結果を求めて合意を渋ることができるのはいつ頃までかを見定めたほうが良い。賢明な交渉者であれば，ある時点で，相手が提示した取引を受け入れるタイミングに気づくものである。来る年も来る年も，ハリントンと彼の家族，そして彼の代理人は，単純かつ致命的な過ちをおかした。彼らは，「イエス」と言うのを忘れたのである。ハリントンのBATNAは良く言えばリスクがあったが，悪く言えば救いようがなかった。プロの代理人が彼の代理人を務めていたにもかかわらず，彼の過信が，数え切れないほど多くの可能性の芽を摘んでしまったのである。

　交渉相手があなたにあなたの望みどおりのものをくれる確率を過大評価する

ことは，交渉においては破壊的な過ちとなる。マット・ハリントンの物語は極端な例であるが，どんな求職者でも，求職先が自分に支払ってくれるであろう給料の金額を過大に見積もるものである。より一般化して言うと，自分の価値を過大評価して相手との合意に達し得ないようなタイプの交渉者は，数え切れないほどに多くの機会を見逃してしまうのである。

過去の諸研究によれば，交渉者は，自分が「降参」しなければ相手が自分の要求を受け入れるだろうという勝算を過大に評価している。同様に，最終提示裁定に入っている交渉者は，自分の最終提示のほうが受け入れられる確率を過大に見積もるのが常である（Bazerman & Neale, 1982）（最終提示裁定では，交渉者はそれぞれの「最終提示」を裁定人に提出する。裁定人は提出された最終提案のどちらか一方を選ばなければならない。判事や調停人とは異なり，裁定人は自分に提出された最終提案以外の提案をすることはできない）。自分のほうの最終提案が受け入れられる見込みが50％にすぎないような実験室実験でも，平均的な参加者は自分の提案が受け入れられる可能性を68％とずっと高く見積もっている。

自分の価値を過大評価している交渉者は，正の交渉域が存在するにもかかわらず，多様な合意の可能性を見過ごしがちである。正確に評価ができる交渉者は，自分が成功する見込みについて確信できず不安を感じるので，妥協案を受け入れやすい。Neale & Bazerman（1985）によると，自信過剰の交渉者と比較して，自信を「適度に」持つ交渉者は，相手に譲歩して交渉を上手く進めることができる。知識が乏しいときほど，自分の価値を過大評価しがちである。本書の第2章で説明したように，私達の多くは，「疑わしいときには，過大な自信を持て」という直観的な規則に従っている。あなたが自分の自信過剰を治すためには，中立的な立場にある人に依頼して，あなたの価値について客観的な評価を下してもらわなければならない。その中立的な評価は，あなたの直観的な予測よりも，あなたの交渉相手の評価に近寄っているだろう。

第5節 ── 交渉における自己奉仕バイアス

自己の価値の過大評価には自己奉仕バイアスが密接に関係している。自己の

価値の過大評価が人は自分の必要不可欠性を過大視しがちであることを意味するのに対して，自己奉仕バイアスは，人は自分に都合がいいことが公正なことであると考えがちであることを意味する。交渉者は両方とも自己奉仕バイアスを持っているので，それぞれが単に「公正な」結果を求めているだけなのに，その公正の中身が異なるために交渉が行き詰まってしまうのである。

　Thompson & Loewenstein (1992) によれば，対立状況での利用可能な情報への注意は自己奉仕的なバイアスを帯びている。そしてそれによって，公正な解決とは何であるかについての見解が影響を受ける。労働争議を模した彼らの実験では，このバイアスの大きさがストライキ期間の長さに影響した。同じように，Babcock, Loewenstein, Issacharoff, & Camerer (1995) は，自動車とオートバイの衝突事故をめぐる裁判という設定で，実験参加者にさまざまな原資料（宣誓供述書，医師のカルテ，警察の供述調書など）を提示した。実験参加者は原告か被告の役割が割り当てられ，交渉して合意をまとめるように教示された。もし話し合いで妥結できなければ，第1に，実験の参加者にはかなりのペナルティーが科せられる。第2に，被告が原告に対して支払う損害賠償の額は，この事故と構成要件が全く同じ過去の事故について公正な裁判官が下した裁定に基づいて決定される。交渉に入る前に，実験の参加者は，その過去の事故で裁判官が下した裁定がどのようなものであったかを推定するように求められた。参加者の推定値は交渉相手には知らされないし，裁判官の判決に影響することもない（裁定は既に下されている）。それにもかかわらず，裁判官の裁定として原告側が推測した額は，被告側が推測した額よりも高かった。その差額の大きさは，（裁判官の裁定に委ねることなく）実験の参加者が当該案件を解決したかどうかの強力な予測因子となっていた。実験の参加者が下した公正についての評価には，それぞれが割り当てられた役割によるバイアスがかかっていたのである。

　このバイアスを低減する方法を求めて，多くの追試がおこなわれた。Babcock & Loewenstein (1997) は，裁判官の裁定を正確に推測した実験の参加者に報奨金を支払い，相手側の立場に立った場合の見方についてエッセイを書くように求めたが，こうした介入策が目立った成果を上げることはなかった。なぜなら，実験の参加者は，公正な判断についての裁判官自身の認識は自分達

の認識と合致しているにちがいないと信じて疑わなかったからである。この一連の実験から，交渉時における自己奉仕バイアスの根底にある心理的メカニズムらしきものが見つかった。実験の参加者には，自分達が割り当てられた側（原告または被告）を支持する8項目の論拠と，反対側（被告または原告）を支持する8項目の論拠が示された。実験の参加者は，「中立的な第三者の立場に立って」それぞれの論拠の重要度を評価するように求められた。結果は，実験の参加者には自分達が置かれた立場について支持する論拠を信じる強い傾向がみられた。このことは，自己奉仕バイアスは証拠についての解釈が歪むことによって起こることを示唆している。この発見と整合的に，実験参加者に対してケースの資料を読んだ後に自分の役割（原告または被告）を割り当てた場合は，バイアスが与える影響が大幅に軽減され，かつ損害賠償金の交渉ではほとんどすべての組が早期に決着した。

　自己奉仕バイアスは交渉当事者が3組以上の場合も広く発生して，交渉による合意の妨げになる。多者間交渉における自己奉仕バイアスに関する発見の多くは，「社会的ジレンマ（social dilemma）」における意思決定の研究によってもたらされた。Hardin（1968）は，共有の牧場で牛を放牧している牛飼いの寓話を語っている。牛飼いは，自分が放牧している牛の群れの規模を大きくすれば，自分にとって得になることを知っている。頭数が増えれば，懐具合も良くなるからである。一方で放牧のコストは牧場全体に与えるダメージという形で算出されるが，それは共有牧場で牛を放牧している牛飼い全員が等しく負担する。もし頭数が増えすぎたら，牧場は過密状態になり，やがて荒廃してしまうであろう。それゆえ，個々の牛飼いが放牧する牛の頭数を牧場の原状回復の速度に応じた比率で制限することが牛飼い全体としての利益となる。と同時に，個々の牛飼いにとっては，自分に割り当てられた数を少しばかり越えて牛を増やすことが利益になる。Hardinの寓話には交渉との類似点が含まれている。交渉者は，自分の価値を過大評価することで欲しいものをより多く手に入れられるのではないかと考えているが，交渉者がどちらも要求を引き上げると取引が成立する見込みはますます遠のいてしまう。

　現代社会で私達が直面している天然資源の枯渇問題や環境問題は，Hardinが示した「共有地の悲劇（tragedy of the commons）」と似通っている。

Wade-Benzoni, Tenbrunsel, & Bazerman (1996) は, 誰もが捕獲可能で, しかし稀少な共有資源である「遠洋鮫」をめぐる社会的ジレンマのコンピューター・シミュレーションを開発した。このシミュレーションは, アメリカ北東部で実際に起きた漁業の危機に基づいており, 以下のような設定になっている。アメリカ北東部では, 乱獲の結果, 主だった底魚の種が激減した。どうすれば魚の数が持続可能な水準に回復できるのか, またそれはいつのことなのかについての見通しは全く立っていない。漁業管理が直面している最大の課題は, 危機的な状況を好転させるために必要なコストは誰が支払うのか, そして状況が好転した後に生じる便益を手にするのは誰かである。このように, アメリカ北東部の漁業問題は, 人々が共同で所有している資源の管理に伴うさまざまな課題を反映している。社会的ジレンマにおいては, 各人は, 個人レベルの利益と集団レベルの利益の狭間で何らかの選択をしなくてはならない。集団に最大の利益をもたらすのは漁獲量の制限である。しかし私的な利益に目を奪われると, 魚を獲りすぎてしまう。

　鮫のシミュレーションの参加者は, 鮫の捕獲に収益を依存している組織の代表者という役割が割り当てられる。代表者達は, 沿岸部の巨大鮫の漁獲量が激減しているという自分達に共通した問題の解決策を見出すために集まって会議を開催している。会議の参加者にはふたつの目標が課せられる。(1)資源が枯渇して漁獲が将来成り立たなくなるということがない範囲で現在の利益を最大化すること。(2)自分達の組織が享受可能な利益の正味現在価値を最大化すること。この利益には, 現時点での漁獲から得られる利益と, 来るべき未来に期待される利益のふたつがある。また参加者は, 現在の漁獲量であれば, この魚の生息数は現状の水準を維持し, 将来にわたって持続可能であるが, 漁獲量を増やすとそれができなくなり, 将来は枯渇することになると教示された。持続可能な水準を超えて漁獲をすると将来の漁獲高が減り, 将来も換算した総利益は純減してしまうのである。

　現実世界で発生するほとんどすべての社会的ジレンマには, 問題解決に向けた取り組みの度合いや提案された解決策に沿って協力しようとする意欲の度合いにおいて, 交渉当事者間に非対称性がある。それゆえに交渉者は, 資源配分の公平性についても独自の自己奉仕バイアスに陥ってしまう。シミュレーショ

ンに際して，参加者の関心を非対称の問題に向けるために，参加者が属するそれぞれの組織は，未来の鮫の漁獲量の重要性についての見解が異なることが教示される。具体的には，シミュレーションの参加者の中でも，商業漁業関係のグループは，比較的大量の鮫を捕獲していて，海洋資源の行く末には比較的関心を持たないこと。それに比べて，遊漁船業者などのグループはあまり大量の鮫を捕獲しておらず，また海洋資源の行く末に多大な関心を持っていること。現実世界の状況に即して，鮫の漁獲量が激減したときに鮫以外の種の魚に転換を図る用意が整っているのは，遊漁船業者ではなく商業漁業者のほうであることが実験参加者に教示される。

　実験参加者は会議の前に，以上のような情報を基にして，個人的に公平と思われる危機の解決策を書き留める。そのあとに30分にわたって会議が開かれる。その場で参加者は問題と解決案について議論するが，自分を縛るようなコミットメントをすることはない。会議の後で，参加者はふたたび，個人的に公正と思われる解決策は何であるかを尋ねられた。この非対称なジレンマにおいても，公正に関する自己奉仕的な解釈が共通したパターンであった。加えてこの研究からは，それぞれのグループの漁獲高が自己奉仕バイアスの強さと相関関係があることが見出された。また交渉課題について議論を交わすことで自己奉仕バイアスの影響力の度合いが減り，かつ協調行動が増すことも分かった。

　この研究結果は，非対称性が自己奉仕バイアスや乱獲の主要な推進要因であるということを教えてくれる。資源をめぐる現実世界のジレンマは，あいまいな状況で人が自分が「すべき」こと（自己抑制の実行）ではなく自分が「したい」こと（限られた資源からの取り分を多くすること）を正当化するという重要な局面を明らかにしている。このような問題が生じる原因は，私達が自ら望んで不公平に振る舞おうとしているからではなく，バイアスなしに情報を解釈することが困難であるためである（Messick & Sentis, 1983）。コミュニケーション構築型の方略（たとえば，質問を出す，妥協のための交換取引を探る，譲歩する）は，自己奉仕バイアスを低減し，利害関係者に留まらず社会全体にも資するような解決策に交渉によって到達するための鍵である。

第6節 ─── 交渉におけるアンカリング

　第2章で，人間は自分で気づかないうちに最初のアンカーから過度な影響を受ける傾向があることを学んだ。Northcraft & Neale（1987）は，不動産の価格を実勢価格もしくは公示価格からの誤差5％以内で鑑定できると断言する不動産ブローカーを対象にして研究をおこなった。ブローカー達は，市場に出ている家を見て「真の」価格の査定をするときに，その物件の売り出し価格を要因として考慮に入れることはないと口を揃えた。Northcraft & Neale は，不動産ブローカーと学部学生の実験参加者に対して，実在する家屋の価格を査定するように求めた。この実験では参加者（ブローカーと学生）は4つの群に無作為で割り当てられた。各群のメンバーには，物件に関する情報が記された10頁にわたる資料が手渡された。その資料には物件に関する詳細な情報が記載されていただけではなく，その物件が立地する地域で実際に売れた家屋の価格や特徴に関するデータも記載されていた。唯一異なっていたのは，物件の表示価格であった。それぞれの群に対して，実際の評価価格に11％を上乗せした額，4％を上乗せした額，4％を差し引いた額，11％を差し引いた額が表示価格として示されていたのである。資料に目を通した後で，実験の参加者達は，当該物件を見学し，その周辺地域を散策した。その後で実験参加者はその物件の実勢価格を査定するように求められた。結果として，ブローカーと学生の双方が査定した額は，物件の表示価格（アンカー）の影響を如実に受けていた。学生達は，自分達の意思決定のプロセスで当該物件の表示価格が一定の役割を果たしていたことを素直に認めた。しかしブローカー達は，実験の結果が出ているにもかかわらず，自分が当該物件の表示価格をアンカーとして利用したことを断固として否定した。

　Ritov（1996）によれば，交渉者に与えられるアンカーのごく微妙な違いが最終的な結論に大きな違いを生む可能性がある。彼女の実験では，群ごとに異なる順番で解決案が並べられた用紙が配布された。ある群に与えられたリストは，買い手にとって最上の解決案から始まって売り手にとって最上の案で終わるという順番であった。別の群に与えられたリストは逆に，売り手にとって最

上の解決案から始まって買い手にとって最上の案で終わるという順番であった。結果は，両群間に驚くほど大きな差があった。交渉者による合意は，交渉域の中で出発点（リストの最初に書かれた価格）に近いほうの端に寄ったところでまとまることが多かったのである。簡単化した例を挙げると，Ritovの予測によれば，0ドル，200ドル，400ドル，600ドル，800ドル，1,000ドルという順番の価格リストよりも，1,000ドル，800ドル，600ドル，400ドル，200ドル，0ドルという順番の価格リストの場合のほうが，おおむね高値で決着すると考えられる。加えてRitovは，最初のオファーが間違いなく最終的な結果に関係していることを発見したが，この現象については以下で述べる。

　交渉においてはどちらかが最初のオファーをしなくてはならない。それは買い手であるべきだろうか，それとも売り手であるべきだろうか。あるいは，あなたが最初のオファーをするべきだろうか，それとも相手にさせるべきだろうか。Oesch & Galinsky（2003）によれば，他に大した代替案を持たない交渉者よりも有力な代替案を持つ交渉者のほうが最初のオファーを出す傾向がある。同様に，交渉力の弱い交渉者よりも強い交渉力を持った交渉者のほうが最初のオファーを出す傾向がある。Oesch & Galinskyによれば，極端なオファーを出したほうが，自分の側に条件の良い取引となる傾向がある。ただしその便益は，交渉が決裂する可能性が高くなることとの引き換えであることを覚悟しておかなければならない。最初のオファーには交渉を一定の方向に導くアンカーとしての影響力があるが，筋が通らないオファーであった場合は，相手は交渉を降りてしまうかもしれない。理想的な最初のオファーとは，相手の目にも正当に映り，かつ交渉域の中ではこちらの利益が高いほうに位置したオファーであろう。

　Galinsky & Mussweiler（2001）によれば，極めて曖昧な状況においては，最初のオファーが強力なアンカリング効果を発揮する。相手が交渉可能域をしっかりと認識していて，また自分にとって有用な交渉事項が何であるかを把握している場合は，最初のオファーはほとんど影響力を持たない。しかし，相手に情報が不足していれば，相手はあなたが提示した最初のオファーに基づいて結論を出すかもしれない。

　あなたには損になり相手には得になるような最初のオファーから身を守るに

はどうしたらよいだろうか。Galinsky & Mussweiler（2001）によれば，自分自身の選択肢や目標に心を集中させれば，相手が提示した最初のオファーはほとんど効力を持たない。私達は交渉のプロセスから多くを学ぶことができるけれども，相手が提示した最初のオファーから操作的な影響を受けないように気をつけなくてはならない。

第7節 ──── 結論

　第9章と第10章は，交渉論の中でも特に意思決定アプローチとして広く知られている事柄について概観したものである。このアプローチの起源は，Raiffaが示した「非対称的な規範論と記述論（asymmetrically prescriptive / descriptive）」のアプローチにまでさかのぼる。Raiffaが1982年に著した草分け的な著作である *The Art and Science of Negotiation* で目指したのは，交渉相手がとると目される行動について記述的に分析して，それに基づいてこちらは何をすべきかを，中心的な交渉者に向けて規範的に助言することであった。Raiffaの著作は多くの点で交渉論の転機となった。第1に，人間の完全合理性を前提したゲーム理論的アプローチから離脱して，交渉相手の行動の特質を正確に記述することの重要性を明示的に認識したことである。第2に，交渉者には助言が必要であることを認識したことであり，それは私達は本能的には純粋に合理的な方略に従ってはいないことを暗黙のうちに示している。そして第3にRaiffaは，規範論の立場に立つ研究者と，記述論の立場に立つ研究者との対話を促すような基盤的な作業に手を付けた。その対話は本書の第9章と第10章で概観したものである。

　第9章は，Raiffaの規範的な分析の基本構造を紐解いて説明した。そして第10章は，Raiffa自身が手を付けていなかったいくつかの問いについて論じた。たとえば，交渉者とその交渉相手が合理的に行動しなかったら，その結果は合理的な結果からどのように系統的に逸脱するのかという問いである。交渉を上手に運ぶためには，記述モデルを利用して相手の行動を予測し，自分の交渉行動に起こりうる過ちを認識することである。

第11章
意思決定の改善

Improving Decision Making

　本書をここまで読み進めてきたあなたは，どうして人の判断にはこんなにもシステム的な不備があるのかと不思議に思うかもしれない。しかし実際の状況は見た目ほど悪くはない。とにもかくにも，私達は両耳の間にある1450グラムほどの灰色の器官で奇跡とも言えるような計算をやってのけることができる。ほんのふたつの例を挙げると，話し言葉を理解する能力と人の顔を認識する能力にかけては，人間は最も速くて強力なコンピューターをはるかに凌いでいる。人間の判断と意思決定の研究をしている研究者は人の判断の脆弱性と欠点に焦点を置いているが，それはそのような研究が人間の頭脳のはたらきを理解するための最適なアプローチだからである。人間がどのようにして目標を達成するかを知るためには，成功例の観察よりも失敗の分析のほうが得るものが大きい。どんな時に私達は人の顔を間違えるのか。どんな時に言葉を間違えるのか。これらの問いに答えることで，人間の頭脳がどのように視覚と聴覚の情報を処理しているかの理解が進んできた（Holt & Lotto, 2008; Yovel & Kanwisher, 2005）。同様に，人間の判断のバイアスの研究からは，人がどのようにして意思決定を下すかについて非常に多くのことが明らかになってきた。

　バイアスを研究することは実用的な価値も大きい。頭の良いマネジャーでも，その意思決定の質が常にバイアスによって損なわれていることを示す証拠は山ほどある。どのようにして組織が失敗するかを研究することで，何が成功の手助けとなるのかについて有用な教訓が得られる（Perrow, 1984; Ross & Staw,

1986; Sitkin, 1992; Weick, 1993)。喜ばしいことに，行動意思決定研究の文献から，意思決定を改善するために講ずるべき手段についての理論が数多く提案されてきた。そしてその手段の多くは現実世界において実際に開発され成功を収めている。

意思決定のプロセスをうまく変更した現実の物語が Michael Lewis の *Moneyball*（2003）（中山宥［訳］『マネー・ボール』ランダムハウス講談社，2004）に書かれている。本書で Lewis が語るのは，オークランド・アスレチックスのゼネラル・マネジャーのビリー・ビーンが，野球の専門家がそれまで頼ってきた直観に疑問を投げかけてチームを変身させた物語である。ビーンがオークランド・アスレチックスのゼネラル・マネジャーを引き継いだ1999年から2002年までの間に，アスレチックスはまさに驚嘆すべき記録を打ち立てた。ビーンが引き継いだ年に，選手の年俸総額はアメリカン・リーグの中で14チーム中11位にランクされていて，また勝ち試合数では14チーム中5位であった。それが2000年と2001年の両シーズンでは，アスレチックスはアメリカン・リーグの中で年俸総額では12位，勝ち数では2位になった。さらに2002年は年俸総額で12位，勝ち数では1位にのし上がったのである。この4年間のアスレチックスの対戦成績はメジャー・リーグ中の第2位であり，選手の年俸総額はアメリカン・リーグで最も少ない2チーム中のひとつであった。選手の年俸はニューヨーク・ヤンキースの3分の1に満たないのに，勝ち試合数はヤンキースを上回っていたのである。

アスレチックスはどのようにしてこのような成功を収めたのだろうか。答えは簡単である。ゼネラル・マネジャーのビリー・ビーンは，ハーバード大学の経済学部を卒業したばかりのポール・デポデスタの助けを借りた。デポデスタは，球団幹部の直観には限界があって，系統的なバイアスがかかっていること，そしてその人事管理に組み込まれている「英知」なるものがむしろ大きな非効率を生んでいることに気づいていた。Lewis（2003）によれば，球団幹部は一貫して3つの間違いをおかしてきた。第1に，自分の個人的な経験を一般化しすぎている。第2に，選手の直近の成績に影響を受けすぎている。そして第3に，選手の何年かの記録に目を向ければ遙かに優れたデータが手に入るのに，自分の目で見たことに影響を受けすぎている。

より大まかにいえば，ビーンとデポデスタが発見したのは，野球の専門家の直観が一部の変数に重きを置きすぎて他の変数を軽んじすぎていることであった。野球においては専門家よりも統計学のほうが役に立つことがはっきりしたのである。野球の世界は100年以上にわたって直観による意思決定が支配してきたが，今や球団はそんな「専門家」をお払い箱にして，回帰方程式を使い回せる数学オタクにとって代わらせようとしている。Lewis (2003) の言葉を借りると，「野球選手の市場はあまりに非効率で，理にかなった野球の戦略についての一般的な理解度が非常に低かったので，球団経営者は高く積まれた現金の周りで堂々めぐりをすることしかできなかった」。ビーンの成功に続けとばかりに，多くのチームがデポデスタをゼネラル・マネジャーに据えようと獲得に動き，またほとんどのチームが選手の将来の成績を予測するために統計分析に重きを置くようになった (Schwarz, 2005)。

アスレチックスの成功物語からいくつか興味深い疑問が湧いてくる。野球の意思決定に合理性が取り入れられるまでにこんなに長くかかったのはなぜなのだろうか。野球の他の業界では今でも，もっとましな戦略があるのにマネジャーが間違った専門知識に凝り固まっているのだろうか。Thaler & Sunstein (2003) は『マネー・ボール』について洞察に富んだ書評を書いているが，その中で，野球の専門家は愚かなのではなくてただ人間的なだけだと説明している。私達もまたそうであるように，彼（女）らは単純なヒューリスティックや，伝統や，習慣に頼る傾向があって，そこから生まれた因習的な知恵が1世紀以上にわたって野球を支配してきたのである。組織が誤った直観に頼ることから脱して，データを注意深く吟味し適切な統計技術を使うように変化を遂げるまでには，時間と労力と精神力が必要なのである。

Lewis (2003) によれば，プロ野球のメジャー・リーグで見つかったような誤った意思決定はおそらく他の業界のほうがもっと深刻であると考えられる。いろいろあるけれども，野球というスポーツには信頼のおける素晴らしいデータが揃っている。Thaler & Sunstein (2003) は，球団経営者が統計の価値を見落とす傾向を，企業の人事担当者が新規採用の決定に際して，手元にある応募者についての信頼できるデータよりも採用面接の受け答えにみられる「やる気」を根拠にしてしまう傾向になぞらえた。経営者は応募者についての自分の

直観を信用する傾向があるが，関連する数多くの研究によれば，採用面接の受け答えの良し悪しは採用後の業務成績とはほとんど関連がみられない。Thaler & Sunstein は，採用選考は，面接時に得た直観よりも，業務成績の予測力があるとして認められた指標（学校の成績，筆記試験の成績，以前の勤務先での業績など）を基にすべきであると主張する。

　筆者らのみたところでは，ほとんどの組織において，意思決定プロセスの有効性を飛躍的に高める余地は十分にある。経営者に知性が欠けていると言っているのではない。球団経営者と同じように，ほとんどの専門家は客観的な合理性が不十分な意思決定を下してしまうのであって，そこにはある特定の方向に向かう系統的な道筋があるのである。ゆえに，「このような欠陥を是正するために何ができるのだろうか」というのが本質を突いた問いかけとなる。この最終章では，より良い意思決定を下すための互いに補完的な 6 つの具体的な方略を検討する。それは，(1)意思決定分析ツールの使用，(2)専門的知識の獲得，(3)判断におけるバイアスの補正，(4)類比的推論，(5)外部者の視点の採用，そして(6)他者のバイアスの理解である。

第 1 節 ——— 方略 1：決定分析ツールの使用

　優れた意思決定が真に必要とされるときに，私達は自動的かつ直観的には最適な意思決定を下すことはできない。それゆえ最適解に近づくことができるような意思決定手順を使うことは理にかなっている。意思決定について規範的な助言を提示することに特化した研究分野は一般に「決定分析（decision analysis）」と呼ばれる（たとえば，Goodwin, 1999; Hammond, Keeney, & Raiffa, 1999を参照）。これらのアプローチはたいてい，数多くの選択肢のひとつひとつについてあなたの評価と選好順位を明確化することを要求する。さらに，合理的意思決定方略なるものは，意思決定がもたらす将来の不確実な結果について，それぞれの生起確率を特定することを要求する。

　通常の決定分析が意思決定を正しい方向に導くために使うのは「期待値（expected value）」の論理である。選択肢の期待値は，その価値と確率を掛け合わせて得られる。たとえば，宝くじの金銭的価値を算出するには，すべての

当たり券についてその当籤金額と当籤確率を掛け合わせ，その合計を求める必要がある。宝くじ券の期待値は一般に券の価格よりも低いので，宝くじ券を買うことはふつうはお金の有効利用にはならない。意思決定が複数の側面を持っているとき，たとえば2軒の家のどちらを買うかを決めるにあたって，片方は値が張るけれども最近リフォームしたばかりで，もう片方は価格はお買い得だけれども修繕の要があるというときには，ある種の多属性効用計算が必要とされる。その計算をするためには，意思決定者は，お金を節約することと家の修繕の手間を惜しむことが自分にとってどれだけの価値があるのか，相対的に重み付けをしなくてはならない。

　ビジネスの現場では，これと類似した一連の意思決定を何度も繰り返す必要がある。たとえば，企業はどちらの応募者を採用するかを決定しなければいけない。経営者はどの従業員を昇進させるか，ひとりひとりの従業員のボーナスをいくらにするかを決定しなければならない。銀行の融資担当者は融資の申込者について信用枠を拡大するかどうかを決定しなければならない。ベンチャー・キャピタリストは起業者の新しい事業に資金を供給するかどうかを決定する必要がある。

◆リニア・モデルとは何か

　ここで述べているような類の意思決定を下すための優れたツールのひとつが「リニア・モデル（linear model）」である。それは，関連した予想変数を重み付けて加算する公式で，定量的な予想をするために用いられる。一例として，著者のひとりであるムーアは最近，子供のかかりつけの小児科医に，5歳の息子のジョシュが大人になったとき身長はどれくらいになるかを予測するよう頼んでみた。そこで小児科医が提示したのは単純なリニア・モデルであった。彼女は子供が大人になったときの身長は次の計算で最もうまく予測できるという。まず両親の身長を平均する。次に，もし子供が男の子だったら両親の平均値に2インチを加え，もし女の子だったら両親の平均値から2インチを引くのである。賢明な予測のために使えるリニア・モデルは無数に存在する。たとえば，PECOTAと呼ばれるリニア・モデルは，野球チームが選手の年齢や身長，体重，過去の成績などのデータを使ってその選手の将来の成績を予測するのに役

に立つ (Schwarz, 2005)。秘密のリニア・モデルを使って，映画制作会社が新作映画の興行収入を予測する手助けをする会社すら存在する (Gladwell, 2006)。

◆なぜリニア・モデルが優れた決定を導くことができるのか

　研究者は極めて多岐にわたる領域においてリニア・モデルの予測力が専門家を凌ぐことを発見した。加えて，モデルを複雑化しても単純なリニア・モデルからなされる改善は微々たるものであることも分かった。Dawes (1972) によれば，人間は情報の選択やコード化（どの変数をモデルに組み込むかなど）に長けている一方で情報の統合（データを使って予測を立てること）は苦手なので，この点でリニア・モデルが勝っている。このことについて Einhorn (1972) は，ホジキン病患者の生体検査をコード化してこの病気の重症度の総合的なランク付けをした内科医を研究した中で説明している。ひとりひとりの内科医がつけた等級には，この病気で亡くなったすべての患者の生存期間を予測する力は全くなかった。ところが，コード化のために内科医が選んだ変数を適切に重み付けして重回帰モデルに組み込んだところ，明らかな生存期間の予測力があった。内科医は考慮すべき情報が何であるかは知っていたが，その情報をどのように統合すれば有効な予測を立てることができるかが分からなかったのである。

　情報の統合に弱いことに加え，私達は内面に非一貫性を抱えている。同じデータが与えられても，私達は常に同じ意思決定をするわけではない。私達の判断はその場の気分や主観的解釈，環境，締切，ランダムなゆらぎやその他多くの不安定な要因に影響を受けている。対照的にリニア・モデルはインプットが同じなら常に同じ決定を下す。つまり，リニア・モデルは専門家が判断に際して心の底で用いている方法を取り込みながらも，専門家がランダムに陥るエラーを回避することができるのである。専門家はまた，特定のケースが誘発するいくつかのバイアスに影響されがちであるが，リニア・モデルには予測力を持つと経験的に知られている実在のデータだけが含まれていて，データの持つ顕著性や代表性に影響されることはない。要約すると，リニア・モデルは人の判断を損なうと考えられているバイアスを避けるようにプログラムできるのである。

そのようなバイアスは金銭的な意思決定や企業の人事，銀行の貸出，定型的な購買に関わる意思決定などにあまねく介在する。これらの領域では意思決定者は同じ一組の変数に基づいて意思決定を下すので，リニア・モデルにうまく合った作業である。そのようなモデルを使うことで，組織は専門家が意思決定を下すのに重要な要因を特定できる。かくして，専門家の卓越した予測能力を当てにせずとも，リニア・モデルが提供するフィードバックと訓練はマネジメントの価値ある道具となるのである。

◆なぜ私達はリニア・モデルに抵抗感を抱くのか

リニア・モデルの予測力を支持する十分な証拠があるにもかかわらず，現実に広く普及するには至っていない。それはなぜかというと，リニア・モデルに対して人は強い抵抗感を抱くからである。Dawes (1979) が記述した下記のような倫理上の懸念を指摘する向きもある。

　昨年夏私がロサンゼルスのルネサンス・フェアに行ったとき，若い女性が「おそろしく不公平だわ」と不平を言っているのを耳にした。それは，カリフォルニア大学サンタバーバラ校の心理学部が面接もせずに書類上の点数だけを根拠に自分を不採用にしたことを言っているのだった。「あの大学はどうして私がどんな人間なのかが分かったのかしら」。大学には分かっていない，というのがその答えである。そして，たとえ面接をしたとしても分からなかっただろう。

Dawesによれば，3年半にわたる学業の成績書と卒業判定試験によって手間暇をかけて作成された適性評価に含まれた情報よりも，30分間の面接のほうが優れた予測をはじき出すと信じるとしたら，それは倫理に反するうぬぼれである。著者のひとりのベイザーマンが仲裁人の意思決定プロセスの研究の一環として，著名な仲裁人に数多くの仮想的な意思決定をしてくれるように頼んだときに返ってきたコメントをみてみよう。

　あなたは幻影を追い求めています。ほかの仲裁人ならあなたの質問になにがしかの返答をするかもしれません。でもそれで得られるのは取るに足らない断片的な返答だけです。ですからあなたは仲裁人が訴訟においてどのように意思決定するのかを尋ねるのをやめることはできないでしょう。あなたから手渡されたシナリオに

について，私ならどんな意思決定を下したと思うかをお話ししたとしても，そこからは，仲裁人が実際に何に突き動かされて意思決定をしているのかという点について価値のある情報は何も得られないでしょう。とりわけて立派な長所を持っているわけでもない女の子にのぼせあがっている若者に，なぜ君はあの子に夢中なのかと尋ねるようなものです。あるいは私の祖母が露店に並ぶマッシュメロンからひとつを選んだときに，なぜあなたはそれを選んだのですかと尋ねるようなものです。判断，嗜好，経験，その他の数え切れないほどの要因が意思決定には絡んでいるのです(Bazerman, 1985)。

　この仲裁人は意思決定プロセスの体系的な研究の実現可能性について否定的であるが，この領域の研究は，リニア・モデルが彼の意思決定モデル（や彼の祖母のマッシュメロンの選択）を説明できることを明らかにしている。
　リニア・モデルのような決定分析ツールに否定的な議論のもうひとつは，直観や虫の知らせのような感覚が排除されているというものである。出所が疑わしい話であるが，ハワード・ライファがコロンビア大学で教えていたとき，ハーバード大学からのオファーを受けた。伝えられているところでは，彼は彼の友人でもあるコロンビア大学の学部長のところに行き，意思決定についての助言を求めた。皮肉にも，学部長はライファの決定分析の論文から引用して，意思決定の基準を定め，それぞれの基準に重み付けをし，それぞれの基準に従って両方の大学に点数を付け，計算をして，どちらの大学が総合的に良いスコアになったかをみて，そちらの大学を選べばよいと言った。するとライファは，「そうはいかないよ。これは重大な意思決定なんだから」と反論したという。当のライファもこの伝説を面白がっているのだが，本人によれば事実ではないそうである。重要な決定になればなるほど体系的に考えることが重要になるというのが彼の信念である。
　最後に，組織内でリニア・モデルを使うためには困難な組織変更を伴う必要があるという議論がある。コンピュータが決定を下すようになったら，銀行の貸出担当者や大学の入学事務局の責任者は何をすればよいのかというわけだ。そのような懸念は，リニア・モデルで決定を下すようになると人間は不要になるのではないかという恐れの表れである。実際には，リニア・モデルで人間は重要な役割を演じている。どんな変数をモデルに取り込むか，またそれにどれ

くらいの重みを付けるのかを決めるのは人間である。人間はまた，モデルの成績をモニターし，必要に応じて改訂をほどこす。ただしそれでも，変化に抵抗があるのは自然であり，意思決定のリニア・モデルの使用への抵抗もその例外ではないのは明らかである。専門家の意思決定をモデル化したコンピュータのプログラムに判断を任せることに向けられる人間心理のバイアスを克服することは，あなたの意思決定能力を向上させるための次の一歩となるであろう。ここで，リニア・モデルを使用することで組織の成果が改善されうることが実証されたふたつの問題を子細に検討してみよう。それは大学院の入学者選考と採用人事の意思決定である。

◆入学者選考の改善

採用選考や入学者選考など，人を選抜するための意思決定ではリニア・モデルを使用するのが有益であることが，学生の成績表の解釈に関するMooreらの論文で強調されている（Moore, Swift, Sharek, & Gino, 2007）。彼らは教育の質や入学難易度が同程度の大学でも成績の付け方に相当の差があることを発見した。甘く成績をつける大学の学生は，大学の質と学生の質を統計学的にコントロールしても，大学院に合格する確率可能性が高い。代表性ヒューリスティックのひとつの変形である「対応バイアス（correspondence bias）」（Gilbert & Malone, 1995）によって，大学院は，成績付けの甘い大学の出身である受験生が高いGPA（成績平均値）を取っているのを見て，それが本当にその受験生の能力の高さを表していると誤解してしまうのである。対応バイアスは，人間が他者の行動（もしくはGPA）はその人の内面をそのまま反映していると額面どおりに受け止めて評価してしまう傾向のことである。このバイアスは入学者選考の担当者が，各大学の成績の付け方の慣行について熟知している場合でもなくなることはない。人間は甘い成績付けに起因する高成績をうまく割り引くことが苦手なようである。

それとは対照的に，この誤りを回避できるリニア・モデルのプログラムを作るのは容易であろう。実際にDawes（1971）は，大学院入学者選考に関してそれを実行した。Dawesがリニア・モデル開発のために採用したのはごく普通の手続きである。最初に4人からなる委員会の入学者選考の意思決定をモデ

ル化した。具体的には，委員会が以下の3つの要因からどのようにして入学者選考の意思決定を下したかを体系的に分析した。(1)大学院進学適性試験の点数，(2)出身大学で取得したGPA（訳註：成績平均値），(3)出身大学の質である。それからDawesはリニア・モデルで専門家の意思決定をモデル化することで得られた各変数の重み付けを使って，残りの384人の出願者に付与されるであろう点数の平均値を予測した。その結果，そのモデルは入学者選考委員会が実際に合格とした出願者をひとりも外すことなく，全出願者の55％を選考対象から除外できた。加えて，合格し実際に入学した学生の入学後の成績予測ではリニア・モデルの精度が当の委員会を上回っていたのである。1971年のDawesの試算によれば，アメリカ国内の大学院での選考においてリニア・モデルを使用すれば，担当者の人件費換算で年間約1800万ドルの節約になる。入学者が大学院よりもずっと多い学部の入学者選考や，企業の採用選考などで使用した場合の節約効果については推して知るべしである。現在の物価水準と大学院出願者数に換算すると，今ではその額は軽く5億ドルを超えるであろう。

◆採用決定の改善

新規採用の意思決定は，組織的な意思決定の中で最も重要なもののひとつである。実質的に世界中のどの企業も，第1次スクリーニングを通過した応募者の中から誰を採用するかを決定するに当たって，非体系的な面接を頼りにしている。面接における評価が当人の採用後の業務成績をどの程度まで予測できるのかという問題について，産業心理学者はこれまで広範な研究をおこなってきた。その結果分かったのは，面接試験はあまりうまく機能しないということである。具体的には，採用時の面接による評価は採用後の従業員の業績のばらつきの約14％しか予測できなかった（Schmidt & Hunter, 1998）。こんなにも小さな数値になるのは，ひとつには，従業員の業績を予測することが困難なためである。まともに予測できるツールは他にもほとんどないが，それでもいくつかの評価方法は非構造面接法よりも明らかに優れているし，コストも明らかに安上がりである。

にもかかわらず，なぜ人々はそんなにも面接試験の有効性をかたくなに信じているのだろうか。マネジャーが面接の意義を強固なまでに信頼しているのは，

下記に挙げたような複数の認知バイアスが最悪の形で結び付いてしまっているためである。

利用可能性——面接担当者は，優秀な従業員が持っている特質を把握しているつもりかもしれないが，面接で得られる情報は全く不完全なものである。従業員が特定の職位において，あるいは広く組織全体の中で成功するために必要な特性について，わざわざ手をかけて有用なデータを収集する会社はほとんどない。そのため，マネジャーは応募者が成功に必要な資質を持っているか否かを見極めるに当たって直観に頼らざるを得ないのである。

感情ヒューリスティック——人は初対面の人に会ったとき，気に入るか気に入らないかを極めて迅速に判断する。その判断の根拠は身体的な魅力や癖，自分との類似点のような表面上の特徴である（Ambady, Krabbenoft, & Hogan, 2006; Ambady & Rosenthal, 1993）。採用面接の流れの中でマネジャーがこれらの第一印象を変えることはほとんどない（Dougherty, Turban, & Callender, 1994）。面接することで志願者が自社と「相性が合う」かどうかが査定できると主張するマネジャーがいるが，面接による査定は志願者の資質の体系的な測定に基づくものではなく，面接担当者の直観による感情的な反応と大差はない。

代表性——マネジャーは直観的に，もし志願者が首尾一貫して自分の目標や組織や仕事について話すことができれば，その人は仕事も同様にうまくこなすことができると思い込んでいる。しかしながら，ほとんどの仕事で面接試験の成績と実際の仕事の成績との相関は弱い。外向的で社交上手で背が高く魅力的で愛想のいい人は，そうでない人よりも面接試験において肯定的な印象を与えやすい。ところが，このような特徴は誠実さや知性のように直接的に識別しにくい特徴ほどには仕事の成績にとって重要ではないのである。

確証ヒューリスティック——多くの人を面接して，そのうちのひとりを採用したとして，その後にマネジャーが知ることができるのはその選ばれたひとりの成績だけである（Einhorn & Hogarth, 1978）。マネジャーは不採用にした応

募者よりもその人のほうがうまく仕事をこなすかどうかを知ることはできない。自分達の選定のメカニズムが効果的かどうかを評価するためのデータを持ち合わせていないのである。

　非体系的な面接試験よりも優れた選抜方法はたくさんあって，そのほとんどが面接試験よりも安上がりである。たとえば知能検査がそのひとつである。それでも，もし組織が面接試験に固執するなら，構造化した面接法を使用するべきである。すなわち，ひとつの面接担当者集団がすべての応募者の面接をとりおこなう。そしてそれぞれの面接担当者には受け持ちの質問があって，すべての応募者に同じ質問をするのである（Schmidt & Hunter, 1998）。さらに，面接による定量評価は，知能や当該職務の経験年数その他の項目とともにリニア・モデルに組み込む項目のひとつとしてのみ取り扱うべきである。

第2節 ─── 方略2：専門知識の獲得

　本書で考察してきたバイアスの多くは，学生を参加者とした実験で確認されたものである。学生は不慣れな分野の課業での意思決定を求められるし，実験で正しい意思決定をしたからといって余分に報酬が支払われるわけでもない。したがって，ひとつの楽観的な考え方として，現実世界での意思決定に立ち向かっている専門家や経験を積んだ意思決定者ならば，実験参加者とは違ってバイアスに影響されにくい可能性がある。本書は判断のバイアスの蔓延を不当なまでに誇張してはいないだろうか。経験と専門知識は意思決定の改善に有効かもしれないので，これは確かに重要な問いかけである。

　人は自分の過去の意思決定についてフィードバックを受ければ自然にその後の意思決定を改善するようになると考えている研究者もいる。以下の見解は，本書第3章で議論した競争入札における勝者の呪いを分析した Kagel & Levin（1986, p. 917）によるものである。

　　「現実世界」の大半の入札者と同じように自分の意思決定の結果についてフィードバックを受けながら十分な経験を積めば，私達の実験の参加者もどんな状況設

定であっても勝者への呪いを回避することができるようになる。勝者への呪いは不安定な現象であって，十分な時間と正しい情報のフィードバックによって是正することができる。

　実際に Kagel & Levin（1986）はオークションの実験で，市場の参加者は（必ずしもすべての参加者ではないにしても）経験を積むことで「学習」が進むに従って勝者の呪いが減少することを示した。しかしながらこの学習の多くは，最も積極的な参加者が文無しになってマーケットから撤退するという現象によって説明が可能である。オークションの「勝者」が常に損を出しているのを観察することによって，また別の学習が促進されるのである。
　人生経験を積むことで人は多くの技術を向上させることができるし，悪い習慣をやめることもできる。しかしあいにく，私達の判断上のゆがみはその対象には入っていないようだ。Tversky & Kahneman（1986）によれば，判断における基本的なバイアスは時を重ねても自動的には矯正されないようである。反応的学習には正確かつ迅速なフィードバックが必要であるが，現実世界ではそれが利用可能な状況はめったにない。その理由は以下のとおりである。

　　(i)意思決定の結果が出るまでには時間がかかるし，何らかの結果が出たからといって，その原因をひとつの特定の行動に帰することは容易ではない。(ii)意思決定を下す環境にはばらつきがあるので，フィードバックの信頼性が損なわれる……。(iii)もし違う意思決定がなされていたらどんな結果になっていたかを示す情報はないのが普通である。(iv)最も重要な意思決定はそれぞれがユニークなので，学習の機会はほとんどない（Einhorn & Hogarth, 1978を参照）……。経験を積むことで個別の誤りが回避できるようになるという主張を裏付けるためには，効果的な学習が成立する諸条件が満たされた状況を実際に作ってみせる必要がある(pp. s274-s275)。

　第3章で述べた「会社の買収」問題を使って，Ball, Bazerman, & Carroll（1991）は人間には他者の意思決定を自分の意思決定に取り込むことによって勝者の呪いを回避するように学習する能力があるかどうかを検証した。この実験の参加者は実際の金銭を使って20回の意思決定（買収金額のオファー）をおこなった。オファーのたびごとに，ターゲット企業の価値がランダムに決定さ

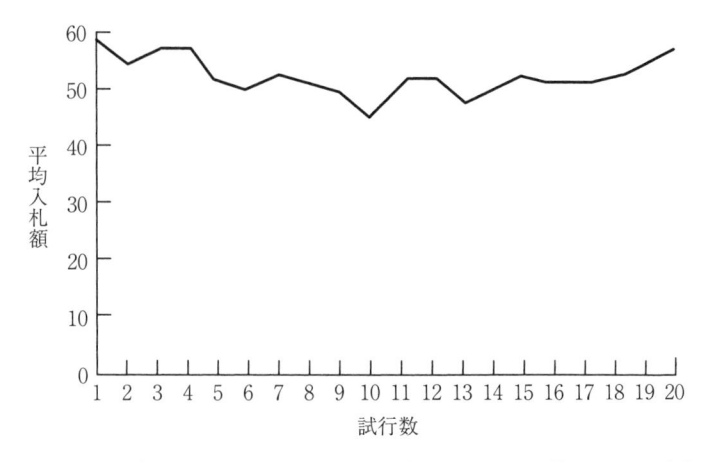

図11-1 「会社買収」問題での20回の試行における平均オファー金額

れ，それに基づいて参加者にすぐさまフィードバックがなされた。さらに参加者は自分の資産残高の変化（実質的にいつも下がったのだが）を見ることができた。Tversky & Kahneman（1986）で述べられたような種々の限界を抱えた現実の状況と比較すると，過去の間違いから学ぶためには理想的な設定で実験がおこなわれたのである。ひとつだけ，環境のばらつき（上記のiiに相当）による限界だけは取り除くことができなかった。これは勝者の呪い現象の本質的な一部分であるけれども，理想に近い環境下であれば二者間交渉問題において相手の思考を考慮する能力が学習できるかどうかを一応は調べることができた。

　この問題では0ドルが正解であること，そして参加者が他の参加者の思考を無視したときに典型的に得られる回答は50ドルから75ドルであることを念頭に置いて，図11-1に示した実験結果をご覧いただきたい。折れ線グラフに表れているのは，20回の入札のそれぞれの平均金額である。実験は20回繰り返されたが，参加者が正しい回答を学んだことを示す明確な傾向はみられなかった。実際，全米でもトップクラスのビジネススクールの学生からなる72人の実験参加者のうち，試行を重ねることで学習できたのは5人だけであった。ここから得られる一般的な結論は，単に経験を重ねたりフィードバックを得たりするだけでは人は勝者の呪いを克服できないということである。

こうしてみてくると，本書で議論してきたようなバイアスは意思決定者が経験を積めば無くすことができるという見解は妥当ではないように思われる。事実，Bereby-Meyer & Grosskopf（2008）によれば，実験参加者の大半は「会社の買収」実験の試行を何百回繰り返しても正解に到達できなかった。このことは実際の投資家や不動産仲介者や医者やその他の多くの「専門家」集団の意思決定に広くバイアスが存在していることを示す文献と整合的である。Neale & Northcraft（1989）は，専門知識を獲得すれば意思決定のバイアスは回避もしくは削減されるとしている。私達は経験と専門知識は密接に関連していると考えがちであるが，Neale & Northcraft は，経験を単なるフィードバックの繰り返しとして定義した。一方で専門知識については，合理的意思決定プロセスを構成するものは何なのかを「戦略的に概念化」し，合理性を制限するバイアスを認識する方法を習得することで獲得されるものであると主張した。

Neale & Northcraft による経験と専門知識の区別は，経験ある意思決定者が意思決定研究の恩恵を享受できるかという問題に深く関係している。不動産仲介者間を対象としてアンカー設定と調整の研究をした Northcraft & Neale（1987）は，経験ある意思決定者もまたバイアスに強く影響されていることを示唆している。それに加えて，最も「有能な意思決定者」と呼ばれる人々は特定分野で成功を遂げた人々であるが，その経験を専門知識のない異分野に当てはめようとしたり，環境が変化したのにそのまま当てはめようとしたりするならば，それは非常に危険である。第2章で挙げた研究結果が示すところでは，無知の程度が高まるほど，人は自分が下した間違った判断について自信過剰になるようである。

もしあなたが，経験を積んだ交渉者は交渉相手の留保価格をうまく割り出せるはずだと思っているなら，考え直したほうがよい。Larrick & Wu（2007）によれば，交渉域の幅を見極めるにあたって生じうる過誤の中で，経験によって補正できるのはただひとつ，交渉域の幅を広く見積もりすぎる過誤である。もしあなたが交渉域を実際よりも広く見積もっていたなら，交渉相手はあなたが提示した価格での合意を拒否するだろう。それによってあなたは自分の誤りに気づき是正することができる。反対に，もしあなたが取引価格帯の幅を過度に狭く見積もっていたなら，あなたは必要以上に高い価格でオファーしてしま

うであろう。あなたの交渉相手はそのオファーをぜひとも受け入れたいと思うだろうが，ものの順序として，とりあえずあなたに少しだけ上積みを要求してくるかもしれない。するとあなたは，交渉相手の留保価格はあなたのオファーに近いところにあると誤って認識してしまうだろう。この種の経験が重なると，交渉者は取引価格帯を実際よりも狭く見積もるようになる。そして交渉相手に対してもっと気前の良いオファーを出さなくてはならないと思うようになってしまうのである。

　Dawes（1988）は，知識を得るにあたって経験に依存することには難点があると強く主張している。そして，ベンジャミン・フランクリンの有名な引用句の「経験は高価な（dear）教師である」は，しばしば「経験は最良の教師である」を意味すると誤解されていると指摘する。実はフランクリンは「高価な（dear）」を「高くつく（expensive）」の同意語として使っていた。しかもその引用句は「ところが愚か者はそれからしか学ぼうとしない」と続くのである。Dawesはこう書いている，

> 　失敗経験からの学び……は実に「高価」であり，命取りになることすらある。……さらに，成功経験は人がそれから考えなしに学べば，肯定的結果だけでなく否定的結果をも生むのである。……並外れた成功を収めた人は——並外れて幸運だっただけかもしれないが——たいてい，自分の「経験」から自分は無敵であると思い込んでしまって，自分の行動とその結果について観察を怠るようになり，果てには自ら災厄を招いてしまう。

　経験についてのこのような見解は，経験を通しての思慮を欠いた受動的学習にただ頼るのではなく，合理的意思決定を下すにはどうすればいいかを概念的に理解することの重要性をあらためて強調している。専門知識を獲得するためには，遅くて不確かで制御の及ばないフィードバック以上のものが要求される。必要なのは，自己の意思決定プロセスを自覚し絶え間なく監視することである。意思決定の戦略的概念化を進める最後の利点は知識の移転可能性に関係している。経験を積んだ意思決定者に成功の秘密を聞けば，彼らは型にはまったように，技能は自分の目で長年にわたって観察することで培われるものであって，そのような経験は教えられるものではないと主張する。こういう見解を持っていると，自分の知識を他人に伝授する能力は明らかに低下してしまう。専門知

識を伴わない経験は知識を将来の世代に伝承する力が限られてしまうのである。

　意思決定の戦略的概念化を進める鍵となる要素は，第1章から第10章にかけて議論してきたような数多くの個人と集団のバイアスを回避することを学ぶことである。ただし，必要性を自覚することはこのプロセスのただの第一歩にすぎない。もうひとつの方略であるバイアスの除去について次節で議論する。

第3節 ─── 方略3：判断バイアスの補正

　「バイアス補正（debiasing）」とは，意思決定者の認知方略からバイアスを削減もしくは解消する手続きのことである。Fischhoff（1982）は意思決定の教師や指導者が生徒の賢明な判断を促進するために使える以下の4ステップを提案している。⑴バイアスがかかる可能性がある局面で警告を出す。⑵バイアスがどの方向に作用するかを示す。⑶然るべきフィードバックを提供する。⑷フィードバックやコーチング，そのほか判断を改善するようなものは何でも取り入れた広範囲なトレーニング・プログラムを提供する。Fischhoff はまた，バイアス除去は非常に難しいプロセスなので，人の態度変容等に関する心理学的な枠組みに則って，念入りにモニターし指導されなければいけないと主張する。たとえば，第2章で議論した後知恵バイアス（Fischhoff, 1977）に関する研究から，バイアスが参加者に明確に説明され，それを回避するように指導されてもなおバイアスはなくならないことが示されている。

　対照的に，Larrick（2004）によるレビューは，人は訓練によってバイアスを克服できるという明るい見通しを提示している。Larrick はまた，最も成功するバイアス補正方略は当該バイアスとその文脈に特化している傾向があるので，訓練と検証は密接に繋がっていなくてはならず，また時間的に近接していなければならないと述べている。たとえば，自信過剰バイアスの研究によれば，意思決定者に個人に特化したフィードバックを集中的に与えれば判断の改善に一応の効果があるが（Lichtenstein & Fishhoff, 1980），その効果は短期的なものに留まる。訓練がもたらすより広い効果について議論した論文が時おり発表されている。たとえば，単に「交渉相手が下す決定については何でも考慮に入れるように」と仕向けることで，自信過剰や後知恵やアンカー効果が減じられ

る（Larrick, 2004; Mussweiler, Strack, & Pfeiffer, 2000）。また Larrick（2004）は，個人ではなく集団を使うこと，統計的思考の訓練をすること，自分の決定に責任を持たせること（Lerner & Tetlock, 1999）で，バイアスを部分的に補正できることを強調している。

第1章で述べた Lewin の枠組み，Fischhoff のバイアス補正の研究，Larrick による最近のレビューや，MBA やエグゼクティブ・プログラムの学生を対象とした著者らの判断トレーニング・プログラムに基づいて，本節では判断からのバイアス補正のための具体的な提案をおこなう。

◆解凍

第1章で述べたように，個人，集団そして組織レベルでの行動の多くは人間の本性に深く根付いているので，それを変えることは相当に困難である。個人レベルでの行動変容を妨げる要因には，現状への満足，リスク回避の心理，革新的行動がもたらす不確かな結果よりも既知の行動がもたらす確かな結果のほうを好ましく感じることなどがある。意思決定が改善され，それが長く持続するためには，深いところにある思考と行動を「解凍」するプロセスを経なくてはならない。個人の意思決定プロセスを変えるには古い認知方略を解凍することが必須であるが，その主な理由は少なくとも3つある。

第1に，たいていの人は長年にわたって，自分の直観による認知方略に信頼を置いてきたのであって，変化を望むことは過去の方略に欠陥があったことを認めることになり，それを認識することは心理的な動揺を引き起こす。それゆえ，人は自分の判断に欠陥があるという当惑する事実を直視したくないのかもしれない。

第2に，ある程度職業上の成功を収めた人（MBA やエグゼクティブ教育プログラムの生徒のような）は，自分が過去に下した多くの意思決定に対して正の強化を受けてきたと考えられる。基本的な強化理論によると，人間は正の報酬を得られる行動を継続する傾向がある。たとえば，成功したエグゼクティブの多くは直観的方略を使ってトップになってきたので，自分の判断に明白かつ系統的な欠陥があることを示すような情報には抵抗を示す傾向がある。

第3の点はバランス理論（balance theory）（Heider, 1958）と関連がある。

バランス理論によれば，人間は自己の認知の一貫性と秩序を維持すべく努力する。成功したマネジャーにとって「私の意思決定プロセスには根本的な誤りがある」という認識は自己の成功についての自覚と齟齬を来す。「今の私は優れた意思決定者である」という認識のほうが成功しているという自覚とずっとよく調和する。それゆえ，バランス理論によれば，そのような認識のほうが優位に立つ傾向があるのである。

自分の意思決定プロセスが優れていることを示す理由をいくつも持っていて，自分の認知方略を変えようとする動きには何でも抵抗する知的能力の高いマネジャーには，概して共通のパターンがあるようである。成功者の多くは自分の直観を天分と認識していて，そこに本質的な欠点があるとは思っていない。ところが実は，本書で示してきたように，最も頭脳明晰で成功を収めたマネジャーでさえも直観を改善する余地が十分にあることを示す証拠は事欠かない。結論としては，成功したマネジャーにとって直観の改善に取り組むことは重要であるが，マネジャーが変化に対して認知的な抵抗を示すことは予測可能なパターンである。

本書はあなたが現在用いている認知方略に疑問を投げかけるような確たる証拠を示すことで，あなたの判断に変化をもたらそうとしてきた。まず問題を出してその回答に対してフィードバックを与えるという形式は，人間の意思決定プロセスを解凍するために特に設計されたものである。ほとんどの読者はこれまでの項目でかなりの数の間違いをしてきて，どこで間違えてしまったのか，どうしたらうまくできたのかを学ぶ心構えができているだろう。この形式は，自分の意思決定プロセスには改善は不要であるという認識を解凍するものである。現在の自分の方略に疑問を持ち始めることで，他の選択肢に対して受容力が出てくるであろう。他のケース（紙幣のオークションのような）での生々しい例は，判断の欠陥の犠牲になった人々に自分を重ね合わせることで，あなたの思考を解凍するためのものであった。

◆変化

人はひとたび過去の行動を解凍したら，進んで別の選択肢を検討するようになる。次の段階は変化それ自体である。ただし必ず変化が起こるという保証は

全くない。内心まだ抵抗感が残っているかもしれず，はたして変化が望ましいのかと繰り返し自問するかもしれない。人が意思決定プロセスを変えるためには，以下の3つの重要な段階がある。(1)人間の判断の欠陥について，その存在をひとつひとつ明確にする。(2)それらの欠陥の根底にあるものを説明する。(3)欠陥があることが自分の尊厳を脅かすものではないことを再確認する。

　第1段階は，前段階の解凍を説明するときに使われたもっと一般的なバイアスの具体例を抽象化したもので構成されている。加えて，人の目には表面的妥当性を持っているように映るバイアスについては，なぜそのバイアスが存在しているのかを説明する必要がある。これはバイアスの背後にあるヒューリスティックやその他の現象を明確化することでもある。最後に，この情報によって，解凍段階で部分的に克服された抵抗をまた増大させる恐れがあるかもしれないことを指摘しなくてはならない。それゆえに，ほとんど誰もが判断上のバイアスを受けやすいのであって，バイアスを受けることがその人が不出来な意思決定者であることを意味するわけではなく，ただの人間だからそうなるのだということを理解することが重要なのである。

　おそらく，バイアス補正方略の中で最も用途が広いのは，Lord, Lepper, & Preston（1984）のいう「反対意見の検討（consider the opposite）」であろう。自ら悪魔の代弁者（devil's advocate）となって，自分の暫定的な意思決定が間違っているとしたらそれはどこであるかを考えるのである。この方略が確証バイアス――自分の見解を支持する情報だけを探し求め，反証には目をつむる傾向――を回避する最も有効な手段であることは明らかである。Baron（1994）はさらに具体的なアドバイスをしている。彼はどんなデータの断片を評価するときもふたつのことをすべきであると提案する。最初に，自分自身に問いかける。「仮に私の仮説が間違っていたとして，それでも答えがイエスになる可能性はどのくらいだろうか」。たとえば，友人の新しい事業のアイデアにお金を投資することを検討しているとする。彼の事業計画では1年で利益が出る予定になっていて，それは計画の優秀性を示す証拠であるとあなたは考えている。このときあなたが心に抱いている仮説は，「これは自分のお金の投資対象として好適である」というものである。もしこの仮説が誤りであると仮定したら，つまり，この事業計画に投資するとはとんでもない考えであって，あなたのお

金と友情の両方を危険にさらすことになるとしたらどうだろうか。あなたの友人が，成功する見込みがさほど高くない割にはもっともらしく見える事業計画を思いつく可能性はどのくらいだろうか。

次に，代わりとなる別の仮説をいくつか考えてみる。そしてそれらを区別できるようなテストを選ぶ。あなたは友人の事業計画が本当に実行可能かどうかを識別するテストを考案できるだろうか。友人が銀行やベンチャー・キャピタルから事業立ち上げ資金をかき集めるのに苦労しているという事実は，その計画が他の野心に燃えた起業者達を向こうに回すと見劣りがすることを示す証拠かもしれない。自分が間違っているかもしれないパターンを検討するのはたしかにあまり愉快な作業ではない。しかし，自己満足に浸るのではなく妥当で正確な意思決定をするためには，これは欠かせない段階なのである。

◆再凍結

変化が達成された後でも，過去の行動や悪い習慣に戻る誘惑に駆られるものである。古いバイアスはまだ残っていて，無造作にまた無意識に発動してしまう。その一方で，新しいやり方はこれまでのとは異質なので，長い時間をかけて実践を積んで，直観的な方略に組み込まなくてはならない。さまざまな状況下で意識的に新しい方略を使うことで，それが徐々に古いパターンに置き換わり，やがてはあなたの第二の天性となる。ただし変化が持続するためには，高い頻度でそれを使うことと過去の訓練を思い返すことが欠かせない。

再凍結を果たすためには，この本を読み終わったずっと後まで，あなたはバイアスのチェックのために自分の決定を吟味し続けなければならない。あなたは直近に下した重要な意思決定を評価する定期検診のスケジュールを立てるべきである。定期検診の対象には個人的な意思決定や交渉者としての意思決定，集団の一員としての意思決定が含まれる。あなたの判断の限界についての自覚が残っているうちに検診をおこなわなくてはならない。

第4節　　方略4：類比的推論

近年になって，バイアスの削減には類比的推論（analogical reasoning）が

非常に有望であることを示す研究が報告されている（Gentner, Loenstein, & Thompson, & Gentner, 1999; Thompson, Gentner, & Loewenstein, 2000）。これらの研究によれば，ケースやシミュレーションや現実世界の経験から学ぶときに，その学習で学ぶべきことを抽象的なレベルでつかむことができれば，ずっとうまく学び取ることができる。

　交渉のシミュレーションで学習するとき，同じ教訓を含んだふたつの演習を課して，その後でそれぞれの演習で何を学んだかを別個に説明させても，あまり効果はない。しかし同じふたつの演習を課して，そのふたつがどのように関連しているかを説明させると，バイアスの補正が格段に進む。人は一度にひとつの出来事から学ぶとき，しばしばその状況の表層の特徴に焦点を当てすぎてしまい，その教訓が特定の状況の意思決定（家の買い方を学ぶような）にしか当てはまらないと考えてしまう。ところが，ふたつの出来事から共通の教訓を抽象化するプロセス（家の購入とビジネスの交渉の演習から固定パイの神話の克服のしかたを学ぶような）は，より一般化可能性の高い洞察を培うのである。

　Gentner, Loewenstein, & Thompson（2003）は論文中の3つめの実験で，この種の「類比的推論」が意思決定や交渉のバイアス削減に効果があることを示す卓越した証拠を提示した。彼女らは，経営者やコンサルタントを対象とした数多くの研究でも同じ結果を繰り返し再現している。Thompson, Gentner, & Loewenstein（2000）によれば，比較をすることで複数の実例の類似性が浮かび上がり，またそれらの実例に共通した構造が見えやすくなる。共通の構造もしくは両方の実例が共有する法則を特定することで，学習者は特定の実例にある本質とは無関係な外見や文脈依存的な特徴の影響を受けにくいスキーマを形成しやすくなる。そのようなかたちでの抽象化は，本質的な文脈ではないところから抽象化した方法に比べて，異なった文脈の新しい状況にもうまく適用できる。類比的推論の有効性に関するこれらの印象的な研究成果は，バイアス補正の研究に価値ある新しい方向を示し，学習の一般化可能性を最大化するためにケースやシミュレーションをどのように使うべきのかについて重要な指針を提供した。

　Thompson, Gentner, & Loewenstein（2000）の類推の研究を基として，Idson, Chugh, Bereby-Meyer, Moran, Grosskopf, & Bazerman（2004）は，複

数の問題の相違点を理解することが，類似点を理解することと同様に，知識の移転のための非常に有用な方法になるかもしれないことを示唆した。会社買収問題に見られるバイアスは他のいくつものバイアス補正テクニックに対して強い抵抗力を示すことが証明されているが，Idson らによれば，相違点をベースにしたトレーニングによって，会社買収問題のバイアスが低減されうることが分かった。Idson らはまた，Tor & Bazerman（2003）で使われた5つの問題を使って，実験参加者を，(1)モンティ・ホール問題のふたつのバージョンとパイの分割問題のふたつのバージョンを4つの独立した問題として考察させる群と，(2)問題をふたつずつ組にして考察させる群に振り分けた。そのあとですべての参加者は会社買収問題に取り組み，複数回の試行をおこなった。ここでは参加者は成績に応じて支払いを受けた。Idson らは同じ会社買収問題を，モンティ・ホール問題とパイの分配問題の訓練を受けていない他の実験参加者に解かせてみた。その結果，モンティ・ホール問題とパイの分配問題をふたつずつ組にして考えるほうが，それぞれの問題のふたつのバージョン間の相違点の理解が進み，相手の意思決定とゲームのルールに注意を向けることの重要性を一般化して理解する手助けになることを見出した。このふたつの教訓は会社買収問題を解決する鍵となっており，実際に実験参加者は会社買収問題で普通よりも明らかに高い成績をあげたのである。この研究は，外見的に同種に見える複数の問題について相違を調べることが意思決定の改善の有効な方向かもしれないという根拠を提示している。

　複数問題間の類推の形成を促進するためには，どのレベルで抽象化するのが最適なのだろうか。Moran, Bereby-Meyer, & Bazerman（2008）によれば，交渉者に「一般性の高い」交渉原則（たとえば「価値は創造できる」，「交渉当事者の利害関係を理解することが重要である」など）を教えることは，Loewenstein, Thompson, & Gentner（2003）に書かれている焦点を絞った類推よりも，新しい交渉の課題に広範囲にうまく当てはめることができる。また Moran, Bereby-Meyer, & Bazerman（2008）によれば，一般的原則を学ぶことで，個別事例から学んだ原則を積極的に移転する能力が向上するだけでなく，その適用範囲を識別する（ある原則をどこで適用しどこで適用すべきでないかを決定する）能力をも向上させる。

Moran, Bereby-Meyer, & Bazerman（2008）によれば，ある特定の交渉戦略（具体的には価値創出のためのログローリング〔logrolling, 訳註：自分にとって優先度の低い交渉課題を譲歩する代わりに優先度の高い交渉課題を得ること〕）の類比的推論の訓練を受けた人は，全く異なった構造を持つ対面での交渉に直面したときにはうまく立ち回れなかった。ログローリングの他の価値創造プロセスへの一般化可能性は限定的なのかもしれない。この見解を検証するために，Moran, Bereby-Meyer, & Bazerman（2008）は Thompson, Gentner, & Loewenstein（2000）による類比的推論問題を使用して，交渉を通じて価値を創造するために視野を広くとることを教えた。そして Moran らは「特定のトレーニング（specific training）」と「多様なトレーニング（diverse training）」を比較した。特定のトレーニングとは学習者が同じ特定の方略（たとえばログローリング）の実例となるふたつのケースを比較するものである。また多様なトレーニングとは，学習者が異なる複数の価値創出方略（たとえば，ひとつはログローリングでもうひとつは両立性）の実例となるふたつケースを比較するものである。訓練の有効性は交渉のシミュレーションの成績と結果を見ることで評価された。そのシミュレーションには，参加者がすでに学んだ方略もまだ学んでいない方略も含め多様な価値創出方略を適用する余地があった。

　Moran, Bereby-Meyer, & Bazerman（2008）によれば，交渉者がいくつかの異なった価値創出方略を学べるような多様な類比推論トレーニングのほうが，特定の類推トレーニングよりも，根源的な価値創出の交渉原則の学習を大きく促進した。この訓練を受けた参加者はかなり独特な課題にも知識を移転できるようになり，また以前に出会ったことのないものを含む多様な価値創出問題における成績も高いことが分かった。単に成績が向上しただけでなく，その問題に価値創出の余地がどれだけあるかについての理解も深まっていた。このように，多様な類比的推論の訓練によって高い水準の専門知識が得られ，異なった状況下でどの方略が効果的なのか，またそれはなぜなのかが理解できるようになるのである。その反面，訓練の多様性があまりに高まると，教訓の適用可能性が失われてしまう。どの程度のレベルの抽象化が理想的なのか，また類比的推論が個人的な意思決定にどこまで適用できるかは，今後の研究に残された興味深い課題である。

第5節 ── 方略5：外部者の視点に立つ

　第2章では，あなたに10個の不明瞭な数値について見積もってもらい，98％の自信度で正解が含まれる数値の範囲を設定してもらった。その結果，多くの人は10問中3問から7問しか正解できなかったのはすでに述べたとおりである。この研究は人が自分の意思決定に対して自信過剰になるという広く知られた知見を補強するものである。興味深いことに，実験参加者が10個の数値の見積もりをしたあとで，自分の設定した範囲の中に正解が含まれている数がいくつだと思うかを答えてもらうと，そちらの見積もりはかなり正確なのである（Gigerenzer, Hoffrage, & Kleinbölting, 1991；Kahneman, & Lovallo, 1993）。このことは，参加者は一般に自分の98％自信度の範囲の3個から7個くらいしか実際に正解が含まれていないと感じていることを示すものである。

　実験参加者の回答には明らかな矛盾があるが，Kahneman & Lovallo（1993）は，人間は意思決定において「内部者（insider）」の視点と「外部者（outsider）」の視点のふたつを持っているとして，それを理論立てすることによってこの現象を説明している。内部者はそれぞれの状況をユニークなものとみなすバイアスのかかった意思決定者である。一方で外部者は，複数の状況の一般化と類似点の明確化に長けている。このふたつの視点が同時に存在するため，コンサルティング・チームのメンバーは，ほとんどのプロジェクトは完了するのに最初に見積もった期間より長くかかることをよく知っているかもしれないのに（外部者の視点），自分がこれから取り組むプロジェクトの継続期間の見積もりはどういうわけか正しくてバイアスがかかっていないと信じている（内部者の見解）。同様に，家の新築や大がかりな改修のプロジェクトを考えている人は，友人からそんなプロジェクトは予算も期間も20から50％は超過するのが普通だと聞かされる（外部者の視点）。にもかかわらず，そのような建築プロジェクトを始めた多くの人は，自分は違う──自分の家はスケジュールどおりに計画に近いコストで出来上がる──と思うのである（内部者の視点）。

　Kahnemanは同僚とチームを作って大学の新しいカリキュラムを作成したときに内部者の楽観主義が表れる古典的な状況を経験したことを記述している

(Kahneman & Lovallo, 1993)。作業チームはプロジェクトは完成まで18ないし30ヵ月かかると見積もった。Kahneman は，カリキュラム編成にかけては際立った専門家であると目されるチームメンバーのひとりにこう質問した。「私達が大学のカリキュラムを一から立ち上げる最初のチームでないことは確かです。あなたが知っているケースをできるだけ多く思い出してください。それらのケースが今の私達と同じ段階にあったときのことを考えてみてください。その段階から，そのプロジェクトを完成するのにいったいどれくらいの時間がかかりましたか」。そのメンバーが答えたところでは，プロジェクトの40％は完成にたどり着けなかったし，7年未満で完成したプロジェクトはひとつもなかった。また，彼が過去に携わった同様のプロジェクトと比較すると，このプロジェクトの水準は平均をやや下回っているくらいであるとのことであった。結果はどうだったかというと，プロジェクトの完了まで8年も要してしまったのである。著作に携わっている人ならこのパターンに共感を抱くであろう。本を書くには長い時間がかかるものだということはたいていの人が知っている。それにもかかわらず，最初の章を書き始めるために机に向かったときに，非現実的なまでに早い締め切りに間に合わせることができると楽観的な見通しを抱いているのである。プロジェクトは完成さえしないかもしれないのに，私達は今度のプロジェクトはそんなことにはならないと信じてしまう。同様に，Cooper, Woo, & Dunkelberg (1988) によれば，起業者の80％以上が自分のビジネスが成功する確率を70％以上と見積もっていて，また3分の1は成功確率を100％と回答した。その一方で，自分のと似たようなビジネスについては平均成功率を59％と見積もった。ところが現実には，新しいビジネスの5年生存率はたったの33％なのである（Kahneman & Lovallo, 1993）。

　Kahneman & Lovallo の論文には，将来の見積もりや意思決定に関しては外部者が内部者よりも優れていることを示す説得力のある証拠が示されている。外部者の視点のほうが過去の意思決定から得られた関連データをよく取り込んでいるのに，依然として私達は内部者の視点を信じ，それに沿って行動する傾向がある。それはなぜだろうか。楽観主義と自信過剰がその要因であることは疑いない。加えて，Kahneman & Lovallo によれば，人は意思決定のプロセスにさまざまな詳細事項のすべてを組み込むので，結果的にそれぞれの決定をユ

ニークなものとみなす傾向がある。「いま，ここ」に集中してしまうがために歴史的なデータを見逃してしまい，またバイアスの暴走を許してしまう。その結果，私達は外部者の視点が十分に利用可能なのにもかかわらず，内部者の視点に従ってしまうのである。

　内部者と外部者を分けることに関連して，バイアスを補正する方法がもうひとつある。それは，重要な意思決定を下すときに自分以外の人に頼んで意見を言ってもらうことである。似たような意思決定の経験がある信頼のおける友人や同僚に相談してみるのがよい。興味深いことに，私達は友人が家を建てているときには予定よりも時間も費用もかかるだろうと予測する。それを知らないのは当の友人だけなのである。そんなわけで，重要な意思決定に際しては，信頼を置いている友人に結果を予想してもらい，外部者の予測のほうが内部者であるあなたのバイアスのかかった見通しよりもはるかに正確かもしれないことを理解すべきである。あるいは，あなたの中の外部者ならこの状況をどう見るだろうかと自分自身に問いかけることである。そのときは，その意思決定は自分ではなく友人のものだと考えて，その友人にどんな助言したらよいかを考える。キーポイントは，意思決定プロセスに外部者の声を強く反映させる手立てを考え出すことである。

第6節 ─── 方略6：他者のバイアスを理解する

　マネジメントにおいては，他者の意思決定と密接に関わりを持ちながら仕事をしなくてはならない。他者からの助言をよく検討して自分の意思決定に反映させ，あるいは他者の過去の意思決定を調整して自分の意思決定に当てはめる。他者の意思決定を評価する作業と自分自身の意思決定を監査することには根本的な相違がある。それにもかかわらず，あなたは本書を読むことによって，すべての人の意思決定が共通のバイアス影響をある程度まで受けていることを学んだであろう。自分自身のバイアスや他者のバイアスを体系的に検出するにはどうしたらよいだろうか。マネジメントに関する下記のような状況を考察してみよう。

あなたは14都市に40店舗をかまえる小売チェーンのマーケティング部長です。各店舗の年間平均売上高は200万ドルから400万ドルの間で，全店舗の平均は300万ドルです。過去3年間に新規に開店したのは25店舗で，会社は今後4年間に30店舗を新規開店する予定です。この規模拡大に向けて，あなたはそれぞれの建設候補地の売上を予測するために立地アナリストを雇いました。残念ながら，新規市場の売上の予測は非常に難しく，たとえトップのアナリストでもかなりの不確実性に直面します。あなたはマーケティング部長なので，あなたの部門が作成した予測の正確性はあなたの人事評価のポイントのひとつになります。ちょうどいま，立地アナリストから，ある建設予定地について，年間売上高は380万ドルであるという最新の予測が届きました。この地区はこのチェーンの中で稼ぎ頭のひとつになるだろうというアナリストの報告は人口統計学のデータで裏付けられています。あなたはこの予測をどのように取り扱いますか。

　余計な気を回さずに考えるなら，アナリストの予測を信頼する根拠は十分である。結局，予測の基になったデータの詳細についてはあなたよりもアナリストのほうがよく知っているのである。加えて，あなたの大ざっぱな見積もりも，その店は既存店舗と比較していい線をいくだろうと告げている。あなたの見積もりは，この立地の代表的な特徴を既存店舗の立地に当てはめて得られたものである。ところが，直観に反する基本的な統計概念に照らして考察すれば，この予測は説得力を失い始める。その概念は平均への回帰である。本書第2章では，予測の不確実性が高いほど，極端な予測は避けて平均値に近づけるべきであることを学んだ（Kahneman & Tversky, 1982b）。

　この原則を念頭に，この立地アナリストの予測が極めて正確である，つまりアナリストの予測と実売上高の間には完全な相関関係がある（相関係数1.0）と仮定してみよう。もしそうなら，380万ドルという予測を信じることは妥当であろう。次に，アナリストの予測（人口統計学のデータに基づく）と実売上高の間の相関関係がゼロのケースを考察してみよう。その場合はアナリストの予測は無意味である。この場合は使える情報はただひとつ，平均的な店舗の売上が300万ドルということだけなので，この数字があなたのベストの見積もりとなる。そしておそらくは，このアナリストの過去の予測はすべて正解でもすべて間違いでもなく，その経歴を通じて中間的なレベルの的中率だったというものである。ということは，予測は平均的店舗の売上とアナリストの見積もり

の間に落ち着くことになるだろう。アナリストの予測能力の評価が高くなるほど実際の数値はアナリストの出した数値に近づくことになる（Kahneman & Tversky, 1982b）。この分析から次のことが分かる。部長であるあなたは，アナリストの予測と実売上の間の相関関係の評価如何によって，アナリストの予測数値を割り引いて300万ドルから380万ドルの間のどこかに落ちつかせることだろう。要するに，本書を読んで人間の判断について理解することが，アナリストの出した数字を体系的に調整するために役立つであろう。

　ここまでの分析は，他者の意思決定を調整して利用するための大まかな指針を提供している。Kahneman & Tversky（1982b）は，立地問題を例にとって，そのプロセスを以下のような5つのステップの手順に形式化した。それぞれのステップを検討するにあたっては，この体系的な訓練をいかにして直観的で自然な反応に転換するかを考えることである。そうすることであなたは，マネジャーとして意思決定に関わる広範なバイアスの存在とそのバイアスが向かう方向を認識し，それぞれに応じて調整を加えることができるのである。

　1．比較対象のデータを選択する——最初のステップは，今の懸案となっている意思決定や予測と比較するための過去の事例を選択することである。立地問題でいえば，新店舗を既存の全店舗と比較することがまず考えられる。ただし比較対象は他にもいろいろ考えられる。たとえば，直近に開店した店舗だけに絞って比較するのもひとつの方法である。古い店舗よりも新しい店舗のデータのほうが将来予測に向いているならばなおさらである。データが多いほうが比較対象としては安定しているが，含まれているデータが不均質なので今から予測しようとしている特定のケースとの類似性は低下するかもしれない。

　2．比較対象データの分布を評価する——次のステップは，比較対象に選んだ過去の事例の特性を評価することである。もし比較対象が既存の全店舗なら，提供されたデータから売上高の分布する範囲と平均がわかる。もし最近開店した店舗に限定して比較するのであれば，それらを改めて計算する必要があるだろう。さらに，平均値を中心に広がるデータの分布図の形状に関する追加データが必要になるかもしれない。

3．**直観による評価を組み込む**——このステップでは，これからおこなう意思決定や将来予測について専門家の見解を求める。このケースでは，立地アナリストの評価である380万ドルが調整の必要な直観的見積もりにあたる。次のふたつのステップでこの予測を改善していく。

4．**意思決定の結果についての予測を評価する**——このステップでは比較対象のデータと今回の意思決定や予測との相関の程度を見極めなくてはならないので，修正手順の中では最も難しい。過去の予測数値に対して実売上がどうだったかをみることで，この相関関係を算定できるかもしれない。そのようなデータが無いときには，何らかの主観的手順をとらねばならない。Kahneman & Tversky（1982b）はこのプロセスをより詳細に議論しているが，本書の目的に合わせるなら，鍵となるのはアナリストは自分の予測と実際の売上との相関係数を1.0と仮定していることである。その自己評価にはバイアスがかかっているので，実際上はすべてのケースにおいて専門家の数字に調整をかけなくてはならない。

5．**直観的予測を調整する**——このステップでは，バイアスに起因するエラーを減らすためにはどの程度の調整が必要かを計算する。たとえば，第4段階で相関係数が1と計算されたら，この手順によって売上予測は380万ドルになる。また相関係数が0のときは300万ドルの見積もりになり，相関関係が0と1の間にある場合は見積もりもそれに比例してその間のどこかに落ちつくことになる。この調整は下記のように公式化できる。

　　調整後の見積もり＝比較対象の平均＋相関分（当初の見積もり
　　　　　　　　　　－比較対象の平均）

この例では調整後の予測数値は簡単に算出できる。相関係数が0.5のときの予測は340万ドル，相関係数が0.75のときの予測は360万ドル，などなどである。調整を加えようとしている人は十分にこの手順の論理を理解し，それをこれから下そうとしている意思決定にどのようにあてはめればよいかを考えるべきで

ある。また，あなたがこの調整の必要性を組織内で訴えるときには，変化に対する抵抗に直面するかもしれないことを認識しておかねばならない。

　上記の5つのステップは，平均への回帰というバイアスを調整することによって人間の直観のバイアスを補正するひとつの明確なプロセスを提供している。この公式手順を使うことで多くの予測が改善するだろう。より重要なことに，このプロセスを理解したマネジャーは最初の見積もりをどの程度まで平均に回帰する方向に近づければいいかを直観的に判断できるようになるであろう。
　私達は今や，個人的意思決定と多参加者ゲームの両方におけるバイアスのかかった意思決定に幅広く適用できる調整モデルを手にしている。それにはおおまかに3つの段階がある。最初に，決定が下されようとしている文脈を正確に認知し分析する必要がある。次に，意思決定と意思決定者を取り巻く潜在的なバイアスを見分ける必要がある。最後に，その意思決定に対する適切で論理的な調整が何かを見極めてそれを実行する必要がある。この判定・改善テクニックはいろいろな場面で自分自身のみならず他者の直観的判断の評価と調整にも使うことができる。
　本節では，バイアスを理解することで他者の意思決定にある系統的な誤りをも理解できることを明らかにしてきた。平均への回帰を考慮した調整は，そのようなテクニックがどのように体系化できるのかを示す一例にすぎない。どこかの組織のコンサルティングをするときには，本書に記された種々のバイアスの知識を使って多種多様な問題に潜むバイアスを特定することができるだろう。
　さらに，他者のバイアスについての新しい知識を使って，競争環境でとるべき最適な行動を特定することができる。Richard Thalerの見解は本書でしばしば引用してきたところだが，彼はRussell Fullerとチームを組んでFuller-Thaler投資信託を創立した（www.fullerthaler.com）。このファンドは主要なマーケット参加者が影響を受けがちな予測可能なバイアスを利用しながら有価証券を買う。FullerとThalerの主張によれば，これらのバイアスがあるために証券には誤った価格付けがなされている。たとえば，ほとんどのアナリストは企業に関する新しい肯定的な情報には過小に反応するという。意思決定のバイアスがどのようにして企業価値の過小評価や過大評価につながるのかを明確

化することで，FullerとThalerは市場平均を大きく凌ぐファンドを仕立て上げたのである。

第7節 ─── 結論

　この最終章では，人間の意思決定の欠陥を是正する6つの方略を紹介してきた。最初の3つの方略は意思決定状況に対する私達の直観的反応に幅広い変化をもたらそうとするものである。それらは大まかに言って，私達には認知に限界があってバイアスの影響を受けやすいのだということについての覚知を高めようとするものである。残りの3つの方略は，特定の文脈における特定の決定を改善するためのいくつかのテクニックを提供する。そしてそれらは実際の決定を検証し調整する具体的な方法を提示する。これらの6つの戦略は一体となって，あなたの将来の直観的意思決定プロセスに変化をもたらし，「再凍結」する手段を提供する。

　やや楽観的で甘い見方かもしれないが，本書の読者はすでに自分の意思決定を改善する能力を有しているはずである。甘い見方というのは，読者が自分の判断を改善するためのプロセスを統合して完全に身につけたと判断するには時期尚早だからである。もし解凍がおこなわれなかったならば，本書の目的は達成されなかったことになる。もし変化のための情報が十分に読者に提供されなかったのなら，この本はやはり失敗したことになる。しかしながら，新しい意思決定プロセスを再凍結させることと，この最終章で提示した意思決定改善方略を使用する責任はあなたにある。再凍結を達成するためには，しばらくの間，本書で明らかにしたようなエラーがないかどうか，自分の意思決定プロセスの見直しを繰り返す必要がある。再凍結にはまた，あなたが対峙しているさらに複雑な世界での意思決定のバイアスを注意深く探索する必要がある。意思決定のプロセスに永続的な内部改善を組み込むことは手間のかかる作業である。しかもそれは時間をかけて根気よく自己監視しながらゆっくりと進めなくてはならない。あなたが組織の難局の只中にいるときに比べれば，意思決定に関する本を読みながらバイアスを見つけるほうがはるかに容易である。Raiffa（1984）によれば，学生はRaiffaの担当科目の試験では適切な意思決定方略を使えたの

だが，他の教師の担当科目で類似問題を解くときにそれをうまく一般化して適用することはできなかった。このように，あなたの意思決定プロセスを調整するためには絶え間なく注意をはらうことが必要なのである。

　本書に書かれた見解は，あなた自身の意思決定を改善するだけでなく，他者の意思決定についての有益な情報となるはずである。私達はしばしば交渉相手の意思決定に不審を抱く状況に直面するが，先方の論理の欠陥をずばりと表現する語彙が不足している。本書は他者のバイアスを理解し説明するための体系的な手がかりを提供する。あなたは新聞を読みながら，あるいはテレビでスポーツイベントを観ながら他者のバイアスを見つける訓練ができる。レポーター，スポーツキャスター，政治家，その他の情報提供者，そして公務員が社会に向けて発表するコメントは，本書で概略を説明してきたようなバイアスを帯びた意思決定プロセスの実例となる。

　筆者らは，本書が意思決定に関するあなたの思い込みのいくつかを払拭することを願っている。また本書が意思決定の結果だけに目を向けるのでなく意思決定のプロセスの重要性への覚知を高めることを願っている。

　筆者らは，ほとんどのマネジャーが意思決定の適切さよりも意思決定の結果によって報酬を得ている事態を憂慮している。これまで見てきたように，マネジャーは間違った根拠に基づいて多くの意思決定を下している。ほとんどの意思決定には不確実性が付き物なので，適切な意思決定の多くが悪い結果に終わるし，間違った意思決定でも結果に恵まれることがある。マネジャーが意思決定の適切さではなく結果によって報酬を得ているということは，マネジャーは将来には機能しないかもしれない行動によって報酬を得ていることを意味する。

　Davis（1971）によれば，「興味をそそる」著作に接すると読者はそれまで考えたこともなかったようなことを問題として認識するようになるという。それゆえに，新しい論点を発見することは古い問題に新しい答えを出すよりもはるかに重要であるかもしれない。本書がその意味で興味をそそる著作になっていて，あなたが自分の意思決定過程の中にこれまで知らなかった側面があることに気づき，そこから新しい疑問や問題が呼び起こされたなら，著者らとしては幸いである。

参考文献

References

*——文献中,冒頭の数字(例:①②)は邦訳のある書籍。
文献末に一括記載。

Ager, J. W., & Dawes, R. M. (1965). Effect of judges' attitudes on judgment. *Journal of Personality and Social Psychology, 1*(5), 533–538.
Ainslie, G. (1975). Specious reward: A behavioral theory of impulsiveness and impulse control. *Psychological Bulletin, 82*, 463–509.
Akerlof, G. (1970). The market for lemons: Qualitative uncertainty and the market mechanism. *Quarterly Journal of Economics, 89*, 488–500.
Akerlof, G. A., & Yellen, J. L. (1990). The fair wage-effort hypothesis and unemployment. *Quarterly Journal of Economics, 105*, 255–283.
Allison, S. T., Messick, D. M., & Goethals, G. R. (1989). On being better but not smarter than others: The Muhammad Ali effect. *Social Cognition, 7*(3), 275–295.
Alloy, L. B., & Abramson, L. Y. (1979). Judgment of contingency in depressed and nondepressed students: Sadder but wiser? *Journal of Experimental Psychology: General, 108*, 441–485.
Alpert, M., & Raiffa, H. (1969/1982). A progress report on the training of probability assessors. In D. Kahneman, P. Slovic, & A. Tversky (Eds.), *Judgment under uncertainty: Heuristics and biases*. Cambridge: Cambridge University Press.
Ambady, N., Krabbenoft, M. A., & Hogan, D. (2006). The 30-sec sale: Using thin-slice judgments to evaluate sales effectiveness. *Journal of Consumer Psychology, 16*(1), 4–13.
Ambady, N., & Rosenthal, R. (1993). Half a minute: Predicting teacher evaluations from thin slices of nonverbal behavior and physical attractiveness. *Journal of Personality and Social Psychology, 64*, 431–441.
Anderson, C., Srivastava, S., Beer, J. S., Spataro, S. E., & Chatman, J. A. (2006). Knowing your place: Self-perceptions of status in face-to-face groups. *Journal of Personality and Social Psychology, 91*(6), 1094–1110.
Angelone, B. L., Levin, D., & Simons, D. J. (2003). The relationship between change, detection, and recognition of centrally attended objects in motion pictures. *Perception, 32*(8), 947–962.
Asendorpf, J. B., Banse, R., & Muecke, D. (2002). Double dissociation between implicit and explicit personality self-concept: The case of shy behavior. *Journal of Personality & Social Psychology, 83*(2), 380–393.
①Babcock, L., & Laschever, S. (2007). *Women don't ask*. New York: Bantam.
Babcock, L., & Loewenstein, G. (1997). Explaining bargaining impasse: The role of self-serving biases. *Journal of Economic Perspectives, 11*(1), 109–126.
Babcock, L., Loewenstein, G., Issacharoff, S., & Camerer, C. F. (1995). Biased judgments of fairness in bargaining. *American Economic Review, 85*(5), 1337–1343.
Badaracco, J. L., Jr., & Webb, A. P. (1995, Winter). Business ethics: The view from the trenches. *California Management Review*.
Bajaj, V. (2005, December 28). FDA puts restrictions on Guidant. *New York Times*, p. C1.
Balcetis, E., & Dunning, D. (2006). See what you want to see: Motivational influences on visual perception. *Journal of Personality and Social Psychology, 91*(4), 612–625.

Ball, S. B., Bazerman, M. H., & Carroll, J. S. (1991). An evaluation of learning in the bilateral winner's curse. *Organizational Behavior and Human Decision Processes, 48*, 1–22.

Banaji, M. R. (2001, January–February). Ordinary prejudice. *Psychological Science Agenda, American Psychological Association, 14*, 8–11.

Banaji, M. R. (2004). The opposite of a great truth is also true: Homage of Koan #7. In J. T. Jost & M. R. Banaji (Eds.), *Perspectivism in social psychology: The yin and yang of scientific progress*. Washington, DC: American Psychological Association.

Banaji, M. R., Bazerman, M. H., & Chugh, D. (2003, December). How (un)ethical are you? *Harvard Business Review*.

Banaji, M. R., & Bhaskar, R. (2000). Implicit stereotypes and memory: The bounded rationality of social beliefs. In D. L. Schacter & E. Scarry (Eds.), *Memory, brain, and belief*. Cambridge, MA: Harvard University Press.

Barber, B. M., & Odean, T. (2000a, January–February). Too many cooks spoil the profits: The performance of investment clubs. *Financial Analyst Journal*, 17–25.

Barber, B. M., & Odean, T. (2000b). Trading is hazardous to your wealth: The common stock investment performance of individual investors. *Journal of Finance, 55*(2), 773–806.

Barber, B. M., & Odean, T. (2001). Boys will be boys: Gender, overconfidence, and common stock investment. *Quarterly Journal of Economics, 116*(1), 261–293.

Barber, B. M., & Odean, T. (2002). Online investors: Do the slow die first? *Review of Financial Studies, 15*(2), 455–487.

Barber, B. M., Odean, T., & Zheng, L. (2005). Out of sight, out of mind: The effects of expenses on mutual fund flows. *Journal of Business, 78*, 2095–2120.

Bargh, J. A., Chen, M., & Burrows, L. (1996). Automaticity of social behavior: Direct effects of trait construct and stereotype activation on action. *Journal of Personality and Social Psychology, 71*(3), 230–244.

Bar-Hillel, M. (1973). On the subjective probability of compound events. *Organizational Behavior and Human Performance, 9*, 396–406.

Baron, J. (1994). *Thinking and deciding* (2nd ed.). Cambridge: Cambridge University Press.

Baron, J., Beattie, J., & Hershey, J. C. (1988). Heuristics and biases in diagnostic reasoning: II. Congruence, information, and certainty. *Organizational Behavior and Human Decision Processes, 42*, 88–110.

Baron, J. N., & Ritov, I. (1993). Intuitions about penalties and compensation in the context of tort law. *Journal of Risk and Uncertainty, 7*, 17–33.

Bauer, J. E. (2006). Self-exclusion and the compulsive gambler: The house shouldn't always win. *Northern Illinois Law Review, 27*(1), 63–94.

Baumeister, R. F., Campbell, J. D., Krueger, J. I., & Vohs, K. D. (2003). Does high self-esteem cause better performance, interpersonal success, happiness, or healthier lifestyles? *Psychological Science in the Public Interest, 4*, 1–44.

Bazerman, M. H. (1985). Norms of distributive justice in interest arbitration. *Industrial and Labor Relations Review, 38*, 558–570.

Bazerman, M. H., Baron, J., & Shonk, K. (2001). *You can't enlarge the pie: The psychology of ineffective government*. New York: Basic Books.

Bazerman, M. H., & Chugh, D. (2005). Focusing in negotiation. In L. Thompson (Ed.), *Frontiers of social psychology: Negotiations*. New York: Psychological Press.

Bazerman, M. H., Curhan, J. R., & Moore, D. A. (2000). The death and rebirth of the social psychology of negotiation. In G. J. O. Fletcher & M. S. Clark (Eds.), *Blackwell handbook of social psychology: Interpersonal processes* (pp. 196–228). Oxford: Blackwell.

Bazerman, M. H., Curhan, J. R., Moore, D. A., & Valley, K. L. (2000). Negotiation. *Annual Review of Psychology, 51*, 279–314.

Bazerman, M. H., & Gillespie, J. J. (1999, September–October). Betting on the future: The virtues of contingent contracts. *Harvard Business Review*, 155–160.

Bazerman, M. H., Giuliano, T., & Appelman, A. (1984). Escalation of commitment in individual and group decision making. *Organizational Behavior and Human Decision Processes, 33*(2), 141–152.

Bazerman, M. H., Loewenstein, G., & Moore, D. A. (2002). Why good accountants do bad audits. *Harvard Business Review, 80*(1), 87–102.

Bazerman, M. H., Loewenstein, G., & White, S. B. (1992). Psychological determinants of utility in competitive contexts: The impact of elicitation procedure. *Administrative Science Quarterly, 37*, 220–240.

Bazerman, M. H., Moore, D. A., Tenbrunsel, A. E., Wade-Benzoni, K. A., & Blount, S. (1999). Explaining how preferences change across joint versus separate evaluation. *Journal of Economic Behavior and Organization, 39*, 41–58.

Bazerman, M. H., Morgan, K. P., & Loewenstein, G. (1997). The impossibility of auditor independence. *Sloan Management Review, 38*(4), 89–94.

Bazerman, M. H., & Neale, M. A. (1982). Improving negotiation effectiveness under final offer arbitration: The role of selection and training. *Journal of Applied Psychology, 67*, 543–548.

② Bazerman, M. H., & Neale, M. A. (1992). *Negotiating rationally.* New York: Free Press.

Bazerman, M. H., Russ, L. E., & Yakura, E. (1987, July). Post-settlement settlements in two-party negotiations. *Negotiation Journal*, 283–291.

Bazerman, M. H., & Samuelson, W. F. (1983). I won the auction but don't want the prize. *Journal of Conflict Resolution, 27*(4), 618–634.

Bazerman, M. H., Tenbrunsel, A. E., & Wade-Benzoni, K. A. (1998). Negotiating with yourself and losing: Understanding and managing competing internal preferences. *Academy of Management Review, 23*(2), 225–241.

Bazerman, M. H., Wade-Benzoni, K. A., & Benzoni, F. J. (1996). A behavioral decision theory perspective to environmental decision making. In D. M. Messick & A. E. Tenbrunsel (Eds.), *Ethical issues in managerial decision making.* New York: Russell Sage.

Bechara, A., Damasio, H., Damasio, A. R., & Lee, G. P. (1999). Different contributions of the human amygdala and ventromedial prefrontal cortex to decision-making. *Journal of Neuroscience, 19*, 5473–5481.

Bechara, A., Damasio, H., Tranel, D., & Damasio, A. R. (1997). Deciding advantageously before knowing the advantageous strategy. *Science, 275*, 1293–1294.

③ Belsky, G., & Gilovich, T. (1999). *Why smart people make big money mistakes.* New York: Simon and Schuster.

Benartzi, S., & Thaler, R. H. (2001). Naive diversification strategies in defined contribution saving plans. *American Economic Review, 91*(1), 79–98.

Benton, M. J. (2005). *When life nearly died: The greatest mass extinction event of all time.* London: Thames & Hudson.

Bereby-Meyer, Y., & Grosskopf, B. (2008). Overcoming the winner's curse: An adaptive learning perspective. *Journal of Behavioral Decision Making.*

Bernhard, H., Fischbacher, U., & Fehr, E. (2006). Parochial altruism in humans. *Nature, 442*, 912–915.

Bernoulli, D. (1738/1954). Exposition of a new theory on the measurement of risk. *Econometrica, 22*, 22–36.

Blanton, H., & Jaccard, J. (2006). Arbitrary metrics in psychology. *American Psychologist, 61*, 27–41.

Block, R. A., & Harper, D. R. (1991). Overconfidence in estimation: Testing the anchoring-and-adjustment hypothesis. *Organizational Behavior and Human Decision Processes, 49*(2), 188–207.

Blount, S., & Bazerman, M. H. (1996). The inconsistent evaluation of comparative payoffs in labor supply and bargaining. *Journal of Economic Behavior and Organization, 891*, 1–14.

Bodenhausen, G. V., Gabriel, S., & Lineberger, M. (2000). Sadness and susceptibility to judgmental bias: The case of anchoring. *Psychological Science, 11*(4), 320–323.

Bodenhausen, G. V., Kramer, G. P., & Suesser, K. (1994). Happiness and stereotypic thinking in social judgment. *Journal of Personality and Social Psychology, 66*(4), 621–632.

Bogle, J. C. (1994). *Bogle on mutual funds*. New York: Irwin.

Brawley, L. R. (1984). Unintentional egocentric biases in attributions. *Journal of Sport Psychology, 6*, 264–278.

Brickman, P., & Campbell, D. T. (1971). Hedonic relativism and planning the good society. In M. H. Appley,(Ed.), *Adaptation level theory: A symposium*. New York: McGraw-Hill.

Brickman, P., Coates, D., & Janoff-Bulman, R. (1978). Lottery winners and accident victims: Is happiness relative? *Journal of Personality and Social Psychology, 36*(8), 917–927.

Brief, A. P., Dietz, J., Cohen, R. R., Pugh, S., & Vaslow, J. B. (2000). Just doing business: Modern racism and obedience to authority as explanations for employment discrimination. *Organizational Behavior & Human Decision Processes, 81*(1), 72–97.

Brodt, S. E. (1990). Cognitive illusions and personnel management decisions. In C. Cooper & I. T. Robertson (Eds.), *International review of industrial and organizational psychology* (Vol. 5, pp. 229–279). New York: Wiley.

Brosnan, S. F., & deWaal, F. B. M. (2003). Monkeys reject unequal pay. *Nature, 425*, 297–299.

Budiansky, S., Gest, T., & Fischer, D. (1995, January 30). How lawyers abuse the law. *U.S. News and World Report, 118*, 50.

Burson, K. A., Larrick, R. P., & Klayman, J. (2006). Skilled or unskilled, but still unaware of it: How perceptions of difficulty drive miscalibration in relative comparisons. *Journal of Personality and Social Psychology, 90*(1), 60–77.

Cain, D. M., Loewenstein, G., & Moore, D. A. (2005a). Coming clean but playing dirtier: Perverse consequences of disclosing conflicts of interest. In D. A. Moore, D. M. Cain, G. Loewenstein, & M. H. Bazerman (Eds.), *Conflicts of interest*. Cambridge: Cambridge University Press.

Cain, D. M., Loewenstein, G., & Moore, D. A. (2005b). The dirt on coming clean: Perverse effects of disclosing conflicts of interest. *Journal of Legal Studies, 34*, 1–25.

Caldwell, D. F., & O'Reilly, C. A. (1982). Responses to failures: The effects of choices and responsibility on impression management. *Academy of Management Journal, 25*, 121–136.

Camerer, C. F. (2000). Prospect theory in the wild: Evidence from the field. In D. Kahneman & A. Tversky (Eds.), *Choices, values, and frames* (pp. 288–300). New York: Russell Sage Foundation.

Camerer, C. F., Babcock, L., Loewenstein, G., & Thaler, R. (1997). Labor supply of New York City cabdrivers: One day at a time. *Quarterly Journal of Economics, 112*(2), 407–441.

Camerer, C. F., Loewenstein, G., & Weber, M. (1989). The curse of knowledge in economic settings: An experimental analysis. *Journal of Political Economy, 97*(5), 1232–1254.

Camerer, C. F., & Lovallo, D. (1999). Overconfidence and excess entry: An experimental approach. *American Economic Review, 89*(1), 306–318.

Cameron, L. (1999). Raising the stakes in the ultimatum game: Experimental evidence from Indonesia. *Economic Inquiry, 37*(1), 47–59.

Carhart, M. M. (1997). On persistence in mutual fund performance. *Journal of Finance, 52*(1), 57–82.

Carroll, J. S., Bazerman, M. H., & Maury, R. (1988). Negotiator cognitions: A descriptive approach to negotiators' understanding of their opponents. *Organizational Behavior and Human Decision Processes, 41*(3), 352–370.

Caruso, E., Epley, N., & Bazerman, M. H. (2006). The costs and benefits of undoing egocentric responsibility assessments in groups. *Journal of Personality and Social Psychology, 91*, 857–871.

Caruso, E. M., Epley, N., & Bazerman, M. H. (2006). The good, the bad, and the ugly of perspective taking in groups. In A. E. Tenbrunsel (Ed.), *Research on managing groups and teams: Ethics in groups* (Vol. 8). JAI Press.

Caruso, E. M., Epley, N., & Bazerman, M. H. (2007). *Leader of the packed: Unpacking, egocentrism, and the costs and benefits of perspective taking in groups.* Unpublished data.

Cassidy, J. (2007, July 2). Hedge clipping: Is there any way to get above-average returns on the cheap? *The New Yorker*, 28–33.

CBS News. (2004, September 29). *Kerry's top ten flip-flops*. Retrieved July 11, 2007, from http://www.cbsnews.com/stories/2004/09/29/politics/main646435.shtml

Chambers, J. R., Windschitl, P. D., & Suls, J. (2003). Egocentrism, event frequency, and comparative optimism: When what happens frequently is "more likely to happen to me."*Personality and Social Psychology Bulletin, 29*(11), 1343–1356.

Choi, J., Laibson, D., Madrian, B. C., & Metrick, A. (2003). *Active decisions: A natural experiment in savings.* Mimeo: Harvard University.

Chugh, D. (2004). Societal and managerial implications of implicit social cognition: Why milliseconds matter. *Social Justice Research, 17*(2).

Chugh, D., Bazerman, M. H., & Banaji, M. R. (2005). Bounded ethicality as a psychological barrier to recognizing conflicts of interest. In D. A. Moore, D. M. Cain, G. Loewenstein, & M. H. Bazerman (Eds.), *Conflicts of interest* (pp. 74–95). Cambridge: Cambridge University Press.

Cooper, A. C., Woo, C. Y., & Dunkelberg, W. C. (1988). Entrepreneurs' perceived chances for success. *Journal of Business Venturing, 3*(2), 97–109.

Cowherd, D. M., & Levine, D. I. (1992). Product quality and pay equity between lower-level employees and top management: An investigation of distributive justice theory. *Administrative Science Quarterly, 37*(2 Special Issue: Process and outcome: Perspectives on the Distribution of Rewards in Organizations), 302–320.

Crocker, J., Thompson, L. L., McGraw, K. M., & Ingerman, C. (1987). Downward comparison, prejudice, and evaluations of others: Effects of self-esteem and threat. *Journal of Personality and Social Psychology, 52*(5), 907–916.

Cryder, C. E., Lerner, J. S., Gross, J. J., & Dahl, R. E. (2007). *The material self: Sadness, self-focus, and spending.* Working paper.

Curhan, J. R., Neale, M. A., & Ross, L. (2004). Dynamic valuation: Preference change in the context of active face-to-face negotiations. *Journal of Experimental Social Psychology, 40*, 142–151.

Dalai Lama XIV. (1999). *Ethics for the new millennium*. New York: Riverhead Books.

Dana, J., Cain, D., & Dawes, R. M. (2006). What you don't know won't hurt me: Costly (but quiet) exit in a dictator game. *Organizational Behavior & Human Decision Processes, 100*, 193–201.

Dana, J., Weber, R. A., & Kuang, J. X. (2007). Exploiting moral wiggle room: Behavior inconsistent with a preference for fair outcomes. *Economic Theory*.

Darley, J. M., & Gross, P. H. (1983). A hypothesis-confirming bias in labeling effects. *Journal of Personality and Social Psychology, 44*(1), 20–33.

Dasgupta, N. (2004). Implicit ingroup favoritism, outgroup favoritism, and their behavioral manifestations. *Social Justice Research, 17*(2), 143–170.

Davis, M. S. (1971). That's interesting! *Philosophy of Social Science*, 309–344.

Dawes, R. M. (1971). A case study of graduate admissions: Application of three principles of human decision making. *American Psychologist, 26*(2), 180–188.

Dawes, R. M. (1979). The robust beauty of improper linear models in decision making. *American Psychologist, 34*(7), 571–582.

Dawes, R. M. (1988). *Rational choice in an uncertain world.* Fort Worth, TX: Harcourt Brace.

Dawson, E., Gilovich, T., & Regan, D. (2002). Motivated reasoning and performance on the Wason Selection Task. *Personality and Social Psychology Bulletin, 28*(10), 1379–1387.

de Quervain, D. J.-F., Fischbacher, U., Treyer, V., Schellhammer, M., Schnyder, U., Buck, A., et al. (2004). The neural basis of altruistic punishment. *Science, 305*, 1254–1258.

DeBondt, W. F. M., & Thaler, R. H. (1985). Does the stock market overreact? *Journal of Finance*,

53, 1839–1885.
den Ouden, E. (2006). *Developments of a design analysis model for consumer complaints: Revealing a new class of quality failures*. Eindhoven: Unpublished doctoral dissertation. http://w3.tm.tue.nl/en/capaciteitsgroepen/qre/research/publications/
Depken, C. A. (2000). Wage disparity and team productivity: Evidence from major league baseball. *Economic Letters, 67*, 87–92.
Diekmann, K. A., Samuels, S. M., Ross, L., & Bazerman, M. H. (1997). Self-interest and fairness in problems of resource allocation: Allocators versus recipients. *Journal of Personality and Social Psychology, 72*(5), 1061–1074.
Diekmann, K. A., Tenbrunsel, A. E., Shah, P. P., Schroth, H., & Bazerman, M. H. (1996). The descriptive and prescriptive use of previous purchase price in negotiations. *Organizational Behavior and Human Decision Processes, 66*(2), 179–191.
Ditto, P. H., & Lopez, D. F. (1992). Motivated skepticism: Use of differential decision criteria for preferred and nonpreferred conclusions. *Journal of Personality and Social Psychology, 63*(4), 568–584.
Dougherty, T. W., Turban, D. B., & Callender, J. C. (1994). Confirming first impressions in the employment interview: A field study of interviewer behavior. *Journal of Applied Psychology, 79*(5), 656–665.
Duncan, B. L. (1976). Differential social perception and attribution of intergroup violence: Testing the lower limits of stereotyping of Blacks. *Journal of Personality and Social Psychology, 34*, 590–598.
Dunning, D. (2005). *Self-insight: Roadblocks and detours on the path to knowing thyself*. New York: Psychology Press.
Dunning, D., Heath, C., & Suls, J. M. (2004). Flawed self-assessment: Implications for health, education, and the workplace. *Psychological Science in the Public Interest, 5*(3), 69–106.
Einhorn, H. J. (1972). Expert measurement and mechanical combination. *Organizational Behavior and Human Performance, 7*, 86–106.
Einhorn, H. J., & Hogarth, R. M. (1978). Confidence in judgment: Persistence of the illusion of validity. *Psychological Review, 85*(5), 395–416.
Ekman, P. (1992). Are there basic emotions? *Psychological Review, 99*(3), 550–553.
Englich, B., & Mussweiler, T. (2001). Sentencing under uncertainty: Anchoring effects in the courtroom. *Journal of Applied Social Psychology, 31*(7), 1535–1551.
Englich, B., Mussweiler, T., & Strack, F. (2006). Playing dice with criminal sentences: The influence of irrelevant anchors on experts' judicial decision making. *Personality and Social Psychology Bulletin, 32*(2), 188–200.
Epley, N. (2004). A tale of tuned decks? Anchoring as accessibility and anchoring as adjustment. In D. J. Koehler & N. Harvey (Eds.), *Blackwell handbook of judgment and decision making* (pp. 240–256). Oxford: Blackwell.
Epley, N., Caruso, E., & Bazerman, M. H. (2006). When perspective taking increases taking: Reactive egoism in social interaction. *Journal of Personality and Social Psychology, 91*, 872–889.
Epley, N., & Gilovich, T. (2001). Putting adjustment back in the anchoring and adjustment heuristic: Differential processing of self-generated and experimenter-provided anchors. *Psychological Science, 12*(5), 391–396.
Epley, N., Mak, D., & Idson, L. C. (2006). Rebate or bonus? The impact of income framing on spending and saving. *Journal of Behavioral Decision Making, 19*(4), 213–227.
Erev, I., Wallsten, T. S., & Budescu, D. V. (1994). Simultaneous over- and underconfidence: The role of error in judgment processes. *Psychological Review, 101*(3), 519–527.
Feder, B. (2006, January 26). *Quiet end to battle of the bids*. New York Times p. C1.
Feder, B., & Sorkin, A. R. (2005, November 3). *Troubled maker of heart devices may lose suitor*.

New York Times, p. A1.
Fehr, E., & Fischbacher, U. (2003). The nature of human altruism. *Nature, 425*, 785–791.
Fehr, E., & Fischbächer, U. (2004). Third-party punishment and social norms. *Evolution and Human Behavior, 25*, 63–87.
Fehr, E., & Gächter, S. (2000). Cooperation and punishment in public goods experiments. *American Economic Review, 90*(4), 980–994.
Fehr, E., Kirchsteiger, G., & Reidl, A. (1993). Does fairness prevent market clearing? An experimental investigation. *Quarterly Journal of Economics, 108*, 437–459.
Fiedler, K. (2000). Beware of samples! A cognitive-ecological sampling approach to judgment biases. *Psychological Review, 107*(4), 659–676.
Fischhoff, B. (1975). Hindsight is not equal to foresight: The effect of outcome knowledge on judgment under uncertainty. *Journal of Experimental Psychology: Human Perception and Performance, 1*(3), 288–299.
Fischhoff, B. (1977). Cognitive liabilities and product liability. *Journal of Products Liability, 1*, 207–220.
Fischhoff, B. (1982). Debiasing. In D. Kahneman, P. Slovic, & A. Tversky (Eds.), *Judgment under uncertainty: Heuristics and biases*. Cambridge, MA: Cambridge University Press.
Fischhoff, B., Parker, A. M., Bruine de Bruin, W., Downs, J., Palmgren, C., & Manski, C. F. (2000). Teen expectations for significant life events. *Public Opinion Quarterly, 64*, 189–205.
④ Fisher, R., Ury, W., & Patton, B. (1981). *Getting to yes*. Boston: Houghton Mifflin.
Fiske, S. T. (2004). Intent and ordinary bias: Unintended thought and social motivation create casual prejudice. *Social Justice Research, 17*(2), 117–128.
Forgas, J. P. (1995). Mood and judgment: The affect infusion model (AIM). *Psychological Bulletin, 117*(1), 39–66.
Forsyth, D. R., & Schlenker, B. R. (1977). Attributional egocentrism following a performance of a competitive task. *Journal of Social Psychology, 102*, 215–222.
Fox, C. R., & Tversky, A. (1998). A belief-based account of decision under uncertainty. *Management Science, 44*(7), 879–895.
Friedman, A. (1996). *High-altitude decision making*. Paper presented at the Jeffrey Z. Rubin Memorial Confrerence, Cambridge, MA.
Friedman, D. (1998). Monty Hall's three doors: Construction and deconstruction of a choice anomaly. *American Economic Review, 88*(4), 933–946.
Galinsky, A. D., & Mussweiler, T. (2001). First offers as anchors: The role of perspective-taking and negotiator focus. *Journal of Personality and Social Psychology, 81*(4), 657–669.
Gentner, D., Loewenstein, G., & Thompson, L. (2003). Learning and transfer: A general role for analogical encoding. *Journal of Educational Psychology, 95*(2), 393–408.
Gigerenzer, G., Hoffrage, U., & Kleinbölting, H. (1991). Probabilistic mental models: A Brunswikian theory of confidence. *Psychological Review, 98*(4), 506–528.
Gilbert, D. T. (1991). How mental systems believe. *American Psychologist, 46*(2), 107–119.
Gilbert, D. T. (2002). Inferential correction. In T. Gilovich, D. Griffin, & D. Kahneman (Eds.), *Heuristics and biases: The psychology of intuitive judgment* (pp. 167–184). Cambridge: Cambridge University Press.
⑤ Gilbert, D. T. (2006). *Stumbling on happiness*. New York: Random House.
Gilbert, D. T., & Malone, P. S. (1995). The correspondence bias. *Psychological Bulletin, 117*(1), 21–38.
Gilbert, D. T., Pinel, E. C., Wilson, T. D., Blumberg, S. J., & Wheatley, T. P. (1998). Immune neglect: A source of durability bias in affective forecasting. *Journal of Personality and Social Psychology, 75*(3), 617–638.
Gilbert, D. T., & Wilson, T. D. (2000). Miswanting: Some problems in the forecasting of future affective states. In J. P. Forgas,(Ed.), *Feeling and thinking: The role of affect in social cognition, studies in emotion and social interaction* (Vol. 2, pp. 178–197). New York: Cambridge

University Press.
⑥ Gilovich, T. (1991). *How we know what isn't so: The fallibility of human reason in everyday life.* New York: Free Press.
Gilovich, T., & Medvec, V. H. (1995). The experience of regret: What, when, and why. *Psychological Review, 102*(2), 379–395.
Gilovich, T., Vallone, R. P., & Tversky, A. (1985). The hot hand in basketball: On the misperception of random sequences. *Cognitive Psychology, 17,* 295–314.
Gino, F., & Bazerman, M. H. (2006). *Slippery slopes and misconduct: The effect of gradual degredation on the failure to notice others' unethical behavior.* Pittsburgh: Unpublished manuscript.
Gino, F., & Moore, D. A. (2008). Why negotiators should reveal their deadlines: Disclosing weaknesses can make you stronger. *Negotiation and Conflict Management Research.*
Gladwell, M. (2006, October 16). The formula: What if you built a machine to predict hit movies? *The New Yorker.*
Glassman, J. K., & Hassett, K. A. (1999). *Dow 36,000: The new strategy for profiting from the coming rise in the stock market.* New York: Times Business.
Goetzmann, W. N., & Peles, N. (1997). Cognitive dissonance and mutual fund investors. *Journal of Financial Research, 20*(2), 145–158.
Goodwin, P. (1999). *Decision analysis for management judgment* (2nd ed.). New York: Wiley.
⑦ Gore, A. (1992). *Earth in the balance.* New York: Penguin Books USA.
Grabiner, D. (1996). Frequently asked questions about the baseball strike. Website:ftp://baseball.berkelely.edu/pub/baseball/faq/strike.FAQ
Gramzow, R. H., & Gaertner, L. (2005). Self-esteem and favoritism toward novel in-groups: The self as an evaluative base. *Journal of Personality and Social Psychology, 88,* 801–815.
Greenwald, A. G. (1980). The totalitarian ego: Fabrication and revision of personal history. *American Psychologist, 35*(7), 603–618.
Greenwald, A. G., McGhee, D. E., & Schwartz, J. L. K. (1998). Measuring individual differences in implicit cognition: The implicit association test. *Journal of Personality and Social Psychology, 74*(6), 1464–1480.
Griffin, D. W., Dunning, D., & Ross, L. (1990). The role of construal processes in overconfident predictions about the self and others. *Journal of Personality and Social Psychology, 59*(6), 1128–1139.
Grosskopf, B., Bereby-Meyer, Y., & Bazerman, M. H. (2007). On the robustness of the winner's curse phenomenon. *Theory and Decision.*
Grossman, S. J., & Stiglitz, J. E. (1980). On the impossibility of informationally efficient markets. *American Economic Review, 70*(3), 393–408.
Gruenfeld, D. H., Mannix, E. A., Williams, K. Y., & Neale, M. A. (1996). Group composition and decision making: How member familiarity and information distribution affect process and performance. *Organizational Behavior and Human Decision Processes, 67*(1), 1–15.
Güth, W., Schmittberger, R., & Schwarze, B. (1982). An experimental analysis of ultimatum bargaining. *Journal of Economic Behavior and Organization, 3,* 367–388.
Haidt, J. (2001). The emotional dog and its rational tail: A social intuitionist approach to moral judgment. *Psychological Review, 108*(4), 814–834.
Haidt, J. (2007). The new synthesis in moral psychology. *Science, 316,* 998–1002.
Haidt, J., Björklund, F., & Murphy, S. (2007). *Moral dumbfounding.* Charlotte: University of Virginia working paper.
⑧ Hammond, J. S., Keeney, R. L., & Raiffa, H. (1999). *Smart choices: A practical guide to making better life decisions.* New York: Broadway.
Hardin, G. (1968). The tragedy of the commons. *Science, 162*(3859), 1243–1248.
Harris, G., & Feder, B. (2006, January 27). FDA warns device maker over safety. *New York Times,* p. C1.

Hastorf, A. H., & Cantril, H. (1954). They saw a game: A case study. *Journal of Abnormal and Social Psychology, 49*, 129–134.

⑨ Heider, F. (1958). *The psychology of interpersonal relations*. New York: Wiley.

Henrich, J., Boyd, R., Bowles, S., Camerer, C., Fehr, E., Gintis, H., et al. (2001). In search of Homo Economicus: Behavioral experiments in 15 small-scale societies. *AEA Papers and Proceedings, 73*–78.

Hershey, J. C., & Schoemaker, P. J. H. (1980). Prospect theory's reflection hypothesis: A critical examination. *Organizational Behavior and Human Performance, 3*, 395–418.

Ho, T.-H., Camerer, C. F., & Weigelt, K. (1998). Iterated dominance and iterated best response in experimental "p-beauty contests." *American Economic Review, 88*(4), 947–969.

Hoch, S. J. (1988). Who do we know: Predicting the interests and opinions of the American consumer. *Journal of Consumer Research, 15*(3), 315–324.

Hoffman, E., McCabe, K., & Smith, V. (1996). On expectations and the monetary stakes in ultimatum games. *International Journal of Game Theory, 25*, 289–302.

Holt, J. (2006, December 3). The new, soft paternalism. *New York Times*, p. 15.

Holt, L. L., & Lotto, A. J. (2008). Speech perception within an auditory cognitive science framework. *Current Directions in Psychological Science*.

Hsee, C. K. (1996). The evaluability hypothesis: An explanation for preference reversals between joint and separate evaluations of alternatives. *Organizational Behavior and Human Decision Processes, 67*(3), 247–257.

Hsee, C. K. (1998). Less is better: When low-value options are valued more highly than high-value options. *Journal of Behavioral Decision Making, 11*, 107–121.

Hsee, C. K., Loewenstein, G., Blount, S., & Bazerman, M. H. (1999). Preference reversals between joint and separate evaluations of options: A review and theoretical analysis. *Psychological Bulletin, 125*(5), 576–590.

Idson, L. C., Chugh, D., Bereby-Meyer, Y., Moran, S., Grosskopf, B., & Bazerman, M. H. (2004). Overcoming focusing failures in competitive environments. *Journal of Behavioral Decision Making, 17*(3), 159–172.

Iyengar, S. S., Jiang, W., & Huberman, G. (2004). How much choice is too much: Determinants of individual contributions in 401K retirement plans. In O. S. Mitchell & S. Utkus (Eds.), *Pension design and structure: New lessons from behavioral finance* (pp. 83–95). Oxford: Oxford University Press.

Iyengar, S. S., & Lepper, M. R. (2000). When choice is demotivating: Can one desire too much of a good thing? *Journal of Personality and Social Psychology, 79*(6), 995–1006.

James, W. (1890). *The principles of psychology*. New York: H. Holt.

Janofsky, M. (2004, March 19). Scalia refusing to take himself off Cheney case. *New York Times* p. A1.

Jegadeesh, N., & Titman, S. (1993). Returns to buying winners and selling losers: Implications for stock market efficiency. *Journal of Finance, 48*(1), 65–91.

Johnson, E. J., & Goldstein, D. G. (2003). Do defaults save lives? *Science, 302*, 1338–1339.

Johnson, E. J., & Tversky, A. (1983). Affect, generalization, and the perception of risk. *Journal of Personality and Social Psychology, 45*, 20–31.

Jones, J. T., Pelham, B. W., Carvallo, M., & Mirenberg, M. C. (2004). How do I love thee? Let me count the Js: Implicit egotism and interpersonal attraction. *Journal of Personality and Social Psychology, 87*, 665–683.

Jordan, D. J., & Diltz, J. D. (2003). The profitability of day traders. *Financial Analysts Journal, 59*(6), 85–94.

Joyce, E. J., & Biddle, G. C. (1981). Anchoring and adjustment in probabilistic inference in auditing. *Journal of Accounting Research, 19*, 120–145.

Kagel, J. H., & Levin, D. (1986). The winner's curse and public information in common value auditing. *American Economic Review, 76*, 894–920.

Kahneman, D. (2003). A perspective on judgment and choice: Mapping bounded rationality. *American Psychologist, 58*(9), 697–720.

Kahneman, D., & Frederick, S. (2002). Representativeness revisited: Attribute substitution in intuitive judgment. In T. Gilovich, D. Griffin, & D. Kahneman (Eds.), *Heuristics and biases: The psychology of intuitive judgment* (pp. 49–81). New York: Cambridge University Press.

Kahneman, D., Knetsch, J. L., & Thaler, R. H. (1986). Fairness as a constraint on profit seeking: Entitlements and the market. *American Economic Review, 76*(4), 728–741.

Kahneman, D., Knetsch, J. L., & Thaler, R. H. (1990). Experimental tests of the endowment effect and the Coase Theorem. *Journal of Political Economy, 98*(6), 1325–1348.

Kahneman, D., Krueger, A. B., Schkade, D., Schwarz, N., & Stone, A. A. (2006). Would you be happier if you were richer? A focusing illusion. *Science, 312*, 1908–1910.

Kahneman, D., & Lovallo, D. (1993). Timid choices and bold forecasts: A cognitive perspective on risk and risk taking. *Management Science, 39*, 17–31.

Kahneman, D., & Miller, D. T. (1986). Norm theory: Comparing reality to its alternatives. *Psychological Review, 93*(2), 136–153.

Kahneman, D., & Ritov, I. (1994). Determinants of stated willingness to pay for public goods: A study in the headline method. *Journal of Risk and Uncertainty, 9*, 5–38.

Kahneman, D., Schkade, D. A., & Sunstein, C. R. (1998). Shared outrage and erratic awards: The psychology of punitive damages. *Journal of Risk and Uncertainty, 16*, 49–86.

Kahneman, D., & Tversky, A. (1972). Subjective probability: A judgment of representativeness. *Cognitive Psychology, 3*(3), 430–454.

Kahneman, D., & Tversky, A. (1973). On the psychology of prediction. *Psychological Review, 80*, 237–251.

Kahneman, D., & Tversky, A. (1979). Prospect theory: An analysis of decision under risk. *Econometrica, 47*(2), 263–291.

Kahneman, D., & Tversky, A. (1981). The framing of decisions and the psychology of choice. *Science, 211*(4481), 453–458.

Kahneman, D., & Tversky, A. (1982a). The psychology of preferences. *Scientific American, 246*(1), 160–173.

Kahneman, D., & Tversky, A. (1982b). The simulation heuristic. In D. Kahneman, P. Slovic, & A. Tversky (Eds.), *Judgment under uncertainty: Heuristics and biases* (pp. 201–208). New York: Cambridge University Press.

Kat, H. M., & Palaro, H. P. (2006). *Superstars or average Joes? A replication-based performance evaluation of 1917 individual hedge funds*, from http://ssrn.com/abstract=881105.

Kennedy, J. F. (1956). *Profiles in courage*. New York: Harper.

Keynes, J. M. (1936). *The general theory of employment, interest, and money*. London: Macmillan.

Keysar, B. (1994). The illusory transparency of intention: Linguistic perspective taking in text. *Cognitive Psychology, 26*(2), 165–208.

Khan, U., & Dhar, R. (2006). Licensing effect in consumer choice. *Journal of Marketing Research, 43*, 259–266.

Khan, U., & Dhar, R. (2007). Where there is a way, is there a will? The effect of future choices on self-control. *Journal of Experimental Psychology: General, 136*, 277–288.

Klayman, J., & Ha, Y.-W. (1987). Confirmation, disconfirmation, and information in hypothesis testing. *Psychological Review, 94*(2), 211–228.

Klayman, J., Soll, J. B., Gonzalez-Vallejo, C., & Barlas, S. (1999). Overconfidence: It depends on how, what, and whom you ask. *Organizational Behavior and Human Decision Processes, 79*(3), 216–247.

Klein, W. M. P., & Steers-Wentzell, K. L. (2005). On the physical costs of self-enhancement. In E. Chang (Ed.), *Self-enhancement and self-criticism: Theory, research, and clinical implica-*

tions. Washington, DC: American Psychological Association.

Koole, S. L., Dijksterhuis, A., & van Knippenberg, A. (2001). What's in a name: Implicit self-esteem and the automatic self. *Journal of Personality and Social Psychology, 80*(4), 669–685.

Koriat, A., Fiedler, K., & Bjork, R. A. (2006). Inflation of conditional predictions. *Journal of Experimental Psychology: General, 135*, 429–447.

Koriat, A., Lichtenstein, S., & Fischhoff, B. (1980). Reasons for confidence. *Journal of Experimental Psychology: Human Learning and Memory, 6*(2), 107–118.

Kramer, R. M. (1994). *Self-enhancing cognitions and organizational conflict*. Working paper.

Kruger, J. (1999). Lake Wobegon be gone! The "below-average effect" and the egocentric nature of comparative ability judgments. *Journal of Personality and Social Psychology, 77*(2), 221–232.

Kruger, J., & Burrus, J. (2004). Egocentrism and focalism in unrealistic optimism (and pessimism). *Journal of Experimental Social Psychology, 40*(3), 332–340.

Kruger, J., Epley, N., Parker, J., & Ng, Z.-W. (2005). Egocentrism over e-mail: Can we communicate as well as we think? *Journal of Personality and Social Psychology, 89*(6), 925–936.

Kunda, Z. (1990). The case for motivated reasoning. *Psychological Bulletin, 108*(3), 480–498.

Kunreuther, H. (1978). *Disaster insurance protection: Public policy lessons*. New York: Wiley.

Laibson, D. (1994). *Essays in hyperbolic discounting*. Unpublished doctoral dissertation, MIT, Cambridge, MA.

Laibson, D., Repetto, A., & Tobacman, J. (1998). Self-control and saving for retirement. *Brookings paper on economic activity, 1*, 91–196.

Larrick, R. P. (1993). Motivational factors in decision theories: The role of self-protection. *Psychological Bulletin, 113*, 440–450.

Larrick, R. P. (2004). Debiasing. In D. J. Koehler & N. Harvey (Eds.), *Blackwell handbook of judgment and decision making*. Oxford, England: Blackwell.

Larrick, R. P., & Wu, G. (2007). Claiming a large slice of a small pie: Asymmetric disconfirmation in negotiation. *Journal of Personality and Social Psychology, 93*(2), 212–233.

Latane, B., & Darley, J. M. (1969). Bystander "apathy." *American Scientist, 57*, 244–268.

Lax, D. A., & Sebenius, J. K. (1986, October). Three ethical issues in negotiation. *Negotiation Journal*, 363–370.

Lax, D. A., & Sebenius, J. K. (1987). *Measuring the degree of joint gains achieved by negotiators*. Unpublished Manuscript; Harvard University.

Lax, D. A., & Sebenius, J. K. (2002). Dealcrafting: The substance of three dimensional negotiation. *Negotiation Journal, 18*, 5–28.

⑪ Leeson, N. (1997). *Rogue trader*. New York: Time Warner.

Leith, K. P., & Baumeister, R. F. (1996). Why do bad moods increase self-defeating behavior? Emotion, risk taking, and self-regulation. *Journal of Personality and Social Psychology, 71*(6), 1250–1267.

Lerner, J. S., Goldberg, J. H., & Tetlock, P. E. (1998). Sober second thought: The effects of accountability, anger, and authoritarianism on attributions of responsibility. *Personality and Social Psychology Bulletin, 24*(6), 563–574.

Lerner, J. S., Gonzalez, R. M., Small, D. A., & Fischhoff, B. (2003). Effects of fear and anger on perceived risks of terrorism: A national field experiment. *Psychological Science, 14*(2), 144–150.

Lerner, J. S., & Keltner, D. (2000). Beyond valence: Toward a model of emotion-specific influences on judgement and choice. *Cognition and Emotion, 14*(4), 473–493.

Lerner, J. S., & Keltner, D. (2001). Fear, anger, and risk. *Journal of Personality and Social Psychology, 81*(1), 146–159.

Lerner, J. S., Small, D. A., & Loewenstein, G. (2004). Heart strings and purse strings: Carryover effects of emotions on economic transactions. *Psychological Science, 15*(5), 337–341.

Lerner, J. S., & Tetlock, P. E. (1999). Accounting for the effects of accountability. *Psychological Bulletin, 125*(2), 255–275.

Lerner, J. S., & Tiedens, L. Z. (2006). Portrait of the angry decision maker: How appraisal tendencies shape anger's influence on cognition. *Journal of Behavioral Decision Making, 19,* 115–137.

Levy, J., Pashler, H., & Boer, E. (2006). Central interference in driving: Is there any stopping the psychological refractory period? *Psychological Science, 17,* 228–235.

Lewin, K. (1947). Group decision and social change. In T. M. Newcomb & E. L. Hartley (Eds.), *Readings in social psychology.* New York: Holt, Rinehart and Winston.

⑫ Lewis, M. (2003). *Moneyball: The art of winning an unfair game.* New York: W. W. Norton & Company.

Lichtenstein, S., & Fischhoff, B. (1980). Training for calibration. *Organizational Behavior and Human Decision Processes, 26*(2), 149–171.

Lieberman, M. D., Eisenberger, N. I., Crockett, M. J., Tom, S. M., Pfeifer, J. H., & Way, B. M. (2007). Putting feelings into words: Affect labeling disrupts amygdala activity to affective stimuli. *Psychological Science, 18,* 421–428.

⑬ Lind, E. A., & Tyler, T. R. (1988). *The social psychology of procedural justice.* New York: Plenum.

Lindell, M. K., & Perry, R. W. (2000). Household adjustment to earthquake hazard: A review of research. *Environment and Behavior, 32,* 461–501.

Loewenstein, G. (1996). Out of control: Visceral influences on behavior. *Organizational Behavior and Human Decision Processes, 65*(3), 272–292.

Loewenstein, G., & Thaler, R. H. (1989). Anomalies: Intertemporal choice. *Journal of Economic Perspectives, 3*(4), 181–193.

Loewenstein, G., Thompson, L., & Bazerman, M. H. (1989). Social utility and decision making in interpersonal contexts. *Journal of Personality and Social Psychology, 57,* 426–441.

Loewenstein, G., Weber, E. U., Hsee, C. K., & Welch, N. (2001). Risk as feelings. *Psychological Bulletin, 127,* 267–286.

Loewenstein, J., Thompson, L., & Gentner, D. (1999). Analogical encoding facilitates knowledge transfer in negotiation. *Psychonomic Bulletin and Review, 6*(4), 586–597.

Loewenstein, J., Thompson, L., & Gentner, D. (2003). Analogical learning in negotiation teams: Comparing cases promotes learning and transfer. *Academy of Management Learning and Education, 2*(2), 119–127.

Loftus, E. F. (1975). Leading questions and the eyewitness report. *Cognitive Psychology, 7,* 560–572.

Lord, C. G., Lepper, M. R., & Preston, E. (1984). Considering the opposite: A corrective strategy for social judgment. *Journal of Personality and Social Psychology, 47*(6), 1231–1243.

Lord, C. G., Ross, L., & Lepper, M. R. (1979). Biased assimilation and attitude polarization. *Journal of Personality and Social Psychology, 37*(11), 2098–2109.

Lowenthal, D. J. (1996). *What voters care about: How electoral context influences issue salience in campaigns.* Carnegie Mellon University: Unpublished doctoral dissertation.

Mack, A. (2003). Inattentional blindness: Looking without seeing. *Current Directions in Psychological Science, 12*(5), 180–184.

Mack, A., & Rock, I. (1998). *Inattentional blindness.* Cambridge, MA: Bradford Books.

Macrae, C. N., & Bodenhausen, G. V. (2001). Social cognition: Categorical person perception. *British Journal of Psychology, 92*(1), 239–255.

Madrian, B. C., & Shea, D. F. (2001). The power of suggestion: Inertia in 401(k) participation and savings behavior. *Quarterly Journal of Economics, 116*(4), 1149–1187.

⑭ Malhotra, D., & Bazerman, M. H. (2007). *Negotiating genius.* New York: Bantam.

⑮ Malkiel, B. G. (2003). *A random walk down Wall Street* (8th ed.). New York: Norton.

Malkiel, B. G., & Saha, A. (2005). Hedge funds: Risk and return. *Financial Analyst Journal, 61*(6), 80–88.

Malmendier, U., & Tate, G. (2005). CEO overconfidence and corporate investment. *Journal of*

Finance, 60, 6.
Mannix, E., & Neale, M. A. (2005). What differences make a difference? The promise and reality of diverse teams in organizations. *Psychological Science in the Public Interest, 6*, 31–55.
⑯ March, J. G., & Simon, H. A. (1958). *Organizations*. New York: Wiley.
Massey, C., & Wu, G. (2005). Detecting regime shifts: The causes of over- and underreaction. *Management Science, 51*(6), 932–947.
McClure, S. M., Laibson, D., Loewenstein, G., & Cohen, J. D. (2004). Separate neural systems value immediate and delayed monetary rewards. *Science, 306*(5695), 503–507.
McConnell, A. R., & Leibold, J. M. (2001). Relations among the Implicit Association Test, discriminatory behavior, and explicit measures of racial attitudes. *Journal of Experimental Social Psychology, 37*(5), 435–442.
McGraw, A. P., Mellers, B. A., & Ritov, I. (2004). The affective costs of overconfidence. *Journal of Behavioral Decision Making, 17*(4), 281–295.
Medvec, V. H., Madey, S. F., & Gilovich, T. (1995). When less is more: Counterfactual thinking and satisfaction among Olympic medalists. *Journal of Personality and Social Psychology, 69*(4), 603–610.
Meier, B. (2005, November 10). Guidant issues data on faulty heart devices. *New York Times*, p. C5.
Messick, D. M. (1991). Equality as a decision heuristic. In B. A. Mellers (Ed.), *Psychological issues in distributive justice*. New York: Cambidge University Press.
Messick, D. M., & Bazerman, M. H. (1996). Ethical leadership and the psychology of decision making. *Sloan Management Review, 37*(2), 9–22.
Messick, D. M., Moore, D. A., & Bazerman, M. H. (1997). Ultimatum bargaining with a group: Underestimating the importance of the decision rule. *Organizational Behavior and Human Decision Processes, 69*(2), 87–101.
Messick, D. M., & Sentis, K. P. (1983). Fairness, preference, and fairness biases. In D. M. Messick & K. S. Cook (Eds.), *Equity theory: Psychological and sociological perspectives* (pp. 61–94). New York: Praeger.
Milgram, S. (1963). Behavioral study of obedience. *Journal of Abnormal & Social Psychology, 67*, 371–378.
Milkman, K., Rogers, T., & Bazerman, M. H. (2007). *Film rentals and procrastination: A study of intertemporal reversals in preferences and intrapersonal conflict*. Boston. http://www.hbs.edu/research/pdf/07-099.pdf.
Milkman, K. L., Beshears, J., Rogers, T., & Bazerman, M. H. (2008). *Mental accounting and small windfalls: Evidence from an online grocer*. Boston: Harvard Business School working paper.
Mitroff, S. R., Simons, D. J., & Franconeri, S. L. (2002). The Siren Song of implicit change detection. *Journal of Experimental Psychology: Human Perception & Performance, 28*, 798–815.
Mokdad, A. H., Marks, J. S., Stroup, D. F., & Gerberding, J. L. (2004). Actual causes of death in the United States. *Journal of the American Medical Association, 291*, (1239–1245).
Moore, C. M., & Egeth, H. (1997). Perception without attention: Evidence of grouping under conditions of inattention. *Journal of Experimental Psychology: Human Perception & Performance, 23*(2), 339–352.
Moore, D. A. (2004a). Myopic prediction, self-destructive secrecy, and the unexpected benefits of revealing final deadlines in negotiation. *Organizational Behavior and Human Decision Processes, 94*(2), 125–139.
Moore, D. A. (2004b). The unexpected benefits of final deadlines in negotiation. *Journal of Experimental Social Psychology, 40*(1), 121–127.
Moore, D. A. (2005). Myopic biases in strategic social prediction: Why deadlines put everyone under more pressure than everyone else. *Personality and Social Psychology Bulletin, 31*(5), 668–679.

Moore, D. A., & Cain, D. M. (2007). Overconfidence and underconfidence: When and why people underestimate (and overestimate) the competition. *Organizational Behavior & Human Decision Processes, 103,* 197–213.

Moore, D. A.,Cain, D. M.,Loewenstein, G., & Bazerman, M. H. (Eds.). (2005). *Conflicts of interest: Challenges and solutions in law, medicine, and organizational settings.* New York: Cambridge University Press.

Moore, D. A., & Healy, P. J. (2007). *The trouble with overconfidence.* Pittsburgh: Tepper Working Paper 2007-E17.

Moore, D. A., & Healy, P. J. (2008). The trouble with overconfidence. *Psychological Review, 115*(2), 502–517.

Moore, D. A., & Kim, T. G. (2003). Myopic social prediction and the solo comparison effect. *Journal of Personality and Social Psychology, 85*(6), 1121–1135.

Moore, D. A., Kurtzberg, T. R., Fox, C. R., & Bazerman, M. H. (1999). Positive illusions and forecasting errors in mutual fund investment decisions. *Organizational Behavior and Human Decision Processes, 79*(2), 95–114.

Moore, D. A., Oesch, J. M., & Zietsma, C. (2007). What competition? Myopic self-focus in market entry decisions. *Organization Science, 18*(3), 440–454.

Moore, D. A., & Small, D. A. (2007). Error and bias in comparative social judgment: On being both better and worse than we think we are. *Journal of Personality and Social Psychology, 92*(6), 972–989.

Moore, D. A., Swift, S. A., Sharek, Z., & Gino, F. (2007). *Correspondence bias in performance evaluation: Why grade inflation works.* Tepper Working Paper 2004-E42. Available at SSRN:http://ssrn.com/abstract=728627.

Moore, D. A., Tetlock, P. E., Tanlu, L., & Bazerman, M. H. (2006). Conflict of interest and the case of auditor independence: Moral seduction and strategic issue cycling. *Academy of Management Review, 31*(1), 10–29.

Moran, S., Bereby-Meyer, Y., & Bazerman, M. H. (2008). Getting more out of analogical training in negotiations: Learning core principles for creating value. *Negotiation and Conflict Management Research.*

Morewedge, C. K., Shu, L. L., Gilbert, D. T., & Wilson, T. D. (2007). *Owning, not selling, causes the endowment effect.* Talk presented at the Society of Judgment and Decision Making, Houston.

Morris, M. W., & Moore, P. C. (2000). The lessons we (don't) learn: Counterfactual thinking and organizational accountability after a close call. *Administrative Science Quarterly, 45*(4), 737–765.

Murnighan, K. K., Cantelon, D. A., & Elyashiv, T. (2004). In J. A. Wagner, J. M. Bartunek, & K. D. Elsbach (Eds.), *Advances in qualitative organizational research* (Vol. 3). New York: Elsevier/JAI.

Mussweiler, T., & Englich, B. (2005). Subliminal anchoring: Judgmental consequences and underlying mechanisms. *Organizational Behavior and Human Decision Processes, 98*(2), 133–143.

Mussweiler, T., & Strack, F. (1999). Hypothesis-consistent testing and semantic priming in the anchoring paradigm: A selective accessibility model. *Journal of Experimental Social Psychology, 35*(2), 136–164.

Mussweiler, T., & Strack, F. (2000). The use of category and exemplar knowledge in the solution of anchoring tasks. *Journal of Personality and Social Psychology, 78*(6), 1038–1052.

Mussweiler, T., & Strack, F. (2001). The semantics of anchoring. *Organizational Behavior and Human Decision Processes, 86*(2), 234–255.

Mussweiler, T., Strack, F., & Pfeiffer, T. (2000). Overcoming the inevitable anchoring effect: Considering the opposite compensates for selective accessibility. *Personality and Social Psychology Bulletin, 26*(9), 1142–1150.

Nalebuff, B. (1987). Puzzles: Choose a curtain, duelity, two point conversions, and more. *Economic Perspectives, 1*(1), 157–163.

⑰ Nalebuff, B. J., & Ayres, I. (2003). *Why not? How to use everyday ingenuity to solve problems big and small*. Boston: Harvard Business School Press.
Neale, M. A., & Bazerman, M. H. (1985). Perspectives for understanding negotiation: Viewing negotiation as a judgmental process. *Journal of Conflict Resolution, 29*, 33–55.
Neale, M. A., & Northcraft, G. B. (1989). Experience, expertise, and decision bias in negotiation: The role of strategic conceptualization. In B. Sheppard, M. H. Bazerman, & P. Lewicki (Eds.), *Research on negotiations in organizations* (Vol. 2). Greenwich, CT: JAI Press.
Neisser, U. (1979). The concept of intelligence. *Intelligence, 3*(3), 217–227.
Nickerson, R. S. (1998). Confirmation bias: A ubiquitous phenomenon in many guises. *Review of General Psychology, 2*, 175–220.
Nisbett, R. E., & Ross, L. (1980). *Human inference: Strategies and shortcomings of social judgment*. Englewood Cliffs, NJ: Prentice Hall.
Northcraft, G. B., & Neale, M. A. (1987). Experts, amateurs, and real estate: An anchoring-and-adjustment perspective on property pricing decisions. *Organizational Behavior and Human Decision Processes, 39*, 228–241.
Northcraft, G. B., & Neale, M. A. (1993). Negotiating successful research collaboration. In J. K. Murnighan,(Ed.), *Social psychology in organizations: Advances in theory and research*. Englewood Cliffs, NJ: Prentice Hall.
Nosek, B. A., Banaji, M. R., & Greenwald, A. G. (2002). Harvesting implicit group attitudes and beliefs from a demonstration web site. *Group Dynamics: Theory, Research, and Practice, 6*(1), 101–115.
Null, C. (2007, May 31). Why your eBay auction didn't sell. Retrieved August 22, 2007, from http://tech.yahoo.com/blog/null/28466
Nuttin, J. M. (1985). Narcissism beyond Gestalt and awareness: The name letter effect. *European Journal of Social Psychology, 15*, 353–361.
Nuttin, J. M. (1987). Affective consequences of mere ownership: The name letter effect in twelve European languages. *European Journal of Social Psychology, 17*, 381–402.
Ochs, J., & Roth, A. E. (1989). An experimental study of sequential bargaining. *American Economic Review, 79*(3), 355–384.
O'Connor, K. M., DeDreu, C. K. W., Schroth, H., Barry, B., Lituchy, T. R., & Bazerman, M. H. (2002). What we want to do versus what we think we should do: An empirical investigation of intrapersonal conflict. *Journal of Behavioral Decision Making, 15*(5), 403–418.
Odean, T. (1998a). Are investors reluctant to realize their losses? *Journal of Finance, 53*(5), 1775–1798.
Odean, T. (1998b). Volume, volatility, price, and profit when all traders are above average. *Journal of Finance, 53*(6), 1887–1934.
Odean, T. (1999). Do investors trade too much? *American Economic Review, 89*(5), 1279–1298.
O'Donoghue, T., & Rabin, M. (1999). Doing it now or later. *American Economic Review, 89*(1), 103–124.
Oesch, J. M., & Galinsky, A. D. (2003). *First offers in negotiations: Determinants and effects*. Paper presented at the 16th Annual IACM Conference, Melbourne, Australia.
Paharia, N., Kassam, K., Greene, J. D., & Bazerman, M. H. (2007). *Washing your hands clean: Moral implications of indirection actions in business decisions*. Unpublished data.
Palm, R. (1995). Catastrophic earthquake insurance: Patterns of adoption. *Economic Geography, 71*(2), 119–131.
Park, J., & Banaji, M. R. (2000). Mood and heuristics: The influence of happy and sad states on sensitivity and bias in stereotyping. *Journal of Personality and Social Psychology, 78*(6), 1005–1023.
Pelham, B. W., Mirenberg, M. C., & Jones, J. T. (2002). Why Susie sells seashells by the seashore: Implicit egotism and major life decisions. *Journal of Personality and Social Psychology, 82*, 469–487.

Perrow, C. (1984). *Normal accidents: Living with high-risk technologies.* New York: Basic Books.

Petersen, T., Saporta, I., & Seidel, M.-D. L. (2000). Offering a job: Meritocracy and social networks. *American Journal of Sociology, 106*(3), 763–816.

⑱ Plous, S. (1993). *The psychology of judgment and decision making.* New York: McGraw-Hill.

⑲ Pollan, S. M., & Levine, M. (1997). *Die broke.* New York: Harper Business.

Pronin, E., Gilovich, T., & Ross, L. (2004). Objectivity in the eye of the beholder: Divergent perceptions of bias in self versus others. *Psychological Review, 111*(3), 781–799.

Pruitt, D. G., & Rubin, J. Z. (1985). *Social conflict: Escalation, impasse, and resolution.* Reading, MA: Addison-Wesley.

Rabin, M., & Thaler, R. H. (2001). Anomalies: Risk aversion. *Journal of Economic Perspectives, 15*(1), 219–232.

Radzevick, J. R., & Moore, D. A. (in press). Myopic biases in competitions. *Organizational Behavior & Human Decision Process.*

⑳ Raiffa, H. (1968). *Decision analysis: Introductory lectures on choices under uncertainty.* Reading, MA: Addison-Wesley; reissued in 1997, New York: McGraw-Hill.

Raiffa, H. (1982). *The art and science of negotiation.* Cambridge, MA: Belknap.

Raiffa, H. (1984, November). *Invited address to the Judgment and Decision Making Society*, San Antonio, TX

Raiffa, H. (1985). Post-settlement settlements. *Negotiation Journal, 1,* 9–12.

Raiffa, H. (2001). *Collaborative decision making.* Cambridge, MA: Belknap.

Rayo, L., & Becker, G. S. (2007). Evolutionary efficiency and happiness. *Journal of Political Economy, 115*(2), 302–337.

Reifman, A. (2007). The hot hand in sports. Retrieved July 9, 2007, from http://thehothand.blogspot.com/

Richeson, J. A., & Shelton, J. N. (2003). When prejudice does not pay: Effects of interracial contact on executive function. *Psychological Science, 14,* 287–290.

Richeson, J. A., & Shelton, J. N. (2005). Brief report: Thin slices of racial bias. *Journal of Nonverbal Behavior, 29,* 75–86.

Richeson, J. A., & Trawalter, S. (2005). Why do interracial interactions impair executive function? A resource depletion account. *Journal of Personality and Social Psychology, 88,* 934–947.

Ritov, I. (1996). Anchoring in simulated competitive market negotiation. *Organizational Behavior and Human Decision Processes, 67*(1), 16–25.

Ritov, I., & Baron, J. (1990). Reluctance to vaccinate: Omission bias and ambiguity. *Journal of Behavioral Decision Making, 3*(4), 263–277.

Robins, R. W., & Beer, J. S. (2001). Positive illusions about the self: Short-term benefits and long-term costs. *Journal of Personality and Social Psychology, 80*(2), 340–352.

Rogers, T., Milkman, K. L., & Bazerman, M. H. (2007). *I'll have the ice cream soon and the vegetables later: Decreasing impatience over time in online grocery stores.* Boston: HBS working paper.

Rosenthal, R. (1974). *On the social psychology of the self-fulfilling prophecy: Further evidence for Pygmalion effects and their mediating mechanisms.* New York: M. S. S. Inf. Corp. Modular Publications.

Rosenthal, R., & Jacobson, L. (1968). *Pygmalion in the classroom; teacher expectation and pupils' intellectual development.* New York: Holt Rinehart and Winston.

Ross, J. M., & Staw, B. M. (1986). Expo 86: An escalator prototype. *Administrative Science Quarterly, 31*(2), 274–297.

Ross, L., & Stillinger, C. (1991). Barriers to conflict resolution. *Negotiation Journal, 7*(4), 389–404.

Ross, M., & Sicoly, F. (1979). Egocentric biases in availability and attribution. *Journal of Personality and Social Psychology, 37,* 322–336.

Rozin, P., Haidt, J., & McCauley, C. R. (1999). Disgust: The body and soul emotion. In *Hand-*

book of cognition and emotion (pp. 429–445). Chichester, England: John Wiley & Sons Ltd.
Rozin, P., Markwith, M., & Ross, B. (1990). The sympathetic magical law of similarity, nominal realism and neglect of negatives in response to negative labels. *Psychological Science, 1*, 383–384.
Rudman, L. A., & Borgida, E. (1995). The afterglow of construct accessibility: The behavioral consequences of priming men to view women as sexual objects. *Journal of Experimental Social Psychology, 31*(6), 493–517.
Rudman, L. A., & Glick, P. (2001). Prescriptive gender stereotypes and backlash toward agentic women. *Journal of Social Issues, 57*(4), 743–762.
Samuelson, P. A. (1963). Risk and uncertainty: A fallacy of large numbers. *Scientia, 98*, 108–113.
Samuelson, W. F., & Bazerman, M. H. (1985). Negotiation under the winner's curse. In V. Smith,(Ed.), *Research in experimental economics* (Vol. 3, pp. 105–138). Greenwich, CT: JAI.
Samuelson, W. F., & Zeckhauser, R. J. (1988). Status quo bias in decision making. *Journal of Risk and Uncertainty, 1*, 7–59.
Sanfey, A. G., Rilling, J. K., Aronson, J. A., Nystrom, L. E., & Cohen, J. D. (2003). The neural basis of economic decision-making in the Ultimatum Game. *Science, 300*(5626), 1755–1758.
Saul, S. (2006, January 25). J & J passes on raising Guidant bid. *New York Times*, p. C1.
Saunders, E. M. (1993). Stock prices and Wall Street weather. *American Economic Review, 83*(5), 1337–1345.
Schelling, T. C. (1984). *Choice and consequence: Perspectives of an errant economist.* Cambridge: Harvard University Press.
Schkade, D. A., & Kahneman, D. (1998). Does living in California make people happy? A focusing illusion in judgments of life satisfaction. *Psychological Science, 9*(5), 340–346.
Schmidt, F. L., & Hunter, J. E. (1998). The validity and utility of selection methods in personnel psychology: Practical and theoretical implications of 85 years of research findings. *Psychological Bulletin, 124*(2), 262–274.
Schoemaker, P. J. H., & Kunreuther, H. (1979). An experimental study of insurance decisions. *Journal of Risk and Insurance, 46*, 603–618.
Schoorman, F. D. (1988). Escalation bias in performance appraisals: An unintended consequence of supervisor participation in hiring decisions. *Journal of Applied Psychology, 73*(1), 58–62.
Schwarz, A. (2005, November 13). Predicting futures in baseball, and the downside of Damon. *New York Times*.
Schwarz, N. (2001). Feelings as information: Implications for affective influences on information processing. In *Theories of mood and cognition: A user's guidebook* (Vol. 8, pp. 159–176).
Schwarz, N., Bless, H., Strack, F., Klumpp, G., Rittenauer-Schatka, H., & Simons, A. (1991). Ease of retrieval as information: Another look at the availability heuristic. *Journal of Personality and Social Psychology, 61*(2), 195–202.
Schwarz, N., & Strack, F. (1999). Reports of subjective well-being: Judgmental processes and their methodological implications. In D. Kahneman & E. Diener (Eds.), *Well-being: The foundations of hedonic psychology* (pp. 61–84). New York: Russell Sage Foundation.
Sebenius, J. K., & Wheeler, M. (1994, October 30). Let the game continue. *The New York Times*, Sect. 33, p. 39.
㉑ Seligman, M. E. P. (1991). *Learned optimism.* New York: A. A. Knopf.
Selvin, S. (1975). [Letter to the editor]. *American Statistician, 29*, 67.
Shafir, E., & Thaler, R. H. (2006). Invest now, drink later, spend never: On the mental accounting of delayed consumption. *Journal of Economic Psychology, 27*(5), 694–712.
Sharpe, W. F. (1991). The arithmetic of active management. *Financial Analysts Journal, 47*, 7–9.
㉒ Shefrin, H. M. (2000). *Beyond greed and fear.* Boston: Harvard Business School Press.
Shelton, J. N., Richeson, J. A., & Vorauer, J. D. (2006). Threatened identities and interethnic interactions. *European Review of Social Psychology, 17*, 321–358.
Shepard, R. N. (1990). *Mind sight: Original visual illusions, ambiguities, and other anomalies.*

New York: W.H. Freeman and Co.

Sherman, D. K., & Kim, H. S. (2005). Is there an "I" in "team"? The role of the self in group-serving judgments. *Journal of Personality and Social Psychology, 88*(1), 108–120.

Shiv, B., Loewenstein, G., Bechara, A., Damasio, H., & Damasio, A. R. (2005). Investment behavior and the negative side of emotion. *Psychological Science, 16*, 435–439.

㉓ Shleifer, A. (2000). *Inefficient markets*. New York: Oxford University Press.

Shubik, M. (1971). The dollar auction game: A paradox in noncooperative behavior and escalation. *Journal of Conflict Resolution, 15*, 109–111.

㉔ Simon, H. A. (1957). *Models of man*. New York: Wiley.

Simons, D. J. (2000). Current approaches to change blindness. *Visual Cognition, 7*(1–3), 1–15.

Simons, D. J., & Chabris, C. F. (1999). Gorillas in our midst: Sustained inattentional blindness for dynamic events. *Perception, 28*(9), 1059–1074.

Simons, D. J., Chabris, C. F., Schnur, T., & Levin, D. (2002). Evidence for preserved representation in change blindness. *Consciousness & Cognition: An International Journal, 11*(1), 78–97.

Simons, D. J., & Levin, D. (2003). What makes change blindness interesting? In D. E. Irwin & B. Ross (Eds.), *The psychology of learning and motivation*. San Diego, CA: Academic Press.

Simons, D. J., & Rensink, R. A. (2005). Change blindness: Past, present, and future. *Trends in Cognitive Sciences, 9*, 16–20.

Simonsohn, U., Karlsson, N., Loewenstein, G., & Ariely, D. (2008). The tree of experience in the forest of information: Overweighing experienced relative to observed information. *Games and Economic Behavior*.

Sitkin, S. B. (1992). Learning through failure: The strategy of small losses. *Research in Organizational Behavior, 14*, 231–266.

Slovic, P., Finucane, M., Peters, E., & MacGregor, D. G. (2002). The affect heuristic. In T. Gilovich, D. Griffin, & D. Kahneman (Eds.), *Heuristics and biases: The psychology of intuitive judgment* (pp. 397–420). Cambridge: Cambridge University Press.

Slovic, P., & Fischhoff, B. (1977). On the psychology of experimental surprises. *Journal of Experimental Psychology: Human Perception & Performance, 3*(4), 544–551.

Slovic, P., Fischhoff, B., & Lichtenstein, S. (1982). Response mode framing and information processing effects in risk assessment. In R. M. Hogarth (Ed.), *New Directions for methodology and social and behavioral science: Question framing and response consistency*. San Francisco: Jossey-Bass.

Slovic, P., Lichtenstein, S., & Fischhoff, B. (1982). Characterizing perceived risk. In R. W. Kataes & C. Hohenemser (Eds.), *Technological hazard management*. Cambridge, MA: Oelgesschlager, Gunn and Hain.

Slovic, P., & Peters, E. (2006). Risk perception and affect. *Current Directions in Psychological Science, 15*(6), 323–325.

Soll, J. B., & Klayman, J. (2004). Overconfidence in interval estimates. *Journal of Experimental Psychology: Learning, Memory, and Cognition, 30*(2), 299–314.

Stanovich, K. E., & West, R. F. (2000). Individual differences in reasoning: Implications for the rationality debate. *Behavioral & Brain Sciences, 23*, 645–665.

Stasser, G. (1988). Computer simulation as a research tool: The DISCUSS model of group decision making. *Journal of Experimental Social Psychology, 24*(5), 393–422.

Stasser, G., & Stewart, D. (1992). Discovery of hidden profiles by decision-making groups: Solving a problem versus making a judgment. *Journal of Personality and Social Psychology, 63*(3), 426–434.

Stasser, G., & Titus, W. (1985). Pooling of unshared information in group decision making: Biased information sampling during discussion. *Journal of Personality and Social Psychology, 48*(6), 1467–1478.

Stasser, G., Vaughn, S. I., & Stewart, D. D. (2000). Pooling unshared information: the benefits of knowing how access to information is distributed among group members. *Organizational Behavior & Human Decision Processes, 82*(1), 102–116.

Staw, B. M. (1976). Knee-deep in the Big Muddy: A study of escalating commitment to a chosen course of action. *Organizational Behavior and Human Decision Processes, 16*(1), 27–44.

Staw, B. M. (1980). Rationality and justification in organizational life. In B. M. Staw & L. L. Cummings (Eds.), *Research in organizational behavior* (Vol. 2) Greenwich, CT: JAI Press.

Staw, B. M. (1981). The escalation of commitment to a course of action. *Academy of Management Review, 6*(4), 577–587.

Staw, B. M., & Hoang, H. (1995). Sunk costs in the NBA: Why draft order affects playing time and survival in professional basketball. *Administrative Science Quarterly, 40,* 474–494.

Staw, B. M., & Ross, J. M. (1978). Commitment to a policy decision: A multi-theoretical perspective. *Administrative Science Quarterly, 23,* 40–64.

Staw, B. M., & Ross, J. M. (1980). Commitment in an experimenting society: An experiment on the attribution of leadership from administrative scenarios. *Journal of Applied Psychology, 65,* 249–260.

Staw, B. M., & Ross, J. M. (1987). Behavior in escalation situations: Antecedents, prototypes, and solutions. *Research in Organizational Behavior, 9.*

Stillinger, C., Epelbaum, M., Keltner, D., & Ross, L. (1990). *The reactive devaluation barrier to conflict resolution.* Unpublished manuscript, Stanford University.

Stone, D. N. (1994). Overconfidence in initial self-efficacy judgments: Effects on decision processes and performance. *Organizational Behavior and Human Decision Processes, 59*(3), 452–474.

Straub, P. G., & Murnighan, J. K. (1995). An experimental investigation of ultimatum games: Information, fairness, expectations, and lowest acceptable offers. *Journal of Economic Behavior and Organization, 27,* 345–364.

Sunstein, C. R. (2002). Toward behavioral law and economics. R. Gowda & J. C. Fox (Eds.) In *Judgments, decisions, and public policy* (pp. 218–240). New York: Cambridge University Press.

Sutton, R. I., & Kramer, R. M. (1990). Transforming failure into success: Impression management, the Reagan Administration, and the Iceland Arms Control Talks. In R. L. Zahn & M. N. Zald (Eds.), *Organizations and nation-states: New perspectives on conflict and co-operation.* San Francisco: Jossey-Bass.

㉕ Taleb, N. N. (2001). *Fooled by randomness.* New York: Texere.

㉖ Taylor, S. E. (1989). *Positive illusions: Creative self-deception and the healthy mind.* New York: Basic Books, Inc.

Taylor, S. E., & Brown, J. D. (1988). Illusion and well-being: A social psychological perspective on mental health. *Psychological Bulletin, 103*(2), 193–210.

Taylor, S. E., & Brown, J. D. (1994). Positive illusions and well-being revisited: Separating fact from fiction. *Psychological Bulletin, 116*(1), 21–27.

Taylor, S. E., Lerner, J. S., Sage, R. M., Lehman, B. J., & Seeman, T. E. (2004). Early environment, emotions, responses to stress, and health. *Journal of Personality, 72,* 1365–1393.

Teger, A. (1980). *Too much invested to quit.* New York: Pergamon.

Tenbrunsel, A. E., & Bazerman, M. H. (1995). *Moms.com simulation*: Dispute Resolution Research Center Northwestern University.

Tenbrunsel, A. E., & Messick, D. M. (2004). Ethical fading: The role of self-deception in unethical behavior. *Social Justice Research, 17*(2), 223–236.

Tesser, A. (1988). Toward a self evaluation maintenance model of social behavior. In L. Berkowitz (Ed.), *Advances in experimental social psychology* (Vol. 21, pp. 181–227). New York: Guilford.

Tetlock, P. E. (1986). A value pluralism model of ideological reasoning. *Journal of Personality and Social Psychology, 50*(4), 819–827.

Tetlock, P. E., Kristel, O. V., Elson, S. B., Green, M. C., & Lerner, J. S. (2000). The psychology of the unthinkable: Taboo trade-offs, forbidden base rates, and heretical counterfactuals. *Journal of Personality and Social Psychology, 78*(5), 853–870.

Tetlock, P. E., Peterson, R. S., & Lerner, J. S. (1996). Revising the value pluralism model: Incorporating social content and context postulates. In C. Seligman, J. Olson, & M. Zanna (Eds.), *Values: Eighth annual Ontario symposium on personality and social psychology* (pp. 25–51). Hillsdale, NJ: Erlbaum.

Thaler, R. H. (1980). Toward a positive theory of consumer choice. *Journal of Economic Behavior & Organization, 1,* 39–80.

Thaler, R. H. (1985). Using mental accounting in a theory of purchasing behavior. *Marketing Science, 4,* 12–13.

Thaler, R. H. (1991). *Quasi rational economics.* New York: Russell Sage Foundation.

Thaler, R. H. (1999). Mental accounting matters. *Journal of Behavioral Decision Making, 12*(3), 183–206.

Thaler, R. H. (2000). From homo economicus to homo sapiens. *Journal of Economic Perspectives, 14,* 133–141.

Thaler, R. H. (2004). Unrestricted teaching files, faculty website at University of Chicago School of Business:http://gsb.uchicago.edu/fac/richard.thaler/

Thaler, R. H., & Benartzi, S. (2004). Save more tomorrow: Using behavioral economics to increase employee saving. *Journal of Political Economy, 112*(1), S164–S187.

Thaler, R. H., & DeBondt, W. F. M. (1992). A mean reverting walk down Wall Street. In R. H. Thaler (Ed.), *The winner's curse: Paradoxes and anomalies of economic life.* New York: Free Press.

Thaler, R. H., & Shefrin, H. M. (1981). An economic theory of self control. *Journal of Political Economy, 89,* 392–406.

Thaler, R. H., & Sunstein, C. R. (2003, September 9). Who's on first? *The New Republic,* p. 27.

Thaler, R. H., & Ziemba, W. T. (1988). Anomalies: Parimutuel betting makes markets: Racetracks and lotteries. *Journal of Economic Perspectives, 2*(2), 161–174.

Thompson, L. (2001). *The mind and the heart of the negotiator.* Upper Saddle River, NJ: Prentice Hall.

Thompson, L., Gentner, D., & Loewenstein, J. (2000). Avoiding missed opportunities in managerial life: Analogical training more powerful than case-based training. *Organizational Behavior and Human Decision Processes, 82*(1), 60–75.

Thompson, L., & Loewenstein, G. (1992). Egocentric interpretations of fairness and interpersonal conflict. *Organizational Behavior and Human Decision Processes, 51*(2), 176–197.

Tiedens, L. Z., & Linton, S. (2001). Judgment under emotional certainty and uncertainty: The effects of specific emotions on information processing. *Journal of Personality and Social Psychology, 81*(6), 973–988.

Tor, A., & Bazerman, M. H. (2003). Focusing failures in competitive environments: Explaining decision errors in the Monty Hall game, the acquiring a company problem, and multiparty ultimatums. *Journal of Behavioral Decision Making, 16*(5), 353–374.

Trabasso, T., Rollins, H., & Shaughnessy, E. (1971). Storage and verification stages in processing concepts. *Cognitive Psychology, 2,* 239–289.

Tversky, A., & Kahneman, D. (1971). Belief in the law of small numbers. *Psychological Bulletin, 76*(2), 105–110.

Tversky, A., & Kahneman, D. (1973). Availability: A heuristic for judging frequency and probability. *Cognitive Psychology, 5*(2), 207–232.

Tversky, A., & Kahneman, D. (1974). Judgment under uncertainty: Heuristics and biases. *Science, 185,* 1124–1131.

Tversky, A., & Kahneman, D. (1981). The framing of decisions and the psychology of choice. *Science, 211*(4481), 453–458.

Tversky, A., & Kahneman, D. (1983). Extensional versus intuitive reasoning: The conjunction fal-

lacy in probability judgment. *Psychological Review, 90*(4), 293–315.
Tversky, A., & Kahneman, D. (1986). Judgment under uncertainty: Heuristics and biases. In H. R. Arkes & K. R. Hammond (Eds.), *Judgment and decision making: An interdisciplinary reader* (pp. 38–55). Cambridge: Cambridge University Press.
Tversky, A., & Kahneman, D. (1991). Loss aversion in riskless choice: A reference-dependent model. *Quarterly Journal of Economics, 106*(4), 1039–1061.
Tversky, A., & Koehler, D. J. (1994). Support theory: A nonextensional representation of subjective probability. *Psychological Review, 101*(4), 547–567.
Tyler, T. R., & Hastie, R. (1991). The social consequences of cognitive illusions. In R. J. Bies, R. J. Lewicki, & B. H. Sheppard (Eds.), *Research on negotiation in organizations* (Vol. 3, pp. 69–98). Greenwich, CT: JAI.
Valley, K. L., Moag, J., & Bazerman, M. H. (1998). A matter of trust: Effects of communication on the efficiency and distribution of outcomes. *Journal of Economic Behavior and Organization, 34*, 211–238.
Van Boven, L., Dunning, D., & Loewenstein, G. (2000). Egocentric empathy gaps between owners and buyers: Misperceptions of the endowment effect. *Journal of Personality and Social Psychology, 79*(1), 66–76.
Vaughn, D. (1996). *The Challenger launch decision: Risky technology, culture, and deviance at NASA.* Chicago: University of Chicago.
vonHippel, W., Lakin, J. L., & Shakarchi, R. J. (2005). Individual differences in motivated social cognition: The case of self-serving information processing. *Personality and Social Psychology Bulletin, 31*, 1347–1357.
vos Savant, M. (1990a). Ask Marilyn. *Parade Magazine,* New York.
vos Savant, M. (1990b). Ask Marilyn. *Parade Magazine,* New York.
vos Savant, M. (1991). Ask Marilyn. *Parade Magazine,* New York.
Wade-Benzoni, K. A., Li, M., Thompson, L., & Bazerman, M. H. (2007). The malleability of environmentalism. *Analyses of Social Issues and Public Policy.*
Wade-Benzoni, K. A., Tenbrunsel, A. E., & Bazerman, M. H. (1996). Egocentric interpretations of fairness in asymmetric, environmental social dilemmas: Explaining harvesting behavior and the role of communication. *Organizational Behavior and Human Decision Processes, 67*(2), 111–126.
Wall Street Journal. (2007, January 29). Hedge-fund milestones. Retrieved July 11, 2007, from http://online.wsj.com/article/SB115394214778218146.html?mod=2_1154_3
Wason, P. C. (1960). On the failure to eliminate hypotheses in a conceptual task. *Quarterly Journal of Experimenal Psychology, 12*, 129–140.
Webb, J. (2004, September 3). Bush's bid to connect with voters. Retrieved July 11, 2007, from http://news.bbc.co.uk/2/hi/americas/3623560.stm.
Wegner, D. M. (1986). Transactive memory: A contemporary analysis of the group mind. In B. Mullen & G. R. Goethals (Eds.), *Theories of group behavior* (pp. 185–208). New York: Springer-Verlag.
Wegner, D. M. (2002). *The illusion of conscious will.* Cambridge, MA: MIT Press.
Weick, K. E. (1993). The collapse of sensemaking in organizations: The Mann Gulch disaster. *Administrative Science Quarterly, 38*(4), 628–653.
Weinstein, N. D. (1980). Unrealistic optimism about future life events. *Journal of Personality and Social Psychology, 39*(5), 806–820.
Whitman, W. (1855/2001). *Song of myself.* Mineola, NY: Dover.
Williams, J. E., Patson, C. C., Siegler, I. C., Eigenbrodt, M. L., Neieto, F. J., & Tyroler, H. (2000). Anger proneness predicts coronary heart disease risk. *Circulation, 101,* 2034–2039.
Wilson, T. D., Wheatley, T., Meyers, J. M., Gilbert, D. T., & Axsom, D. (2000). Focalism: A source of durability bias in affective forecasting. *Journal of Personality and Social Psychology,*

78(5), 821–836.

Windschitl, P. D., Kruger, J., & Simms, E. (2003). The influence of egocentrism and focalism on people's optimism in competitions: When what affects us equally affects me more. *Journal of Personality and Social Psychology*, 85(3), 389–408.

Woloshin, S., Schwartz, L. M., Black, W. C., & Welch, H. G. (1999). Women's perceptions of breast cancer risk: How you ask matters. *Medical Decision Making*, 19(3), 221–229.

Yates, J. F., & Carlson, B. W. (1986). Conjunction errors: Evidence for multiple judgment procedures, including "signed summation." *Organizational Behavior & Human Decision Processes*, 37, 230–253.

Yovel, G., & Kanwisher, N. (2005). The neural basis of the behavioral face-inversion effect. *Current Biology*, 15, 2256–2262.

Zander, A. (1971). *Motives and goals in groups*. New York: Academic Press.

Ziemba, S. (1995, November 10). American to United: Avoid bidding war carrier won't draw first in USAir fight. *Chicago Tribune*, p. B1.

Zweig, J. (2000, August). Mutual competition: Are the new rivals to traditional funds a better bet? *Money Magazine*.

● 参考文献中，邦訳書が出版されている書籍。但し，絶版書も含む。

① 森永康子［訳］『そのひとことが言えたら…：働く女性のための統合的交渉術』北大路書房，2005。
② 奥村哲史［訳］『マネジャーのための交渉の認知心理学：戦略的思考の処方箋』白桃書房，1997。
③ 鬼澤忍［訳］『人はなぜお金で失敗するのか』日本経済新聞社，2003。
④ 金山宣夫・浅井和子［訳］『ハーバード流交渉術』阪急コミュニケーションズ，2005。（原著第2版の翻訳）
⑤ 熊谷淳子［訳］『幸せはいつもちょっと先にある：期待と妄想の心理学』早川書房，2007。
⑥ 守一雄・守秀子［訳］『人間この信じやすきもの：迷信・誤信はどうして生まれるか』新曜社，1993。
⑦ 小杉隆［訳］『地球の掟：文明と環境のバランスを求めて』ダイヤモンド社，1992。
⑧ 小林龍司［訳］『意思決定アプローチ：分析と決断』ダイヤモンド社，1999。
⑨ 大橋正夫［訳］『対人関係の心理学』誠信書房，1978。
⑩ 宮本喜一［訳］『勇気ある人々』栄出版社，2008。
⑪ 戸田裕之［訳］『マネートレーダー銀行崩壊』新潮社，2000。
⑫ 中山宥［訳］『マネー・ボール：奇跡のチームをつくった男』ランダムハウス講談社，2004。
⑬ 菅原郁夫・大渕憲一［訳］『フェアネスと手続きの社会心理学：裁判，政治，組織への応用』ブレーン出版，1995。
⑭ 森下哲郎［監訳］，高遠裕子［訳］『交渉の達人：いかに障害を克服し，すばらしい成果を手にするか』日本経済新聞出版社，2010。
⑮ 井出正介［訳］『ウォール街のランダム・ウォーカー：株式投資の不滅の真理』日本経済新聞出版社，2007。（原著第9版の翻訳）
⑯ 土屋守章［訳］『オーガニゼーションズ』ダイヤモンド社，1977。
⑰ 嶋津祐一・東田啓作［訳］『エール大学式4つの思考道具箱：こんな発想しても，いいんじゃないの？』阪急コミュニケーションズ，2004。
⑱ 浦谷計子［訳］『判断力：判断と意思決定のメカニズム』マグロウヒル・エデュケーション，2009。
⑲ 白幡憲之［訳］『ダイ・ブローク：新時代のマネー哲学：リッチに生きて一文なしで死ね！』日本短波放送，2000。
⑳ 宮沢光一・平館道子［訳］『決定分析入門：不確実性下の選択問題』東洋経済新報社，

1972。
㉑ 山村宣子［訳］『オプティミストはなぜ成功するか』講談社，1994。
㉒ 鈴木一功［訳］『行動ファイナンスと投資の心理学：ケースで考える欲望と恐怖の市場行動への影響』東洋経済新報社，2005。
㉓ 兼弘崇明［訳］『金融バブルの経済学：行動ファイナンス入門』東洋経済新報社，2001。
㉔ 宮沢光一［監訳］『人間行動のモデル』同文舘出版，1970。
㉕ 望月衛［訳］『まぐれ：投資家はなぜ，運を実力と勘違いするのか』ダイヤモンド社，2008。
㉖ 宮崎茂子［訳］『それでも人は，楽天的な方がいい：ポジティブ・マインドと自己説得の心理学』日本教文社，1998。
㉗ 篠原勝［訳］『セイラー教授の行動経済学入門』ダイヤモンド社，2007。
㉘ 岩城久哲［訳］『ぼく自身の歌』大学書林，1984。

訳者あとがき

Afterword by the Translator

　本書はハーバード・ビジネススクールのマックス・ベイザーマン教授とカーネギー・メロン大学テッパー・スクール・オブ・ビジネスのドン・ムーア准教授（肩書きはいずれも原著出版当時）の共著 *Judgment in Managerial Decision Making* 第7版の全訳である。1986年に刊行された初版から第6版まではベイザーマン教授の単著であったが，第7版でムーア准教授が加わった。ベイザーマン教授は言わずと知れた行動意思決定論の大御所であるし，ムーア准教授は気鋭の研究者である。

　原著のバックカバーには，本書の紹介が以下のように書かれている（一部省略）。

　　私たちは，自分が意思決定をするときは，事実を客観的に比較検討したうえで合理的かつ思慮深い決定を下していると信じている。ところが，科学的な研究が明らかにしたところによると，注意深い意思決定が必要なときでも，実際は誰もがある程度までバイアスの影響を受けている。本書は，最新の研究成果を踏まえて多様なマネジメントの文脈の中で意思決定を分析しながら，読者による経営上の意思決定が改善されるような重要な洞察を提供している。

　　本書は，行動ファイナンス，公共政策，心理学，経済学など，幅広い分野の研究者と実務家に高く評価されている。この第7版の特徴は以下のとおりである。
・意思決定に影響する動機と感情の影響を議論している。
・意思決定過程に含まれる公正感と倫理を深く探究している。
・膨大な意思決定実験と実例が統合されて示されているので，読者は経営上の意思決定の質を向上することができる。
・交渉において合理的な意思決定をするためのヒントやテクニックを提供している。
・意思決定を改善するための7つの重要な方略を提示している。

行動意思決定論とは，人間の意思決定がどのようにおこなわれているか，何に影響を受けているかを追究する学問であり，主に心理実験などを用いて研究されてきた。初期の主要な研究の多くはエイモス・トバスキー教授とダニエル・カーネマン教授との共同研究でなされた。トバスキー教授は1996年に亡くなったが，カーネマン教授は2002年にバーノン・スミス教授と共にノーベル経済学賞（正式にはアルフレッド・ノーベル記念経済学スウェーデン国立銀行賞）を受賞した。経済学の名を冠した賞ではあるが，カーネマン教授自身は経済学者というよりは心理学者であり（少なくとも，大学や大学院で体系的に経済学を学んではいない），心理学者が経済学賞を受賞したことの意義は大きい。近年は脳スキャンなどを駆使した脳神経科学のアプローチも活発になってきており，行動意思決定論は今も着実に進歩を遂げている。

　なぜ欧米の多くのビジネススクールが行動意思決定論という科目を置いているのかというと，意思決定がマネジメントにおいて極めて重要な行為だからである。経営者は企業の戦略や組織の編成やその他さまざまなことがらについて，複数の選択肢からどれを選ぶかを意思決定しなくてはならない。もちろん企業の中で意思決定しているのは経営者だけではない。管理者も一般の社員も，組織の中で働いている人すべてが自分の職務に関して毎日数多くの意思決定を下している。その意思決定の如何によって企業が発展したり傾いたりすることもあるのだから，人間の意思決定のプロセスを理解することはマネジメントの実務家にとっても極めて重要である。

　「人間がどのように意思決定しているかは，いちいち学ばなくても自分の心の中を覗いてみれば明らかである」と思っている人もいるかもしれない。そんな人はぜひ本書を開いて，いくつかの設問に答えてから解説を読んでみていただきたい。本書は，まず読者に短い設問に答えてもらって，そこに表れがちな人間の意思決定の癖や偏りを解説するという体裁をとっている。読者は自分の意思決定が自分の知らない癖を持っていたことに気づき，驚かされるであろう。それを知って是正することで，マネジメントの意思決定が改善されるのである。

　本書の設問の多くは，架空の女性の職業を推測したり病院で生まれてくる男児と女児の比率を推定したり，マネジメントの現場で直面するような意思決定問題とは一見して大きな隔たりがあるので，戸惑いを覚える読者もいるかもし

れない。訳者自身も大学の学部やビジネススクールの授業で，あるいは実務家を対象にした研修等で，「これが実務上の意思決定にどう関係するのか」という質問を受けることがある。その気持ちは分からないではないけれども，本書でも述べられているように，モデル的な問題で訓練を積んで抽象的なレベルで人間の心理を理解しておくほうが実際の意思決定への応用が適切にできるということを理解していただきたい。さらに付け加えれば，実務に近い設定の問題にすると，実務の経験のある人ほど自分の経験に置き換えて考えてしまって，問題文にない条件を勝手に付け加えたり，逆に問題文に書かれた条件を無視したりして，しばしば勘違いした回答をしてしまう傾向がある。しかしそれでは期待された学習効果が得られない。人間の意思決定の本質に迫るためには，まずは設問に対して予断を持たずにナイーブに考えることが必要なのである。日本の実務家は残念ながら，自分の個人的な経験が普遍性を持っているかのように錯覚している人が少なくないようである。もちろんそれはアメリカなど諸外国の一般のビジネスパーソンも似たり寄ったりなのだが，アメリカのビジネスリーダーの多くはビジネススクール等で本書のレベルの行動意思決定論を学んでいる。日本の読者もぜひ，本書を読みながら抽象化された思考をめぐらす訓練をしていただければと希望している。

　著者前書きにあるように，本書の執筆の元々の目的のひとつは，当時あまり認知されていなかった行動意思決定論を経営学の中核的な地位に引き上げることにあった。それから四半世紀を過ぎた今では，アメリカのビジネススクールの教育プログラムの中で行動意思決定論が占める地位は飛躍的に高まったが，その過程で本書が教科書として果たした貢献は小さくないと思われる。ただし本書は単に行動意思決定論を易しく解説した教科書ではない。行動意思決定論の幅広い話題を網羅し，かつ深く記述している。行動意思決定論に興味を抱いた読者は，本書で引用された文献を辿ることから専門的な研究に効率よく進んでいけるだろう。実際に，訳者はビジネススクールを含む大学院でしばしば本書を教科書として使用したが，多くの院生が本書を起点のひとつとして修士論文の執筆へと進んでいった。残念ながら行動意思決定論は日本ではまだ馴染みが少ないし，日本の大学のビジネススクールや経営学部などでも行動意思決定論をベースとした講義もあまりみかけない。本書が行動意思決定論のアメリカ

並みの普及への足がかりになれば訳者としては望外の喜びである。

　ベイザーマン教授の著書の邦訳には，本書の他に『マネジャーのための交渉の認知心理学：戦略的思考の処方箋』（原題 Negotiating Rationally，マーガレット・A. ニールとの共著，奥村哲史［訳］，白桃書房，1997年），『交渉の達人』（原題 Negotiation Genius，ディーパック・マルホトラとの共著，森下哲朗・高遠裕子［訳］，日本経済新聞出版社，2010年）がある。いずれも名著なので，一読をお勧めする。なお，本書の第4版の翻訳が，『バイアスを排除する経営意思決定：ビヘイビヤラル・ディシジョン・セオリー入門』というタイトルで東洋経済新報社より1999年に出版されているが，本訳書はまったく新しく訳し起こしたものである。ベイザーマン教授によると，本書は今後しばらくは改訂する予定がないとのことである。

　訳出に当たっては，ベイザーマン教授にも確認のうえ，原著にあった細かな誤記をできるだけ訂正した。また読みやすさを重視し，行動意思決定論に馴染みのない読者の理解を助けるために，逐語訳ではなく部分的に言葉を補うなどの工夫を施した。もちろん，それによって原著の記述を損なうことがないように注意を払い，むしろ原著の主張をより明確にするように心掛けたつもりである。それが成功しているかどうかは賢明なる読者のみなさんのご判断に委ねるほかはない。

　本書の翻訳に先立って，多様なメンバーによる勉強会を数度にわたって開催した。その勉強会での議論やメンバーの試訳の一部が今回の翻訳の参考になった。メンバーだった久保田慶一さん（首都大学東京・大学院社会科学研究科博士後期課程），重本彰子さん（ラトガース大学大学院経営学博士課程），堀尾嘉裕さん（クレドーインスティテュート代表），モジタバプール・ババキさん（首都大学東京・大学院社会科学研究科博士前期課程）には記して感謝申し上げる（肩書きはいずれも当時）。もちろん，ありうべき誤りはすべて訳者に帰するものである。

　本書には，人間の持つバイアスのひとつとして，プロジェクトの完遂に要する期間の事前の見積もりが甘すぎることが紹介されている。本書の翻訳プロジェクトもその例外ではなく，当初の予定よりもだいぶ長引いてしまった。訳者は行動意思決定論の専門家のつもりであるが，それでもなお，バイアスを克

服するのは容易ではない。白桃書房の平千枝子さんにはその長きに渡ってひとかたならずお世話になった。感謝を申し上げたい。

2011年2月　ロサンゼルスにて

長瀬　勝彦

索引
Index

あ 行

IAT →潜在連合テスト
アクティブファンド………224
悪魔の代弁者……………314
アジアの疫病問題…………101
後知恵バイアス……15, 68, 311
アンカー効果………50, 67, 311
アンカーの設定と調整………51
アンカリング…………15, 234
意識………………………78
意思決定……………7, 15, 307
意思決定過程………………16
意思決定の改善……………19
意思決定の記述的モデル……7
意思決定の基準……………3
意思決定の規範的モデル……7
意志の力の限界……………9
一般的なバイアス…………17
偽りの記憶…………………47
印象管理………………176, 178
インデックスファンド……223
内集団……………………205
内集団びいき………202, 204
エージェンシー問題………144
オークションにおける覚知の限界…………………………97
オプト・アウト……………125
オプト・イン………………125
オマキザルの公正感覚……193
オンライントレーダー……239

か 行

会社の買収問題…………89, 91
解凍…………16, 23, 166, 312
外部者視点…………………319
確実性効果…………………113
学習性楽観主義……………151
確証バイアス……15, 45, 67, 314
確証ヒューリスティック……45, 60, 154, 305
覚知(気づき)の限界……9, 17, 74, 85
確率の誤認知……………36, 67
賭けを通じての価値の創出

…………………………262
過剰取引……………………227
過大評価……………………148
価値多元論…………………217
価値の神聖視………………217
貨幣錯覚……………………187
感情………………………156
感情と授かり効果…………157
感情と認知…………………138
感情とリスク認知…………158
感情のコントロール………161
感情ヒューリスティック……11, 15, 139, 305
間接的に非倫理的な行動…202, 215
記憶………………………30
擬似確実性…………………110
擬似確実性効果……………113
擬似的神聖価値……………202
基準比率の無視………32, 67
期待効用……………………102
期待値……………………298
期待値のルール……………102
気分と想起…………………158
義憤ヒューリスティック……15
ギャンブラーの錯誤………37
旧式の人種差別と現代式の人種差別……………………210
教育における罰の効果……42
教育における報酬の効果……42
競争的エスカレーション……169
競争的非合理性……………180
共有地の悲劇………………289
経験………………307, 309
経験則……………………9, 22
経済合理性…………………185
ケインズの美人コンテスト
…………………………245
決定分析………………275, 298
検索容易性………31, 32, 67
現状維持バイアス…………236
限定合理性………………8, 9
合意後の合意………………272
高位配置……………………148
後悔の回避…………………159

交換取引……260, 275, 281, 291
交換取引による価値の創出
…………………………260
交渉………………………19
交渉域……………………256
交渉課題………………260, 275
交渉者の認知………………19
交渉者のフレーミング……280
交渉者のポジション………253
交渉者の利害関心…………253
交渉当事者間の非対称性…290
交渉におけるアンカリング
…………………………292
交渉における価値の創出…257
交渉における固定パイの神話
…………………………278
交渉における自己の価値の過大評価……………………285
交渉における取り分の要求
…………………………255
交渉論の決定分析的アプローチ
…………………………251
公正………………………18
公正の知覚…………………184
肯定型仮説検証…………11, 14
肯定的幻想…………………146
行動意思決定研究……………9
行動ファイナンス……19, 226
効用………………………103
合理性………………………7
合理性の限界………………7
合理性モデル……………8, 10
合理的意思決定方略………298
心の会計……………………121
コミットメントのエスカレーション………………18, 163
コンティンジェント契約…262
コンフリクトのエスカレーション…………………………282

さ 行

最後通告……………………188
最後通告ゲーム………192, 198
最終提示裁定………………287
最善の選択肢…………………4

最善の代替案 …………252
裁定人 ………………287
再凍結 ……………16, 315
先延ばし ………237, 244
作為の損害 …………126
授かり効果 ……119, 147
錯覚 ……………………6
産業間の賃金格差 ……194
参照集団の無視 ………94
参照点 ……105, 135, 194
サンプルサイズの無視 …35, 67
塩漬け ………………239
自己正当化 …………168
自己奉仕的な論理 ……153
自己奉仕バイアス ……287
自信過剰 …15, 58, 68, 227, 311
指数割引 ……………141
システム1思考 …………5
システム2思考 …………5
「したい」自己 …142, 199
紙幣のオークション …170, 313
社会的ジレンマ ……96, 289
囚人のジレンマ ………96
集団における覚知の限界…83
集団の情報共有 ………84
主観効用尺度 ………135
取得効用 ……………117
勝者の呪い ………90, 98
少数の法則 ……………39
焦点化 …………………80
焦点化の錯覚 …………80
焦点事象 ………………80
情報開示 ……………212
情報共有 ……………266
情報の選別 ……………70
情報の鮮明さ ……28, 29, 33
将来の割引 ………202, 206
人事考課 ………………29
人事評価期間 …………43
信頼構築 ……………266
ステレオタイプ ……207, 210
「すべき」自己 ………142, 199, 243
滑りやすい坂 …………79
正の交渉域 …………256
選言事象 ………………56
選言事象の過小評価 ……57, 67, 86
選好逆転 ……18, 130, 140, 195
潜在的態度 ………202, 207
潜在連合テスト（IAT）……208
全体性の無視 …………95

選択結合の非合理性 ……107
選択肢の生成 …………3
選択肢の探索 …………10
選択肢の評価 …………4
専門知識 …………306, 309
戦略的な情報開示 ……268
想起可能性 ……………32
想起の容易性 ……27, 67
双曲割引 ………142, 244
相対的楽観主義 ……149
外集団 ………………205
損害行動の忌避 ……124
損失回避 ……………244

た 行

第一印象症候群 ………53
対応バイアス ………303
代表性ヒューリスティック
　……11, 12, 36, 44, 67, 305
多参加者最後通告ゲーム …85, 91
多重自己 ……………139
多属性効用計算 ……299
単純化 ………………9, 11
知覚のバイアス ……176, 177
知識の呪い …………64
調停人 ………………287
直観 …………5, 16, 324
直近の経験 …………30
デイトレーダー ……240
ディールクラフティング …262
適合ヒューリスティック…14
当為 …………………243
統合選好 ……………129
投資の誤り …………19
独裁者ゲーム ……191, 198
独立状態でのエスカレーション
　……………………166
取引効用 ……………117

な 行

内部者視点 …………319
内面的葛藤の調停 ……143

は 行

バイアス …… 2, 8, 9, 22, 23, 134, 155, 200, 226, 295, 321
バイアス補正 ………311
パイの最小分割 ………86
パイの最大分割 ………86
払い戻しとボーナスのフレーミング ………………128

バランス理論 ………312
パレート優位の合意 …272
反対意見の検討 ……314
判断 ………………2, 8, 15
判断のバイアス …176, 177
反応の低評価 ………279
BATNA（最善の代替案）
　………………252, 275
PSS →合意後の合意
非対称的な規範論と記述論
　……………………294
非注意性盲目 …………76
ヒューリスティック …9, 10, 11, 22, 23, 69, 134
評価可能性説 ………132
平等規範 ……………196
不作為の損害 ………126
不作為バイアス ……126
普通の偏見 …………209
負の交渉域 …………256
フレーミング（枠づけ）……18, 104, 134
プロスペクト理論 …133, 238
分離選好 ……………129
平均への回帰 …39, 67, 233, 325
ヘッジファンド ……224
変化 ……………16, 313
変化盲 …………………78
保険の過剰販売 ……114
保険への加入 …………30
ホットハンド ……37, 232

ま 行

埋没コスト ………166, 284
満足化 …………………8
満足解 …………………8
無意識 ……………13, 78
無差別点 ……………252
モメンタム（弾み）効果 …233
問題の定義 ……………3
モンティ・ホール問題 …87, 91

や 行

欲求 …………………243
欲求・当為説 ………132

ら 行

楽観主義 ……………230
ランダムな事象 ……35, 37
ランダムな事象の否認 ……232
利益相反 ………202, 211

利喰い売り ……………………238
利己心の限界 …………………9
利他的懲罰 ……………………198
利得の限界効用逓減 ………103
利得問題と損失問題 ………104
リニア・モデル ……………299
留保価格 …………119, 257, 275
留保点 ……………………252, 256
利用可能性ヒューリスティック
…11, 12, 22, 27, 28, 29, 30, 32, 67, 74, 305
両立不能性バイアス ………279
倫理……………………………18
倫理観の限界 …………10, 200

類比推論 ………………………315
レモン（欠陥品）……………90
連言錯誤 ……………43, 44, 67
連言事象の過大評価 ……56, 67, 86

■ 訳者プロフィール

長瀬勝彦（ながせ・かつひこ）

東京都立大学大学院経営学研究科経営学専攻教授。岩手県遠野市出身。東京大学経済学部卒業。東京大学大学院経済学研究科博士課程単位取得。東京大学博士（経済学）。駒澤大学経営学部専任講師，同助教授，同教授，東京都立大学経済学部教授を経て，公立大学法人首都大学東京の設立に伴い現職に移籍。主な著書に『意思決定のマネジメント』（東洋経済新報社，2008年），『あなたがお金で損をする本当の理由』（日本経済新聞出版社，2010年）など。

■ 行動意思決定論
　──バイアスの罠　　　　　　　　　　　　　　　　　　　　　　〈検印省略〉

■ 発行日──2011年7月16日　初版発行
　　　　　　2024年4月6日　第10刷発行

■ 訳　者──長瀬　勝彦

■ 発行者──大矢栄一郎

■ 発行所──株式会社　白桃書房
　　　　　　〒101-0021　東京都千代田区外神田5-1-15
　　　　　　☎03-3836-4781　FAX03-3836-9370　振替00100-4-20192
　　　　　　https://www.hakutou.co.jp/

■ 印刷・製本──松澤印刷

　© Katsuhiko Nagase 2011 Printed in Japan　ISBN 978-4-561-26563-4 C3034

　本書のコピー，スキャン，デジタル化等の無断複製は著作権法上での例外を除き禁じられています。本書を代行業者等の第三者に依頼してスキャンやデジタル化することは，たとえ個人や家庭内の利用であっても著作権法上認められておりません。

　落丁本・乱丁本はおとりかえいたします。

好評書

マックス H.ベイザーマン・マーガレット A.ニール【著】奥村哲史【訳】
マネジャーのための交渉の認知心理学
―戦略的思考の処方箋
本体 2900 円

ウィリアム L.ユーリ・ジーン M.ブレット・ステファン B.ゴールドバーグ【著】
奥村哲史【訳】
話し合いの技術
―交渉と紛争解決のデザイン
本体 2500 円

C.D.マッコーレイ・R.S.モクスレイ・E.V.ヴェルサ【編】
金井壽宏【監訳】嶋村伸明／リクルートマネジメントソリューションズ　組織行動研究所【訳】
リーダーシップ開発ハンドブック
本体 4700 円

E. H. シャイン【著】尾川丈一【監訳】
企業文化［改訂版］
―ダイバーシティと文化の仕組み
本体 3500 円

マイケル D.ハット・トーマス W.スペイ【著】笠原英一【解説・訳】
産業財マーケティング・マネジメント［理論編］
本体 9000 円

デビッド L. ロジャース【著】笠原英一【訳】
DX戦略立案書
―CC-DIVフレームワークでつかむデジタル経営改革の考え方
本体 4200 円

――――――― 東京　白桃書房　神田 ―――――――
本広告の価格は本体価格です。別途消費税が加算されます。